法華文化の展開

藤井　学　著

法藏館

法華文化の展開＊目次

Ⅲ　法華文化と地域文化

Ⅳ　京都町衆と法華信仰

法華文化の展開

I　法華宗と中近世の国家

日蓮と神祇

一　はじめに

鎌倉仏教に関しては戦後いろいろの視点から解明されてきたが、その一つに新仏教と神祇信仰との連関がとくに真宗史の立場から重視され、問題とされるところである[1]。たとえば黒田俊雄氏は本地垂迹理論と神国思想を荘園制秩序を擁護する旧勢力側が民衆の願望を把握しながら打ち出した反動理論としてとらえ、それとの連関の中で、法然・親鸞の神祇不拝を彼ら教説の革新的本質性と考え、そこから鎌倉仏教の意義・特性を解明せんと試みられた[2]。

しかし神祇への新仏教の対応を法然・親鸞と日蓮に限ってみれば、従来の研究基点において、前者は「不信・不拝」を、後者はそれへの「協調」をとるとされ、そこに両者のあざやかな対象を見出そうとするのが普通のようである。だが、神祇の拝・不拝の問題は単に両者の比較・相違を解明する点に留まるのではなく、繰り返すごとく、鎌倉仏教ひいては中世思想共通の一課題であり、この意味においても従来言われている日蓮の神祇観は、いま一度あらためて問題となってくるであろう。

本稿においては、時代的範囲は主として中世におき、前述の観点より、第一に神祇の「信・不信」・「拝・不拝」は日蓮教説あるいは彼の教団の中でいかに取り扱われたであろうか。具体的にいえば中世真宗教団にみられる「神祇不拝」の理論と現象が後者にもまた存在し得るか否かを考察し、第二には存在が指摘し得るならば、まずそこに意味される神祇は原理的存在概念としての神祇であるのか、あるいはまた神祇への信仰行為自体を意味するものであるかを分明にし、ついでその不拝理念の思想的素因を考えてみたい。そして第三には普通説かれている日蓮の受容した神とはいかなるものであるか。それとの連関の中で神祇不拝・受容併存の思想的必然性を追求し、そこに受容された神祇——中世の神——の全く新たな中世的特性に言及したい。

二　民衆の信仰生活における神祇不拝

まず、教団イデオローグにおける神祇不拝の問題はさておき、信徒の信仰形態の中に、神祇不拝の行為や現象が指摘し得るか否かを、中世法華宗についてつぎの史料から考えてみよう。

(A)「文明元年八月三日山門楞厳院閈籠衆議曰、早可被相触法花宗事
（前略）爰近年日蓮遺弟等、号二法花宗一、恣軽二毀余経余典一、猥誹二謗大小他宗一、我執憍慢猜力、積悪不善所行、先代未聞次第也、何況乱行不浄而法衣纒レ身、非三如説修行道一、而猶顧二澆季之俗一、然則地下人等、就二彼引汲一捨二離余宗之信仰一、偏剋二邪法一道一、忘二三宝之崇敬一、廃二神明仏陀之照覧一、宛二当時乱世之起一、四海乱悪之基也
（後略）」

(B)「大永四年七月廿三日山門大講堂集議会曰。可下早為二庁務沙汰一。被上申二入座主宮一事
（前略）恣号二法花宗一。勧二無智迷闇之道俗男女一。入下誹二謗正法一之極悪邪見上、軽二蔑神明仏陀之威光一、停二止霊仏霊社之参詣一、其形雖レ似二剃髪染衣一、其志劣レ自二毛羽鱗介一、（後略）」

(C)「今般日蓮衆余類、於二洛中一結二徒党一、違二背神社仏事一、恣二仁法一狼二寒慮一之間、既諸宗廃亡遮レ眼之条、叡山以二蜂起一可レ被レ加二刑罰一之由、衆議一紙之趣、詳令二披覧一候訖（後略）」（以上、傍点筆者）

これらはいずれも、山門・興福寺に代表される旧仏教側が、室町期後半、洛内を中心として盛行する法華宗の追討と罪障を主張した典型的なものである。[3] 夙に元久二年（一二〇五）、かの著名な「興福寺奏状」が専修念仏の徒の失として九条を掲げ、その第五に「背霊神失」をあげたが、この場合にも同じことが指摘し得る。すなわち、これら山徒衆議の前面に、「以二王城山門一類二車両輪一、比二鳥双翼一、若闕二一二一、倶不レ可二安穏一」と、所謂王法仏法両輪の理論を常套する旧仏教勢力が、自己と本質的に対決するものとして中世法華宗を見たとき、法華宗の罪障は専修念仏の徒と同じく、「余宗排斥」あるいは「神明軽蔑」や「霊社不詣」の現象に集約されて彼らに把握されたのである。専修念仏のあるところ、余宗排斥と神祇不拝の現象は、少なくとも中世においては必ず付随して起こるものであったが、これは法華宗においても全く同じであったのである。

しかも、法華宗の神祇不拝の信仰形態の存在は、山門衆議の中にのみ見られるものではない。これを裏付けるものは、他の史料の中にも多く存しているのである。すなわち、室町期に入ると、真宗の場合と異なって[4]、法華宗の神祇不拝はいくつかの門流法度の中に、上からの門徒規制として現れてくる。たとえば、応永二十年（一四一三）、京都妙覚寺日成らは「法花宗真俗異体同心法度」[5]を定めたが、そのまず第一条に「於二謗法之堂社一、不レ可レ致二参詣一但見物遊覧除二公役等一」と見え、また宝徳三年（一四五一）、本能寺開山日隆の定めた「信心法度」[6]十三条の最初に次の二条がある。

一、他宗謗法之寺社へ不レ可レ参、同拝二仏神一一紙半銭ニテモ不レ可レ供事

一、ミコカンナギ不レ可レ遣、同ヲコリヲトサセ万祈禱サスヘカラス、

ここにいう謗法堂社とは、後述するごとき法華寺院内に勧請された鎮守、番神堂ではなく、それ以外の一般神祇を指すことはいうまでもない。そして、ことに後者の場合は、神への一紙半銭の供養、当時一般習俗化していた巫女・巫の家内祈禱に至るまでの徹底した神祇排斥であり、かかる規制の遵守が信徒間に行われる限り、彼ら法華門徒の信仰生活は一般神祇信仰とは全く隔絶して存したのである。しかも、これら規制は近世成立期においても確認され、たとえば元和九年（一六二三）、妙覚寺日奥は前掲法度の改定を行ったが、その第一条で応永法度の第一条「謗法寺社参詣禁制」は「宗義法度之眼目」の第一であると重視し、もしこれに違背せんか、「一期之行功悉同二泡沫一世之冥加永可レ尽也」と説いていることを注目しなければならない[7]。

また室町期の代表的法華僧日親についてみれば、彼はその著『伝灯鈔』の中で、品川妙国寺の有力外護者鈴木道印が伊勢社頭へ毎年灯明料を寄進したこと、あるいは日昭門流や洛内の上行院や住本寺において、「鞍馬・石山・祇園・北野已下処々ノ社参仏詣」の禁制がなかったことなどを謗法行為として烈しく攻撃しているのである。

しかし、かかる神祇不拝の問題は、法華宗教団の室町期的特質としてだけで説明することは不可能である。神祇不拝の問題が教団の信仰形態の中に固定し、かつ大勢化する契機は、実は日蓮の示寂直後に溯り得るのである。

すなわちそれは一致・勝劣の宗門二分の時である。この分裂の真相は後世それぞれの立場から正当づける主張が付会され、ここではこれを詳しく追求することはできないが、少なくともその契機の一つに身延直檀波木井実長の三島社参の是非にあったことは、すでに辻善之助氏が指摘されたごとく間違いない[8]。これを非として日興が身延を下山し、それを契機に宗門分立という大事件に発展したからには、神祇不拝の掟がある正当性をもってこのころ宗内に存在していたと考えられよう。また康応元年（一三八九）、京都妙満寺を創した日什の門流法度の中にも、「鎮守不レ可二建立一」[9]の一条がみえている。鎮守とは農村に所座する鎮守神ではなく、法華寺院境内に勧請された鎮守神・番神堂のことであり、いわば正法（法華経）所座の地たる法華寺院の境内における神祇崇拝さえ拒否されたのである。

かかる意味において、明応六年（一四九七）、吉田兼倶と妙顕寺の日具・日芳との間で行われたかの著名な番神問答にあたって、吉田への日芳返状[10]の中にみられるつぎの記事は注意せねばなるまい。曰く、「黷二法華宗之号一輩中、有二無相承之族一、猥於二日本国一一向無レ神云事在レ之、吾祖師堅禁レ之邪義也」と。意味は法華宗と号する者の中に日蓮教説を誤解して日本には神は一切存在しないというものがある。しかし「吾祖師」＝日像はこれを邪義として禁じたというのである。これについて、『改正番神問答』を編した鷹ケ峰の日達は、その中の番神問答引用書目の項でつぎのごとく註記している。曰く、「猥於二日本国一一向無レ神吾祖師堅禁レ之者、妙顕寺初祖日像大士書二一通一呈二公庭一曰、黷二法華宗之号一輩中、猥立二邪義一、謂有二七条一、其第一曰、於二法華経廿八品之内一、前十四品為二地獄業一、其第二曰、善神捨二謗国一故、於二日本国一、一向無レ神、其第三曰、可レ焼二却日本国中大小神祇一、其第七曰、衆僧勤修而以二法味一不レ供二神祇一、妙顕寺日像於二是等義一而、不レ言二其一一、能遂二糺明一邪正覿焉已上取意、此書今在二妙顕寺書庫一也」と。

これを裏付ける史料は管見の限りでは未だ「妙顕寺文書」中にみえない。しかも兼倶と日具・日芳による番神問答は、古く三浦周行氏が指摘されたごとく、両者の妥協・計画により、いわゆる法華神道説を成立させんとするきわめて政治的な目的を持っていたのであり、日具・日芳・日達等の付会・捏造の可能性も多分に考えられるのである。したがって前掲史料をもってただちに日像の神祇観、あるいは鎌倉末期の宗門と神祇信仰の関係を正しく物語っているとすることは危険ではある。だが、この問答の政治的性格は、むしろ日像・日具・日芳等の神祇受容を正当化する立場に置かれたのであり、しかも実際には前述したごとく、日蓮寂後の教団には日興・日什等の神祇不拝が存したのである。したがってこの史料に記された鎌倉最末期の日蓮教団と神祇信仰との関係、㈠日本には神祇は一切存在しないという教説が宗内に広く行われていたこと、㈡それよりさらに発展して、一切の神社を焼却・破却すべきことが宗内で叫ばれていたこと、㈢日像はかかる教説・行動を邪義とし、これを朝廷への上奏の中で強く主張して洛内弘通を有利に展開させんとしたことなどは、ある程度正確に、鎌倉末より南北朝期にかけての宗門の情勢を物語っていると考えてよいであろう。

かくて、日蓮寂後より室町期後半に至るまで、彼の教団には民衆の信仰生活の中に神祇不拝の現象が、真宗の場合と全く同様に存していたことは明らかである。

ではつぎには、かかる現象がいかなる必然性をもって彼らの信仰生活の中に成立してきたかが問題となってくるであろう。

結果的にいえば、真宗においてなされた説明がまた後者の場合にも適応し得るのである。黒田俊雄氏はこれを、「問題は、弥陀一仏のみにたより、信を本質とする易行により、往生浄土をもとめる、かかる宗教的要求が、澎湃としておこっていたことにある。神祇不拝はここでは異端や誤解の問題ではなく、あきらかな必然的現象であったのである」(11)と、一向専修の必然的将来としてこれを説明された。しかし「念仏往生の願を一向に信じて二心なき」(12)と親鸞によって説かれた一向専修は、なにも真宗に限るものではない。夙に家永氏によって指摘されたごとく(13)、実は日蓮教説の中にも存するのである。曰く、「所詮、智者は八万法蔵をも習ふべし、十二部経をも学すべし、末代濁悪世の愚人は、念仏等の難行易行等をば抛て、一向に法華経の題目を南無妙法蓮華経と唱給べし」(14)、あるいは、「今、末法に入ぬれば余経も法花経もせんなし、但南無妙法蓮華経なるべし、(中略)此南無妙法蓮花経に余事をまじへば、ゆゆしきひが事也」(15)(傍点筆者)と。

したがって日蓮の場合も、専修題目の易行の中に、一切の余仏余神への信仰は完全に包摂されかつ咀嚼され得るのであって、「仏法の根本は信を以て源とす」(16)の信心為本に基づいて、正法への純粋絶対憑依の立場に止揚されればされるほど、所詮神祇への信仰は雑行として排さるべきこと、必須であったのである。ここに神祇不拝の根本的理由の一つが指摘し得るのであるが、かかる現象が日蓮示寂直後より現れてくるからには、神祇不拝の教説的系譜は日蓮教説自体の中にまで溯り得ることを示唆するものと言い得よう。すなわち、古代以来の本地垂迹説あるいは神祇信仰を日蓮は容認し、そこに親鸞教説と比較するとき、払拭し難い守旧性が認められるとして把握されてきた従来の彼の神祇観は、ここにあらためて問題となるのであり、以下、彼の受容したとされる神祇を、神の原理的存在であるのか、あるいはまた信仰行為としての神への崇拝であるのかを区別しながら、この点を考えてみたい。

三　日蓮教説における神祇思想

まず最初に、日蓮の考えた神の規定概念をみてみよう。彼のいう神祇は、周知のごとく、天照大神、八幡神を頂点とする大小三千百三十余のいわゆる式内社を指標するものであったが、その神は、「国々の国主等の崩去し給るを生身のごとくあがめ給う」(17)、あるいは「天照太神・正八幡宮等は我国の本主也、迹化の後、神と顕れさせ給ふ」(18)と、往昔の国主を生身のごとく崇めたものが神であるという、実はごく単純な観念から出発する。しかし、彼は、死後に神たるべき国主は釈尊ないし法華経と全く無関係に、つまり国主のすべては無条件に神になり得るとは考えていない。彼によれば神たるべき国主は、その過去に、来世は国主たり得る一つの条件を具備せねばならない。日蓮はこれを、仁王経の「一切国王、皆由三過去世侍二五百仏一得レ為二帝王主一」の文言を引き、「国主と成り給ふ事

は過去に正法を持、仏に仕ふるに依て、大小の王皆梵王・帝釈・日月・四天等の御計ひとして、郡郷を領し給[19]」う
と述べる。「過去世侍二五百仏一」を正法を持して仏仕すること、すなわち、神はその存在の出発時――前々世――
において法華経受持を必須条件とすると理解したのである。

換言すれば、日蓮は、原始の昔から農村に鎮座する素朴な神々、あるいは荘園領主・地頭によって新たに勧請された政治的神々の存在権威を、そのままの姿で受け入れたのではない。つまり、それらの神々は、原始以来の素朴な農民の崇敬や、あるいは荘園領主を背景とした上からの政治的権威によるのみでは、到底その存在を正当化し得ない神であり、「正法受持」という外からの導入理論により初めてその存在権威を正当化し、再生された、いわば中世的な神々なのである。

したがってここに、従来、日蓮教説の中に存在する古代性あるいは神祇受容の証として説かれた彼の神国思想と本地垂迹理論の再考が、必要となってくる。

日蓮の神国思想は神の機能を百王守護・国土衆生安穏であると認識することから始まる。曰く、「三千一百三十二社の神は国家安穏のためにあがめられて候[20]」、あるいは、「八幡大菩薩は殊に天王守護の大願あり、人王第四十八代に高野天皇の玉体に入り給て言、我国家開闢以来以レ臣為レ君未レ有事也、天之日嗣必立二皇緒一等云々、又太神付二行教一云、我有二百王守護誓願一等云々、されば神武天皇より已来百王にいたるまではいかなる事有とも玉体はつつがあるべからず、王位を傾る者もあるべからず[21]」、また、「衆生のねがいをみて給がために神とあらわれさせ給[22]」と。

また彼の垂迹理論はその基礎を、「或説二己身一、或説二他身一、或示二己身一、或示二他身一、或示二己事一、或示二他事一」の法華経寿量品の文言に置き、これに基づいて、弘安二年（一二七九）「日眼女釈迦仏供養事」の中で、「東方の善

徳仏・中央の大日如来・十方の諸仏・過去の七仏・三世の諸仏・上行菩薩等・文殊師利・舎利弗等・大梵天王・第六天の魔王・釈提桓因王・日月・月天・明星天・北斗七星・二十八宿・五星・七星・八万四千の無量の諸星・阿脩羅王・天神・地神・山神・海神・宅神・里神・一切世間の国々の主とある人、何れか教主釈尊ならざる」、あるいは、「天照太神・八幡大菩薩も其本地は教主釈尊也」と説く。周知のように諸神本地＝釈尊なる考えである。そしてこの具象的裏付けは、八幡神をとってみると、古く平安期以来付会喧伝された大隅正八幡の石体銘の[23]「昔於二霊鷲山一、説二妙法華経一、今在二正宮中一、示二現大菩薩一[24]」や、応神帝と釈尊との生没年月日と世寿の合致[25]をもって説かれるのである。

かかる彼の神国論と垂迹思想は、旧仏教擁護の立場からなされた従来のそれと一見類似し、ここに彼の思想の古代性ないしそれの系譜を指摘するのが普通であるが、厳密な意味ではこの両者は決して同じではない。たとえば百王守護の神の誓願に守られた神国・王法も、日蓮によるそれは、絶対にして不可侵の現人神でもなければ、絶対不滅の神洲でもない。「第八十二代隠岐法皇御時、禅宗念仏宗出来て、真言の大悪法に加て国土に流布せしかば、天照太神・正八旛百王百代の御誓やぶれて王法すでに尽ぬ[26]」と、正法だに尽きれば、神威王法共にたちまちに消滅する法華経唯一支配の神国・王法であり、また神の本地は絶対に、釈尊一仏のみに限られるのである。

家永氏は日蓮の本地垂迹論について、これを、「伝統的本地仏をおのれの本尊仏に置き換へたりしている点、必ずしも旧来の本地垂迹説を盲目的に継承するものではなかつたが[27]」と説明されたが、さらにいえば、王法あるいは神の本地をすべて釈尊に帰結していく彼の理論は、その内的系譜・外的表現においては旧仏教のそれと同じであっても、その本質は従来の王法・神々の権威を全面的に否定し、その上に法華経によって新たな権威づけを行って初めて樹立された理論である。

そこでは王法あるいは神々は、その権威を釈尊一仏によって清められ、それへの一向の帰結によって説明され、かつ再生されたのである。もはや王法・神々は、それ自身ではその権威を正当づける何らの理論も持ち得ない。宇宙の本主釈尊＝正法の中に完全に包摂され・咀嚼された存在であり、ここに日蓮のもつ新しい中世的世界の思惟の一特性を見出し得るのである。

ともあれ、かく神威を規制される神は、法華経との対比においていかなる具体的性格をもつものであろうか。その第一は、『行者仏天守護鈔』と『本尊問答抄』の中にみえるつぎの記事である。曰く、「此三千大千世界の梵天・帝釈・日月・星宿・四大天王・阿脩羅・龍神等を一人ももらさず集めさせ給て、又十方無量世界の仏・菩薩・乃至堅牢地神等を集めさせ給て、我滅後正像末の持戒破戒無戒の弟子等を、第六天の魔王・悪鬼神、人王・人民・比丘・比丘尼・優婆塞・優婆夷の身に入かはりて悩乱せんを、みながらききながら対治を不㆑加、いましめずんば、他方の梵釈四天等治罰すべし、若不㆑然三世の仏の出世にももれ、永く梵釈等の位を失て無間大城にしずむべしと、釈迦多宝十方の仏の御前にて起請をかき給へり」、「法華経の怨敵となり定給はば忽ちに治罰すべきよしを誓給へり」と。すなわち、日蓮の認容する神は、法華の行者を守護し、正法弘通の妨害者にはたちまち治罰を下す旨を釈尊に対して起請した、法華経擁護の神であった。したがって、彼にとって、神の存在意義ないしその容認は、「されば法華経をたもつ人をば、釈迦多宝十方の諸仏、梵天・帝釈・日月・四天・龍神・日本守護天照太神・八幡大菩薩、人の眼をおしむがごとく、諸天の帝釈を敬ふがごとく、母の子を愛するがごとく守りおぼしめし給べき事、影の身にしたがふがごとくなるべし[28]」と、正法擁護の義務を遂行する神であり、さらにいえば、神がこの責務を忠実に履行したと日蓮に実感されたとき、神の存在意義は名実共に発揮されるのであった。

だが、正法守護神としての神の意義づけは、何も日蓮に限るものではない。夙に旧仏教においても指摘し得るものであったし、神祇不拝を説く真宗においても例外ではない。親鸞はその消息の中で、「仏法を深く信ずるひとをば、天地におはしますよろづの神は、かげのかたちにそへるがごとくしてまもらせたまふことにてさふらへば[29]」と信者に説き、あるいは「現世利益和讃」の中では、「天神地祇はことごとく、善鬼神となづけたり、これらの善神みなともに、念仏のことをまもるなり」と述べる。つまり神を正法擁護の神として意義づけることは、日蓮も親鸞も同じであったのである。

ともあれ、日蓮のいう神の第二の性格は何であろうか。それは神の身分である。彼は法華経の「今此三界皆是我有、其中衆生悉是吾子」の文言に基づき、「日本国の四十九億九万四千八百二十八人の男女、各有㆓父母㆒といへども、其詮を尋れば教主釈尊の御子也。三千余社の大小の神祇も釈尊の御子息也[30]」、あるいは「此日本国の一切衆生のためには、釈迦仏は主なり、師なり、親なり。天神七代・地神五代・人王九十代の神と王とすら猶釈迦仏の所従なり。（中略）又日本国の天神・地神・九十余代の国主並に万民牛馬、生と生ける生ある者は皆教主釈尊の一子なり。又日本国の天神・地神・諸王・万民等の天地・水火・父母・主君・男女・妻子・黒白等を辦給は皆教主釈尊、御教の師也[31]」と説明する。すなわち、彼は天神・地神以下の神々の原理的身分を、一切衆生と全く平列に、釈尊の所従・弟子・子息として規定し、ここに神の釈尊への位置づけを完成させたのである。したがって、かかる身分の神々は、「正法」＝法華経に対しても例外ではなく、「神は所従なり、法華経は主君なり[32]」と、神は法華経の所従でもあったのである。

では、このような神々が現実にその神威により、正法擁護あるいは百王鎮護の義務・機能を果たすためには、いかなる社会的条件を神は必要とすると日蓮は考えたであろうか。

弘安三年（一二八〇）、示寂の前々年に著した『諌暁八幡抄』の中で、彼は神威について、「末法になりぬれば、本の天も神も阿脩羅大龍等も年もかさなりて、身もつかれ、心もよはくなり」、ついには「今日本国を案ずるに代始て已に久く成ぬ、旧き守護の善神は定て福も尽き寿も減じ、威光勢力も衰」え、「争か国の災を払、氏子をも守護すべき」と、神も人間と同じく老衰消滅するものであると説く。しかし、かく老衰・転滅する神祇も、蘇生する機会はあり、また日蓮によれば、神威消滅の基本的理由は、実は他に存在したのである。すなわち、日蓮御書を一貫して、その基本的理由はつぎのごとく説明される。曰く「諸天不レ得レ聞二妙法一不レ嘗二法味一無レ有二威光勢力一」[33]また「守護の善神は法味をなめざる故に威光を失い、利生を止」[34]あるいは「当レ知八幡大菩薩は正法を力として王法をも守護し給ける也」[35]と。すなわち、神の神威は正法法味の恩恵によってのみ、初めて発揮されかつ蘇生され、現実国土に霊験が起こされるのであった。神はそれ自身、主体性を持って存在するのではなく、法華経の法味によって初めて存続し得るのである。日蓮の神の第三の性格である。

したがって、正法の法味に接せざらんか、神威を消滅する神は、謗法強盛の下ではいかなる道を歩むのであろうか。日蓮の直面する世間は、「一郡・一郷・一村等に阿弥陀堂を造り、或は百姓万民の宅ごとに阿弥陀堂を造り、或は宅々人々ごとに阿弥陀仏を書造り、或は人ごとに口々に或は高声に唱へ、或は一万遍或は六万遍なんど唱る」[36]と念仏の盛行の現実であり、彼は過ぎし文永八年（一二七一）九月の、「教主釈尊より大事なる行者を法華経の第五巻を以て日蓮が頭を打、十巻共に引散て散々に蹋たりし大禍」[37]を思い浮かべるとき、ついに建治四年（一二七八）、「此国既に謗法と成ぬ、法華経の敵に成り候へば三世十方の仏神の敵と成れり」[38]と断ずるに至っている。

謗法国、仏神の敵国と認定された国土において、神がその事態に対処すべき道は二つしかない。一つは釈尊に対する正法擁護の起請を忠実に実行することである。すなわちそれは、「日本守護の天照太神・正八幡等もいかでかかゝる国をばたすけ給べきいそぎ〳〵治罰を加て、自科を脱がれんとこそはげみ給らめ」[39]と、日蓮の神への強諫となって現れる。さもなくば、いま一つの神の辿るべき道は、正法守護・国土安穏の本質的・本来的伝務を放棄して国土を捨離するしかないと、日蓮は考えるのである。

すなわち、彼は、建治二年（一二七六）、『報恩抄』の中で、謗法強盛の結果として、すでに神威を失滅しつつある神祇は、国土守護の本来的任務どころか、「か丶る謗法の国なれば天もすてぬ。天すつれば、ふるき守護の善神もほこらをやひて寂光の都へかへり給ぬ[40]」と述べる。彼は、神祇はすでに日本を捨てて本地たる寂光都へ昇帰し、日本の国土には神は存在しないとの考えに到達したのである。そして注目すべきは、この日蓮の理念が、弘安三年（一二八〇）現実的裏付けをもって彼に自覚されたことであった。

それは同年の九月二十四日・十一月十四日に起こった筑前筥崎宮[41]と鶴岡八幡宮の焼失である[42]。当時、身延にあった日蓮は早速十二月十八日付の「智妙房御返事」の中で、その焼失の意義を、正法弘通に従事する日蓮を「いつ（射）、きつ（切）、ころしつ、ながしつ、おうゆへに、八幡大菩薩宅をやいてこそ天へのぼり給ぬらめ」と説明し、神祇の国土捨離の実証としたのである。

しかし、このような神々も、もし現実国土に留まり得る場合には、何処にその降臨・示現の場所を求めるであろうか。

日蓮の神祇思想の中枢を占める八幡神についてみれば、その示現の場として容認されたものは、「八幡大菩薩の御誓は、月氏にては法華経を説て正直捨方便となのらせ給、日本国にしては正直の頂にやどらんと誓給ふ[43]」と、正直者の頂である。この考えは、たとえば『十訓抄』の中にも、「八幡大菩薩忝く正直の者の頭やどらむと誓はせ給ふ」とみえるごとく、当時一般に信ぜられるところであったが、日蓮のいう「正直」は、その内容すなわち「正直」の規定において、独特の性格を与えられている。

彼は、弘安三年『諫暁八幡抄』の中でその第一に、世間義における正直者として、「王」＝天皇をあげる。そして第二には、出世間義の正直として、「仏法の中に法華経計こそ正直の御経にてはをはしませ[44]」と説明する。つまり、日蓮のいう神の宿るべき正直とは、世間義の「王」＝天皇と、出世間義の「法華経」の二義があるのである。たとえば文永十二年（一二七五）、「神国王御書」の中で、「八幡大菩薩は宝殿をすてて主上の頂を栖とし給と申」と説くが、これは前年十月、元冦に際して筥崎宮が炎上し[45]、宝殿を捨てた八幡が世間義における正直者＝天皇の頂に宿ったと考えていたことを意味する。だが、この世間義における「正直」と、出世間義における「正直」の両者は、厳密には同価値ではなかった。

日蓮によれば、神々の宿り得る天皇は、仏法の正直＝法華経を受持する場合に限られたのであって、天皇といえども正法を捨離せんか、主上は「諂曲の人」と化し、神祇はその宿るところを失うのである。曰く、「人王八十一代安徳天皇、二代隠岐法王、三代阿波、四代佐渡、五代東一条等の五人の国主の頂にはすみ給はず。諂曲の人の頂なる故也[46]」と。

神祇の宿り得る第二の場、出世間義の「正直」＝法華経についてさらに考えれば、それを弘通する法華行者日蓮も正直者であるはずである。彼は、法華経＝「正直の経」を説いた続きに、「法華経の行者なければ大菩薩の御すみかをはせざるか。但日本国には日蓮一人計こそ世間・出世正直の者にては候へ。（中略）もししからば八幡大菩薩は日蓮が頂をはなれさせ給てはいづれの人の頂にかすみ給はん[47]」と述べている。かくて、日蓮は、世間・出世間を通じて唯一の正直者、自己の頂にのみ、八幡神が示現するものなりとの確信に到達するのである。

したがって、捨国昇帰した神々も、再び現実国土に示現し得ないものでもない。曰く、「されば八幡大菩薩は不正直をにくみて天にのぼり給とも、法華経の行者を見ては争か其影をばをしみ給べき。我一門は深く此心を信ぜさせ給べし。八幡大菩薩は此にわたらせ給也[48]」と。つまり、天上に帰界した神々も、正直者＝法華行者、あるいは日蓮を中心とする「我一門」の信徒集団の頭には降臨示現し、正法擁護の任に当たり得るのである。

　しかし、日蓮およびその一門が直面する現実は、弾圧・罵言・迫害・讒謗と、謗法強盛の証に満ちているのであって、かかる場合、昇帰した神々がこの一門の上には降臨・示現し得ても、現実に存する一般神社への祈念・供養、すなわち一般の神祇信仰は、この一門にとっていかなる意義をもち得たであろうか。

四　日蓮教説の動揺

　結論的にいえば、普通いわれている日蓮の一般神祇信仰の容認は、彼が直面した社会的・現実的条件の変化に照応して、徐々に変化していくように思われる。もちろん、神祇の本質的性格を正法擁護と認定するからには、彼が神祇への不信、神祇崇拝の効果への疑惑を抱くことになっても、それがそのまま神祇の原理的存在意義の否定ではない。しかし、神祇崇拝の風潮の是認、あるいはそれへの積極的協調意識を、あの厖大な日蓮御書の中で明確に指摘し得るのは、彼が身延に隠栖する文永十一年（一二七四）か、その翌十二年頃までに著された消息の中であり、それ以後晩年になるとともに、この点に関する彼の理論は実質的変化を遂げていることに注意せねばならない。

　すなわち、神祇信仰協調の証としては、文永元年（一二六四）四月、鎌倉にあった日蓮が、比企大学三郎の妻に宛てた「月水御書」の中に、「日本国は神国也。此国の習として、仏菩薩の垂迹不思議に経論にあひにぬ事も多く侍るに、是をそむけば現に当罰あり。委細に経論を勘へ見るに、仏法の中に随方毘尼と申戒の法門は是に当れり、此戒の心は、いたう（甚）事かけ（欠）ざる事をば、少々仏教にたがふとも其国の風俗に違べからざるよし、仏一の戒を説給へり。此由を知らざる智者共、神は鬼神なれば敬ふべからずなんど申強義を申て、多の檀那を損ずる事ありと見えて候也」なる記事があり、家永・赤松両氏もすでに注目されたところである。[49] また文永十二年（一二七五）とされる「神国王御書」の中にも、これと同様のことがみえる。曰く、「神と申は又国々の国主等の崩去し給るを生身のごとくあがめ給う。此又国主国人のための父母也、主君也、師匠也。片時もそむかば、国安穏なるべからず。此を崇れば国には三災を消し七難を払、人は病なく長寿を持ち、後生には人天と三乗と仏となり給べし[50]」と。かかる神祇崇拝の積極的主張は、別のところでは、三徳を備えた釈尊の「仰をそむかんもの、天神地祇にすてられたてまつらざらんや[51]」、また、「此神にそむく人、此国の主となるべからず[52]」となって現れてくる。

しかし、注意すべきは、前掲「月水御書」が書かれたときが、文永元年四月であったことである。これは日蓮が弘長元年（一二六一）より足かけ三年にわたる伊豆流罪を赦免せられた弘長三年（一二六三）の翌年にあたり、彼が鎌倉で活発な弘通を行っていた時期であって、いわば彼に対する幕府の弾圧が一時的にしろ緩和され、過ぐる文応元年（一二六〇）、『立正安国論』を上書して示した彼の主張が、消極的意味において幕府要路にある意義づけをもたれたとも、彼に解されたときであろう。しかも伊豆流罪の直接当事者であった極楽寺重時と最明寺時頼が、弘長元年十一月と同三年十一月に相続いて死亡した事件があり、これは正法弘通の妨害者に神罰を加えるという、前述した釈尊への神々の義務が遂行された具象的裏付けであると、日蓮に感得されたときでもあったのである。つまり「月水御書」の書かれた文永元年は、彼の長い受難の歴史において、いわばその前途に光明の見えたときであり、かかる場合、正法守護神としての神、あるいはそれへの信仰が是認されるのは当然であったと思われる。

つぎに、文永十二年とされる「神国王御書」にみられた前掲の記事について振り返ってみよう。それにはこの御書を一貫する日蓮の目的意識に注目せねばならない。それは、この御書の最後の部分に、相続く自己の受難と謗法興隆の現状に対して、正法擁護の神々は、「日蓮が眼をそろしくば、いそぎ〳〵仏前の誓をばはたし給へ」と述べているごとく、いわば諸天・諸神の義務遂行を強諫・懇請したものであった。したがって前掲の記事は、この御書全体を通ずる彼の意識よりすれば、神々のあるべき本来的意義を述べただけで、いわば前提的意味を占めるにすぎない。

かく述べてくれば、文永十一年二月の佐渡赦免ののち、日蓮に起こった事件をいま一度振り返らねばなるまい。すなわちそれは、幕府当事者による最後諫暁の拒否（同年四月）、ついで失意の身延隠栖（同年五月）、数カ月のちに起こる元寇（同年十月）、信者四条頼基・富本胤継・南条兵衛等に対する幕府の圧迫、さらにまた弘安二年（一二七九）、駿河熱原郷の信徒を襲ったかの熱原法難と、失意と受難の連続であって、この彼の不満が、正法擁護の本質的義務を持つと解した神祇への不信となって、神への反発となり、その怠慢を強諫あるいは怨嗟するに至る起因であったろう。前述した「善神捨国昇帰」の理論の生ずる理由も、一つはこゝにあったのであるが、さらにはそれは、神祇崇拝の是認・協調を意味した前述の彼の教説の動揺となって現れてくるのである。

この意味で、建治三年（一二七七）とされる「現世無間御書」中に、左の記事がみられるのは、注目せねばならない。本御書は前欠であり、最初の部分に意味不十分な点もないではないが、この中で日蓮は、謗法強盛にして法華行者の迫害甚しきとき、釈尊は梵王・帝釈等に命じて他国侵逼を起こさす旨の経文が存すると説き、ついで以下の文がある。

此国は法華経の大怨敵なれば現世に無間地獄の大苦すこし心みさせ給か。教主釈尊の日蓮がかたうどをしてつみしらせ給にや。よもさるならば天照太神・正八幡等は此国のかたうどにはなり給はじ、日蓮房のかたきなり、すすみてならわかし候はんとぞはやり候らむ。いのらばいよ〳〵あしかりなん〳〵。恐々謹言。

推定の建治三年を正しきものとすれば、文永十一年の蒙古襲来よりあとになることをまず念頭に置かねばならない。この文の意味は、

謗法強盛にして日本は法華経の大怨敵であるから、釈尊はその誡として日本に天災・疫病・外敵の来襲等三災七難の無間地獄の大苦をお試みになっているのであろうか。あるいは、これらの相つぐ三災七難は釈尊が日蓮の味方をして、謗法盛行の罪を日本にお知らせになっているのであろうか。もしそうであるならば、（釈尊の所従でありかつ垂迹の影でもある）天照大神・正八幡等は釈尊の意志に逆ってまでも日本の味方になることはないであろう（三災七難は釈尊の積極的意志によって起こされているのだから）。もし神がこの国の味方となって七難を払えば、日蓮房にとってかたきである。釈尊が謗法国日本をすすんでこらしめようとして、この無間地獄の大苦がこの国にはやっているのであろう。こんなときに、衆生や国土の安穏守護を神に祈ったところで、いよいよ悪いであろう。

であると考えられる。すなわち、ここに日蓮は、現実に惹起する疫病、天変地異・元寇を釈尊の仏意によるものと認定し、かかる場合の神祇崇拝はすでに意義を失い、かえって崇神行為自体が「あしき」ことであると考えたのである。

また、この翌弘安元年（一二七八）九月六日の付をもつ「妙法比丘尼御返事」の中では、崇仏と崇神について、「かかる仏（釈尊）なれば王臣万民倶に人ごとに父母よりも重んじ、神よりもあがめ奉るべし」と説き、その具象的裏付けとして、同年と推定される六月二十五日付「日女御前御返事」の中で、欽明・敏達・用明の三帝は内心で仏法釈迦如来に信心を持っていたが、「外には国の礼にまかせて天照太神・熊野山等を仰ぎまいらせさせ給しかども、仏と法との信はうすく、神の信はあつかりしかは、強きにひかれて三代の国主疫病疱瘡にして崩御ならせ給き」と説明

を加える。したがって、日蓮によれば神祇信仰は正法帰依と同価値に認められたのではない。換言すれば、神祇信仰はそれ自体で独立した存在意義をもつものではなく、法華経帰依があって初めて存在し得るものなのである。

このような彼の神祇信仰に対する考えの変化に衝撃的役割を果たしたのは、前述した弘安三年十一月十四日の鶴岡八幡宮炎上であった。この鶴岡の焼失は、日蓮にとってはその祭神が「日本国の賢王たりし上、第一第二の御神なれば、八幡勝たる神はよもをはせじ」(53)と、日本最高の神であり、また、過ぎし文永十二年（一二七五）には、「八幡大菩薩は昔は西府にをはせしかども、中比は山城国男山に移り給、今は相州鎌倉鶴が岡に栖給」(54)と、八幡鎮座の社と認定しており、しかも彼が鎌倉所在中、常に眼前しただけにその影響は大きかった。前にも触れたごとく、善神昇帰の理論の裏付けともなったのであるが、さらに彼はこの焼失にいま一つの意義づけを行う。

すなわち、翌十二月著した「諫暁八幡抄」の中で、彼は八幡のおかせし罪として、㈠「法華経の行者をあだむ国主・国人等を対治を加ずして守護する」こと、㈡伊豆・佐渡両度の流罪について、「去弘長と又去文永八年九月の十二日に日蓮一分の失なくして、南無妙法蓮華経と申大科に、国主のはからいとして八幡大菩薩の御前にひきはらせて、一国の謗者の者どもにわらわせ給し」こと、㈢諸神社の「別当と社主等は或は真言師、或は念仏者、或は禅僧、或は律僧なり、皆一同に八幡等の御かたきなり。謗法不孝の者を守護し給て、正法の者或は死罪等に行する」ことなどをあげる。そして、正法擁護の義務を放棄したこの八幡神を、「一切経並に法華経のをきてのごときんば、この神は大科神也」と、八幡神を大科の神と認定し、ついには八幡宮焼失をもって、「今八幡大菩薩は法華経の大怨敵を守護して天火に焼給ぬるか」と、仏罰の顕現と解したのである。

したがって、「大科神」たるゆえに釈尊仏罰によって炎上し、しかも社殿にあるべき神も本地に昇帰している場合、鶴岡八幡宮を再建造営することはいかなる意義をもつであろうか。幕府は焼失直後より同社再建に着手し、翌弘安四年四月二十六日には棟上げが行われた（『鶴岡社務次第』）。しかもこの事業には、日蓮直檀の幕府大番匠の池上宗仲・宗長の兄弟が関係し、日蓮にとっては切実な現実的問題であった。弘安四年五月二十六日付で彼は池上兄弟に書状を与え、その中で、「日本国の国主等、八幡大菩薩をあがめ奉なば、なに事あるべきと思はる丶が、八幡は又自力叶がたければ、宝殿を焼かくれさせ給か。然自大科をばかへりみず、宝殿を造てまほらせまいらせむとおもへり。日本国四十五億八万九千六百五十九人の一切衆生が、釈迦・多宝・十方分身諸仏、地涌と娑婆と他方との諸大士、十方世界梵釈・日月・四天捨られまいらせん分斉事ならば、はづ（僅）かなる日本国小神天照太神・八幡大菩薩力及給べしや[55]」と、八幡造営の実質的効果・意義を否定し、その具象的裏付けを、「今年四月廿八日を迎て此風ふき来。而四月廿六日は八幡むね上と承はる。三日内大風は疑なかるべし[56]」と、工事の支障となった棟上げ翌々日より三日間の大風を、釈尊と八幡神による工事無意義の意志表示と考えたのである。

また、弘安四年八月二十二日付の「治部房御返事」の中には、つぎのごとき記事がみえる。曰く、「日本国はいみじき国にて候、神を敬い仏を崇る国なり。而ども日蓮が法華経を弘通し候を、上一人より下万民に至るまで、御あだみ候故に、一切の神を敬ひ、一切の仏を御供養候へども、其功徳還て大悪となり、やいとの還て悪瘡となるが如く、薬の還て毒となるが如し。一切の仏神等に祈給ふ御祈は、還て科と成て此国既に他国の財と成候」（傍点筆者）と。弘安四年八月といえば、その示寂の一年余前にあたり、彼は漸く病あつき身を、身延の小庵に横たえていたときであり、彼はその受難の歴史を振り返ってみたとき、正法擁護の本質的義務を放棄せる神祇に対する祈念・供養の行為は、かえって「大悪」「科」を意味すると考えざるを得なかったのである。かくて日蓮は、神祇信仰の一般的形態である社参・造営・祈念・供養等の実質的効果・意義を、晩年には全く否定していたのである。

かく述べてくると、室町期法華宗の信仰形態の中に、一つの大勢として指摘し得る神祇不拝の現象は、教説的系譜に起因を求めれば、日蓮教説自体の中に内包された神祇不拝・不信にまで辿り得るものなのである。しかし、日蓮のいう神祇不拝は、繰り返すごとく、神の原理的存在否定ではない。謗法強盛という社会的条件によって規制された神祇信仰の効果・意義の否定である。そして、この彼の教説は、少なくとも彼の生存中に、規制化された形で信徒に示されたか否かを問う確実な証拠はない。しかも彼は、前述のごとく鶴岡八幡宮再建の意義を否定しながら、直檀の池上兄弟に対しては、「返々穏便にして、あだみうらむる気色なくて、身をやつし、下人をもぐせず、よき馬にものらず、のこぎりかなづち手にもち、こしにつけて、つねにえめるすがたにておわすべし[57]」と、消極的立場ではあるが、その参加を認めるのである。かかる彼の、いわば論理的矛盾を日蓮教説特有の複雑性とか現実性ということで説明し、あるいはまた、彼の卓越した問注知識から、『貞永式目』第一条「神社を修理し祭祀を専にすべき事」に連関させて、法難回避のためという政治的な意味に考えることもできるだろう。だがここでは、むしろかかる相剋する理念の併有こそ、ある意味では日蓮教説にとって本質的問題となり得るのであり、彼の思想の一特質として指摘したい。したがって日蓮という宗門権威のすべての帰趨と、すぐれた統制者によって彼一門が率いられる限りは、相剋する論理もなんら矛盾なく包摂咀嚼され得ても、その帰趨を失えば、彼一門は受容と不拝に二分する必然を、彼自身の教説の中にすでに、内包していたのである。

五　神祇信仰の受容

すなわち、神祇信仰の容認の可否は、初めにふれたごとく、日蓮示寂の直後、一致・勝劣両派の分立となって現れてくる。これを約一半世紀のちに活躍した日親の『伝灯鈔』によってみると、身延檀越波木井実長の三島社社参を認める日向の主張は、「法華ノ持者参詣セバ諸神彼ノ社檀ニ可二来会一、尤可二参詣一」であり、否とする日興よりすれば、「日蓮上人ハ謗法ノ国ヲ捨不レ還遊シテ候守護神ヲ御弟子ノ民部阿闍梨毎二参詣一可二来会一候ハ、師敵七逆罪ニ不レ候耶」であったのである。本地に昇帰した神が法華経の持者が参詣する度にはたして降臨し得るか、あるいはそれが永久的なものであるかを、日蓮教説に照らして峻別する宗義的正統性の求明については、日蓮自身も何も語らないし、ここではさして重要なことではない。むしろ問題は、旧仏教側から生み出された本地垂迹理論や神国思想によって神々の新たな意義づけが完成され、かつ一般に浸透し、しかも武運長久・現世利益を願望する神々への信仰が武士・農民間に強存する、いわば外的条件が醸成されているとき、日蓮自身の神祇観――彼の神祇否定が崇敬行為としての神祇信仰の意義否定であって、神の根本的な存在否定でなかったこと――より、教団の神祇信仰受容は必須であったことである。そしてそれは、具体的には、鎌倉末期より宗門教化の焦点が古代勢力と神祇信仰の中枢地であった洛内およびその周辺諸国に置かれたとき、その反発と弾圧の中で、それに従事した各門流の中に、より鮮明な形で現れてきたのである。たとえば、正法の守護神としての神の原理的存在意義がさらに理論化され、三十番神理論として成立したのがそれである。

番神の成立がいつであったかは、不明な点が多かったが、宮崎英修氏は、本尊曼荼羅に勧請された番神に着眼され、その著『日蓮宗の守護神』の中で、番神の本尊曼荼羅中への勧請の初見は、元徳二年（一三三〇）九月十日の日像本尊であるとされ、また、日祐の『本尊聖教録』と殖谷妙宣寺日英譲状によって、中山法華経寺においても、日高（正和三年没）在世当時から三十番神の勧請が成立していたことを明らかにされた(58)。この見解に異論はないが、これはまた別の史料によっても裏付けられる。

たとえば、中山門流では、延文六年（一三六一）の日祐譲状の中に、「一、蘇谷郷内三十番神、田三段」とみえ、すでにこの頃、番神堂が成立していたことを推定せしむるものがある。また、日像門流においても、本尊曼荼羅以外に番神がみえてくるのである。原本は残っていないが、日輪・日善・日範・日像らいわゆる朗門の九鳳は、元応三年（一三二一）正月二十一日、師日朗の一周忌に当たって門流一結を誓ったが、その起請文の起請神として三十番神がみえている。(59) しかし、この前年、元応二年三月二日、日朗示寂直後の同趣の起請文には、(60) 当時西国にあった日像の参加はなく、起請神として三十番神はみえない。すなわち、日像の参加があって初めて起請神として三十番神が現れるのである。また現存の起請文についてみても、その初見は妙顕寺文書中の暦応三年（一三四〇）、大法師日弁起請文の中にみえる「日本国中大小神祇」であると思われ、それ以後、日像門流には必ず起請神として番神あるいは日本国中大小神祇が、他の門流にさきがけて登場してくるのである。(61)

しかし、この三十番神理論は日像・日高門流によって創始されたものではない。周知のごとく、その発生の系譜を辿れば、鎌倉末期に山門側より著された『叡岳要記』の中に、慈覚大師が天長六年（八二九）より横川首楞厳院の草庵において如法経書写を行ったとき、「以二国内有勢有徳神明三十ケ所一為二守護神一。列結番定日」とみえるごとく、すでに平安朝以来成立していた山門の法華経守護の番神理論の直模にほかならなかったのである。(62)

つまり、宗門守護神としての三十番神の成立は、山門を中心とする旧仏教勢力によって洛内弘通を挫折させられた日高や、あるいは三度の洛外追放を受けた日像らの門流によって、それへの政治的現実的妥協として生まれたことは明らかである。そしてこの理論の事象化が三十番神を曼荼羅中へ勧請することであり、あるいは日什門流の法度に、「鎮守不レ可二建立一」とあったことによって知られるごとく、南北朝期より盛んとなった寺院境内への鎮守・番神堂の設置であると考え得るのである。

しかし、これらの成立は、厳密な意味では日蓮の説いた神祇の原理的存在意義の発展的解釈を示すものであっても、彼らが教化の場において、信仰行為としての一般神祇崇拝を容認したか否かを直接には物語るものではない。この意味で番神の宗内勧請と一般神祇信仰との関係も考えていけば、日澄（伊豆本立寺開山、永正七年没）の『法華神道秘決』四の中にみえるつぎの記事を注意しなければならない。

曰く、「神天上ト立ル事、受二生於神国一、非レ違二背神明一、上来重々如レ説、捨二謗法社一、帰二法花本一玉フヲ言也、仍当宗ハ止二社参仏詣一、信二法華経一還テ預二神明擁護一源トソト言心ニテ、別ニ諸神ヲ勧請申入也」と。すなわち、正法への一向の帰依、それが専修唱題として易行道を完成させ、その基点に、「上根上機は観念観法も然るべし、下根下機は唯信心肝要也」の純粋憑依の信心為本を持つとき、所詮謗法神社への参詣崇拝は排除さるべきものであって、三十番神の本尊あるいは境内への勧請は、いわば正法所座の霊場へ神祇を勧請することによって、それと妥協し信徒の一般的神祇信仰を制止さんとする意図によったことは明らかである。

だが、当時習俗化していた一般神社への参詣・祈念を、正法所座の地に勧請された神祇——正法社——へのそれとすりかえることは、外からの非難と弾圧の中で決して容易なことではない。ここに法華宗教団がさらに一歩進んで、一般神祇信仰をそのままの形態で受容する契機が存したのであって、実際にはすでに述べたごとく、室町中期に日像門流において、神祇崇敬の是認は派祖日像より始まるとの積極的主張が門流首脳より叫ばれるのであり、また日親が非難したごとく、門徒の霊神・霊社への参詣をその恣意にまかせた門流もあり、その実態は、「社参・仏詣ヲ致、不レ致、乱タル髪ノ如ク、結レタル糸ノ如ク(63)」と、神祇の拝・不拝が全く中世法華宗教団の中に併存していたのである。

しかし、ここで注意すべきは、神祇信仰の受容の一因は、また別のところ、すなわち、日蓮教説の主体的展開の必然的帰趨にも求められることである。具体的に言えば、日蓮の説く中世的思惟の世界が顕現されたとき、宗掟としての神祇不拝は、実は自然消滅することである。

いまここでは、現在、岡山県御津郡御津町宇甘大字高津小字菅にある正八幡宮と法華門徒の場合を例として説明を加えてみよう。

同社は棟札によると嘉暦元年（一三二六）、この地に勧請されたと言われ、そののち付近住民の崇敬を受け、近世初頭には付近の下田・菅・金川三ケ村の氏神であった。同社には、いま天正十四年（一五八六）と寛永十八年（一六四一）の二枚の棟札がある。とくに重視すべきは後者であり、表面につぎのごとき文句がある。

(A)　棟札上部

「

御遷宮寛永拾八巳五月七日

吉住山妙安寺日清　神主槢村惣左衛門

十方仏土中唯有一乗法

南 無 妙 法 蓮 華 経　王舎城管（ママ）八幡宮殿開眼師日航（花押）

金川妙国寺

第十祖

我此土安穏天人常充満

大工対馬守

同庄三郎　槢村久左衛門

三箇村氏子

聖主天中天　迦陵頻伽声

」

(B)　棟札下部

「片山五郎衛門　久瀬孫右衛門　河原六郎衛門　彦右衛門
難波与三右衛門　箕村七右衛門　同　長右衛門　寄　定　孫三郎
江田《金川》孫右衛門　江田重右衛門　末　吉　久五郎　同　九郎衛門
江田市右衛門　江田四郎兵衛　林　清右衛門　上山七郎兵衛
江田彦左衛門　江田惣右衛門　横　畠　助三郎　箕村次郎衛門
江田彦右衛門　河原《下田》惣右衛門　河　原　孫三郎　戸　田　弥兵衛」

まず棟札上部を説明すると、その中央に「南無妙法蓮華経」の首題があることに注意せねばならない。その左右にある「十方仏土中唯有一乗法」「我此土安穏天人常充満」は法華経経文の一部であり、「吉住山妙安寺日清」とは、菅村にあった後述する金川妙国寺末寺の妙安寺住持日清のことである。日清は同寺住持をつとめるとともに、平素は正八幡宮社僧であったことを示している。その下にある「神主楢村惣左衛門」は同社世襲神官であり、同家は近年まで同社に奉仕していた。そしてこのときの遷宮にあたって、八幡神体の開眼師をつとめたのが、備前法華宗三本山の一つ金川の妙国寺十世日航であったのである。完全なる神仏習合である。

また、この妙国寺は文明年間、備前守護代松田氏を開基としてこの地に開創されて以来、京都妙覚寺末寺であり寛永十年（一六三三）、本山住持日亮が幕府に呈した「上京妙覚寺諸末寺覚」(64)の中には、本寺に「違背」したとの書入がみえている。これは妙国寺が本山前住の日奥の不受不施を堅守して、受派に転じた本山妙覚寺を離反したとの意味である。ちなみに、これは正八幡宮遷宮の八年前のことであり、同寺はその後も不受不施を守って寛文年間に池田光政によって廃寺に処されている。また日航は、江田宗仁・同孫右衛門に宛てた彼の書状によれば、本山前住日奥に私淑した不受僧であった。(65)要するに妙国寺・妙安寺あるいは日航・日清は神社参詣の禁を門流法度によって規制された妙覚寺、さらにそれを元和九年(一六二三)確認した日奥門流に属していたのである。

つぎに棟札下部についてみれば、この交名は棟札左下隅にみえる楢村久左衛門以下の菅・下田・金川三村の郷村指導者、すなわち有力氏子であって、遷宮造営をとくに外護尽力した人々であったと思われる。しかし、興味あることは、彼らはかかる社会的性格をもつと同時に、いま一つの宗教的性格をもっていたことである。

いま、近世初頭になると推定される「妙国寺本末寺檀連印状」(66)より、(イ)本寺金川妙国寺、(ロ)同寺末下田妙典寺、(ハ)同菅妙安寺の寺檀を抽出すれば、つぎのごとくである。

(イ)「金川本寺

妙国寺

安立院(花押)　妙智院(花押)
善立院(花押)　慶陽坊(花押)
学乗坊(花押)　教住坊(花押)
陽林坊(花押)　教雲坊(花押)
詮妙坊(花押)　一行坊(花押)
江田孫右衛門(花押)　江田彦左衛門(花押)
難波与三右衛門(花押)　江田彦右衛門(花押)
片山五郎右衛門(花押)　江田重右衛門(花押)

江田四郎兵衛（花押）　二郎右衛門（花押）
五郎兵衛（花押）」

(ロ)「下田ノ
妙典寺（黒印）　長右衛門（花押）
清右衛門（花押）
喜右衛門（花押）」

(ハ)「菅ノ
妙安寺（花押）　久左衛門（花押）　九郎右衛門（花押）
市郎右衛門（花押）孫三郎（花押）
惣左衛門（花押）　新五郎（花押）
弥　兵　衛（花押）」

すなわち、棟札とここにみえる人名とを対比すれば、菅正八幡氏子は、ほとんど妙国寺あるいはその末寺の檀越として法華宗信者であったのである。たとえば、妙安寺檀那「久左衛門」と「惣左衛門」とは、正八幡神官楢村惣左衛門と氏子筆頭楢村久左衛門と推定して誤りなく、また棟札下部にみえる「片山五郎右衛門・難波与三右衛門・江田孫右衛門・同彦左衛門・同彦右衛門・同重右衛門・同四郎兵衛」はいずれも妙国寺檀越にその名がみえ、そして、下田妙典寺の檀那であった「長右衛門」「清右衛門」も、棟札にみえる「河原長右衛門」「林清右衛門」と考えて間違いないであろう。

しかも、これは別稿において説明を加えたが(67)、これにみえる江田一門は、たんなる妙覚寺門徒にとどまらず、その頃、幕府禁圧下にあった日奥・日航を支持した不受不施信徒であって、日航・日清らとともに謗法神社参詣の禁止を殊に厳重に守るべき立場にあったのである。

かく説明すれば、この二つの史料の対比によって、㈠この地方では氏神正八幡宮の神官および有力氏子の大部は、同地の法華寺院の有力檀越であって神仏習合が典型的に完成され、㈡在地有力者＝有力氏子が史料的説明の可能な範囲内だけにおいても、その大部が法華信者であったことは、この地方が「備前法華」の中心地として、教団にとってすでに教化された地域、換言すれば一円法華の地帯であったことを物語り、㈢これら法華道俗は宗内において門流法度の神社参詣の禁止を最も厳守すべき立場にありながら、矛盾なく正八幡宮造営に尽力し、ことに不受僧日航が開眼師をつとめていることなどが明らかとなったであろう。

しかも、かかる現象はなにもこの萱地方に限ったものではないのである。たとえば備後沼隈郡水呑地方は、近世には「水呑千軒まる法華」なる呼称で呼ばれ、現在でも全町九〇パーセント以上が法華信者である一円法華の地域であるが、同地八幡宮棟札にも前者と同じことが記され[68]、近世には同社修造・運営の一切が水呑妙顕寺寺檀の執行するところであったのである。すなわち、室町期後半以降、宗勢伸張によって、各地に一円法華の小世界が顕現される場合、かかる現象は一般的なものであったと推考できるのである。

では、かかる現象はいかに理解できるであろうか。これをただ簡単に、民衆信徒の蒙昧さがなせる門流法度の不履行、教団イデオローグへの異端と解することは、彼らが禁教下の日奥に絶対憑依してこれを外護し、その子孫の多くが「かくれ不受不施」として明治に至っていることよりしても誤りであり、また教化の現実的必要が生み出した宗門の低俗化とみることも早計であろう。少なくともそれは、この地方の宗教的特殊性に注目せねばならない。

すなわち、前述したごとく、この地方は、一円法華による皆法華の地域であり、宗門教化の実績が現実に顕現されているのである。日蓮教説にみえる神祇信仰の意義否定や、門流法度の社参の禁は、謗法盛行による善神捨国の理念と正法擁護の義務放棄による神祇不信に基づいているからには、かかる地域においては、神祇は正法擁護の義務を遂行し、かつ正法の法味によって現実国土に留り得ると、信徒に理解され得るとしても不思議ではない。換言すれば、かかる地域における神々は、その成立の系譜、性格の如何を問わず、素朴な、あるいは政治的な原始・古代の神ではない。法華経（釈尊）への一向の帰結により、全く別の中世的理念によって、その存在権威を説明され、かつ浄化・再生されて法華経に支配される中世の神々である。

したがって、かく再生された中世の神々が成立したとき、教団の神祇不拝・不信の理念は現実的裏付けをもって克服され得るのであり、ここに中世法華宗のもつ神祇不拝は、その内部より実践的意義を消滅するのであるといえよう。

六　むすび

日蓮教説あるいは門徒団の信仰形態の中で、神祇信仰がいかに取り扱われているかを考察することにより、法華宗を中世新仏教として意義づける特性と、そこに現れる中世的神の理念を追求したいと考えていたが、問題の周辺をめぐったにすぎなかった。しかし、ここで以上をまとめれば、つぎのことがいい得るであろう。

㈠　日蓮の思弁した神は原始・古代より続いた従来のままの神では決してない。一言でいえば、私はそれを典型的な中世の神であったと考えたい。なるほど、日蓮教説の中には、その古代的性格の証として普通いわれるように、百王守護をもって神の機能とする神国思想や、顕密両派の主唱のもとに盛行した本地垂迹理論が存在している。

しかし、これら理論の内容とする神は、日蓮によって規定された性格において、従来のそれとは全く異質のものなのである。

すなわち、彼のいう神は、まず本質的身分が絶対主釈尊の所従であり、その神威の発揮は、一般の崇敬への霊験として神みずからがその力で行うのではない。彼の神は法華経の法味に接することによってのみ初めて生存し、神威の発揮が可能な神であり、法華経の法味に浴せざれば、現実国土に留り得ない神である。ここでは神々は、農民の素朴な崇敬を受ける原始以来の神であれ、あるいは政治支配の変化にともなって領主の権威を背景として勧請された神であれ、絶対にして不可侵の従来の神ではない。これまでの固有な神祇観からは、自己の存在意義を説明し得ない神であり、法華経（釈尊）への一向の帰結によって初めて権威づけられ再生されて説明された中世の新たな神である。したがって神の本地は釈尊に限られるのであって、他仏では絶対にない。かかる神に守られた王法、あるいは神国は、正伝寺の東厳慧安の祈願開白文に、「八幡大士、六十余州一切神等今日本国天神地祇、以二於正法一治レ国以来、部類眷属充二満此間一、草木土地、山川叢沢、水陸虚空、無レ非二垂迹和光之処一」[69]とみえる、永久に神威に支配された神国ではもはやない。また「何呪蒙古、譬如三師子敵二対猫子一矣」なる絶対不滅の神国でもない。日蓮のいう神や神国は、正法（法華経）が消滅するとき、「天照太神はたましいをうしなつて、うぢこをまぼ《(守)》らす、八幡大菩薩は威力よはくして国を守護せず」と、神はただ去勢され、国土衆生の守護安穏の機能もたちまち消滅する神であり、謗法盛行への釈尊の制誡として、「他国侵逼難」が起こるとき、蒙古来襲の結果は、「けつくは他国の物ならんとす」[70]と、絶対に必滅する神国なのである。換言すれば、日蓮のいう神祇は法華経に支配されかつ包摂された神々であり、したがってかかる神に擁護される天皇・王法は、絶対不可侵の現人神、あるいはそれ自体で独立した主体性をもつ王法ではなく、法華経に支配されたそれである。ここでは、旧仏教の首唱する王法仏法両輪の理念はもはや退けられ、正法（法華経）支配の王法であり神であり天皇である。臨終にのぞんで日蓮が、「今此国に大悪魔入り満て、国土ほろびん時にこそ、日蓮が立（て）申（す）法華経の法門、正義とは見え候べけれ」[71]と遺告するごとく、彼の法門は王法消滅の時においてこそ、王法と命運を共にする仏法ではなく、「正義の法門」として昇華され止揚される仏法である。かく従来のすべての権威を払拭し、それらを法華経の支配・包摂するものとして更生させるかかる正法為本の理念こそ、彼の教説を一貫する真髄であって、そこに中世的思弁の特質を見出し得るのである。

(二) したがって、日蓮にとって、神の本質的な存在意義は、神は法華行者ないし正法弘通の擁護を行わなければならないという点に絞られて理解されたのであった。しかもこの神の義務は釈尊に呈した神々の起請の中に謳われたとして、神にとって絶対にして不可侵のものである。神の本来的機能である百王守護・国土安穏の霊験も、この義務の遂行があったうえで初めて神は正法の法味に浴し、現実に顕現し得るのである。かくて、厳密な意味では、日蓮の神祇容認は、法華経擁護の義務を神が遂行したと彼が実感したとき名実共に行われるのであり、かく実感した場合の日蓮は、信徒に対して風習としての一般の神祇信仰を認めているのである。

(三) しかし、神がこの義務を遂行したと日蓮に自覚される、いわば彼の光明の時期は、彼の長い弘通の歴史において粟粒点にすぎない。ことに失意の身延入山ののち、迫害・受難の連続と謗法盛行の現実に直面して、彼は神祇は正法擁護の義務を放棄して本地に帰昇し、現実国土に存在しないと考え、さらには弘安三年鶴岡八幡炎上を以て、神祇への仏罰の顕現と思い、八幡神を「大科の神」と断ずるのである。かくて身延入山後の晩年の日蓮はかかる大科の神への崇敬、すなわち一般神祇信仰の普遍的形態である神社への参詣・造営・祈念等の敬神風俗は全く無意義と認定し、かえってその行為自体が「大悪」「科」「毒」となるとの思考に到達したのである。

しかし、注意すべきことは、彼の神祇否定は正法守護の義務を放棄した限りでの神への不信、さらに言えば、その結果として釈尊仏慮による三災七難が続出する謗法現状の時点における神祇信仰の不信・否定であって、神祇の絶対的・本質的存在意義の否定ではないのである。すなわちこの意味において、弘安三年に著された『諫暁八幡抄』にみえるつぎの記事は、注意せねばなるまい。曰く、「我弟子等の内、謗法の余慶有者の思ていわく、此御房は八幡をかたきとすと云々、これいまだ道理有て成就せぬには、本尊をせむるという事を存知せざる者の思なり」と。すなわち彼は行為としての神祇信仰を否定しても、神の存在の根本的否定者、つまり、神々と本質的に対立する八幡の「かたき」ではなかったのである。

(四)

しかし、この記事にても気づかれるごとく、日蓮在世当時よりその直弟や直檀の内に、神祇の存在意義について異義が生じていたのである。この根本は、前述したごとく、彼の否定した神祇が世間習俗としての神祇信仰の不信・否定であって、神の存在そのものの絶対否定でなかったことに起因する。しかも、かの厖大な彼の御書の中に、神祇習俗の否定が少なくとも規制化された形では見出し得ないし、また神祇の捨国昇天の理由は現実の社会的宗教的諸条件の中に可変するものであり、その認識はその変化に直面する法華行者・信者のいわば恣意にまかされるものである。したがって、日蓮の死後、その教団が神祇信仰の中心地域に教線を伸張したとき、神祇信仰の受容は必須であったのである。それは具体的には、彼示寂の直後、身延直檀の波木井実長の三島社参詣の是認に始まり、ことに神祇信仰と顕密両派に代表される旧仏教の地盤たる洛内やその周辺諸国に、鎌倉最末期より教線が伸張したとき、それらの弾圧のなかで、それへの政治的な妥協として、天台神道説の直模として三十番神の理論が、そこに弘通する妙顕寺や中山法華経寺門流を中心に打ち立てられ、さらにそれは室町後期に法華神道説として完成され、信徒の謗法社＝一般神社への参詣の容認さえ行われるようになったのである。

(五) しかし、このような宗門一部における神祇信仰への積極的協調や、あるいは教団イデオローグにおける神祇否定の不鮮明さにもかかわらず、少なくとも中世においては、法華信徒のあるところ、必ず神祇不拝はその信仰形態の中に必ず付随する現象として現れたのである。その理由の一つの教説的系譜は日蓮自身の神祇観にまで溯り得るものであり、また二つには彼の教説の根本が、「上根上機は観念観法も然るべし、下根下機は唯信心肝要也[72]」と、信心為本であり、これに基づいて信仰の成否は、「此南無妙法蓮華経に余事をまじへば、ゆゆしきひが事也[73]」と、専修題目による法華経への一向の憑依に帰結されるものであって、かかる場合、唱題以外の他仏・他神への信仰は所詮は雑行として拒否さるべきものであったことである。しかも南北朝期の教団が、その期の代表僧日陣によって、「法華経を信ずる人は多候へども無二亦無三と信ずる人はまれに候」、あるいは「寿量品の肝心南無妙法蓮華経を、耳にも口にも唱る人は、一閻浮提之内、八万の国々の中にはまれなる[74]」と叫ばれたごとく、専修題目による法華経(釈尊)への一向の帰依が教団内部に確立され得ていないとき、教団の発展と存続の本質的課題は、一つに門徒の信仰生活の純化、一切の雑行・謗法行為の淘汰であり、上からの門徒規制として、謗法神社参詣の禁が門流法度の中に謳われるのである。

かくて、王法仏法相依の理論を打ち出す旧仏教が、自己と本質的に対立するものとして中世法華宗を指摘した場合、その罪障は、専修念仏の場合と全く同様に、余宗余仏の排斥と神祇不拝の現象に集約されて理解されたのである。

(六) しかし、中世法華宗のこの神祇の拝・不拝の問題は、在地の社会的、宗教的特質によっては、事情は一変するのである。すなわち、室町期後半より近世初頭にかけての教団の発展とともに、法華宗がその窮極の指標とした、「日本乃至漢土月氏一閻浮提に人ごとに有智無智をきらわず、一同に他事をすてて南無妙法蓮華経と唱ふべし[75]」

なる法華信仰による国土衆生の画一的統一の小世界が、全国各地に現実に樹立されたことである。これはすでに別稿において(76)私見を述べたこともあるので詳細は省くが、いわゆる「何々郷・何々村丸（皆）法華」と呼ばれる、法華信仰による同信地域が十六世紀後半より十七世紀にかけて、法華宗強盛の各地に実現したことである。かかる小世界においては、住民はすべて法華信者であり、その共同体の政治的、思想的権威のすべては法華経に帰結されて再生され、法華経がすべてを支配する世界である。したがって、この中世的小世界の中での神は、正法擁護の義務を遂行し、法華経の法味によって現土に存在し得る神であって、原始古代の神々が日蓮の言う中世の神として再生され、実現した神々である。かかる場合、神々は法華宗僧俗の勤仕を受け、たえず神前で法華経が読誦されて、その法味によって浄化され、実質的には正法社——法華経の支配する社——として昇華したものであって、もはや従来の謗法社ではないのである。ここに教団の神祇不拝・不信の理念は、全く内部的にその実践的意義を消滅するのである。

(七)

最後に、中世的神の一典型として再生されたかかる神——教説的にいえば一般神社を法華経支配の神とし浄化した神——あるいは神祇不拝は近世社会の法華信徒の信仰生活の中でいかになっていくのであろうか。これについて、宝暦六年（一七五六）五月九日、備前の法華宗寺院に対して出された触書(77)に左のものがある。

一、今般対社方、祖録ヲ証文として神社を魔縁之棲と成シ、併悪鬼得レ便国既ニ破等之語を拠とする事、泰平之今時甚恐れある事ニ候条、向後堅相慎むべき事

一、法華勧請之社にあらづハ当宗之輩不レ許二参拝一との義不埒之申方ニ候、向後申出ス間鋪候、併氏神之札守社家ゟ其氏子江遣シ候義、不レ可二相妨一候、其外氏子之社参又寄進物之義、寺院ゟ妨ケ申間敷候、（後略）

一、旦家江対、神社修理造営寄附物等事、不レ可二差留一候、併寄進物名目之義及二異論一間敷、弥古来ゟ有来之

通心得不レ可ニ相妨一事

右之通堅守可レ申候以上

これによれば、近世封建社会においても、備前の法華門徒は、㈠日蓮御書に基づいて一般神社を「魔縁之棲」と認定し、㈡「法華勧請之社」＝正法神社にあらずば参拝を行わず、㈢社家より出される神社の札守、一般神社の修理・造営の寄付物を拒否し、謗法社不拝の掟は遵守せられていたのである。しかし、かかる掟は近世においては日奥の主唱した不受不施派信徒の中に殊に強く遵守せられ、それの禁教と取り締まりに連関して、この触書にみられるごとく、宗門の神祇不拝は「泰平之今時甚恐れある事」と近世封建権力によって認定され、制止されたのである。

この触書に対し同日付で、蓮昌寺・妙勝寺・正福寺・妙林寺・妙福寺など備前の有力法華宗十カ寺は連署して、「右被仰出候通奉畏候、弥堅相守可申候」[78]なる請状を呈している。ここに、日蓮以来の謗法社への不信・不拝は宗門教化の者の側より放棄され、前述の菅八幡宮にみられたごとき、中世末以来、法華一円の地域に醸成せられた法華経支配の中世的神も、かかる近世封建権力による神祇不拝制止の政治的状況の中で、一般神祇信仰と次第に混淆され、さらには日蓮教説によって裏付けられた中世的神の実質的意義を、近世社会の中に消滅させていったと考えられる。

註

（1） 森龍吉「自然法爾消息の成立について」（『史学雑誌』六〇―七、一九五一年）、宮崎円遵「神仏交渉史の一齣」（『仏教史学』三―二、一九五二年）、北西弘「中世村落と真宗の聯関について」（『大谷史学』六、一九五七年）、同「中世の民間宗教」（『日本宗教史講座』三巻、三一書房、一九五九年）、黒田俊雄「一向専修と本地垂迹」（『史林』三六―四、一九六三年）、同「中世国家と神国思想」（『日本宗教史講座』一巻、三一書房、一九五九年）。

（2） 黒田前掲論文。

（3）(A)は「京大所蔵文書」（『大日本史料』第八編之二）。(B)「叡山旧記」大永四年七月二十三日条（『後鑑』所収）。(C)天文五年七月三日、「興福寺返牒」（辻善之助『日本仏教史』中世篇四巻、岩波書店、一九五〇年、四四二頁参照）。

（4）真宗においては談義本あるいは『御文』によって、神明の擁護、神祇不拝の制誡を南北朝期以後説かれるようになる。詳しくは北西弘「中世の民間信仰」（前掲『日本宗教史講座』三巻）を参照されたい。

（5）「備前金川妙覚寺文書」元和九年十二月二十八日付、日奥筆「妙覚寺法式」。

（6）原本は管見しないが、当時の写しが本能寺、妙蓮寺に存する。ここでは『両山歴譜』による。

（7）註（5）。

（8）前掲『日本仏教史』中世篇四巻、三〇八―三一二頁参照。

（9）『伝灯鈔』。

（10）明応六年五月三日、「妙本寺日芳書状」（『改正番神問答』）。

（11）黒田俊雄「中世国家と神国思想」（前掲『日本宗教史講座』一巻、六九頁）。

（12）『末灯鈔』。

（13）家永三郎「日蓮の宗教の成立に関する思想史的考察」（『中世仏教思想史研究』、法藏館、一九五五年、八〇―八三頁参照）。

（14）文永七年、『善無畏三蔵鈔』（『昭和定本日蓮聖人遺文』一巻、四六六頁）。本稿所引の日蓮御書はいずれも同書により、以下、巻数、頁数のみを記す。

（15）「上野殿御返事」（同二巻、一四九二頁）。

（16）「日女御前御返事」（同二巻、一三七六頁）。

（17）「神国王御書」（同一巻、八八一頁）。

（18）『善無畏三蔵鈔』（同一巻、四六七頁）。

（19）『祈禱鈔』（同一巻、六八五頁）、『立正安国論』（同二巻、一四五七頁）。

(20)『諫暁八幡抄』(同二巻、一八四二頁)。
(21)「神国王御書」(同一巻、八八三頁)。
(22)「南条殿御返事」(同二巻、一一七三頁)。
(23)宮地直一『八幡宮の研究』(理想社、一九五六年、一八〇―一八六頁)参照。
(24)「四条金吾許御文」(『昭和定本日蓮聖人遺文』二巻、一八二二頁)。
(25)同右。
(26)「頼基書状」(同二巻、一三五九頁)。
(27)前掲『中世仏教思想史研究』七〇頁参照。
(28)『行者仏天守護鈔』(『昭和定本日蓮聖人遺文』一巻、二四七頁)・『本尊問答鈔』(同二巻、一五八五頁)。
(29)「親鸞聖人御消息集」、九月二日、念仏の人々の御中へあて。真宗と神祇との関係は、史料的には、北西弘「中世の民間信仰」(前掲『日本宗教史講座』三巻)に詳しい。同書に教示されること大であった。付記して謝意を表す。
(30)「六郎恒長御消息」(『昭和定本日蓮聖人遺文』一巻、四四二頁)。
(31)「妙法比丘尼御返事」(同二巻、一五五七―一五五八頁)。
(32)『三沢鈔』(同二巻、一四四八頁)。
(33)『守護国家論』(同一巻、一一七頁)。
(34)『唱法華題目鈔』(同一巻、一九五頁)。
(35)『諫暁八幡抄』(同二巻、一八四二頁)。
(36)「一谷入道御書」(同二巻、九九二頁)。
(37)「下山御消息」(同二巻、一三四三頁)。
(38)「松野殿御返事」(同二巻、一四四二頁)。
(39)「下山御消息」(同二巻、一三四三頁)。
(40)『昭和定本日蓮聖人遺文』二巻、一二二三頁。
(41)『続史愚抄』同日条に「筑前筥崎宮火」とみえる。

（42）『北条九代記』・『続史愚抄』同日条。
（43）「四条金吾許御文」（『昭和定本日蓮聖人遺文』二巻、一八二三頁）。
（44）「法門可被申様之事」（同一巻、四五五頁）。
（45）『続史愚抄』文永十一年十月二十日条。
（46）「四条金吾許御文」（『昭和定本日蓮聖人遺文』二巻、一八二四頁）。
（47）註（44）と同じ。
（48）「四条金吾御文」（『昭和定本日蓮聖人遺文』二巻、一八二五頁）。
（49）前掲『中世仏教思想史研究』、七〇頁、赤松俊秀『新日本史大系』三巻 中世社会（朝倉書店、一九五四年、二七二頁）。
（50）「神国王御書」（『昭和定本日蓮聖人遺文』一巻、八八一―八八二頁）。
（51）「南条兵衛七郎殿御書」（同一巻、三二二頁）。
（52）『善無畏三蔵鈔』（同一巻、四六六頁）。
（53）『諫暁八幡抄』（同二巻、一八四一頁）。
（54）「新尼御前御返事」（同一巻、八六八頁）。
（55）（56）（57）「八幡宮造営事」（同二巻、一八六八―一八六九頁）。
（58）宮崎英修『日蓮宗の守護神』（平楽寺書店、一九五八年、八三―八五頁）参照。
（59）『伝灯鈔』所引、元応三年正月二十一日、朗門九鳳連署起請文。
（60）「当門徒継図次第」所引、元応二年三月二日、日輪・日範・日善・日伝・日印・日行・日澄・朗慶連署起請文。
（61）「妙顕寺文書」。たとえば永和四年二月一日、妙顕寺衆徒一同連署起請文、同年三月忍慶等九名連署起請文の中に起請神として「三十番神」がみえる。
（62）平安時代末に如法経守護の番神が成立していたことは、『台記』久安三年六月二十二日条によって知られる。
（63）『伝灯鈔』。
（64）内閣文庫所蔵。

(65)「備前金川妙覚寺文書」年欠八月十六日、日航書状。
(66)「備前金川妙覚寺文書」(『岡山県古文書集』第三、山陽図書出版、一九五六年、一八二—一八七頁所収)。
(67) 拙稿「法華宗不受不施派についての一考察」(『日本史研究』三六、一九・二一九頁)参照。
(68) 佐伯見寿『水呑町史』二二三—二二四頁参照。
(69)「京都市正伝寺文書」宏覚禅師祈願開白文。
(70)「曾谷殿御返事」(『昭和定本日蓮聖人遺文』二巻、一六六二頁)。
(71)「波木井殿御書」(同二巻、一九三〇頁)。
(72)『持妙法華問答抄』(同一巻、二七九頁)。
(73)「上野殿御返事」(同二巻、一四九二頁)。
(74) 年月欠、妙栄・妙俊尼宛、日陣書状(『日陣上人消息集』所収)。
(75)『報恩抄』(『昭和定本日蓮聖人遺文』二巻、一二四八頁)。
(76) 拙稿「近世初頭における京都町衆の法華信仰」(『史林』四一—六、一九六三年、九三—九七頁参照、本書三三五—三六六頁に再録)。
(77)(78) 岡山県和気町由賀神社所蔵「御用留帳」所収。

中世における国家観の一形態
――日蓮の道理と釈尊御領を中心に――

一　はじめに

中世における国家観念、あるいはその政治支配の理念たる「道理」に関する問題は、いろいろの角度から研究が進められてきたが、ここでは親鸞と並んで鎌倉新仏教を代表する日蓮を中心に取り上げ、彼の国家観念とその理念の淵源する日蓮の「道理」の世界を考察し、あわせて中世的思惟の世界の中に、その位置づけを試みたいというのが、この小稿の目的である。

二　中世的国家観念

周知のごとく、中世的国家観念や道理に関する問題は、中世前半期の、公・武両政権による二重支配の併存という歴史的事実より、それぞれの政権の理論的淵源たる固有かつ伝統的な政治イデオロギーに視点が合わされて研究されてきた。すなわち、武家政権におけるそれは、『貞永式目』を中心に、また公家政権の場合には、天皇の権威およびそれを理論的に支えた神国思想、さらには慈円や親房の国家観が取り上げられた(1)。いまここでは紙数の制限もあって、詳しくはこれらすべてにふれることはできないが、本稿に関連するものとして永原慶二氏の論稿「中世の世界観」に注目せねばならない。氏はこの中で、武家社会の中から新しく打ち出された国家観念を『貞永式目』を中心として解明され、式目の世界にみえる武士の新たな政治理念の存在意義を認められながら、かつその反面、式目の性格が、「これによりて、京都の御沙汰、律令のおきて、聊かあらたまるべき」と、古代国家の権威に代わるべき独自の国家観ないし支配者のイデオロギーを持たなかったこと、そして式目の道理が「右大将家御時之例」たる武家社会内部に醸成された慣習に基づくものであり、またその内容も、この慣習に基づく訴訟基準を目的とするに過ぎなかったことなどより、式目よりみた武家社会の政治理念を、「貞永式目にわれわれは封建的社会形成期の領主層の世界観をみとめることは出来ても、中世国家の国家的支配者の独自のイデオロギーをみとめることはできないのである(2)」と述べられている。

しかし、ここで留意すべきは、武家政権において、それ自身の内部に醸成された固有の支配理念によるのみでは、自己の政治統治の権威を、その政権の立脚する基盤を超越して、唯一無二の中世的国王のそれにまで止揚することができなかったことは、また公家政権のそれについてもいい得ることである。

すなわち、中世においては、天皇の統治権威は、「大君は神にしませば」のような、天皇＝現人神としての絶対神聖の不可侵性や、「普天の下率土の濱王土王民に非ざるはなし」の絶対王土の古代的天皇理念によって説明されたものでは決してなかった。かかる理念の消滅は、武家政権の樹立と武士の封建領主化の進展、さらには承久の三上皇流謫という歴史的現実の中で、明瞭に物語られている。しかも、この天皇権威の古代的な絶対不可侵性の消滅は、天皇権威の理論的裏付けとなった神国思想の中に、その思想自体が新たな中世的思惟として形成される点に投影されるのである。

黒田俊雄氏はその論稿「中世国家と神国思想」の中で、中世の天皇権威の根源は、その系譜が神裔として神代の神聖さを当時に継承されていることを強調して説明される点に注意され、中世の天皇は、「神々そのものとはみられず、あくまで人であったが、ただ、神の末裔でありその神威と加護をうけている点に特別の『人格』があるとされたのである。天皇は、いわば受動的に神格視されるのである」と説かれ、さらにその裏付けを、『神皇正統記』にみられる神器量重視の理念に求められ、神器と天皇権威の関係を、「国家と帝位が天皇自身よりも神器の宗教性によって神聖化され」るものであり、「現に国を支配する君主であることよりも、神器の存在によってその地位を規定される」天皇であったことを明らかにされた(3)。

しかし、古代的天皇権威の理念が、このように再生され説明されても、かかる中世的天皇の理念がその政権の基盤とする貴族社会においてはともかく、武士勢力の発展という中世前期の歴史的現実の中で、それがそのまま容認されたものでないことは、繰り返すごとく、承久の三上皇流謫、あるいは『太平記』等に描かれる武士層の天皇観に浮き彫りされていることはいうまでもない。

したがって、鎌倉期においては、公・武いずれの政権を問わず、その支配統治の権威は、それぞれの基盤とする社会内部より醸成されたところの、伝統的固有の政治理念——神国思想であれ、封建的主従関係に基づく御恩奉公の理念であれ、これら固有の理念のみを支配のイデオロギーとする限りは、この両者の政権は、中世国家における唯一無二の絶対国王を志向すべき、国家支配者としてのイデオロギーを完成することはできなかったのである。

しかも一方では、荘園制の否定と封建的土地所有の確立による古代的秩序の変革をその歴史的課題とする武士階級が、封建領主化を進展させればさせるほど、中世国王への復活を志向する公家政権との本質的対立がより鮮明となってくるのであり、この両者の政権にとって、かかる歴史的現実よりしても、彼ら固有の支配のイデオロギーを、より強固に補強し、さらにはそれを再生して、新たな国家観念・道理を確立させることは、必要かつ必須であったのである。

だが、唯一無二の中世国王を志向すべき新たな中世的国家観や道理の確立も、すでに述べたごとく、彼ら社会内部に培われた伝統的支配のイデオロギーのみでは不可能であるとき、それはどこに求められるであろうか。それは、彼ら社会より外部の世界に培われた理念を導入するより道はなく、具体的にはまず神秘的な呪法に、第二には外典に、第三には仏典にそれが求められたであろう。

換言すれば、中世においては、政治支配の正当性ないし国家観念が、これら呪法・外典・仏典の理念によって補強されあるいは理論化されることが、常に可能であり、時には必須でさえあったのである。

後鳥羽院と慈円の場合に代表されるごとく、公家政権の危機意識が真言秘法への沈潜が常であったこと、あるいはまた『聖徳太子未来記』にみられるような神秘的歴史観の流布は、第一の場合の好例であろうし、また第二の外典によるものとしては、建武中興における宋学の受容や、儒教思想に補強された親房の神国理論を指摘し得るのである。

ともあれ、第三の場合には、浄土教思想の継承の上に、因果応報と仏教的無常観を基調として展開される『平家物語』の世界観や、また慈円の『愚管抄』の「道理」の中にその好例を見出し得るのである。だが、注意すべきことは、仏教的立場よりする国家観念の成立は、なにも既存の仏教哲理に限るものではないのである。すなわち、国家観念ないし中世的「道理」が、儒教的あるいは仏教的な理論に基づいて説明されるという時代の趨勢と要求が存在する限り、新しく成立する鎌倉新仏教も、多かれ少なかれその教説の中に、新仏教独自の国家意識が問題とされざるを得なかったのであり、なかでも元寇の国難意識の昂揚期にその教説を成立させた日蓮において、それが殊に鮮明に投影されていったのは、また当然のことであったのである。

本稿で取り上げる日蓮の国家観や道理の理念は、いわば、以上に述べたような社会的・思想的・政治的な時代の要求と趨勢の中より出発し、発展したものなのである。

三　釈尊御領の理念

日蓮の国家観念を考えるにあたっては、その前提理論ともいうべき、つぎのごとき理念が存することに留意せねばならない。

すなわち、この理念は法華経譬喩品中の火宅の喩の仏陀の宣言、「今此の三界は、皆是れ我が有なり。其の中の衆生は悉く是れ吾が子なり。而るに今、此の処には諸の患難多し。唯我れ一人のみ能く救護をなす」を出発点として展開される。彼はこの宣言の意義について、まず「此文の心は釈迦如来は此等衆生には親也、師也、主也。(中略)ひとり三徳をかねて恩ふかき仏は釈迦一仏にかぎりたてまつる」(4)と述べ、釈尊は衆生にとって、親・師・主の三徳を兼備するものであると説明する。そして第二にはさらに進んで、「日本国六十六箇国、嶋二の大地は教主釈尊の本領也」(5)、あるいは「此文の意は、今此日本国は釈迦仏の御領也。天照太神・八幡大菩薩・神武天皇等の一切の神・国主並に万民までも釈迦仏の御所領の内なる」(6)、また「娑婆世界は五百塵点劫より已来、教主釈尊の御所領也。大地・虚空・山海・草木一分も他仏の有ならず」(7)と説いている。

すなわち、現実の国土は一木一草、虚空・大地に至るまで、その本源的所有権は釈尊に帰するものであって、現実国土に存在する神・天皇・万民・生物のすべてまで、この釈尊御領の内に包括さるべきものであるとの思惟である。換言すれば、国土の至上の保持者は釈尊であり、したがって、荘園領主・地頭・百姓の間に複雑な形態と鋭い利害関係をともなって成長する現実の封建的土地所有も、あるいはまた、公・武両政権の間に惹起する国土支配の対決も、それ自体が釈尊御領という至上理念の中に消化され、かつ完全に咀嚼されるのである。

しかも、この三界＝釈尊御領という至上理念は、日蓮によれば、「故に経云、今此三界皆是我有、其中衆生悉是吾子等云々、知二法華経一申は、此文を可レ知也」[8]と、法華経信仰の本質と発展は、実にこの至上理念の理解に淵源するものであったのである。

四　日蓮の国主観

したがって、実在する公・武両政権の政治支配の本質的意義ないしはそれを正当づける道理は、かかる至上理念よりすれば、日蓮にとっていかに説かれるであろうか。それにはまず、彼の国主観にふれねばならない。

すなわち、かかる意味から、彼のいう国主には種々の規制が存在していた。

その第一は、仁王経の「一切国王、皆由三過去世侍二五百仏一得レ為二帝王主一」の解釈であり、彼はこれを、「国主と成り給ふ事は過去に正法を持、仏に仕ふるに依て、大小の王、皆梵王・帝釈・日月・四天等の御計ひとして郡郷を領し給」[9]うと述べ、「過去世侍二五百仏一」を正法（法華経）を持し仏仕することであると解したのである。つまり、国主が国主たり得るには、前世において法華経受持を必須条件とするというのである。

ついでその第二の規制は、至上主釈尊に対する世俗的支配者としての国主の位置づけである。彼はこれを、「今此三界」の前述の法華経文言に基づいて、「此日本国の一切衆生のためには、釈迦仏は主なり、師なり、親なり。

天神七代・地神五代・人王九十代の神と王とすら猶釈迦仏の所従なり。（中略）又日本国の天神・地神・九十余代の国主並に万民牛馬、生と生ける生ある者は皆教主釈尊の一子なり。又日本国の天神・地神・諸王・万民等の天地・水火・父母・主君・男女・妻子・黒白等を辧給は皆教主釈尊、御教の師也(10)」、あるいは、「三界の諸王の皆は此の釈迦仏より分ち給て、諸国の総領・別領等の主となし給へり(11)」と述べている。つまり、現実の支配者たる国主も、国土所有の至上権をもつ釈尊に対しては、一切衆生と並列の弟子・子息であり、その本源的性格は釈尊の分身にして、その所従であるというのである。

したがって、このようにその本源的性格を規制される国主が政治支配を行う場合には、至上者釈尊に対して、いかなる条件でその正当性が認められるであろうか。結論的にいえば、釈尊のもつ本源的主権が俗界の支配者国主へ委任されているという理念によって、彼は説明を加えた。

すなわち、『守護国家論』の中で、仁王経の文言の「仏告《ハク》二波斯匿王《ニ》一乃至是故《ニ》付二属《シテ》諸国王《ニ》一、不レ付二属《セ》比丘・比丘尼・清信男・清信女《ニ》一。何《ヲ》以《テノ》故《ニ》、無《キカ》二王《ノ》威力一故《ニ》、乃至此経《ノ》三宝《ヲハ》付二属《ス》諸国王《ノ》四部《ノ》弟子一」を説明して、彼はつぎのごとく述べる。曰く、「如《ナラハ》二仁王経《ノ》文《ノ》一者、以《テ》二仏法《ヲ》一先付二属《シ》国王《ニ》一、次《ニ》及《ホス》二四衆《ニ》一、居《ル》二王位《ニ》一君、治《ムル》レ国《ヲ》臣《ハ》以《テ》二仏法《ヲ》一為《シテ》レ先《ト》可《キ》レ治《ム》レ国《ヲ》也(12)」と。

つまり、三界所有の至上権をもつ釈尊と、世俗の支配者たる「居二王位一君」＝天皇、あるいは「治レ国臣」＝武家に対して仏法を付属し、彼らがその付属された仏法に基づいた政治支配を樹立したとき、彼らの政治支配の本質的意義と正当性が、至上者釈尊に対して初めて遂行されるというのである。換言すれば、日蓮の主張する政治支配は、仏法を「為レ先」し、それに支配される政治であり、ここに、宗教がすべてを支配するという中世国家の観念の典型を見出すことができるのである。

しかも、日蓮のいう仏法は、周知のごとく、「法花経《ハ》如来出世《ノ》本懐《ナル》」(13)と、至上者釈尊の本懐たる法華経に限られるのであって、したがって、いわば仏法に支配される国主は、その第三の規制として、正法＝法華経の流布擁護の義務を、至上主釈尊に対して負うていると、日蓮によって認定されるのである。

すなわち、『大集経』二十八の、「若有《テ》二国王一、見《テ》二我法《ノ》滅《センヲ》一、捨《テ》、不《レハ》二擁護《セ》一、於《テ》二無量世《ニ》一修《ストモ》二施戒慧《ヲ》一、悉皆滅失《シ》、其国《ニ》出《サン》二三種《ノ》不祥《ノ》事《ヲ》一、乃至命終《シテ》、生《セン》二大地獄《ニ》一」の文言について、彼はその意義を、「如《ナラハ》二大集経文《ノ》一者、王臣等為《ニ》二仏道《ノ》一、無量劫之間、雖《モ》下施《シ》二頭目等《ノ》施《ヲ》一、持《チ》二八万《ノ》戒行《ヲ》一、学《フト》中無量《ノ》仏法《ヲ》上、国《ニ》所《ノ》二流布《スル》一法《ノ》、不《レハ》レ直《サ》二邪正《ヲ》一、国中《ニ》起《リテ》二大風・旱颰・大雨之三災一、万民《ヲ》令《メ》二逃脱《セ》一、王臣定《メテ》堕《セント》二三悪一」(14)と述べているのである。

五　日蓮の歴史観

このように述べてくれば、日蓮にとって公・武政権のいずれであれ、その政権の本質的政治意義、あるいはその支配統治の正当性は、「天孫降臨」という伝統的神国思想の再生や、「稟二八幡太郎遺跡一、如レ旧相二従東八ヶ国勇士一」(15)の頼朝挙兵の理念に象徴されるところの、武家社会生来の棟梁と家人の封建的主従関係に求められるものではなく、法華経支配による政治の存否、あるいは法華経擁護の釈尊への義務遂行の有無という点に絞られて理解されるのである。

換言すれば、日蓮によっては、それら既存の伝統的固有の政治支配のイデオロギーは、それ自身では主体性をもって、それが支える政権の絶対不可侵の支柱たり得ないのであって、それら政権の尊厳は、これら既存の政治理念の画一的否定の上で、あらためて正法＝法華経の受持・流布擁護という導入された新権威によって浄化されたとき、彼らの政権は本源的主権者釈尊に対して正当化され、そこから、唯一無二の中世国家の支配者の道が開かれるというのである。いわば、かかる日蓮の国家観念の中に、時代的所産ともいうべき、典型的な中世的思惟の方式を見出し得るともいえるのである。では、かく世俗政権の尊厳が、正法の存否いかんに支配されるものであるときに、現実の支配者たる国主が、至上主釈尊より規制されたところの、正法に基づく政治とその流布擁護の責務遂行を怠ったならば、国主はいかなる道を歩むであろうか。

それは、「法華経を背きて、真言・禅・念仏等の邪師に付て、諸善根を修せらるるとも、敢て仏意に叶はず。神慮にも違する者なり[16]」と、至上主釈尊に対する、所従たる世俗支配者の反逆を直ちに意味するものである。そして、かかる反逆の国主は、日蓮によれば、「この親と師と主との仰をそむかんもの、天神地祇にすてられたてまつらざらんや[17]」と、王法守護の神祇にも背かれ、むなしく滅亡の道を歩むこと必然であったのである。

日蓮はこの一例を、「第八十二代隠岐法皇御時、禅宗・念仏宗出来て、真言の大悪法に加えて国土に流布せしかば、天照太神・正八幡百王百代の御誓やぶれて王法すでに尽ぬ[18]」と、承久の変における後鳥羽院の敗北を、正法消滅による当然の帰結として説明する。

すなわち、彼のいう王法は、「仏法に付て国も盛へ、人の寿も長く、又仏法に付て国もほろび、人の寿も短かかるべし[19]」と述べるごとく、仏法＝法華経に依存し支配される王法であり、法華経消滅せば直ちに滅亡する王法であったのである。なぜならば、繰り返していうが、日蓮にとって、国土の本源的主権者は釈尊であり、現実の国主の政治支配の本質はあくまでもその委任であり、彼らの国土支配の正当性は、釈尊出世の本懐である法華経の支配する政治が遂行されたとき、初めて首肯されるものであったからである。だから、日蓮にとって、歴史理解の基本的法則やその道理は、ただ法華経に止揚され、その存否に求められていくのである。

すなわち、彼の歴史観は、「今日蓮一代聖教の明鏡をもて、日本国を浮見候に、此の鏡に浮で候人々は、国敵仏敵たる事疑なし[20]」と、歴史現象の「明鏡」への投影によって始まる。そして、この「明鏡」とは、「一代聖教の中に、法華経は明鏡の中の神鏡なり[21]」と述べるごとく、一代聖教＝「明鏡」であって、この明鏡の中の「神鏡」が法華経であったのである。しかも、この法華経＝「神鏡」は、「銅鏡等は人の形をばうかぶれども、いまだ心をばうかべず。法華経は人の形を浮るのみならず、心をも浮べ給へり。心を浮るのみならず、先業をも未来をも鑑給事くもりなし[22]」と、日蓮にとっては法華経自体が歴史の基本法則の指標であり、と同時に、時には、「未来をも鑑」みるところの「未来記」そのものにもなったのである。

したがって彼にとっては、すべての「道理」の観念は、「仏法と申は道理也。道理と申は主に勝物也」と、道理とは仏法すなわち法華経であって、「道理」＝法華経はまた常に、「主」＝王法にまさるものでもあったのである。

六　日蓮の国家観念

三界は釈尊御領であるという至上理論を前提として、公家・武家政権のいずれを問わず、彼らの伝統的支配理念の根源をまず全面的に否定し、あらためて法華経の存否・その受持いかんによって、政治支配の本質を理解せんとする彼の国家観念と道理の理念は、その前面においては既存権威の全面的否定を押し出しながら、その反面、それがそのまま既存政治権力の新たな支配理念となり、さらに進んでは、それら政権の御用教説的なものともなり得る可能性を内包していたことを忘れてはならない。つまり具体的にいえば、ある一定の条件が完備せられるならば、彼の国家観念は、そのまま、鎮護国家の仏法として止揚される可能性を併有していたのである。

しかし、よしやこの鎮護国家的仏教への変移がなされたとしても、少なくとも日蓮教説の本来的意味よりすれば、それがただちに古代仏教の唱えるところの、「以㆓王城山門㆒、類㆓車両輪㆒、比㆓鳥双翼㆒、若闕㆓一二㆒、倶不㆑可㆓安穏㆒」(23)なる王法仏法相依の理論に支えられた鎮護国家仏教への同化では決してない。

なぜならば、日蓮のいう王法と仏法の関係は、「仏法に付きて国も盛へ人の寿も長く、又仏法に付て国もほろび、人の寿も短かるべし(24)」と、王法の盛衰は仏法の存否に支配されるものであったが、仏法の命運は決して王法の存否に左右されるものでなかった。臨終にのぞんで日蓮が、「今此国に大悪魔人入り満て、国土ほろびん時にこそ、日蓮が立申法華経の法門、正義とは見え候べけれ」と遺告したように、彼の法門は王法消滅の時においてさえ、王法と命運をともにする仏法ではなく、「正義の法門」として昇華される仏法であったし、前述のように、「仏法と申は道理也。道理と申は主に勝物也」と、彼の「仏法」＝法華経は、「主」＝王法を支配する「道理」そのものであったのである。

つまり、至上主釈尊の本懐たる法華経は、釈尊所従たる世俗支配者の王道の存否などに、決して左右されるべきものではなく、それを超越した不可侵の道理であったのである。

また、武家社会の基本的支配者理念たる御恩と奉公の観念についても、これと同様のことが指摘し得る。

すなわち、彼は武士の主君への奉公について、上野殿宛の書状の中で、仏教に説く四恩、儒教にいう四徳をあげ、これを、「国主の恩を報ぜよとは、生まれて已来、衣食のたぐひより初て、皆是国主の恩を得てある者なれば、現世安穏後生善処と祈り奉るべし」、あるいは、「主に合て忠なるべしとは、いささかも主にうしろめたなき心あるべからず。たとひ我身は失はるとも、主にはかまへてよかれと思べし(25)」と説いている。そしてさらに別のところでは、「御みやづかいを法花経とをぼしめせ(26)」と、奉公行為自体が法華経信仰そのものに昇華し得るものであることを説く。しかし、かかる武士の封建道徳の首肯も、常に絶対不可変のものではなく、ある場合には、否定し去られるのである。

彼はそれを「一切の事は父母にそむき、国王にしたがはざれば、不孝の者にして天のせめをかうふる。ただし法華経のかたきになりぬれば、父母国主の事を用ひざるが孝養ともなり、国の恩を報ずるにて候[27]」と説く。

すなわち、本源的主権者の釈尊に対して、正法流布の外護と付属された正法（法華経）に基づく政治支配の義務を放棄した主君は、「法花経のかたき」を意味するものであり、かかる場合の奉公には、「国主の事をも用ひざる」ことこそがかえって正義であり、それが釈尊御領たる「国」の恩を報ずることであったのである。

つまり、国土の本源的主権者たる釈尊（法華経）への忠は、現実の支配者たる主君への奉公、あるいは武家社会固有の封建道徳の権威よりも、常に優先するものとの思惟である。なぜならば、日蓮によれば、もともと彼ら主君の支配権は、それ自身で主体性をもって存するのではなく、至上者釈尊より委任されたものに過ぎなかったからである。

したがって、日蓮の説く武家の奉公行為の容認は、その行為の対象たる主君の法華経受持いかんという点に、究極的には支配され、また可変され得るものでもあったのである。

かく推考してくると、日蓮の思惟する王法と仏法の相関は、古代的仏教が主張した「若闕㆓一㆒、倶不㆑可㆓安穏㆒」の王法仏法相依の理念では決してなく、仏法為本の理念に止揚された立場から、あらためて打ち出された仏法支配の王法であった。

だが、かかる仏法為本の理念の確立にもかかわらず、繰り返すごとく、現実にはなお、この彼の国家観念の中には、既存政権の政治支配を権威づけて正当化し、時にはその「御用教説」の立場にも変移し得る可能性を秘めていたのである。では、この可能性を現実化する条件とは何であろうか。

それは前述の、日蓮が志向した仏法支配の王法は、つまり法華経に基づく統治を政治理念とする王法が、現実に樹立されたとするならば、このことは、前述の彼の教説がすでにその政権の政治理念と同化したことを意味するのであり、かかる場合の彼の法門は、ただちに「鎮護国家」の法門に変移し得るということである。だが、よしやかかる変移が行われたとしても、前述したごとく、それがそのまま、彼の法門が古代的なものであるとの証には決してならない。

すなわち、古代仏教における「鎮護国家」が王法仏法相依の理論に基づくものであるのに対して、日蓮のそれは、仏法為本の理念に基づくものであり、また、その鎮護すべき対象たる国家は、律令国家でもなければ式目の世界でもなく、それらを超越して、いわば法華経支配の王法が確立された国家＝正法国家にのみ限られるからである。つまり、彼の法門にいう「鎮護国家」は、中世的意味におけるそれであったのである。

しかし、またこのことは、逆にいえば、日蓮にとって、鎮護すべき王法は、幕府であれ、宮廷であれ、時にはこの両者でさえかまわないことを意味した。というのは、彼にとって、鎮護すべき王法の条件は、前述したごとく、法華経の受持・擁護いかんという点に絞られて理解されるのであって、公武政権の本質的相違や、その歴史的課題よりする正当性のいかんには、なんら拘束されるものではなかったからである。

文応元年（一二六〇）、最明寺時頼に対する『立正安国論』提出を最初として、法華経への帰依とその広宣を主張する幕府への三度の諌暁や、また臨終にあたって日像に、王城への諌暁と広宣を遺戒したことは、前述の彼の国家観念より当然帰結されるものであったし、また『法華初心成仏鈔』の中において、「法花経をもって国土を祈らば、上一人より下万民に至まで、悉く悦び栄へ給べき鎮護国家の大白法也[28]」と述べるのも、実に前述したように彼の国家観念を母体としていたからにほかならないからである。

最後に、一方で既存権威のすべてを否定するようにみえながら、その反面、政治支配者のイデオロギーとして、時には中世的意味における「鎮護国家」の法門へも変移し得る可能性を内包する日蓮の国家観は、現実の歴史事実の中でいかに推移し、かつ開花するであろうかについてふれておきたい。

周知のように、幕府要路によって三度諫暁を拒否され、いわば失意の身を身延隠栖に置かねばならなかった彼自身の生涯においては、彼のかかる国家観念は、いわば観念的思惟の世界に止揚され得ても、その裏付けとなるべき法華経支配による王道は実現することはなかった。

しかし、彼の死後、その教線が京都を中心とする旧仏教勢力と古代勢力の中枢地域に伸張されたとき、彼の国家観念の中に内包された中世的意味における鎮護国家の理念は、皮肉にも古代的な意義における鎮護国家理念に後退して、彼の遺弟たちによって実現されたのである。すなわちそれは、法華経支配による王法の確立を俟つことなく、勅願寺・祈願寺として公武政権に接近し、宗門貴族化をはかった室町期妙顕寺の歴史の中に、その好例を指摘し得るのである。たとえば『日像門家分散之由来記』の中に、「当宗ノ法理如何」との将軍下問に対して、妙顕寺住持具覚が「鎮護国家ノ法門ヲ申」と答え、この答が、「身命ヲ捨ルトモ宗義ヲ思ノ儘ニ」述べなかった曲事であると日隆（本能寺開山）に認定され、日隆の同寺退出の一因ともなった旨の記事をのせているが、この話が史実そのままであるかどうかはさておいても、かく語られる妙顕寺の風潮の中に、日蓮の本来的国家観念が、古代仏教のもつ鎮護国家理念の中に後退し、かつ潜没していく過程をくみとることができるのである。

ともあれ、前述の日蓮の国家観が、その本来的意義をもって現実政権の政治理念として登場してくるのは、結論的にいえば、室町期後半、戦国大名の領国形成の過程の中で、その政治理念として採用されたことであろう。

すなわちこれが、戦国法華大名による前述の日蓮国家観に基づく彼らの分国支配である。この実態の詳細は後考を期するものであるが、たとえば、応仁の乱後備前の大半を領した松田氏の領国支配は『備前軍記』に、「松田近年日蓮を甚もつて信仰して吾領内の寺々を其宗に改めさせ、したがはざる寺を焼はらひける、金山観音寺・吉備津宮など放火せしは此時なり。金川城中にも日蓮宗の道場を建立し」とみえ、また堺妙国寺日珖に帰依した三好長治の阿波領国支配は、「天正三年には阿波一国の衆、生れ子まで日蓮宗になし、法華経をいだかせ、他宗の寺へ出入する事を許されず[29]」と伝えられる。

これはもちろん、彼ら戦国大名自身の法華宗帰依の事実と外護を物語るものではあるが、と同時に、日蓮教説が究極的な指標とするところの、「日本乃至漢土・月氏・一閻浮提の人ごとに有智無智をきらはず、一同に他事をすてて南無妙法蓮華経と唱べし[30]」なる主張の必然的帰結として、正法国家の具象化は、まず、領国内よりの謗法淘汰の現象となって現れてくるのであり、かかる意味において、この戦国大名の法華経信仰による領国の画一的統治こそ、彼らの支配のイデオロギーとして、前述したごとき日蓮の国家観が、蘇生され実現されていったと言い得るであろう。

註

（1）安田元久「封建時代の天皇」（『思想』六、一九五二年）、豊田武「中世の天皇制」（『日本歴史』四九、一九五二年）、永原慶二「中世の世界観」（『日本歴史講座』第三巻、河出書房、一九五一年）、同『日本封建社会論』（東京大学出版会、一九五五年、第五章）、石母田正『古代末期政治史序説』下巻（未来社、一九五六年、補論の項）、黒田俊雄「愚管抄と神皇正統記」（『日本歴史講座』第八巻、東京大学出版会、一九五七年）、同「中世国家と神国思想」（『日本宗教史講座』第一巻、三一書房、一九七一年）など。

（2）永原慶二前掲論文、一三〇頁以下。
（3）黒田俊雄前掲論文、（一二六頁以下）。
（4）「南条兵衛七郎殿御書」（『昭和定本日蓮聖人遺文』一巻、三二〇頁）。
（5）「六郎恒長御消息」（同一巻、四四二頁）。
（6）「弥三郎殿返事」（同二巻、一三六六頁）。
（7）「一谷入道御書」（同二巻、九九二頁）。
（8）「戒体即身成仏義」（同一巻、一四頁）。
（9）『祈禱鈔』（同一巻、六八五頁）。
（10）「妙法比丘尼御返事」（同二巻、一五五七頁）。
（11）「神国王御書」（同一巻、八八一頁）。
（12）『守護国家論』（同一巻、一一四―一一五頁）。
（13）同右（同一巻、九四頁）。
（14）同右（同一巻、一一五頁）。
（15）『吾妻鏡』治承四年七月五日条。
（16）『祈禱鈔』（『昭和定本日蓮聖人遺文』一巻、六八六頁）。
（17）「南条兵衛七郎殿御書」（同一巻、三二一頁）。
（18）「頼基陳状」（同二巻、一三五九頁）。
（19）「神国王御書」（同一巻、八八五頁）。
（20）同右（同一巻、八八六頁）。
（21）同右。
（22）同右。
（23）「叡山旧記」大永四年七月二十三日条（『後鑑』所収）。
（24）註（19）と同じ。

（25）「上野殿御消息」（『昭和定本日蓮聖人遺文』二巻、一一二四—一一二六頁）。
（26）「檀越某御返事」（同二巻、一四九三頁）。
（27）「王舎城事」（同一巻、九一七頁）。
（28）『法華初心成仏鈔』（同二巻、一四二三頁）。
（29）『三好別記』。
（30）『報恩抄』（『昭和定本日蓮聖人遺文』二巻、一二四八頁）。

江戸幕府の宗教統制

一　統制の焦点

幕府宗教行政を一貫する基本的課題は、将軍を頂点とする封建的ヒエラルヒーに基づいた近世幕藩体制の中に、宗教勢力をいかにして組み入れるかということである。具体的にいえば、教団上部に対しては、王法が仏法を支配し、政権が教権を摂受する王法為本を是認する態度を求めることであり、さらには、封建領主の政治支配の埒外にかつて形成された本願寺法国のような教団の存在は許さず、これら教団がもつ信徒を、教権よりも以前に先取して、幕藩体制の枠内に組み入れることである。

この意味において、幕府宗教行政の中心に置かれたものは、とりわけ門徒宗（一向宗）・日蓮宗・切支丹であった。彼らこそ土地経済に立脚せず、したがって幕府の寺領検地政策にも、旧仏教諸派や禅宗が蒙ったような痛手は受けず、また特権的支配階級にのみ依存していた他の宗派と異なり、幕府が幕藩体制確立においてその把握に最も心がけた農民・町人・武士層を門徒として組織し、それに立脚した教団であったからである。

これら三つの教団のうち、ここでは本願寺教団と日蓮教団を中心に考えてゆくことにする。しかし、江戸初期という時点に限ってこの二つの教団を取り上げると、幕府に対応する教団内部の態度に大きな相違のあったことをまず指摘しておかねばならない。

本願寺教団についていえば、石山開城後、かつて一向一揆の母胎となった地方門徒団は、その指導者であった地侍や有力農民層が大名家臣団に編入されたり、あるいは高持百姓に分解し、また地方道場も在地小領主的性格を失って純粋寺院化が進行し、一向一揆を発生させるべき在地の条件を失いつつあった。しかも、教団上部においては、これに照応するかのような教説の変化もあった。すなわち、かつて信長との戦いの最中に、本願寺顕如は、「雑賀之輩、或ハ討死、或ハ手負、身命を惜しまざる事、たぐいなき忠節感入計候、聖人へ報謝、これに過ぐべからず候」[1]と、紀州の坊主・門徒に報じて、門徒が身命を捨てて信長と戦うことが、本願寺への忠節であり、と同時に宗祖親鸞への報謝であると、明らかに仏法為本の立場を打ち出していた。しかし、周知のように石山合戦後の本願寺は、再び蓮如以来の王法為本への立場に立ち帰って、門徒に王法への服従を説きながら、教団の発展を目指していたのである。統一政権へのこの教団上層部の態度の変化こそ、教団全力をあげての一向一揆が敗北したことから学んだ大きな教訓であった。

しかし、日蓮宗の場合はこれとは異なっていた。安土宗論の敗北の教訓にもかかわらず、内部に不受不施の問題を残していたからである。

不受不施とは、もともと中世日蓮教団が広く確立していた宗内制法の一つであり、近世に新しく起こったものではない。この制法の特徴は、第一に僧侶と信徒の神社と他宗の寺院への参詣の禁止、第二に謗施（他宗信者の施）の不受、第三に他宗僧侶への不施、この三つの行儀である。

一見、この行儀そのものは、彼らの信仰形態の特異性であって、幕府の仏教統制政策の根幹をおびやかすごとき要素は、どこにもないと思われるかもしれない。ところが、この三つの行儀の裏には、近世初頭の京都妙覚寺住持日奥が説くように、不受不施日蓮教団のもつ重要な本質が秘められていたのである。そこで近世不受派の派祖といわれる日奥の理論の中で、不受不施の本質を探ってゆこう。

まず神社と他宗寺院への参詣の禁止は、神祇や余宗余仏の不拝、すなわち「法華専修」という信者の信仰形態の確立に、還元して考えることができる。(2) これは、信仰の純粋化、あるいは強信ともいえる。これが不受不施理論の第一の本質である。

第二の謗施の不受、第三の謗法への不施は、日奥によると、布施・供養の意義がつぎのように考えられていたからである。曰く、「凡そ供養とは法理を信ずる心より起るなり、而るに謗人(他宗の人)は全く法理を信ぜず、何に依つてか供養の義有らんや」(『禁断謗施論』)と。また続けて言う、「謗人は信ずる心全く無し、何を以てか彼の施、真実の供養の道理に契はんや、是れ不義の供養なり、而るに不義の施は世間の賢人なほ之を受けず、況んや仏法者として争か不義の供養を受くること有らんや」(『同前』)と。理論はきわめて明快である。供養の意義を「信」の有無により義と不義に峻別し、不義の施を拒否したのである。つまり、受け取るべき供養は信施しかない。謗施不受・謗法不施は、信心為本の立場から生まれたものであるといえる。これが不受不施理論の第二の本質である。

そして第三には、現実の政治権力をいかに考えているか、つまり不受不施の国家観というべきものがある。

すなわち、日奥はその著『守護正義論』の中で、「此の世界に於て全く二主無し、本主は只是れ釈迦一仏なり」と述べ、(3) 宗祖日蓮と同じく、いま彼が生きる現実の国土の主は釈尊であり、さらに、「大千世界の国土・草木、是れ皆釈尊の身体に非ざる事莫し」と、万物すべて釈尊のものである、と彼は思弁した。それでは、国土=釈土という大前提のもとでは、彼自身をも含めた民衆を現実に支配する政治権力は、いかなる性格をもつものであろうか。日奥はこれを、「況んや小国(日本)の王臣、誰人か教主釈尊を背いて此の土を押領せんや、三界は皆仏国なり、咫尺の地も他の有に非ず」と説明した。つまり、国土の本質は仏国であり、現実の封建領主は国土の本源的所有者ではないという考えである。だから、釈尊の正法＝法華経の弘通に努める日奥の生活と生存は、「釈尊の国土に住して其の土毛を喰む、何の咎か有らんや」と、それは国土の本主釈尊には感謝すべきことであっても、現実の政治支配者には、なんら負うべきものではないといい切ったのである。この現世＝釈土、国土＝仏国という理念こそ、日奥不受不施義の第三の本質であり、不受不施派の鋭い反権力的性格の源泉となるものであった。

それでは、この国土が仏国であるとすると、この釈土に住する人々が直面する身分的・社会的諸階層の存在意義はどうなるであろうか。日奥はこれをつぎのように説いた。

日本国中の大小の神祇幷に国王、大臣、道俗、男女、貴賤、上下一切、悉く教主釈尊の所徒に非ずと云ふことなし（『法華宗奏状』）。

神祇をも含めて、国主以下すべての民衆は、仏国に住むからには釈尊の所従であり、釈尊の前では世俗身分の如何にかかわらず、彼らは並列であるという考えである。これは仏教的平等理念ともいえる。だから日奥は、出家が俗姓の高貴を誇る当時の風潮を鋭くつぎのように批判した。

当世の為体、適々出家せる人も、仏家の法儀を忘れて、族姓の高下を諍い、無益の論を為す。併て在俗の作行に同ず。之れに因つて在家の人々三宝に於て軽賤の思を成し、敢て恭敬の心を生ぜず（『諫暁神明記』）。

実にこの三宝の前における軽賤の否定、逆にいうと、題目を紐帯とする信仰の場では法友としてすべての人々は平等であるという理念、これが日奥不受不施義の第四の本質といえる。

この四つの本質を内包する不受不施が、近世統一政権にとって初めて問題となったのは、文禄四年（一五九五）、豊臣秀吉が方広寺大仏の千僧供養への出仕を、洛内日蓮宗本山に強要したときである。秀吉は謗法者（他宗の信者）

であり、これに出仕してその供養を受けることは不受不施制法に違うからである。ここに洛内日蓮宗は、不受不施制法が存在するとしても、国主供養は例外とする本満寺日重以下の諸寺（受不施派、のち身延に拠る）と、出仕拒否を主張した妙覚寺日奥ら（不受不施派）の二派に分裂した。日奥は丹波小泉に蟄居し、秀吉も不問に付したが、秀吉没後の慶長四年（一五九九）、徳川家康は大坂城中に日奥を召し、再度出仕を強要した。不受不施が宗内制法として正当であるかどうか、家康にとって問題ではない。出仕の強要は、仏法と王法、宗内制法と上意、このどちらを選ぶかと家康が日奥に迫ったことを意味する。

日奥は家康の命を拒否して出仕せず、仏法を選んだ。この道こそ「われ仏弟子にして法の臣下なり、公命をおそれて、いかでか仏のをしへたがはんや」（『日親上人徳行記』）と叫んだ先匠本法寺日親に連なる中世日蓮教団が伝統とした仏法為本の道である。これが、不受不施第五の本質といえるものである。

家康は翌年日奥を対馬に流したが、時期的にいって、この日奥の流罪は、幕府仏教政策の開始であったといえるものである。

しかし、この日奥処断のころ、日蓮教団には一つの新しい道が開かれていた。それは皮肉にも、安土宗論を代表して近世統一政権の権力を身をもって体験した日珖の門流に属する日重・日乾・日遠が唱えた受不施の理論である。その主張は、宗内伝統の不受不施制法は認めるとしても、上意による国主供養への出仕は例外であるとする点にある。つまり、宗内制法（仏法）よりも上意（王法）を重んじる道である。しかし、これには、さらに深義が隠されていた。たとえば、日遠がその著『千代見草』の一節で、日蓮宗の宗旨を説明して、「王と民と知らぬ人に、王に慮外のなきやうに、王を王と知らせ、民を民とをしへぬる」ことであると述べ、あるいは日乾がこの国土を説明して、「普天の下、王土に非ざる事なく、山海の万物、国王の有に非ずといふ事無し」（『守護正義論』中の日奥引用）

と述べたように、受不施の理論は、教団伝統の国土＝釈土、衆生＝釈子の理論を否定して、その上に新しく立てられた王法為本の教説である。

言いかえると、将軍を頂点とする兵農分離あるいは士農工商の封建的ヒエラルヒーの形成を、その政治支配の根幹とする幕藩体制の中で、日蓮教団が畢竟存在をはかるには、日乾・日遠が説くこの受不施理論しか、その道は残されていなかったのである。

しかし、ここで問題になるのは、当時の日蓮門徒あるいは日蓮教団全体の動向である。結論的にいえば、日奥は対馬に流されたが、近世初期の宗内大勢は王法為本を掲げる受不施にとって、決して有利ではなかったのである。

家康の怒りが解けたとき、日奥は赦免されて帰洛し、なお不受を堅守していたし、まして家康の没後は、日奥は妙覚寺に再住し、洛内町衆信徒や諸国信徒の熱烈な支援によって堂塔を復興し、また洛内諸本山も再び不受不施に立ち帰ることを誓っていた。それに池上・中山・富士五山の東国日蓮宗各門流も不受不施の制法を公然と掲げていたのである。この間、受派は、日乾が慶長六年（一六〇一）、身延法灯を継ぎ、わずかに甲斐一円の末寺を擁して日奥に論戦を挑んでいたが、日奥は、身延はすでに謗法に堕すと非難し、そのため諸国門徒の祖廟参詣は激減し、少なくとも江戸初期の時点では、明らかに宗内の大勢を圧倒的に不受派が制していたのである。

伝統の不受の制法を放擲し、国土すなわち王土、君臣の別をわきまえ諭すことが宗旨の肝要であるとまで揚言して王法に忠誠を誓う身延が、この圧倒的な劣勢をはねかえすには、ただ幕権に縋る道しか残されていなかった。こうして寛永初年から、不受不施制禁を定めた日蓮宗法度の発布を究極の目的とする幕府への上訴が、日乾・日遠・日暹・日境・日奠と歴代身延貫主によって繰り返しくりかえし行われることとなった(4)。

このすさまじい執念の最初の結晶は寛永七年（一六三〇）、身池対論の幕府裁決となってあらわれた。この裁決で幕府は、関東不受派の巨匠池上本門寺日樹らを、権現様「御宰き違背申」す理由で信濃その他へ流し、また関東・京都とその近辺、大坂・堺・伏見・奈良・駿河・尾張・紀伊からの日樹徒党の追放を令し、と同時に本門寺と京都妙覚寺住持職を身延に与えたのである（『身池対論記録』）。そして、この勝利によって中山法華経寺・真間弘法寺の二本山、小西・中村の談所（談林）も受派の支配下に入り[5]、一躍、宗内主導権を身延は握ったかにみえたのである。

しかし事実は、この勝利の瞬間から、身延は不受派の鋭い反撃を受けていた。すなわち、身延が本山住持職を保証されたこれら各本山では、不受大衆の出奔が続出し、末寺の大部分は不受を堅守して本山の支配権を否定し、しかもこれが門徒に指示されて、その本山参詣が激減し、そのため、身延による本山住持職獲得は全く有名無実という現象が起こっていたのである。

たとえば京都妙覚寺では、この裁決直前の寛永七年六月、本寿院日船ら大衆三十余名が不受の敗北を予知して、「異体同心に一間四面の僧庵にても妙覚寺を取り立て、不受不施の法水を相守る」ことを誓約連判して本山を退出し、またその末寺の状態は、本山が幕府に録進した寛永末寺帳によると、総数百カ寺のうち、受派に転じた本山に従ったものはわずかに七カ寺、残りの大部はすべて不受を守って本山に違背していた[6]。いいかえると、本山が受派に転べば、末寺も檀方も離反するという現象があったのである。

しかも、幕府は対論の判決にもかかわらず、関東その他の直轄都市から不受派を実際に追放した形跡はなく、また宮崎英修氏の指摘によれば、総州では野呂・松崎・山田などの不受派談林の創立が続き、不受派の教学活動は活発化し、そして江戸では対論後から万治にかけて実に二百十二カ寺の不受派新寺が、民衆信徒の支持によってつぎつぎと建立されていたのである[7]。

この不受派の伸張は、どうして起こるか。それは法難意識に燃える強信の門徒が末寺を突き上げ、末寺がさらに本寺を突き上げるからである。

たとえば、一度は受派に転じた中山法華経寺門流では、正保二年（一六四五）、正中山法式を定め、「旧記を守り、一向に万人謗法者之供養を受くべからざること」と、突如として一山不受に復帰したが、その理由を「門流之真俗信心を怠り、参詣を止め、故に吾山衰微に及び、法灯挑げ難し」と、その法式の中に説明を加えた。身延・池上とともに関東の三本山の一つであった中山法華経寺でさえ、受派に転ずれば「吾山衰微」し、不受に復帰して初めて、檀方・末寺の離反を食い止め得たのである。

京都要法寺日躰は、その書状（『富士宗学要集』所収）の一節で、「普伝上人問答（安土宗論）の後、別して仏法繁昌し、又常楽院（日経）法難の後繁昌し、日奥諍論の後も仏法繁昌申し候、諍論ごとに流布仕候、法難の有つても然るべく候」と、いみじくも喝破したが、この法難を甘受する仏法為本の立場こそ、近世初期の日蓮教団の門徒が支持した道であった。

ここに、幕府仏教行政の正面にたちはだかった正体が明らかとなった。それはすでに仏法為本を放棄した本願寺教団ではなく、日蓮教団が中世以来確立してきた不受不施の理論であり、その理論を支えた国土＝仏土、衆生＝釈子の理念、あるいは王法と対決して法難を甘受せんとする、仏法為本を叫ぶ不受僧侶とその檀方である。

逆にいうと、幕府は、はじめに述べたその宗教行政の目的を達成するためには、この不受不施に代表されるような仏法為本の教説教派に対しては弾圧・禁止の手段をもってその払拭を期し、また受不施あるいは本願寺などすでに王法為本を打ち出した寺院教団については、幕府はただその幕藩体制の枠内に彼らを組み入れ統制すればよいのである。

ではこの後者の場合、具体的には幕府はいかなる方法をもってこれを実行したのであろうか。これがつぎの問題となるであろう。

二　統制の機構

1　本末制度

幕府による仏教勢力の政治支配体制への組み入れは、まず僧侶・寺院に対して始められた。家康晩年の慶長十三年（一六〇八）から元和元年（一六一五）にかけてとくに集中された諸寺院法度の発布がそれである。この法度を一貫する幕府の方針は、異義の禁、僧侶の学問奨励、それにかの紫衣法度にみられるような仏教界からの禁裏勢力の払拭などであるが、なかでも、末寺に対する本山の権限を各法度の中で保障したことは、その後の近世寺院と僧侶の性格を大きく規制づけることになった。つまり、そこに近世寺院の本末関係が成立したからである。この幕権によって保障された本山の権限の中で、最も大きなものは、「本寺に伺はず、恣に住持するべからざる事」（『関東天台宗法度』）のように、末寺住持職の最終的任命権を各宗本山が握っていたことである。

ところで、ここで、これら寺院法度とそこに示された本末整備政策について、一言指摘しておきたいことがある。一つは、この寺院法度多出期に、日蓮宗法度はついに制定されなかったことである。わずかに家康死後数カ月を経て、久遠寺御条目が定められただけである。これは不受不施禁止と関連するもので、対日蓮宗政策のみが、幕府の本格的仏教政策の開始期に、なお未解決で残されていたことを示している。

そして、いま一つは、はたしてこのころ、すべての地方寺院は所属する本山をすでにもっていたであろうか、ということである。確かに寺院の本末関係は前代以来、教団内部に形成されつつあったが、なお本山を確定していない独立寺院、二個以上の本山に所属する寺院、さらには宗派さえ定かでない寺院も江戸初期には多くあったと思われる。

幕府の本山権限の保障の意図が本山を通ずる全国寺院の画一的把握にあるならば、ある時点をとり、全国地方寺院の所属本山を法的に決定しなければ、この意図は実効を上げ得ない。

はたして、幕府は寛永八年から翌年にかけ、まず新寺建立の禁の適用範囲を各宗に拡大して寺院増加を停止し(8)、これと並行して寛永九年九月、諸宗本山に対してその末寺の書き上げを命じた(『本光国師日記』)。

このとき幕府に録進された末寺帳をここでは寛永の末寺帳と呼ぶが、この帳に記載された本末寺院は、いわば幕権によって法的に公認された本末関係という性格を備えることになった。内閣文庫に寛永末寺帳の写本と、原本の一部がいま残っているが、これらの末寺帳には、注意すべきことが二、三ある。たとえば曹洞宗大綱十二派末寺帳の最後に、「此末派日本国中許多之有り、未だ其の在所を知らず、故に皆之を記さざる者也」と記してあったり、また記載寺院も、細かく検討すると同じ寺が二つ以上の本山から末寺として登録されていることがままあることである。この現象は豊田武氏が指摘したごとく、このときの末寺帳が疎漏なものであったことを示す(9)のであるが、またこれを逆にいうと、末端地方寺院の「未だ其の在所を知らず」なる告白が、寛永九年ごろの、偽らざる本山の末寺把握の現状であったことを示している。この現状の中で強行された末寺登録こそ、近世寺院の本末制度成立の契機が、各教団の内部に自然にできあがったものではなく、上からの権力によるものであったことをなによりも端的に物語っている。

はたしてこれ以後、本末についての訴訟も現実には多く起こり、幕府も元禄五年（一六九二）再び諸宗末寺帳を作ったのであるが、なおこの寛永末寺帳は、その後も長く寺院の帰属を定める幕府判決の根拠となった。たとえば、延享二年（一七四五）、寺社奉行から諸宗触頭への通告に、「寺院本末争論之事、寛永十年諸宗より差上候寺院本末帳を以、取捌可ㇾ申儀、勿論に候」とみえているのである。(10)

ところで、このような上からの権力による本末関係の整備政策と並んで、他方で本山の側からもこの政策を利用して、末寺支配の強化が進められた。中世末、日蓮宗関東三本山の一つにすぎなかった身延山久遠寺が、中山法華経寺・池上本門寺・京都妙覚寺などの不受派拠点の宗内大本山の住持職をまず幕権によって確保し、その不受派末寺の離反を、幕府権力を背景とした本山権威により食い止めて、寛永末寺帳の中の身延日暹が登録した寺院数は千五十九カ寺を数え、全日蓮教団の登録寺数二千余カ寺の大半を制して、少なくとも表面的には一躍宗内第一の大門流にのしあがったごときは、その好例であった。(11)

真宗においても、今日の本願寺教団の末寺組織の大部が確立したのは、一向一揆はなやかな中世末期ではなく、「諸国ノ本願寺末寺ト儀定ハ、寛永年中ノ義ナリ、其旨旧記伝説等ニ委、今ヲ以テ昔ヲ計ルハ故実ヲ失スルノ甚ナリ」と、『紫雲殿由来記』の筆者が記すように、実は寛永末寺帳の作製期に符合するのであり、たとえば安芸門徒の名で呼ばれるこの地方への本願寺勢力の伸張も、中世以来の明光・興正寺系の末寺を本願寺がこのころ直末に編入したからであるといわれている。(12)

こうして、外からの幕権と上からの本山権威によって、江戸時代の地方末寺は整然たる本末組織に編入されることとなった。基本的には本寺と末寺、さらに本寺は大本山・中本寺・小本寺に、末寺は直末・孫末・曾孫末と連なるのがそれである。そして最後に本山の上に幕府寺社奉行が位置する。もはやこの段階では、末寺が本山住持・院主を訴えることは原則として禁じられ、また、たとえそれが訴訟に持ち込まれたとしても、裁判は本山に有利に裁決されるのが通例であった。しかも告発には上寺添状をともなうことが必要とされ、末寺は本山に対していかなる不満があろうとも、どうすることもできない仕組みになっていた。

千葉乗隆氏の研究(13)によると、本願寺では門主を頂点に、寺院は上寺と下寺の二つの基本的類型に分かれ、上寺は末寺からの寺号・木仏・絵伝授与の要求や住持相続について本山に取次をし、下寺は上寺に対して正月と盆の御礼参、報恩講の懇志上納、上寺勧進への協力、下寺住侶葬式に上寺を招待することに至るまで、種々の義務をもっていた。

宗祖親鸞の「専修念仏のともがらの、わが弟子、ひとの弟子という相論のさふら《候》ふらんこと、もてのほかの子細なり、親鸞は弟子一人ももたずさふらふ《候》」（『歎異抄』）なる同朋意識や、「ひとへに弥陀の御もよほしにあづかりて、念仏もうしさふらふ《候》」という絶対他力の言葉を想起すれば、門徒の上に下寺があり、さらに上寺・本山・法主、さらに幕府へと連なる本願寺教団のヒエラルヒーは、仰天すべき教説の変化であった。しかし、かかるヒエラルヒーの維持が幕権によって保障され、末寺の本山選択の自由がなかったところに、近世の寺院の本末制度は次第に形骸化してゆく危機を最初から秘めていたといえる。しかし逆にいうと、この形骸化した各宗寺院ヒエラルヒーの形成が成立したとき、幕府は本山を通じて全国寺院を完全にその支配体制の中に組み入れることに成功したのである。

2　宗門改

幕府の寺院統制の方法が、寺院本末制度の整備・固定化であるとすると、つぎに民衆を統制した方法は、宗門改の制度と、それから派生した寺請・寺檀制度であるといえる。

宗門改の発達を時期的にみると、切支丹のみの摘発・発見を目指す段階から、さらに民衆の宗旨を人別に登録させる段階に分けることができる。

しかし、一口に宗門改といっても、その発達過程あるいはその内容は非常に複雑である。たとえば、宗旨人別改をとっても、帳面作製の段階とそれ以前があり、作製された帳面にも、俗請のものと、これに寺請が加わるものとがある。さらに、天領と藩領、西国と東国、都市と農村という大きな地域差がある。しかも、寛文以前の宗門改帳の発見が稀少という史料的制約もあり、初期宗門改の全貌の把握は実に困難な作業となってくる。

さて、幕府がキリスト教を禁止した年は、直轄領は慶長十六年（一六一一）かその翌年、全国的には、慶長十八年（一六一三）であるといわれる。京都では、慶長十八年から所司代板倉勝重は、宣教師の追放・信徒の改宗を命じたが、このときの転び切支丹は、その転びが真実であることを証するために、改宗後の檀那寺から寺請を提出した（『本光国師日記』）。これが普通に寺請の初例といわれているものである。

このように、京都という特殊な都市の切支丹の摘発は、幕府の禁教政策断行と同時に行われるのであるが、地方諸藩においては、一般的にいってこれよりは少し遅れて始まり、しかも藩により遅速がある。長沼賢海氏は藩領宗門改の時期を、土佐藩の『憲章簿』の中の「宗門御改差出之儀、元和二年より初而」なる記載や、『稿本原城耶蘇乱記』の中に、元和二年の秀忠がキリスト教を禁じ、宗門人別帳を作って査察したという記事があること、また、肥後天草の『松浦家記録』の中の転び切支丹がいずれも元和元年に転んだと告白していることを指摘して、切支丹宗門改が地方に一般化する時期を、元和初年ごろであると推定した(14)。

しかし、初期宗門改のとき、いかなる方法で行われたかは問題である。ある地方で初めて切支丹摘発が行われたとき、はたして改帳や宗旨人別帳が常に作られたであろうか。また、これらの帳が作られたとすれば、それはどんな体裁のものであったであろうか。

結論的にいうと、宗門改開始の時期には、人別に宗旨が調査されたとしても、その帳付けが必ずなされたとは考えがたく、たとえ『稿本原城耶蘇乱記』のいうように、それが作られたとしても、その帳は寛文以後の整然たる宗旨人別帳とは全く違ったものであったと思われる。その相違を考える上に、土佐藩『憲章簿』の中の「慶長中迄は家並帳と相唱申所、其儘宗門連判帳ニ引直申儀」の記事と、同じく寛永三年（一六二六）の条に、宗門改帳の提出について、この年から「庄屋共之支配は除けられ候」と記してあることは注意すべきことである。この記事は、宗門改の開始期の改帳は、前代以来一般にみられる家並帳や棟数並人数書上帳の類が代用されたことが多く、またその提出の責任は、寺院ではなく庄屋であったことを示している。ことに後者の改帳提出の責任が俗人である庄屋であったことは、ことに留意しなければならない。転びの場合ではなく、一般人を対象とした宗門改帳に寺請が必要とされるのはいつかという、一般民衆の寺院への緊縛を意味する寺請制度の発達とからむからである。

事実、一般人が宗門改に際して寺請の必要を迫られるのは、後述するようにいま少し時期は下る。たとえば寛永五年（一六二八）と寛永九年（一六三二）、大村領内で家別に切支丹の取り調べが行われたが、この責任者は庄屋と各戸家頭であった（『大村文書』）。これら一連の事実は、寺請をともなった宗門改の前段階に、庄屋など俗請のみの宗門改が実施された時期があることを示している。とすると、一般人に寺請が必要とされだした時期は、民衆の寺院への緊縛、あるいは宗門改の発達と強化にとって画期的な意義をもつことになる。

史料上でのその初例の一つは、寛永十二年（一六三五）九月七日付で、当時老中であった小浜藩主酒井忠勝が国元の留守役に対して領内切支丹の探索を命じた通告[15]の一節にみえるつぎの記事であると思われる。

一　村々五人組を申付、堅、連判之手形を申し付け候べき事、

一　きりしたんの宗旨ニ而これ無き証拠ニは、何も頼候寺かたこれ有るべく候間、寺之坊主ニ堅、手形を仕ら

せ申すべく候事

この文書は小浜領内で初めて宗門改が開始されたときのものとされているが、[16]さらに注意すべきことが二つある。一つはこれまでの庄屋を中心に行われた宗門改に、このころ整備され出した五人組組織がここに初めて加わって、五人組連判なる宗門改の基礎単位がすでにこのとき定められていることである。そしていま一つは、これまで転びのときだけ必要とされた寺請が、このとき初めて全住民に対して適用され出したことである。これは、後述するように、近世檀家制の成立にとっても大きく関係するのである。

ところで、この年に宗門改を初めて実施したのは小浜藩のみではない。小浜藩を当時老中にあった幕閣の藩とすると、遠く九州南端の外様の雄、薩摩藩ではどうであったか。宗門手札改が初めて開始されたのは、やはりここでもこの年であったといわれている。[17]この二藩に象徴される藩領宗門改の推進、あるいは寺手形・五人組連判などによる改めの強化が、なぜこの年に始まったのであろうか。

それはこの年六月、将軍家光が「武家諸法度」を改定し、「耶蘇宗門之儀、国々所々に於て、弥堅くこれを禁止すべき事」なる一条を、初めてこれに加えたことによると思われる。率直にいえば、前述の長沼氏が指摘した土佐・九州一部で元和初年に初まる宗門改は、秀忠の禁教令に関係するとはいえ、なお地方宗門改としては古例に属し、家光の「武家諸法度」に象徴されるこの年を、むしろ藩領宗門改が本格化した時点と考えたい。いずれにしても、寛永十二年が、宗門改制度の発達史上、画期的な年であったことは間違いない。

このことは、宗旨人別帳についてもいえる。宗門改の初期では、改帳が作製されたとしても、従来の家並帳や人数書上帳が転用されたであろうことはすでに述べたが、この体裁の帳と並行して、一戸単位の届書形式のものではなく、一村・一町を単位とした純粋な宗旨人別帳が、実はこのころから数は少ないが現れてくるのである。[18]

ただし注意すべきことは、長沼賢海氏が尾道市渋谷家旧蔵の寛永の宗旨人別帳二冊と、同十九年の長崎平戸町の「人別生所糺書」の分析によって指摘したように[19]、私の管見した範囲でも、寛永期の宗旨人別帳には寺請がないことである。つまり、いずれも町年寄や庄屋が一筆で書き上げた俗請のものである。しかし、俗請であるからといって、そこに登記された各人の宗旨が、寺の承認を得ることなく、各人が勝手に宗旨を申請できる条件がそこにあったかどうかは不明である。寺手形が必要とされた小浜藩の例もあるように、庄屋のもとに各人が一紙の寺手形を持参し、それに基づいて庄屋が帳面にし、でき上がった帳の体裁だけは俗請であるという可能性が残るからである。

これらのことは、宗門改の強化発達の段階を計る基準は、一紙であるか帳面であるかの、改めのときの書類の体裁よりも、寺請がいかに行われたかにあることを示している。では宗旨人別帳の中に寺院の証印がみられるようになるのはいつごろであろうか。これにも地域差があることはもちろんであるが、市川雄一郎氏が信濃に現存する最古の宗門改帳として紹介した慶安元年（一六四八）の同国平原村の宗旨改帳[20]は、末尾に寺院の証判があり、全国的にみても、これらが寺請のある宗旨人別帳の古例の一つと思われる。

しかし、俗請であれ、寺請であれ、宗旨人別帳が宗門改のときに作られることが全国的に普及するのは、さらに時代が下ると思われる。宗門改制度の発達史上、寛永十二年が一つの画期的時点とすると、それは第二の画期的な時期ともいえる寛文年間（一六六一―七三年）のことである。

寛文四年（一六六四）十一月、幕府は諸藩に対して、宗門改の専任の役人を置くことと、その毎年の実施を命じ、また旗本などの知行地では、名主・年寄が厳重にこれに当たり、「毎年五人組手形をとり置」くことを命じた（『御触書寛保集成』）。

幕府に切支丹宗門改役が置かれたのは寛永十七年（一六四〇）、また諸藩でも寛文以前に専任の改役が置かれた例も多くあり、改めの毎年の実施も薩摩藩ではすでに慶安二年（一六四九）ごろに行われていたのであるが[21]、この寛文四年の幕令によって、それが全国画一的に法制化された意義は大きい。

こうして、これ以後、毎年の宗門改帳が各地で作られるようになり、その改帳の体裁も宗旨を人別に記載する宗旨人別帳に統一されていったと思われる。これが法制的に整備されたのは寛文十一年（一六七一）のことで、幕府はこのとき、宗門改帳の作製について、(イ)百姓の一軒ずつの人別、(ロ)一戸・一村・一郡ごとの男女別合計、(ハ)死亡・生誕・婚姻・奉公・転住による住人の移動、(ニ)各人の年齢・宗旨とを記載して、各人に捺印させ、その作製の時期は検見か年貢取り立てのときにすることを命じた（『徳川禁令考』）。

こうして、宗門改の中心はこれ以後宗旨人別帳の作製になった。しかも、この帳が果たした機能は、庶民の信仰調査だけではなく、民衆の戸籍原簿となり、彼らの転住・逃散を防止するに役立ち、またときには、その租税負担能力を把握するための租税台帳の役割をも果たしたのである。

こうして、潜伏切支丹の発見がほとんど絶えてしまった江戸中期以後、かえって宗門改の制度はより整備され、強化されるという、一見奇妙な現象が起こるのである。

しかし、「日本国中何方ニも人別帳といふ物之れ有り」（『地方凡例録』）といわれるような寛文以後においても、もちろん各藩によってその作製は統一的ではないのである。このあたりで、江戸中期以後のこの帳が具体的にどのようにして作られたかを、少しふれておこう。

まず帳の体裁は必ず各人の捺印がある。これは、初期の宗旨人別帳が庄屋などからの届書形式であったのと比べると、非常な進歩である。そして、庄屋・組頭のほかに、各檀那寺が最後に捺印する寺請形式のものが普通である。が、なお一方で俗請のみの宗旨人別帳も、たとえば薩摩藩内の場合のように[22]、幕末まで残る例もある。

このように各藩によって改めの実態が違うことは、近世宗門改の特色でもある。後藤武雄氏によって紹介された享保十四年（一七二九）二月の筑前藩「宗旨御改方御条目」によると、筑前藩領では、二月末日を改帳の年度末とし、そのときに在住する者を対象として改帳が作られた。村民はこの日までにそれぞれ寺請手形を取って庄屋に出し、庄屋が人別帳を作る。各檀那寺が請判し、改帳への各自の捺印は代判は許されない。隣国または国内を旅行中の者は二月末までに帰国しなければならず、また渡世のために江戸・陸奥・北陸などの遠国や、近国に出かけている者は、前者は三百日、後者は百五十日以内に帰国して捺印しなければならない。改帳に捺印しない者は、今までは行方不明者として取り扱われたが、今後は翌年からは人別帳からはずし、無籍となる、とこのように決められていた。(23)

また、備前藩で定められた元禄六年（一六九三）の宗門改の制度では、まず寺方（僧侶）の切支丹・不受不施・悲田不受不施が毎月改められる。寺院は各檀家の人数を残らず書き上げて邪教徒でないことを証明し、名主五人組頭へ届ける。名主五人組頭は、これをもとに住人の捺印を毎年正月十五日にとり、翌日下肝煎に届け、その面前で捺印する。下肝煎はまた翌日これを肝煎に持参、その場で捺印し、翌十八日、肝煎より各郡代官へ届けられることになっていた（『藩法集』1、「岡山藩」）。

こうして、寛文以降、都市農村を問わず、民衆は、寺請によってまず寺院に把握され、さらに宗旨人別帳作製を通じて、一人残らず幕藩体制の中に組み入れられることとなった。そしてまた、この寺請の画一的民衆への適用は、近世民衆生活を律する一つの制度、すなわちそこに近世檀家制度を生んでいた。これがつぎの問題となるであろう。

3　檀家制度の成立

近世檀家制度が成立する契機は、宗門改そのものではなく、その改めの一方法として採用された寺請であることはすでに指摘した。転びではなく全住民に寺請の提出が政治権力によって命ぜられたとき、民衆は寺請をもらうために、必ず檀那寺をもたねばならない。これが近世檀家制度成立の出発点である。

ではその出発点はいつであろうか。地域差を無視して、結論的にいえば、それは宗門改制度が画期的に強化されたと前に指摘した、寛永十二年ごろから始まったと思われる。

すなわち、切支丹以外のすべての住民に寺請を強制した史料上の初見は、前に紹介した同年九月七日付の老中酒井忠勝の国元に対する指令の一節、「きりしたんの宗旨ニ而これ無き証拠ニは、何も頼候寺かたこれ有るべく候間、寺之坊主ニ堅、手形を仕らせ申すべく候事」の記事である。

ここには注意すべきことが二、三ある。すなわち、寺請制度は、このように上からの権力によって強制されたものであって、自然に民衆の中に発生したものではない。これは、寺請の制度によって成立した近世の檀家制そのものも、支配権力による上からの制度として発生したことを物語っている。そしていま一つは、ある日突然「何も頼候寺かたこれ有るべく候間」と、檀那寺より寺請手形をとることを領主から命ぜられた小浜領内の住民たちは、はたしてこのとき、「頼候寺かた」をもっていたであろうか、ということである。(24)

なぜなら、当時の庶民はなんらかの宗教的体験はもっていたとしても、あの中世における旅の宗教家たちの活躍を考えると、それが寺院仏教であるとは限らないし、まして定まった檀那寺を彼らがすでにもっていたかどうか即断できぬからである。いなむしろ、初期宗旨人別帳の特徴である下層民の頻繁な転宗や門徒宗への集中登録の現象を考えると、下層民衆は特定の檀那寺をもたぬ場合が多かったと考えるほうが、常識的でさえある。だが、現実には彼らは寺請手形を提出しなければならない。彼らは天台であれ、浄土であれ、その所々在々の寺院と寺檀関係をまず結ばねばならなかった。こうして、寺請によってすべての近世の民衆はまず寺院に掌握され、そして次には、宗門改によって、政治権力の支配組織に組み入れられたのである。

ところで、檀家制の発生を、島原の乱よりも遡って、寛永十二年ごろと考えることは、別の史料によっても裏付けられる。その一つは、千葉乗隆氏が紹介した(25)石見国粕淵浄土寺の過去帳の特色である。この過去帳は寛永元年（一六二四）から記載され、真宗門徒過去帳の古例の一つであるが、寛永十二年を境として記載内容が変化する。この年までの記載者は姓をもつものが多く、しかも記載人数が少ない。そして各人の記事は名前・法号・没年のほかに家族の系譜が詳記されている。ところが、翌年からにわかに姓をもたない庶民層の名が多くなり、氏名・没年・法名のみを記す普通の近世過去帳形成となる。千葉氏はこれを、地方有力者の寺から庶民の寺への変化、「門徒組織から檀家制度への移行の一過程を示すもの」としてとらえたが、この相違が寛永十二年を境に起こったことはなぜであろうか。それは、この寺ではこのとき、近世檀家制が成立しはじめたからである。しかも前述したように、この年が宗門改の発達史上画期的な年であったこと、また寺請が全住民へ強制された初例の年であることを考えると、この現象は、この地方で寺請をともなった宗門改が初めて実施され、それがただちに、開基檀越の系譜に連なる有力門徒のほかに下層民衆門徒の増加となって現れ、近世檀家制度の成立となったことを示しているといえないだろうか。

檀家制度成立を知る手がかりの一つが寺請の開始であり、二つが過去帳の記載内容の変化であるとすると、三つには寺檀契状（契約状）があり、これがやはりこのころから現れてくるのである。ただし寺檀契約状そのものは中世にもある。ここでいう契状とは、「宗旨改」とか「檀那吟味」を契機として作製されたことを文中に明記してある寺檀契約状である。たとえば、讃岐国宇足津の真宗西光寺に対して坂出村惣檀那衆二十二名は、寛永十四年(一六三七)十一月二十八日付で、「貴僧様先代より檀那坊主頼申事、実正也」と書し、ついで「壱人として此御恩をわすれかたく候、以後如何様義、御座候共、当所檀那共、相違御座無く候」なる契状を提した(「西光寺文書」)。先代住職の代からすでに檀那であったと自認する坂出村惣檀那衆が、なぜこの契状をこのとき出さねばならなかったのだろうか。それは、この文書の最初に「宗旨御穿鑿ニ付」とみえるように、この地方で宗旨改が行われたからである。おそらくそのとき寺請手形が必要とされ、その裏付けとして門徒からはこの契状が寺院に出されたのであろう。このように宗門改を契機として、寺院側からも寺檀関係の強化が、このころから打ち出されてくるのである。

こうして近世の檀家制度は早い地方では、すでに寛永十二年(一六三五)ごろから成立しはじめ、やがて、寺請が宗門改の最も有効な手段として諸国で採用され、宗門改制度も法制的に整備された寛文ごろまでに、檀家制度もこれと相応して全国的に成立していったと思われる。

ところで近世民衆が寺請を必要としたのは、宗門改のときだけではない。寺請の必要は、次第に民衆の一般生活にまで拡大されていった。これにも地域差があって、その発生・一般化の時期を明確に指摘することはできないが、史料的には、家中・奉公人の出替のときに寺請を必要とする法令が、まず寛文以前から現れ、やがて江戸中期には、旅行・婚姻・死亡・出生・移住・離婚など、民衆の日常生活の変化には、常に寺請が必要とされるようになっていた。

しかも、この寺請は、「寺方の国守様への第一の御奉公」、「一判も疎に仕間敷事」(『藩法集』1、「岡山藩」)とされ、僧侶の政治権力に対する唯一の御奉公であった。こうして僧侶は寺請の制度を通じて、近世民衆を支配する政治組織の末端を担うことになり、民衆にとって檀那寺の住職は宗教家であると同時に、彼らの日常生活を左右する権力者となったのである。

この僧侶の檀家民衆に対する支配力をさらに強固にしたものは、いうまでもなく改宗（宗派を替えること）・寺替（同一宗派内で寺院を替えること）が、事実上次第に困難となったことである。

たしかに、幕府は寛文五年（一六六五）、これまでの種々の寺院法度の総決算として発布した『諸宗寺院法度』の中で、「檀越の輩、何寺たりと雖も、其の心得に任すべし、僧侶方相争ふべからず」と謳い、一般民衆の寺院選択権の自由を保障したかにみえる。しかし、寺院選択の自由を民衆に認めれば、寺檀の関係は弛緩し、寺請・宗旨人別改を通じて支配権力の末端行政を支える寺院の権威は喪失してしまう。

すでに万治元年（一六五八）八月、大村領内に適用された定書では、改宗は、「奉行所に相尋、下知次第」[26]に行うことが規定され（『大村文書』）、また下って享保十四年（一七二九）、前述した筑前藩の「宗旨御改方御条目」では、庄屋にまず改宗の希望を申し出、庄屋から寺に届けて「改宗替証拠」をとり、それを奉行所に提出して初めて改宗が許された。改宗・寺替を左右するのは、個々民衆の意志ではなくして、このように寺院と支配権力の意志にあったのである。だから、庶民が伝来の檀那寺を替えることは、「先祖より建来候宗旨、石碑等もこれ有る議、改宗致候事、容易ならず候」[27]といわれるように、檀家制度が確立してくるにつれて実際にはほとんど不可能となったのである。

このことは重要な意味をもつ。なぜなら、近世の民衆は、皮肉な言い方をすれば、生まれる前から宗旨と檀那寺をもっていたのである。宗旨と檀那寺は家伝来の不動のものとして、親から子へ、子から孫へと「家」に伝えられた。すでに前代、地方豪族や武士団が菩提寺をもち、また近世初頭に、本阿弥・後藤など都市の有力町衆たちが一族同じ信仰と檀那寺をもっていた例はある。[28] だが、この場合、彼らを寺院に結びつけたものは、それが血縁共同体内部からくる要請であったとしても、外部からの政治的強制ではなかった。近世の檀家制度が成立するまでは、特定の寺院をもたなかったであろう民衆の多くが、もし宗教的体験をもつとしたら、その契機は宗教家と個々の民衆との人格のふれ合いであり、この両者の関係を維持したものは、強制された寺請でも宗旨登録でもなく、民衆の心に芽生えた信仰であったはずである。

こうして近世檀家制度が成立したとき、近世民衆の宗教生活は大きく変わった。彼らが結びつけられた対象は、僧侶ではなくして寺であった。信仰の単位は、これまでの「信者」と「僧侶」から、「家」と「寺」に変わった。そして民衆の「家」は寺を通じて本山、さらに幕府へと連なり、宗旨人別改によって、寺からは檀那として、政治権力からは被支配者たる民衆として確実に把握・組織されることとなったのである。

この条件のもとでは、寺院に属さない宗教家が活躍する余地はなく、また個人が改宗する自由もない。これが中世に華々しかった聖・御師・巫子など旅の宗教家の活躍や、宗論・法論・折伏の伝道法が、近世檀家制度の確立期に符合して、その存在意義を失い、やがて民衆の宗教生活から大きく後退してゆく理由ともなったのである。こうしてそこに、新しい近世の仏教が成立していった。

三　幕藩体制と仏教

1　仏教の近世的展開

宗旨人別帳の記載を信じたならば、近世民衆の全部が仏教信者であったといっても間違いではない。また、幕府がたびたび発布した新寺建立制限の禁令にもかかわらず、現実には寺院がつぎつぎと建立されたことも周知のことである。葬式・法要・幕碑の建立が庶民生活に定着して風習化したのも、また縁日・開帳が非常な賑わいをみせたのも、あるいは伊勢参宮や祖山への民衆の団参が爆発的な高まりをみせるのも、近世の仏教の新しい姿であった。封建支配の桎梏にあえぐ民衆にとって、これらの宗教的行事に参加することは、一時的にしてもその苦しみから解放されることになり、彼らにとってそれは大きな楽しみであった。この意味では、庶民生活の中で近世仏教が果した役割は大きかった。

しかし、この仏教の繁栄は、はたして近世日本人の素直な信仰心の発露として、無条件に受け取ってもよいであろうか。この疑問を踏まえながら、以下、近世寺院と民衆のありかたをいま少し具体的に眺めてみよう。

慶長十八年（一六一三）五月付で幕府から日本諸寺院宛に出された「邪宗門吟味之事、御条目宗門檀那請合之掟」（『徳川禁令考』）といわれるものがある。全条、宗門改と寺請に関するものである。

ところが、この掟には注目すべきいくつかのことがある。その一つは、悲田宗が邪宗門とされていることである。これは、この掟が悲田派禁止の元禄四年（一六九一）以後に偽作されたことを意味する。次には、この掟が偽作されたものでありながら、全国的な範囲で地方寺院や庄屋文書の中に、今日よく発見できることである。このことは、江戸中期以降のある時点に、この掟が幕藩体制の中枢部で作られ、その支配機構の末端に流されたことを物語っているものといえよう。つまり、江戸時代後期の民衆には実効をもった掟であるということである。しかも、慶長十八年に定められたと偽装されたことは、「神君家康」の掟という権威をもって、民衆の上に現れたことになる。

さてこの掟は寺請・宗門改に際して、邪教徒を見破る基準を定めている。邪教徒とは、ここでは切支丹・不受不施・悲田宗の幕府禁制の三派である。では邪教徒と善男善女を見分ける基準とはなにか。それは、信仰のために

「死を軽ずる者」、檀那寺の檀役を勤めない者、先祖の忌日に檀那寺の弔いを忌避する者、檀那寺へ出入しない者、檀那寺修理建立に協力しない者、先祖の仏事に参詣しない者、これが邪教徒の疑いある者であると、この掟は規している。逆にいうと、先祖法要に熱心で、檀那役を相応につとめ、寺詣でをよくする者、これこそ近世支配者が認めた民衆の宗教生活の理想像である。もしこの理想像に背けば、彼らはたちまち邪宗の疑いで吟味され、宗旨人別改や寺請証文提出のとき、檀那寺から圧迫される。

このように、近世に発達した民衆の寺詣でや先祖法要は、それを行わなくてもすむという自由が全くない条件のもとで、盛行したのである。

これと同じことは、民衆の葬式・墓石建立の発達についてもいえる。

彼らは死ねば、庄屋五人組のほかに、僧侶から検死・頭剃刀・戒名を受け、僧侶立ち会いの葬式を行わなければならなかった。このことが法制によって民衆に義務づけられた時期は、やはり地域差もあってすぐにはいえないが、万治元年（一六五八）、大村領内で定められた宗門改の規則の中に、僧侶立ち会いの検死と葬式の執行がすでにみられ（『大村文書』）、宗門改や寺請制度の強化と軌を一にして、次第に全国的に法制化されたと思われる。前掲の慶長十八年（一六一三）に仮託されて作られた掟の中にも、これについてつぎの二条をあげている。

一、死後死骸に頭剃刀を与え戒名を授る事、是は宗門寺之住持死相を見届て、邪宗にてこれ無き段、慥に受合の上にて引導致すべき事、

一、相果候時は、一切宗門寺之差図を蒙り修行の事（後略）、

実に寺請・檀家制度が成立して以後の近世の民衆は、生まれたときから死んだあとまで、このように檀那寺の緊縛から逃れることはできなかったのである。

こうして、近世の寺院僧侶にとっては、支配権力に対しては寺請・宗門改が奉公の第一となり、下部民衆に対しては葬式・年忌法要の執行が最も大きな仕事になった。どの寺にも、そのための過去帳・回向帳が備えつけられることとなった。諸寺院に今日残されている過去帳が、一般的にいって、明暦から万治にかけてを古例とし、元禄から享保にかけて作られたものが急増することは、庶民の葬式・回向の風習化、檀家制度の庶民生活への定着期を、はからずも物語っているものといえないだろうか。

しかし、ここで、檀那寺に対する種々の物質的負担が庶民に義務づけられていたことも忘れてはならない。具体的には造営修理費、本山への上納金、盆暮正月などの付け届けであり、この負担は寺院僧侶が寺請・宗門改の切札をもっている限り、民衆は絶対に逃れることはできなかった。

貧しい民衆の生活を実際に圧迫したのはこのことであり、付け届けを怠った理由で檀那寺が寺請を出さず、それが裁判に持ち込まれた例もあるのである[29]。事実、近世の識者の仏教批判もこの点に集中されていたのである。

たとえば、早くは熊沢蕃山が『大学或問』の中で、

貧なる者は出家に金銀をあたへざれば、寺請に立てざる事を迷惑し、目の明たる者は、不義不作法の出家なれども、是非なく旦那とすることをきのどくにおもへり、

と述べ、また幕末の肥前の儒者正司考祺はその著『天明録』の中に、つぎのような話をのせている。

我寡婦、極貧ニテ子供二人ヲ教育シ、夜延ニハ草履ヲ造リ、昼ハ日雇或ハ樵薪、或ハ時ニ由テ門ニモ立チ、肌寒ヲ凌ギ兼ルニ、寺ニ盆・正月・両彼岸・霜月麦秋ヨリ大豆・摘綿・粟・蕎麦・新穀、宗門軒別ニ納ルユヘ、不耕ノ身ナレバ銀納シ、其外様々ノ奉加、遁レ難ク、凡一年ニハ米半苞トモナラント物語ル在ルハ、其估ヲ以テ綿三斤ヲ買ル時ハ、親子三人ノ衣ヲ作ルベキニ、偖モ公免トハイヘドモ、是非無キ事ドモナリ、

子供二人をかかえて衣食にも事欠くこの貧しき寡婦が、檀那寺への盆正月の付け届けだけは、他人に遅れまいとしている様は、おそらく近世の貧しき民衆たちの共通の体験であったであろう。

半ば強制されたこの庶民の志納と、幕権に保障された前述の諸権利によって、僧侶の安逸と堕落が始まったならば、「吉利支丹請にて、不義無道の出家漫り、仏法の実は亡びたりといへり」(『大学或問』)との、仏教界全体に対する鋭い批判が浴びせられたことは当然であった。

このことについて、寛文七年(一六六七)四月、備前藩主池田光政が、前年来領内で施行した寺院整理政策について老中に釈明した報告に、つぎのような興味ある一節がある。[30]

近年国元之民共、出家共ノ私欲を以、人をたぶらかし候をみかぎり、儒学を好申者、端々にこれ在るに付き、いづれか身分も無き者共も、右之者共之申所を聞なれ、坊主をうとミ申、神儒を好む風、所々多く御座候、(中略)たとへバ一村之内ニ、少にても仏法信仰仕来候者ハ一人か二人にて御座候、残りハ儒とも仏とも考なき者共にて御座候。

光政個人が周知のように排仏論者であるという条件を差し引いても、近世儒学の合理性が農村の端々に受け入れられたとき、「身分も無き者共」さえ、僧侶の私欲と堕落に冷たい批判の眼を向け出し、「少にても仏法信仰仕来候者」は一村に一人か二人といわれる現象が、地方農村の偽らざる実態であるというこの記事は、注目しなければならない。「信仰心」の一般的喪失にもかかわらず、一方で、強制された民衆の宗教儀式が繁栄し檀役が負担される。この矛盾が民衆の犠牲によって保たれていること、それが、蕃山のいう「仏法の実」の亡んだことであった。

信仰心を喪失した仏教徒が一般的となったことは、とくに信心為本を立宗教義の根本に置いた庶民仏教各派にとっては大きな問題であり、と同時にこれが、これら教団の近世的特徴ともなっていた。

たとえば、日蓮宗では身延受不施派が次第に教団の大勢を制するにつれて、謗法（他宗）の布施供養の受納や、信徒の神社・他宗寺院への参詣が一般化し、中世に広く成立していた、信仰の対象を法華経一筋に絞る専修なる信仰形態は次第に失われた。また日蓮宗と同じく信心為本を建て前とする真宗でも、その講の場合、講本来の意義は、「寄合の由来はなにのためぞといふに、さらに他のことにあらず、自身の往生極楽の信心獲得のためなるがゆへなり」（『御文章』）と蓮如が説明したように、講に参集する人々の信心獲得のためであった。ところが、近世になるとその精神は失われ、講の名称も畳講・香花講・盛物講・仏飯講・御掃除講などと呼ばれて、門徒が檀那寺の物品調達と勤労奉仕をするための、教団護持のためのものに変わったといわれる(31)。

ところで、近世民衆の信仰が形骸化されていったころ、軌を一にして開帳・縁日が流行し、非常な賑わいをみせていた。なかでも、出開帳と呼ばれて、祖師像や仏像が遠国の寺院から都市に運ばれ、群衆が集まったのは、近世に初めてみられる現象であった。江戸では延宝七年（一六七九）、京都因幡薬師の出開帳がその最初といわれ（『巷街贅説』）、元禄以後には急増した。もっともらしい由来を記した近世寺院の縁起も、この流行を契機に作られたものが多いといわれる(32)。

縁起といい、開帳・縁日の流行といい、いずれも前述した檀家制度の民衆への定着期に符合して起こってくることは、注目すべき現象である。逆にいうと、この流行は、民衆の仏教受容が信心の裏付けを失いつつあったとき、寺院僧侶が民衆の寺院からの離反を食い止めるべく、新しく打ち出した一つの方向であるといえないだろうか。

ところが、この仏教界全般の形骸化が風潮化したとき、仏教各派は、本末・寺檀制度の完備によって、かえって空前の繁栄を迎えたのである。たとえば浄土宗は、専修念仏の喪失という致命的教養上の欠陥を抱えながらも、「将軍家香花御宗門」と昇華し、また東西本願寺の繁栄は、白石によって「尺寸の地を領せずして、二流（東西本願寺のこと)、なお国君の富に敵」すとまで、評せられたのである(『読史余論』)。祖師日蓮の祖廟を抱えるとはいえ、中世には宗内一門流にすぎなかった身延久遠寺が、幕府の不受不施禁制政策に呼応しながら、宗門大半を制する大本山に成長したのも、近世の新しい出来事であった。

信心の喪失と檀那の増加、僧侶の安逸と宗勢の伸張、教義の変質と近世教学の成立、この二律背反の現象が、政治権力によって奇妙にバランスを保たれ、この条件のもとで民衆生活の隅々まで種々の宗教行事が定着し、全日本人が仏教徒であるというのが、近世仏教の姿であったといえよう。

2　かくれ不受不施

前述したように、近世の僧侶と民衆は、寺院本末・寺檀制度によって幕藩体制の中に完全に組み入れられることになったが、なおそこには、統制の埒外にあるいくつかの勢力があった。それは、切支丹を除けば、日蓮宗のうちの不受不施・悲田不受不施・三鳥派の幕府禁制三派である。これに九州薩摩など少数の藩では、一向宗が禁止されていた。しかし、この一向宗と不受不施の禁止は、近世に限っていうと、その性格に多少の相違がある。すなわち近世における一向宗禁制は、薩摩など少数の藩領で行われたものであって、全国的にみれば例外であり、しかもいずれも中世末に始まるものである。たとえば、薩摩藩でもその開始は中世末の島津忠良の時代といわれ、寛永十二年、前述したように領内に宗門手札改が始められたとき、すでに一向宗は切支丹とともに停止され、その後、明治まで薩摩領内に真宗寺院は一カ寺も存在しなかったのである。[33] つまり、薩摩藩の一向宗禁止は、かつて中世末、一向一揆が熾烈を極めた時点でとられた真宗勢力の領内禁止政策を、そのまま伝統的祖法として近世に引き継がれたところに特徴がある。しかも近世真宗教団はすでに王法為本の立場を打ち出しているのであり、幕府にとっては真宗を禁止する積極的理由はなく、近世の真宗禁制は幕藩体制下における、薩摩など戦国大名の系譜に連なる諸藩藩法の特異性として理解すべきものである。

ところが、不受不施の場合はこれと異なる。なぜなら、その禁止の範囲は全国であり、禁制と法難の規模、あるいは寺院信徒の有した勢力からみても、不受不施の禁止は幕府宗教政策の中心的地位を占めるだけの社会的意義をもっていたからである。

しかも、彼らこそ、近世においてただ独り政権に対する教権の独立、王法に対決する仏法為本を標榜して、前述したように、江戸初期には法難を甘受して、諸国信徒の支持のもとに日蓮教団の大勢をなお制していたのである。この不受不施の問題こそ、幕府宗教統制の完成にとって、最後まで残されたものであった。

幕府はついに寛文五年から、不受不施の全国的禁止に踏み切った。

幕府はこの年、平賀本土寺・小湊誕生寺等の不受派本山の寺領朱印状再交付に際して「今度御朱印頂戴仕候儀、有り難き御慈悲御座候、地子寺領は悉く御供養と存じ奉り候」という文言を書いた請状の提出を強要し、そしてその翌年、朱印寺領を持たない不受派の拠点野呂妙興寺・玉造蓮華寺等には「地子其他飲水行路まで御供養と存じ奉り候」との手形を出すことを迫ったのである（『守正護国章』）。この、一見なんでもないようにみえる文言が、実は不受の死命を制することとなった。

不受派にとって、寺領や国土万物を供養として受け取ることは絶対にできない。なぜなら「真実の供養とは内に法理を信ずるに依つて外に供養を展ぶる也」（『守護正義論』）との日奥の理念が生きている限り、不受派にとって、受け取るべき供養は信施しかないのである。寺領や国土万物を帰依者でない将軍の供養と認めて受け取ると、たちまち謗施を受けたことになる。しかし、これを拒否すれば上意違背として日奥・日樹の轍を踏むことは明らかである。

しかも、寺領・飲水行路まで国主供養であるという理念には、さらに深義があった。それは、この理念そのものが受派の碩匠身延日乾がいうところの「普天の下、王土に非ざる事なく、山海の万物、国王の有に非ずといふ事なし、若し国主の供養を嫌はば須臾も国王の地上に処すべからず、又土地所生の物、一粒一滴も之を受くべからず」（『守護正義論』）という、万物国土は即王土であるという思弁から生まれたものであったからである。言いかえると、飲水行路や寺領を国主の供養と認めることは、それがそのまま、国土万物は王土であるという理念を認めることになる。

不受立法の本質は、前に指摘したように、国土＝仏土の理念であり、日奥は「我等、今天の三光に身を温め、地の五穀に命を養ふ、是れ皆釈尊の恩徳に非ずや、（中略）法華の行者は仏勅に随順して法王の秘法（法華経のこと）を持ち、釈尊の国土に住して其の土毛を喰む、何の咎か有らんや」（『守護正義論』）と、不受寺院・僧侶の生存は、現実の封建領主の権力ではなく、仏国の本主釈尊に負うべきものであると、すでに言い切っていたのである。したがって、この請状・手形の提出は、不受派にとっては、国土＝仏土の理念の放棄、信心為本の否定、仏法の王法への全面的屈伏、幕権への無条件の忠誠を、自ら認めることになるのである。まさに切支丹における踏絵の役割を、この手形強要は果たしたといえる。

こうして、不受本山や談林は、請状・手形の提出を拒否し、日述・日堯・日了・日浣・日講ら不受碩僧はつぎつぎと配流地に赴いた。不受不施の全面的禁制である。寛文の不受の惣滅といわれるのがこれである。[34]

寛文九年（一六六九）、幕府はさらに、不受不施寺院の寺請を禁止し、不受不施僧侶の追放を完璧なものにした。前述したように、このころはすでに毎年の宗旨人別帳が全国的に作製され、奉公・住民の移動にまで寺請制は拡大施行されていたのであり、不受不施の僧と信者はその信仰を守る限り、非合法の形態しかなく、やがてそこに独得の秘密組織を育てていった。これをここでは「かくれ不受不施」と呼ぶことにする。

かくれ不受不施は二つの形態に分けることができる。一つは、表面は受派あるいは他宗に転んで合法的に生活し、内心に不受の信仰を保つことであり、いま一つは、本籍地を出奔して宗旨人別帳からはずれた「帳外の者」として、表裏ともに不受を貫く方法である。前者を内信・濁派・濁法と呼び、後者を清者・清派・清法という。

不受僧には、表面は受派に転んで寺院に住む内信の僧と、無宿の僧として、内心・外相ともに不受を貫く清派の僧がある。不受僧の大部分は後者であり、これを法中という。地方ごとに、法中の中から長老が選ばれて法灯（法頭）が置かれる。そして、元禄以後、主たる法中がほとんど八丈島・大島・御蔵島など伊豆諸島に流されるようになると、この流罪の僧は「お島様」と呼ばれ、本土の法灯よりも尊重された。法中の供給源は内信の僧の出奔と信者の子弟である。法中の任務は、各地の内信者が設けた隠家・隠庵に潜んで布教したり、あるいは内信者の横の連絡を辿って諸国に伝道することである。それに不受再興の任務が加わる。ときには僧体となり、ときには武士・医者・宗匠・商人など俗人に姿を変える。しかし、決して妻帯肉食はしない清僧である。不惜身命と厳しい持戒、そこに、信者を魅了する僧侶の人格がある(35)。

一方、惣滅後の信者の大部は内信である。彼らは受不施や他宗の寺院から寺請をとり、普通に生活をする。年忌・法要・葬式・祈禱など宗教行事は合法的な檀那寺で執行するが、すべてそのあと、かくまっている法中によってやりかえる。

ところで、この内信者と法中との間に法立というものがある。強信な信者の中で、表面上の転びさえ嫌って、故郷を捨てて人別帳をはずれ、「帳外の者」となった人である。法立何人かが一人の法中に付属する。法立の任務は、内信者から法中への施物あるいは葬式・法要・祈禱の要請を一旦受け止め、自らが施主となってこれを法中に取り次ぐ。これを施主立てという。そのわけは、内信者は表面はすでに謗法（他宗または受派）である。不受僧たる法中は、不受の制戒「設い誘因の方便たりと雖も、直に謗法供養を受くべからざる事」によって、謗法者たる内信者からの施物は直接には受け取ることができなかったからである。法立は内心・外相ともに不受を貫く清派の信者である。ここに法立の施主立ての意義がある。したがって、内信者を直接把握するのは法立である。ここで、かくれ不受不施の組織を最も完成されたある時点でみると、その縦割の組織はつぎのようになる。

僧侶（お島様—地方法灯—法中）
信者（法中—法立—内信者）

お島様—地方法灯—法中—法立—内信者

それでは、この縦割の中の一人の法中の組織力は、はたしてどの程度のものであろうか。

宮崎英修氏の研究によると、明和初年から三宅島に流された日照なる法中があり、その所持した過去帳を分析すると、彼を助けた法立は二十六人、その信者は計七百三十三人、その内訳は、山陽二百七、山陰五十一、讃岐百七十七、大坂六十一、上総二十一、江戸六、山形二、三宅島二十、不明二百七、と諸国にわたっていたといわれる[36]。日照は決して有名な法中ではない。無名の法中にしてこれだけの組織力をもっていたのである。

江戸後期のかくれ不受不施の主要な基盤は、地域的にみると江戸から房総にかけての南関東、備前・備中・美作・讃岐と連なる瀬戸内、京都・大坂を結ぶ畿内であるが、この横の連絡はどうであったろう。

伊豆諸島に流された流僧と内地信者の間には、島通いの船頭らによる内証便で、島からは法中の手紙・本尊などが本土の信者のもとに届けられ、また信者からは金・銀・米・砂糖・味噌・醤油・書物に至るまでの生活必需品が島に送られて流僧の生活を支え、両者の連絡は常に絶えることはなかったし[37]、また房総と備前という隔絶した地理的条件のもとでも、両者の往復は常に行われていた。一例を示せば、天明三年（一七八三）、上総夷隅郡の正立寺村の麻生平八郎は、当時備前にあった十二の隠庵につぎつぎと参詣し、十二人の法中から連署の本尊を授けられている[38]。

もちろん幕府も、早くも寛文九年（一六六九）、「上向へは受不施或は他宗と号し、内心に不受不施を立つ」不受内信者の摘発を令し（『徳川禁令考』）、宗門改において不受不施の取り締まりは切支丹と同じく全国的に厳しく行われていた。元禄以後は法中の大部が伊豆諸島に流され、また、たびたびの摘発は法難や殉教者をところどころに生み、巨視的にみれば、かくれ不受不施の勢力は次第に衰退の道を辿っていったことは明らかである。しかし、一村落あるいは一村すべてかくれ不受不施であるというような条件が揃うと、なかなか彼らを発見することはできなかった。

たとえば、備前佐伯村の大庄屋武田才右衛門は、宗門改にあたって、同村の徳兵衛なる不受内信者を摘発し、調書を作り、徳兵衛から前非を悔い改宗を誓う一札を取ったが（「備前金川妙覚寺文書」「不受不施宗門心得違之者改心一件一札」）、この大庄屋武田才右衛門こそ日奥直檀にして、明治に至るまで、この地方のかくれ不受不施の中心となった大庄屋釜屋の当主である。まさに堂々とした八百長調査が行われたのである。

明治九年（一八七六）、不受不施派名の再興と布教を教部省が公許したとき、諸国のかくれ不受不施は初めてその全貌を現し、釈日正のもとに組織された。たとえば、このとき、京都三長者の系譜に連なる目貫後藤の当主丈太郎は、檀那寺である紫竹常徳寺に対して、「寛文六年ニ至リテ徳川氏不受不施ノ宗規禁止相成、爾来弐百余年間、内心ニ同宗規相守リ居候折柄、明治九年四月十日同宗規再興相成候」（『同前』、傍点筆者）と、離檀状を突きつけて不受不施に立ち帰った。それは二百余年にわたる実に驚くべき強信と執念であった。

このように、かくれ不受不施の強信は支配体制への随順を拒否したとき初めて確立できる信仰であった。言いかえると、彼らの信仰は、王法のなんらの介入を許さず、それのみ独立して存在した信仰形態である。

最後に、幕府宗教統制について、これまで個々の問題点について述べてきたことを全体としてとりまとめ、また紙幅の関係もあって、とり残してきたことを少し指摘してむすびにかえたいと思う。

まず幕府宗教統制の強化発達の段階を、ことに仏教を中心として時期的に追うと、ごく初期の時点では、日奥の対馬流罪にみられるように、個々の事件に対する幕府裁決という形態をとる。したがって、幕府の本格的な統制の開始は、家康晩年における諸宗・諸寺院法度の集中的発布であるといえよう。いまこれを、第一期と呼べば、第二期は寛永十年（一六三三）前後の時点で、この期には全国寺院の本末制の法制化（寛永九・十年）、寺社奉行の創置（寛永十二年）、武家諸法度改定による宗門改の画期的強化普及（寛永十二年）など、重要な政策がつぎつぎと打ち出された。ついで第三期と呼ぶべきは、寛文年間（一六六一―七三年）である。すなわち、この期には宗門改の全国毎年実施と専門役人設置の法制化（寛文四年）、諸宗寺院法度（寛文五年）、不受不施の全国禁制（寛文五・六年）、宗旨人別帳作製の制度化（寛文十一年）が行われた。要するに、幕府の宗教統制は慶長末年に本格的に開始され、寛永中期に画期的に強化発達し、寛文期に完成したのである。

これを逆に被統制者たる仏教教団の側からみると、その上部構造たる寺院と僧侶は、まず第一、第二の時期までに、またその下部構造の信徒は被支配者たる民衆としてこの第三期までに、それぞれ幕藩体制への組み入れが制度的には完成したのである。そして一方、この統制の完成に符合しながら、民衆生活の中には、近世、寺檀制が寺請を紐帯として寛永十二年ごろから成立しはじめ、やがて十八世紀になると庶民生活の中に固定・定着化し、それが民衆の葬式・法要・寺参りの風習化、縁日・開帳の繁栄という近世の新しい宗教的現象を生んだのである。

ところで、本稿で取り上げ得なかったものに神道がある。論題に沿って二、三の問題点を指摘しておきたい。

一つは、神社と神主も仏教と同じく幕府権力により統制され、その根本法は寛文五年発布された諸社禰宜神主法度である。ただ、神道の場合、その下部組織たる氏子の性格が、寺院の檀那の場合とその法的意義が大きく相違することを留意せねばならない。つまり、全国的にみて、神道請の制度は原則として存在せず、したがって氏子は寺請制によって法的には仏教徒であったということである。

そして第二は近世儒家が唱えた儒家神道である。儒家神道といっても、その内容は朱子学・陽明学・古学などの学派により、あるいは儒者個人によって、それぞれ相違がある。だが、神仏習合を前提とする中世以来の伝統的神道説を退け、仏教への鋭い批判や排仏帰儒を主張する点では、その強弱の差はあるが、いずれも共通する。

ここでとりわけ問題となるのは、朱子学派の排仏的神道説である。すなわち、藤原惺窩や初期林家の神道説が、後世いわれるような排仏的要素を強く持たなかったとしても、重要なことは、池田光政の老中への報告を用いて前に指摘したように、寛文期に至って儒学が地方農村にまで浸透したとき、これを受容した「身分も無き」人々は、「坊主をうとミ申、神儒を好む風」と、つまり儒家の神道説によって、排仏帰儒あるいは排仏帰神として近世儒教を受け止めていたということである。この排仏理念の生ずる必然性は、寺請宗門改制の全国的確立という条件に安住する寛文期仏教界の現状への批判と、いま一つは「出家ノやくニ立たず、地ごくごくらく《（極楽）》などといふ事、わけもなき事」（『光政日記』寛文七年四月十六日条）との池田光政の感懐に象徴されるように、現世主義に理論の本質を置く儒教からの、仏教の彼岸性への対決にあったことはいうまでもない。こうして、朱子学に政治理念を置いた会津の保科正之・水戸の徳川光圀・備前の池田光政の領内では、いずれも寛文六年（一六六六）から寺院整理政策が遂行され、とくに備前では神道請宗門改制度が光政によって採用されたことは注目すべきことである。
本稿は江戸幕府の宗教統制という論題に沿って、いきおい政治制度史的な視点から論述してきたものである。それゆえに、かかる統制下に置かれた近世仏教の評価については、それを受け止めた民衆の側から焦点を合わせば、たとえば民俗学の立場からなされるような、また異なった評価が生まれるはずであることを、一言つけ加えておきたい。

註

（1）故松本彦次郎所蔵文書（笠原一男『真宗における異端の系譜』、東京大学出版会、一九六二年、一一〇頁）。
（2）この点については私見を述べたことがあるので、ここでは詳述しない。拙稿「法華専修の成立について」（『仏教史学』八—三、一九五九年）。
（3）日蓮の国家観については私見を述べたことがある。拙稿「中世における国家観の一形態」（読史会創立五十年記念『国史論集』、読史会、一九五九年、本書四五—六一頁に再録）。
（4）この身延歴代の訴状は、宮崎英修『禁制不受不施派の研究』、平楽寺書店、一九五九年、二五九頁以下に収められている。
（5）宮崎英修前掲書、三一頁参照。
（6）拙稿「日蓮宗不受不施派についての一考察」（『日本史研究』三六号、一九五八年）。なお池上・中山の末寺と信徒が不受を守って本山に違背したことは、宮崎英修前掲書、二九頁以下に詳しい。
（7）宮崎英修前掲書、二九—五〇頁。
（8）寛永八・九年の幕府の新寺建立禁止の法令発布の因はいろいろ考えられるが、少なくともその発布の契機は、この末寺帳書き上げにあったと考える。
（9）豊田武『日本宗教制度史の研究』、厚生閣、一九三八年、五二頁参照。

(10) 豊田武前掲書、五三頁参照。なお江戸時代の古跡寺院とは普通は寛永末寺帳にみえる寺をいい、それ以後の寺を新地(新寺)と呼んで区別した。ただし、江戸では寛文のころ、寛文の大火以後の建立の寺を新寺と呼んだこともある。
(11) 高木豊「近世初頭における日蓮教団の動向」(『史潮』八〇、一九六二年)。
(12) 児玉識「近世本願寺教団の確立過程」(『近世仏教』四、一九六一年)。
(13) 千葉乗隆「良如時代における教団機構の整備」(『龍谷大学論集』三七〇、一九六二年)。
(14) 長沼賢海「宗旨人別改めの発達」(『史学雑誌』四〇―一一、一九二九年)。
(15) この文書は蘆田伊人「切支丹改め開始年代を確定する一史料」(『歴史地理』六五―二、一九三五年)に紹介されている。
(16) 蘆田伊人前掲論文参照。この忠勝の指令に基づき、小浜領内では十一月ごろから改めが実施された。その内容の詳述は、紙幅の関係もあって別の機会にゆずるが、このとき宗旨人別帳が村ごとに作られたことを付記しておく。
(17) 桃園恵真「薩藩宗教政策の特異性」(『鹿児島大学文理学部文化報告』二、一九五三年)参照。
(18) たとえば、小浜領内では寛永十二年に宗旨人別帳が作られている。本節註(16)参照。
(19) 長沼賢海前掲論文参照。
(20) 市川雄一郎「宗門改の実施と農村構成の内容」(『社会経済史学』一一―七、一九三一年)。
(21) 桃園恵真前掲論文参照。
(22) 桃園恵真前掲論文参照。
(23) 後藤武雄「筑前藩の宗旨改方条目」(『社会経済史学』七―一二、一九三八年)参照。
(24) このことは、寺請をともなわない俗請のみの人別の宗旨改が初めて行われたときも同じことがいえるであろう。ただこの場合は俗請であるので、そこには一方的に檀那寺を申告することができるという条件がある。檀家制度の鍵は寺請の有無であるので、ここでは俗請宗旨人別改を除外して考える。
(25) 千葉乗隆前掲論文。
(26) 後藤武雄前掲論文参照。

(27)「新義真言宗触頭記録」(前掲『日本宗教制度史の研究』、一二六頁引用)。
(28)拙稿「近世初頭における京都町衆の法華信仰」(『史林』四一―六、一九六三年、本書三三五―三六六頁に再録)。
(29)辻善之助『日本仏教史』近世篇之(三)、岩波書店、一九五四年、一一五頁参照。
(30)『池田家文書』寛文七年四月「老中へ懸御目備前出家還俗之子細書付」。谷口澄夫「岡山藩政確立期における寺社対策」(小倉豊文編『地域社会と宗教の史的研究』、柳原書店、一九六三年)。
(31)千葉乗隆前掲論文参照。
(32)高木豊「日蓮宗の開帳と縁起」(『大崎学報』一一三、一九六一年)参照。
(33)市村其三郎「薩藩と真宗との関係について」(『史学雑誌』四六―四、一九三五年)。桃園恵真前掲論文。
(34)このとき不受不施内部で安房小湊誕生寺・武蔵碑文谷法華寺・江戸谷中感応寺などは、寺領は国主から「御慈悲」をもって下された「悲田」と解して、請状を出した。悲田不受不施(悲田宗)である。しかし、やがて元禄四年、身延の訴えにより禁止された。
　なお、不受派の金城湯地たる備前藩領内でも、「地子寺領は供養に申請候」との手形提出を領内日蓮宗寺に強要し、不受寺院の破却・不受僧追放が池田光政の寺院整理政策の中でこの年から開始された。水野恭一郎(『備前藩における神職請制度』〈『岡山大学法文学部学術紀要』五号、一九五六年〉)・谷口澄夫(前掲論文)の研究によると、領内三九七カ寺の日蓮宗寺院のうち、三四八カ寺が破却され、そのうち不受寺院は三一三カ寺、不受僧五八五人が追放されたといわれる。備前法華の呼称に象徴される備前不受不施の勢力は、これによって歴史の表面から埋没させられることとなった。
(35)しかし、持戒は法中が捕えられたとき大きな弱点となる。役人が肉食を強要するからである。拒否すれば不受僧の疑いが深まり、食えば法中たる資格を失う。備前藩内の取り締まりに実例がある。これらは谷口澄夫の教示による。
(36)宮崎英修「不受不施派の組織とその展開」(『大崎学報』一〇五、一九五六年)参照。
(37)影山堯雄「不受不施の法難並に流僧について」(『大崎学報』一〇五、一九五六年)参照。
(38)千葉県夷隅町正立寺、鈴木謹司所蔵、天明三年三月「備前十二庵庵主連署本尊」。

近世初期の政治思想と国家意識

一　はじめに

この時代の政治思想や国家意識について、とくに当時の民衆個々人のそれがいかなるものであったかの解明は、率直にいってむずかしい。しかし本稿では、織豊期から江戸前期にかけての民衆社会の政治思想の潮流をできるだけ追求し、近世統一政権が、いかなる政治思想・国家意識に支えられてこれに対決したかに、主に焦点を当てて考察していきたい。この場合、織豊政権の段階においても、また江戸幕府成立期の段階においても、一つの手がかりは、これら政権の宗教に対する対応、とりわけ既存の仏教勢力に対する政策の中に残されている。なぜなら、近世統一政権が克服しなければならなかった種々の中世的権威、たとえば中世社会において、体制側から主唱される支配の理念にしても、また被支配者の側から打ち出された抵抗の理念にしても、すべて多かれ少なかれ仏教思想の影響のもとで発生し、形成され、発展していたからである。

ただし、近世の政治思想や国家観というと、普通には儒教のそれがよくいわれる。だが、本稿で取り扱う近世前期の時点で、しかもその受容の面からみると、近世儒教の政治理念が知識人や権力者層に受容され、定着しつつあったことは事実であるが、民衆思想として、これがはたしてどの程度消化・受容されていたか、疑問に思う。「諸寺の釈門、教に昏くして、真仮の門戸を知らず、洛都の儒林、行に迷うて、邪正の道路を弁うること無し」（『教行信証』後序）と親鸞が鋭くついたように、京洛の儒林は中世以来、伝統的に帝王の政治哲学として生きたが、もともと民衆済度や体制の改革を目的とするものでなかった。

儒教が大勢において仏家から独立し、また儒者という生業が成り立つのは、確かに近世の新しい現象であった。しかし、近世前期における彼らは、都市に住むか、また権力者の側近に仕え、限られた知識人という存在である。儒者に恵まれた京都では、近世初頭、上層町衆の子弟は清原家などに出入りし、四書五経を読み、素読のときから講釈を聞く風習がある程度定着していたが(1)、地方では事情は異なる。たとえば寛文七年（一六六七）四月、備前藩主池田光政が領内で実施した寺院整理政策について、老中に報告したなかに、つぎのような記事がある。

近年国元之民共、出家共ノ私欲を以、人をたぶらかし候をみかぎり、儒学を好申者、端々にこれ在るに付き、いづれか身分も無き者共も、右之者共之申所を聞なれ、坊主をうとミ申、神儒を好む風、所々多く御座候(2)。

藩主個人が儒学を好み、排仏論者である備前の領内でも、「儒学を好む者」＝儒者が「端々にこれ在る」ようになるのは、十七世紀の中ごろということになる。では、民衆たちにこれまで儒教思想は無縁であったか、というと、そうではない。それは耳から入る語りの文芸や、仏教者の唱導や談義や説経の場で信仰のすすめとともに民衆に入った。その儒教は帝王の哲学としての儒教ではなく、法然・親鸞・日蓮また蓮如などが、その教説のなかに包摂していた日常倫理と結びついた儒教である。彼らはここで五常の意義を学び、忠孝の必要を知った。この仏家が説く儒教ではなく、備前では排仏論を内包した儒家が説く政治哲学としての近世の儒学が、一般の領民に十七世紀半ばに初めて下降してきたということは、民衆が消化した近世儒学の時期を語って示唆深い。

したがって、織豊期から江戸前期の民衆の思想や価値観は、なお仏教の主導下にあったといえるだろう。

この仏教のうち、この時代、民衆を組織して最大の勢力をもつ宗派は、「念仏」と「題目」に象徴される真宗と法華宗であった。したがって、近世前期の民衆が内包する政治思想や国家観があるとすると、この二つの宗派の政治理念が彼らのそれに投影し、彼らの政治行動を支える基調となったと思われる。

端的にいうと、中世から近世初期までの主流的な政治思想や国家意識は、権力者・民衆のそれを問わず常に仏教のヴェールのもとで存在していたといってよい。長い中世の歴史を通じて、さまざまな政権の交替が行われたが、ときどきの新政権が既存のこれら仏教的政治思想の伝統を克服した歴史は、いまだなかった。たとえばそれが武家政権であっても、この伝統的な仏教的政治思想のなかに沈潜し、あるいは妥協してきたのが、中世の歴史の現実であった。

中世末の社会に根強く勢力を張っていた、あとでふれる種々の仏教的政治思想に正面から挑戦し、これを初めて克服したのは、織豊・江戸政権であって、ここに、これらの政権が近世統一政権と呼ばれる思想史上の画期がある。

二　王法と仏法の対置

1　王法仏法相依論

さて、中世社会の醸成された伝統的な仏教的政治思想といっても、それは一つではない。発生の社会的基盤、思想的系譜からいってもさまざまであり、また受容過程で補強され、変化し、発展するものもある。

だが、ここで、これらの思想を思想家個人のレベルでなく、一定の社会的基盤をもつという視点からみると、一つは支配体制側の立場にたつ理念と、いま一つ反体制的な民衆の行動理念となり得たものに分けることが可能である。

前者の代表的な思想は、黒田俊雄氏(3)が顕密仏教が確立した段階での体制的イデオロギーとしての性格を濃厚にもっていると指摘する、王法仏法相依の理論である。

この理論の発生の系譜は古い。南都六宗や天台・真言の二宗など、旧仏教の側から説かれだし、すでに平安後期、摂関・院政期の政治権力と結合して、確かに相互補完的な体制イデオロギーの地位を占めていた。天喜元年（一〇五三）七月、「東大寺領美濃国茜部荘司住人等解(4)」の中に「方今、王法と仏法、相双ぶこと、譬えば車の二輪、鳥の二翼の如し、若し其の一つを闕かば、敢てもって飛輪することを得ず、若し仏法なくんば何んぞ王法あらんや、もし王法なくんば豈に仏法有らんや、よって興法の故に王法最盛なり」とみえるのなどは、この理論の典型である。このほかにも、このころから天皇や法皇の神仏への告文、また官寺系大寺の縁起などにもこの理念の展開は数多く例がみられ、さらに中世鎌倉時代になっても、『愚管抄』の中に「王法仏法、牛の角の如し」とか、『平家物語』に「王法つきんとては仏法まず亡ず」とみえるように、さらに根深くこの理論は広まっていった。

だが、ここでいう仏法は、この理念の発生の系譜からいうと、浄土宗・真宗・時宗・法華宗のような民衆救済を志向する新仏教のことではない。奈良・平安の官寺系の大寺、密教化した荘園領主系大寺の仏法である。したがってここでいう王法とは、荘園体制を擁護しそれを基盤として成立する政治権力、またそれが維持する国家秩序を指していることはいうまでもない。逆にいえば、この理論は荘園体制が存続する限り、常に補強され、再生される必然性をその最初からもっていたといえる。これは王法仏法相依論の一つの大きな特色である。

ついでこの理論の特色の第二は、この論の発展を歴史的にみると、王法側からでなく仏教側の主唱のもとで展開されだすが、仏法を政治に従属するものと位置づけた古代奈良国家のそれと異なって、仏法をまず王法に対比した対等な位置づけを行って、そのうえで両者の存在の正当性を相互に保証し、運命共同体論を引き出していることである。

古代国家においても、中世国家においても、旧仏教の官寺系大寺が仏教の存在意義を鎮護国家の説に求めたことは同じである。だが、この理論では、理論展開の原点で仏法を王法から分離して、対置の地位に引き上げた。教権と俗権、出世間と世間、出家と在家、この両者をまず厳密に分離したうえで、世俗の事象を仏教側の理念から改めて説き明かそうという教説上の立場が、新旧仏教宗派を問わず、中世仏教全体の大きな特色であったと考える。寺領の不輸・免租権、守護不入権など、仏教側から世俗の権力に対して反復して主張される寺領神聖不可侵論も、実はこの両者分離論を基盤に展開されるものである。

王法仏法相依の論は、この意味では権力との運命共同体論を主張しながら、他方で権力からの宗教の不可侵存立論を内包する点で、古代のそれと異なる中世的な仏法政治論の一つであったといえる。

さて、さらに重要なことは第三にこの相依の論が、延々として中世末期に至っても、なお現実に社会的な一定の勢力を維持していたことである。戦国期、とくに畿内で一向一揆や法華一揆が盛んになると、その弊害を謳って、この理論が畿内荘園領主系大寺から展開される。その一例をあげると、たとえば天文五年（一五三六）七月の法華の乱にあたり、洛中法華一揆の討滅を期して、叡山山徒は三院集会議を開いて三井寺・東寺・平泉寺などにあて、軍勢催促のため檄文を発したが、それらの中で、自己の武力蜂起の正当性を主張する根拠は一貫してこの理念にあり、「王城山門を以って、車の両輪に類、鳥の双翼に比す、若し一つにして二つを闕かば、倶に安穏すべからず」(5)と、執拗にこの理論を繰り返している。しかも山門はこのとき、この理論により結集した武力で、町衆の法華一揆を壊滅させ、洛中から法華宗寺院を一掃することに成功した。理論は現実の武力の裏付けをもって生きているわけである。

このとき山門は、仏法を山門、王法を王城に置き換えたが、もちろん王法仏法相依論に違いはない。この場合きわめて象徴的なことがある。すなわちこの理論でいう仏法が、荘園体制の最後の牙城である北嶺・南都などのそれを指し、また王法が中央＝王城に存立し前者を擁護する政治権力、すなわち王城が王城たるゆえんであるそこに存続する中世天皇制を如何なる形にせよ温存し、それを内包した政治支配機構を指していることである。

中世末のこの時代、天皇が現実に独自の政治権力をほぼ消失していたことは、周知の事実である。古代国家の「大君は神にしませば」のごとき、天皇＝現人神という絶対神聖な天皇の不可侵性が時代とともに動揺し、まして中世に入って、武家政権の樹立と武士の封建領主化の進展という歴史的現実のなかで消滅してからも、長い時代が過ぎ去っている。

だが、重要なことは、荘園体制が存続する限り、また時々の政治支配機構に天皇制が一定の政治的役割を果たすべく温存内包される限り、天皇権威の理論的再生が形をかえ品をかえ、繰り返されてきたことも、中世の歴史の現実であった。この場合、荘園領主系の顕密仏教思想の影響下に行われるのが普通であり、この王法仏法相依の論も、また中世の神国思想もその一つである。

これは形こそ違うが、武家政権において、頼朝が挙兵の理念を「稟二八幡太郎遺跡一、如レ旧、相二従東八ケ国勇士一」[6]と、先祖義家の権威にすがり、また「関東御成敗式目」第一条が、「神は人の敬に依って威を増し、人は神の徳に依って運を添う」と、神祇への傾斜を謳う立場とも共通する。

要するに、中世においては、現実の政権は常に彼らの支配の正当性の根源を外からの理論、先祖の神聖さや仏教的政治思想、ときには神秘的な神器や重代相伝の家宝をさえ借りて補填し、説明しつづける。

換言すると、それぞれの支配権力がその権力基盤の根源である支配の正当性を、それ自体の力でも理論でも確立し得ないのが、中世権力の一つの特色である。とすると、王法仏法相依の論は、さらに既存の権力の側からその存続と再生が常に求められることになる。

荘園体制がなお存続し、官寺系の荘園領主の勢力がなお根強く残る王城と畿内の征覇を目指す信長以下の近世統一政権にとって、彼らの世俗的勢力の包摂はもとよりのことであるが、彼らの政治理論――王法仏法相依論との対決もまた、必須の課題となるべきものであった。

2 仏法為先の理念

中世を通じて、王法の意義をいかに説明するかは、官寺系の旧仏教各派だけの命題ではなかった。

新仏教各宗でも、宗祖が、あるいはその後の教団発展の過程で、宗門側から権力との対応のしかたがいろいろと説かれた。たとえば、法然や道元や親鸞は、旧仏教の立場よりも、仏法と王法をはるかに厳しく分離した。周知のように彼らは、政治権力から全く断絶した次元に、または離脱したところに、それぞれの救済の論理を展開した。

専修念仏門や道元の禅が、政治権力と全く無縁な生き方を志向したからといって、彼らの宗教に政治意識が全くなかったことにはならない。権力や世法からの断絶や離脱への志向、それ自体が、権力に対する彼らの政治思想を示すものにほかならないからである。近世統一政権にとって、このような体制外的な、また支配権力からの完全断絶を志向する人々の集団にいかに対応するか、これらの思考形態が中世末の社会に相当の基盤をもっていただけに、それも一つの問題であった。

新仏教の中で、仏法と王法を峻別しながらも、権力からの断絶の道をとらず、仏法の立場から理論的に、政治権力の意義を正面から取り上げたのは、日蓮を宗祖とする法華宗である。

日蓮は国主＝政治権力者について、いくつかの規定を行う。

仁王経の「一切《ノ》国主、皆由《テ》三過去世《ニ》侍《スルニ》二五百《ノ》仏《ニ》一、得《タリ》レ為《ルコトヲ》二帝王主《ト》一」の文言を引いて、この意味を「国主と成り給ふ事は過去に正法を持、仏に仕ふるに依て、大小の王、皆梵王・帝釈・日月・四天等の御計ひとして郡郷を領し給へり(7)」と解する。ここで日蓮のいう正法とは、もちろん法華経のことである。権力者が権力者たる由縁は、現に彼が権力を保持しているとか、神の子孫であるとか、かつての権力者の子孫であるとか、いわば人的要因にあるのではなく、前世の法華経の受持という宗教的要因によるという思弁である。これが彼の権力者の規定の第一である。ついで、第二の規定は、「此日本国の一切衆生のためには、釈迦仏は主なり、師なり、親なり。天神七代・地神五代・人王九十代の神と王とすら猶釈迦仏の所従なり。（中略）又日本国の天神・地神・九十余代の国主並に万民牛馬、生と生ける生ある者は皆教主釈尊の一子なり。又日本国の天神・地神・諸王・万民等の天地・水火・父母・主君・男女・妻子・黒白等を辦給は皆教主釈尊、御教の師也」（「妙法比丘尼御返事」）と彼はいう。世俗の至上権力者も、教権の至上者釈尊に対しては一介の所従に過ぎないという、仏法と王法を対置するとき、前者の絶対優位の理念である。

第三の規定はさらに重要である。すなわち、『守護国家論』の中で、日蓮は仁王経中の「仏告《ハク》二波斯匿王《ニ》一乃至是故《ニ》付二属《シテ》諸国王《ニ》一、不《レ》付二属《セ》比丘・比丘尼・清信男・清信女《ニ》一。何《ヲ》以《テノ》故《ニ》、無《キ》二王《ノ》威力一故《ニ》、乃至此経《ノ》三宝《ヲハ》付二属《スノ》諸国王《ノ》四部《ノ》弟子《ニ》一」という文言を敷衍して、これをつぎのように述べる。曰く「仁王経の文の如くならば、仏法を以って、先ず国王に付属し、次に四衆に及ぼす、王位に居る君、国を治むる臣は、仏法を以って先となして、国を治むべき也」と。

ここにいう「王位に居る君」とは天皇を、また「国を治むる臣」とは武家政権を指すが、彼らは釈尊から付属された仏法を四衆に及ぼす義務があり、そのうえで現実の政治支配を行うとき、初めて彼らの支配権の正当性が、教権の至上者釈尊によって容認されるという主張である。端的に日蓮の言葉を借りていうと、王法に対する「仏法為先」の政治理念である。この場合、仏法とは「法花経は如来出世の本懐なる」（『守護国家論』）と、日蓮が釈尊出世の本懐と確信した法華経を指し、具体的には「法華経為先」の政治の主張である。

この法華経為先の政治理念は、日蓮にとって不滅不可侵の道理であり、権力者個人の運命はもとより、国家の安否も、この理念の現実政治への反映の有無に左右される。彼は大集経二十八にみえる「若有《テ》二国王一、見《テ》二我法《ノ》滅《センヲ》一、捨《テヽ》不《レバ》二擁護《セ》一、於《テ》二無量世《ニ》一、修《ストモ》二施戒慧《ヲ》一、悉皆滅失《シ》、其国《ニ》出《サン》二三種《ノ》不祥《ノ》事《ヲ》一、乃至命終《シテ》、生《セン》二大地獄《ニ》一」の文言を引き、この意義を「大集経の文の如くならば、王臣等、仏道のために、無量劫の間、頭目等の施を施し、八万の戒行を持ち、無量の仏法を学ぶと雖も、国に流布するところの法の邪正を直さざれば、国中に大風・旱魃・大雨の三災起りて、万民を逃脱せしめ、王臣定めて三悪に堕せんと」（『守護国家論』）と説いた。法華経為先の政治の具体的実行とは、権力者の法華経受持、正法の流布擁護であり、そのうえで将来される災害除去の民衆生活である。この義務遂行の有無が、彼にとっては、その政権自体の正邪と認否、また正当か異端かを峻別する分岐点となる。前者の政権にとっては、彼の教説はたちまち立正安国、また鎮護国家の法門となり、また後者の道を政権が歩むと、彼が『立正安国論』を幕府に提出したように、それは今日まで法華宗の伝統となっている国主諫暁＝折伏の対象となる政権となる。これが第四の権力に対する規定である。

また仏法為先の政治を放棄し、国主諫暁をも聞き入れない権力者は、いかなる運命を辿るか。それは「法華経を背きて、真言・禅・念仏等の邪師に付て、諸善根を修せらるるとも、敢て仏意に叶はず」（「祈禱鈔」）と、釈尊への義務違背であり、このような国主は「第八十二代隠岐法皇御時、禅宗・念仏宗出来て、真言の大悪法に加えて国土に流布せしかば、天照太神・正八旛百王百代の御誓やぶれて王法すでに尽ぬ」（「頼基陳状」）と、承久の変における後鳥羽院の敗北の例をあげる。王法は不可侵にして不滅のものではない。「仏法に付きて国も盛へ、人の寿も長く、又仏法に付て国もほろび、人の寿も短かるべし」（「神国王御書」）と、仏法＝法華経に支配され、これに依存して初めて存続し得る王法であり、逆に法華経が消滅するとただちに滅亡する王法である。これが、彼がいう「仏法為先」論の一つの帰結である。

このように、王法の存否は仏法＝法華経によって支配される。だが逆に、仏法は王法の存否に左右されるだろうか。旧仏教が主唱した王法仏法相依論は、両輪の車、双翼の鳥である両者は一つを欠けば、王法仏法ともに機能を果たし得ないと、両者の運命的共同体論をくりひろげた。

だが、日蓮のいう仏法は、その命運を王法の存否に左右されない。臨終にのぞんで日蓮が「但今此国に大悪魔入り満て、国土ほろびん時にこそ、日蓮が立（て）申（す）法華経の法門、正義とは見え候べけれ」（「波木井殿御書」）と主張したように、彼のいう仏法は、王法滅亡のときでさえ、ひとり「正義の法門」として光り輝く仏法であり、「仏法と申は道理也、道理と申は主に勝者也」と、彼の仏法は「主」＝権力者から不可侵の神聖を保ち優越する存在である。

したがって世俗の支配権力が仏法為先の政治形態をとらなかったら、それは仏法と法華経、また釈尊への反逆を示すことになり、「道理」への反逆となる。日蓮はこのような世俗の支配権力に対し、「ただし法華経のかたきになりぬれば、父母国主の事をも用ひざるが孝養ともなり、国の恩を報ずるにて候」（「王舎城事」）と説いた。権力への無条件の忠誠は、彼の教説には初めからない。法華経と無縁な権力者、それは「法華経のかたき」であり、このようなときには国主の意志に背くことさえ、かえって報恩の行為であると主張した。

このような日蓮の政治理念は、法華宗教団の形成と発展過程で、中世社会を下るにつれ、法華宗僧侶と信徒のなかに定着し、しかも教団が民衆社会に基盤を置いていただけに、中世後期から近世のはじめ、庶民の政治思想、世直し運動の一つの思想的基盤となり得る地位を確保しつつあった。

具体的には中世末から近世初頭、各地の封建領主に対して宗門側からいくたびとなく国主諌暁が果敢に行われ、また法華大名の領内で行われた他宗寺院の破却と領内仏法の法華宗による統一、さらに法華門徒が起こす法華一揆などは、この仏法為先の政治理念の顕現化運動にほかならなかった。

三　仏土仏子思想の展開

1　釈尊御領と仏法領

中世後期から近世の前期、現実に人々が生活する国土の性格を宗教の教理から説明する、いわば宗教的国土国家観が、広汎な民衆的基盤をもって成立していた。

この国土には神々が鎮座し、守護し給うという神国思想もその一つであるが、現実に存在する政治権力との関連において、より深刻な理論は、法華宗の釈尊領論と真宗の仏法領の理念である。

前節で述べた、法華宗の僧俗集団が堅持した仏法為先の政治理念の基礎になるのが、実は国土は仏土であるという理念である。形成の系譜は日蓮に始まり、彼はこれを、現実の国土は釈尊御領という言葉で表現した。

この理論が発生する原点は、『法華経』譬喩品にみえる仏陀の有名な偈、「今此三界皆是我有、其中衆生悉是吾子」なる一句の文言である。日蓮はこの文言の意味を、「日本国六十六箇国、島二の大地は、教主釈尊の本領也」（「六郎恒長御消息」）、あるいは「此文の意は、今此日本国は釈迦仏の御領也、天照太神・八幡大菩薩・神武天皇等の一切の神・国主並に万民までも釈迦仏の御所領の内なる」（「弥三郎殿御返事」）、さらに「娑婆世界は五百塵点劫より已来、教主釈尊の御所領也、大地・虚空・山海・草木一分も他仏の有ならず」（「一谷入道御書」）と述べている。国土は一木一草、虚空から大地まで、またそこに住む神も権力者も民衆も、すべてその本源的所有権は釈尊にあって、この現実の日本の国土も、釈尊御領の中に包括されるという理論である。これは、守護神として神々が鎮座する国土の宗教的神聖観に満ちた神国思想のような国土観ではない。それに、神国思想には現実に存在する権力を否定し、国土に対する神の領有権を主張するような思弁はない。だが、日蓮は現実の国土に存在する支配権力の根源をまずくつがえし、そのうえで宗教的な理念の次元に、国土の本源的にして真実の領有権者を想定した。これは国土即仏土論である。

前節で述べたところの、釈尊の出世の本懐である『法華経』による仏法為先の政治理念は、国土＝釈尊御領という、この日蓮の国家観を基盤にすえて打ち出された理念である。

この国土即仏土論を系譜的にさかのぼると、古く平安中期、聖徳太子に仮託されて作られた、かの「四天王寺御手印縁起」の中の、「王土に混ぜず、国郡に接せず、僧官を掌らず、資材田地は併せて以って護世の四王に委せ、悉く以って摂領す、後々代々妨障、永く断ずべし」という一節などに、連なるものであるかもしれない。しかし、その成立の契機において「御手印縁起」は、世俗権威からの寺領に限定した、地域の独占支配と神聖不可侵を謳うものであり、日蓮の場合は国土全体の意義やその本質的性格を、また現実の権力の存在を根底から揺り動かす思想を内包していた点で、権力にとって、前者よりはるかに強烈な危険性をもっていた。

日蓮は、この独特の国家観の発生の原点になる「今此三界皆是我有、其中衆生悉是吾子」の十六字の文言を指して、「法華経を知ると申は、此文を知る可きなり」(「戒体即身成仏義」)と、三界即仏土、衆生即仏子の理念こそ法華経色読の、また自己の教説のいわば神髄であるとまで断言した。

この日蓮の釈尊御領観を、教団発展史のうえで、より鮮明な形で継承し、理論的に発展させたのは、近世初頭の京都妙覚寺の日奥が唱えた、不受不施思想の中でである。

たとえば、日奥はその代表的著述『宗義制法論』の中で、「今この世界は悉く、教主釈尊の御領なり、故に経に云く、「今此三界、皆是我有」云々、また法華の行者は、教主釈尊の愛子なり、故に経に云く、「読持此経、是真仏子」云々、梵王・帝釈は、仏の左右の臣下なり、仮に釈尊の御領を預って三界を領し、法華の行者を養うべき守護神に付けり、故に経に「諸天昼夜常為法故、而衛護之」と云う、四天・輪王は皆これその眷属なり、小国の君主、誰か釈尊の御領を押領せんや、十方恒沙の国土、なお教主釈尊の領内なり、扶桑国、あに法王の御分国に漏れんや」と説き、また『守護正義論』の中で、「そもそもこの世界は、五百塵点劫より已来、教主釈尊の御領なり、故に迹門に今此三界、皆是我有と説き、本門には我此土安穏と宣べたり、文の如くんば此の世界において全く二主なし、本主はただ是れ釈尊一仏なり」と述べ、ついで大論の文を引いて「文の如くんば十方恒沙の国土、なお釈尊の御所領なり、扶桑国あに法王の御分国に漏れんや、此れなお深義あり、経に云く、観三千大千世界乃至無有如芥子許非是菩薩捨身命処云々、大千世界の国土草木、これ皆、釈尊の身体に非ざる事なし、(中略)況んや小国の王臣、誰人か教主釈尊に背いて此の土を押領せんや、三界は皆仏国なり、咫尺の地も他の有にあらず」と、この国土即仏土論を展開した。

この日奥の理論が宗内で生命を維持する限り、法華宗は現実に存在する政治権力をそのまま認めるものではない。

国土の根源的所有権者は、現実に存在する権力者と釈尊の二主があるのでなく、ひとり釈尊のみが厳存し、日本は釈尊を頂点とする法王国の一分国にすぎない。三界はすべて仏土であり、寸毫の土地、一木一草、地下の井水に至るまで、現実の君主のものではない。しかも、日奥がここでいう「小国の君主」「小国の王臣」とは、この彼の主張が近世統一政権との対決の経験を経たうえで吐露されたものであっただけに、具体的には秀吉を指し、また家康を指していることは明らかである。

不受不施の理論は、なにも日奥が創始したものではない。宗祖日蓮の段階から近世前期にかけて、法華宗教団の中で、不受不施論は主流的な勢力を保持していた理論であり、その近世的な理論の再編強化が、権力から弾圧を受けた日奥によってなされたにすぎない。

結論的にいって、この国土即仏土の理念は、発生の系譜を日蓮に置き、そののち中世から近世初めの法華宗教団の中で発展し、日奥のみでなく、広く宗内一般の僧侶や門徒の信仰の基底に脈々として生き続けたことは確かである。

さらに一例をあげておこう。法華宗では信者は帰依する僧侶から、紙本墨書の本尊曼荼羅を授与される。普通に「御本尊」と呼ばれるこの曼荼羅は、中央に南無妙法蓮華経の題目、その左右に勧請した諸仏・諸神の名が、また下部に書写した僧侶の自署と授与者名、さらに年月日があるが、近世前期までの本尊の中に「今此三界皆是我有」以下の十六字の経文が鮮やかに特書されているものが、実に多く残っている。法華宗の信徒たちが朝夕、その前で唱題し、法華経を読誦する最も聖なる信仰の対象である本尊にこの文言があることは、国土即仏土の理念が、広汎にこの時代の民衆の信仰思想の中に生き続けていたことを意味している。

こうして、国土即仏土の理念は、法華宗が民衆の中にひろまればひろまるほど、法華信仰という大衆的基盤をもって維持され、前代のいかなる政権に比べても、また民衆たちのそれに対しても、圧倒的に強力な軍事力をもって近世統一政権が成立したとき、民衆の政治思想の大きな潮流としてその前に立ちはだかることとなった。

さて、真宗にはこの法華宗の釈尊御領論に酷似した仏法領の理念がある。だが、この真宗のいう仏法領の理念は、先学も指摘されるとおり、文献史料的には蓮如以後の教説にごく少数の使用例がみられるだけであり、また理論的にも真宗教説の中で未熟なままで終わっている。この仏法領なる言葉は、世俗領に対して、仏法がすべてを支配し、弥陀あるいは本願寺法主によって人々の現当二世にわたる擁護と冥罰が行われる世界――すなわち真宗門徒の集団の世界を指したものと解される(8)。また一方、すでに鎌倉時代から、専修念仏者の中に、呼称こそ違うが仏法領と酷似した娑婆すなわち阿弥陀仏領、衆生すなわち阿弥陀仏子の理念が定着していたことも忘れることはできない(9)。

いずれにしても、これらの理念は世俗や王法を超脱したところに、念仏者集団の別の世界を志向し、現世を仏土と考える点で、現実国土に釈尊土の意義づけを行う法華門徒の前述の理念と共通するものがある。

釈尊御領にしても、仏法領にしても、現実的視点からみると、釈尊も弥陀もその実体が現認できる存在ではない。だから、国土即仏土の理念も、また国土のなかに仏土の顕現を志向する動きも、現実に仏土の主宰者の存在を確認できるわけではない。煎じつめると、釈尊や弥陀の存在とこの理念を信じる人々の集団の、現に存在する支配権力へのアンチテーゼの役割を果たし、現実の支配権力に対して、彼らだけの支配にまかせられた「領」＝世界の正当性を主張する理論となる。端的にいうと、仏土論は弥陀や釈尊という普遍的抽象的存在の権威のもとに、国土の領有権を帰結することで、現実の支配権力の正当性を捨象し、民衆が権力から超脱し、またこれに抵抗するとき、その行動を支える理論の機能を果たしていくことになる。一向一揆や法華一揆に結集する民衆の行動理念の一つに、この国土即仏土論が秘められていたにちがいない。

2　衆生仏子論

この国土即仏土の理念と一体となる衆生仏子論＝仏教的平等思想が、近世前期までの真宗と法華宗に広く存在した。

まず、この仏教的平等理念の形成は、古くは最澄・空海の一乗説に、また源信の『一乗要決』に証せられた平等の大慧は諸仏の本懐であり、常住仏性は釈尊の遺言であるという教説に発生の系譜を置くものであって、仏教が権力者の体制擁護のためだけを目指す鎮護国家の古代国家仏教の法門から、衆生済度と在家往生の容認へと、民衆救済の仏教へ踏み切ったとき、この理論は必然的に生まれてくるものであった。

だが、これを民衆教化の実践の場で正面に標榜したのは法然であり、彼は『選択集』の中で聖道門の作善の意義を否定し、困窮貧賤の者、愚鈍下智の人、少聞少見の者、破戒無戒の人々も弥陀の本願によって平等に救済されると説いたことはあまりにも有名である。

親鸞はさらにこの理念を推し進めて、「うみかわ（海河）にあみをひき、つりをして世をわたる」漁夫、「野やまにしゝをかり、とり（鳥）をとりていのちをつなぐ」猟人、「あきなひをもし、田畠をつくりすぐる」商人や百姓など、当時の社会の底辺を構成し、聖道門の教説から悪人と呼ばれた人々の救済こそ、弥陀の本願救済の正機であると、いわゆる悪人正機の言葉を『歎異抄』の中に残している。

専修念仏門が悪人や女性の、貧賤にして愚鈍下智の在家のともがらの往生を約束したことは、「弥陀如来、法蔵比丘の昔、平等の慈悲に催されて、普く一切を摂せんが為めに」（『選択集』）との、弥陀本願は衆生平等の救済にあるとの絶対の確信から生じたものである。逆にいうと、これは弥陀の前では貴賤・男女・善悪人すべては平等という思惟である。この平等理念をさらに鮮明に進めたのが親鸞であり、また立場が違うがあとで述べる日蓮であり、そして結論的にいうと、この理念は真宗・法華宗教団を支える民衆信徒の中に、近世前期まで躍動的に生きていたのである。

さて、法華宗における平等理念は、宗祖日蓮のつぎの言葉が源泉となる。すなわち彼は、「法華経を知ると申は、此文を知る可きなり」と言い切った『法華経』譬喩品の仏陀の偈、前に述べた「今此三界皆是我有、其中衆生悉是吾子」の後半八字の意義を、「日本国の天神・地神・九十余代の国主並に万民牛馬、生と生ける生ある者は皆教主釈尊の一子なり」（「妙法比丘尼御返事」）と敷衍した。つまり、民衆はもとより、上は神祇・天皇から、下は畜生に至るまで、国土の本主釈尊の前では平等の釈子であるという衆生即仏子の理念である。しかも、この理念は偈文にみえるように、前述の国土即仏土の理念と全く表裏一体となり、成立する思弁である。

人々の本源的身分が釈子とすると、彼らが父なる釈尊の本懐である法華経を受持したとき、それを受持しない人あるいは受持したもの同士の間で、彼らの上下関係はどうなるであろうか。曰く「法華経を持つ人は男ならば何なる田夫にても候へ、三界の主たる大梵天王・釈提桓因・四大天王・転輪聖王、乃至漢土・日本の国主等にも勝れたり、いかに況んや、日本国の大臣・公卿・源平の侍・百姓等に勝たる事、申に及ばず」（「松野殿御消息」）と、日蓮は説く。法華信仰に入ると、現実の社会的階級身分が貧賤であっても、それは捨象され、他宗謗法の国主・貴族・武士・百姓よりも、本主釈尊に対して上位に位置するというのである。同じ信仰者集団の中では、これはどうなるか。

日蓮はこれを、よき檀那とは「貴人にもよらず賤人をもにくまず、上にもよらず下をもいやしまず、一切人をば用ずして、一切経の中に法華経を持ん人をば、一切の人の中の吉人也」（『法華初心成仏鈔』）と説く。現実の社会的存在が国主・貴族であっても、田夫・賤人であっても、彼らの本源的身分は、ともに仏土に住む釈子として平等であり、彼らは同じ信仰を紐帯として、平等の法友となるのである。

この衆生即釈子と、国土即仏土の理念は、その後ながく近世前期までの法華宗の中に生き続いた。寺院や信者に授与された本尊曼荼羅の中で、近世前期まで、またときにはその後のものにおいても、前述した「今此三界皆是我有」と並んで、「其中衆生悉是吾子」の八字の経文が書きしるされているものが多いことによって、これは十分に証せられる。さらに近世初期、不受不施理論を大成した日奥は宗門伝統の衆生即釈子の論を敷衍して、さらに「然らば則ち、梵王・帝釈・日月・四天・四輪王、乃至日本国中の大小の神祇弁に国王・大臣・道俗・男女・貴賤、一切悉く教主釈尊の所従に非ずと云ふ事なし(10)」と、衆生即釈尊所従論を展開した。仏子論の変形である。

一方、真宗では『歎異抄』の中に、親鸞は「専修念仏のともがらの、わが弟子、ひとの弟子といふ相論のさふらうらんこと、もてのほかの子細なり、親鸞は弟子一人ももたずさふらう」と、かの有名な言葉を残した。この親鸞の言葉の根底には、救済は人師によるのでなく、「如来よりたまはりたる」ものであるという自然法爾の彼の教説の神髄が秘められ、ここから彼は絶対者弥陀の前に、自己をも含めて被救済者はすべて平等であると、仲介者としての知識僧侶の存在をも否定し去ったのである。

この理念から、彼は門弟や門徒をおのが弟子と呼ばず、ともに弥陀の同朋として弥陀の用をつとめるものであると、彼らを「同朋」「同行」と呼んだ。

この真宗教説の根幹の一つである同朋・同行意識は、その後の本願寺教団の中で生き続け、衆生平等の理論として蓮如の教説の中にも維持されていた。

「御門徒衆をあしく申事、ゆめ〳〵あるまじきなり、開山(親鸞)は御同行・御同朋と御かしづき候に、聊爾に存ずるはくせごとの由、被〻仰候」(11)とか、「年来、超勝寺ノ門徒ニヲヒテ、仏法ノ次第、モテノホカ相違セリ、ソノイハレハ、マヅ座衆トテコレアリ、イカニモソノ座上ニアリテ、サカヅキナンドマデモ、ヒトヨリサキニノミ、座中ノヒトニモ、マタソノホカダレ〳〵ニモ、イミジクオモハレンズルガ、マコトニ仏法ノ肝要タルヤウニ心中ニコ、ロエヲキタリ、コレサラニ往生極楽ノタメニアラズ」(文明五年九月下旬付、蓮如『御文』一七帖)という蓮如の発言は、これを明瞭に示している。

当時の真宗の集会で、人の座上に坐り、他人より先に盃を受けることを好む風潮が生じたことを、蓮如が仏法の次第にあらずと非難し、また本願寺において、これまで法主の座が上段に設けられていたのを、彼が下段と同列に下げて平座に直したという有名な出来事も、この理念をなんとか維持しようとする、彼の努力を物語るものである。そして、蓮如は「身をすてゝをの〳〵と同座するをば、聖人(親鸞)のおほせにも、四海の信心の人はみな兄弟と仰られたれば、我(蓮如)もその御ことばのごとくなり」(『蓮如上人御一代聞書』四〇)、「仏恩を一同にうれば、信心一致のうへは四海みな兄弟といへり」(『同前』一四六)と説き、「信心一致のうへ」に築かれた弥陀本願に救われた念仏集団という限定された枠の中に、前述の法華宗と同じように、世俗の身分を捨象した「四海みな兄弟」という平等の同朋的人間関係の形成を志向したのである。

しかし、周知のように、彼以後の本願寺教団の歴史では、この理念が変化した。蓮如が繰り返し、親鸞の同朋・同行意識を強調すること自体が、すでに当時の本願寺念仏集団の中に、この理念の維持が困難となりつつあったことを示している。

それどころか、すでに先学の研究(12)が明らかにしているように、蓮如以後の法主制の確立過程において、法主による門徒統制権が強化され、とくに証如代の一五三〇年代(天文初年ごろ)、門徒の不可往生を認定する破門権(勘気）、逆に往生を認める後生御免権、異端の教説に走るものに対する生害権（死刑）が、法主の手に掌握されることとなる。

法主を頂点とした本願寺教団の確立とともに、その内部では弥陀と門徒の直結が消滅し、往生は弥陀のはからいでなく、弥陀の「代官」たる法主の手にゆだねられることとなった。と同時に、念仏者集団の中に法主を頂点に大坊主や坊主、年寄・長門徒、さらにその下部に、一般農民門徒という世俗の階層を反映した縦に連なる門徒組織が形成されたことも確かである。

親鸞・蓮如の教説と比べると、これは大きな変質である。だが王法と仏法、俗権と教権を対置する視点からみると、同朋意識の衰退も、また法主権限の強化も、あくまでも仏法領内の出来事である。しかも門徒の生殺を握るほどの法主権限の拡大は、厖大な諸国門徒集団を世俗の支配権力から確実に隔離する機能を果したことを忘れてはならない。また、さらに重要なことは、この仏法領の中では、本願寺の門徒支配の強化が進む一方で、弥陀の前における平等の人間関係を求めて、それへの回帰の運動が、下部農民門徒から常に反復提起されていたことである。

たとえば天正二年（一五七四）二月、一向一揆が蜂起して、ついに越前一国の支配をなしとげたが、このとき、農民門徒たちは、在地の大坊主や、顕如が越前に下した守護代下間筑後の支配に対して、「坊主達ハ後生ヲコソ頼タレ、或ハ下部ノゴトク荷を持セ、或ハ下人ノゴトク鑓ヲカタネサセ召使ワル、事、一向不㆓心得㆒次第ナリ。桂田・富田ヲ退治シタル事モ、国郡ヲ進退セント思ヒ、我等粉骨ヲ尽シテ此国ヲ打取ケルニ、何トモ不㆑知上方ノ衆ガ下リテ、国ヲ恣ニイタス事、所存ノ外ナリ(13)」と、十七講や鑓講の門徒が本願寺の支配に対して蜂起した。

これは一向一揆内部の団結が崩れ去った現象の例証としてよく指摘され、また信長の北陸一向一揆の平定がこの分裂の機を巧みについて成功したことも事実であるが、なおここに語られる農民門徒の「国郡ヲ進退セント思ヒ、我等粉骨ヲ尽シテ此国ヲ打取ケル」という切実な下地支配の要求と、「下部ノゴトク荷ヲ持セ、或ハ下人ノゴトク鑓ヲカタネサセ召使ワル、事、一向不二心得一次第ナリ」という平等な人間関係への願望こそ、当時の農民の普遍的な意識であり、これが彼らを権力との死闘にかりたてた不動の理念になったと思われる。

3 民衆権力への志向

親鸞や日蓮は、本巻で取り扱う時代よりはるかに古い中世の人である。だが、彼らの教説が一定の社会的基盤をもって民衆社会にいつ受容されたかというと、彼らが生きていた時代はもとより、室町前期の段階でも、その教説に接する機会に恵まれた人はまだ微々たる数である。幾世紀にもわたる門弟の布教と宗祖の述作の転写の量的蓄積を経て、彼らの教説がいわば国民的規模で民衆思想の地位を得たのは、たとえば史料の上で、幾万幾十万の数をもって門徒一揆が蜂起する戦国以降、さらに本巻で取り扱う時代にかけてのことである。この意味では真宗も法華宗も、鎌倉仏教というよりは、戦国仏教と考えたほうがはるかに実態に即した呼称である。中世末から近世初期の民衆の政治思想や国家観の潮流を、この二宗の教説からここまで追い続けた理由はここにある。そして、この基調となったもの、それこそ国土即仏土と、衆生即仏子の理念に支えられた平等的人間関係の理念であると考えてきた。

さて、真宗と法華宗は、近世初頭のころ、前者は石山本願寺、後者は京都法華宗十六本山を中心に、畿内・北陸・東海・瀬戸内諸国に勢力をのばし、都市と郷村に念仏・題目を紐帯とする門徒の講組織をつくり、確固たる勢力基盤を築いていた。その組織の中心は、郷村では名主と一般農民、都市部においては町衆門徒たちである。近世統一政権が畿内中央部に進出したとき、この地域の郷村や都市を事実上支えていた民衆の大多数は、この念仏・題目の二宗の信者であったといってよい。

被救済者である彼らは、信仰によって自己の内面に「安心」を確立したとき、それを精神的支柱として、信仰とは別次元の直面する現実の社会的矛盾に対して、果敢な戦いを現に行い、また過去に行ってきた。

たとえばそれは一向一揆である。蓮如は文明七年（一四七五）七月、門徒に六カ条の掟を下し、「守護・地頭ヲ疎略ニスベカラズ」と定め、これをさらにやさしく「守護・地頭ニヲヒテハ、カギリアル年貢所当ヲネンゴロニ沙汰シ、ソノホカ仁義ヲモテ本トスベシ」（『御文』四六帖）と説いて、王法為本の立場を明瞭にとっていた。また周知のように、彼は現地に書状を発して、門徒の一揆蜂起を抑止せんと、熱心にさとした。

だが、重要なことは、この蓮如が抑止しても抑止しても、現実には加賀では門徒の一揆が起こったことである。「文明七乙未七月、加賀国、土民一揆起る、寺社等兵火のため炎上」（『鎌倉大日記』）と、在地の社寺が放火され、仏神領が侵奪され、さらに「汝等（一揆側）、王土に住しながら、仏法ばかりに荷担して、曾つて納法の既得なし、剰え国主（富樫政親）を傾け奉らんと欲す、言語道断の所行なり」（『官地論』）と、富樫側からいかに非難されても、門徒たちは所当年貢を未進しつづけ、敢然と封建領主に戦いを挑んだ。

この加賀一向一揆の結果、加賀国はそののち約一世紀のあいだ、「百姓ノ持タル国」（『実悟記拾遺』）といわれて、門徒の領国の観を呈した。その実態について、一般農民門徒の上に村落の長衆があり、その上に組の寄り合いや旗本で構成する郡中があり、さらに頂点に本願寺宗主という絶対者が位置して、門徒の寄り合いは言論・集会・結社の自由のない封建会議（惣）であるにすぎなかったという、先学の指摘は事実である。(14)

だが、この加賀一向一揆に始まる既存の村落社寺の焼き討ち、年貢公事の未進、封建領主に対する果敢な武力蜂起は、そののち近世初めまで、長く一向一揆が起こった現地に必随する現象となったことはさらに重要である。

天文元年（一五三二）六月、摂津・河内・和泉・大和・山城・近江などの門徒を総動員して蜂起した天文の畿内一向一揆は、女子供も参加して万余の大軍を数え、三好元長、畠山義宣、細川晴元、木沢長政、伊丹親興などの畿内の戦国の武門を各地に攻めて戦い、また堺・奈良・京都の都市を襲い、たちまち畿内諸国を席巻し、他宗の社寺に放火し、とくに南都乱入のときには、「興福寺中、悉くもって放火し了ぬ」(『二水記』)、「寺中焼失、悉くもって焼け了ぬ、(中略)三蔵以下を切り破り、一切経ならびに法事道具、悉くもって取散じ、一時に頓滅す、同じく春日社へ込入り、蔵ならびに五ケ屋以下、悉くもって打ち破り、神物みな取る」(『二条寺主家記』)という有り様であった。

法華一揆の場合も、これと全く同じことが指摘できる。

天文元年、京都町衆が起こした法華一揆は、洛中への乱入を目指す一向一揆・土一揆と戦った。だが、それらの過程で、法華一揆は「神明仏陀の威光を軽蔑し、霊仏霊社の参詣を停止せり」、あるいは「公武御願之寺塔を断絶せしめ、或は押して有主の田畠を掘破り、或は非分の土貢を没収す」(15)と、山門から指弾されたように、既存の社寺を排斥し、年貢を押領し、また別の史料では広く洛中の地子銭を未進したことがわかっている(16)。

一向一揆も法華一揆も、門徒民衆をこれに参加させた宗教的動因は、信心を得たという、真宗における「一念発起・平生業成」、法華宗での「現当二世の果福」への確信にあり、この確信のもとに築かれた「仏法の為に一命を惜しむべからず、合戦すべき」(『御文』二一帖外)という不惜身命の覚悟にあることはいうまでもない。そして、一揆参加の民衆たちの現実的な目的は、荘園体制の末端を支える既存の寺社を排除することで荘園領主の支配を脱し、また大名権力に対抗することで封建支配を退け、そのうえで武装した民衆一揆の武力により、彼らが現住する町や村落の在地支配を志向するものであったことは明らかである。

京都町衆による天文の法華一揆では、「集会之衆」と呼ばれた有力門徒の集会が、洛中において本座に対して新座を認め、あるいは年貢・地子銭を未納し、一揆の力で半済を強行し、また「土檀の雑人等、相譚して恣に畿内の諸公事を評判す」[17]と、一部の行政裁判権まで行使した。

一向一揆において、その支配する在地の内部に、本願寺法主を頂点とする階層的支配組織がたとえ形成されていても、その支配の本質は法主の側からさえ「百姓ノ持タル国」と指摘されたように、封建領主の領国支配とは明らかに一線を画すべきものである。常にそこには、「武家ヲ地頭ニシテ、手ゴハキ仕置ニアハンヨリハ、一向坊主ヲ領主ニシテ、我ガママヲイヒテ」（『総見記』）と評されるような門徒農民の反封建権力意識、あるいは天正二年（一五七四）、越前一揆に参加した門徒が「桂田・富田ヲ退治シタル事モ、国郡ヲ進退セント思ヒ、我等粉骨ヲ尽シテ此国ヲ打取ケルニ」と主張したような、民衆による下地支配貫徹＝民衆権力形成への志向が存在するからである。

このような一揆における民衆たちの現実の矛盾に対する克服の戦い、すなわち「題目」や「進めば往生極楽、退けば無間地獄」の旗印のもと、彼らを結集させ、既存の権力に対する反体制の戦いを挑み、民衆権力の樹立を目指して彼らをかりたてたものは、なんであろうか。それは信仰獲得の確信だけではない。この代表的民衆仏教である二つの宗派の教説がもっていたところの、前述の釈尊御領や仏法領の理念、また衆生即仏子・同朋的平等意識の理念が、彼らの行動のエネルギーを支える思想的基盤であったにちがいない。

この場合、「或人申され候と云々、「我は井の水をのむも、仏法の御用なれば、水の一口も如来（弥陀）・聖人（親鸞）の御用と存候」由、申され候」（『御一代聞書』一六二）という蓮如の言葉、また、あるいは強義折伏でならした法華宗の日奥の「法華の行者は、釈尊の愛子として、釈尊の国土に住し、釈尊の教勅（法華経）を蒙って、その土地の所生の物を受く、これ利運の受用なり、義においてなんの不可あらんや」（『宗義制法論』）、「我等、今、天の三光に身を温め、地の五穀に命を養う、是れ皆釈尊の恩徳に非ずや」（『守護正義論』）との、世俗の支配権の根底をくつがえすような主張が、さらに重々しい意味をもってくるだろう。

四　近世的政治理念の形成

1　世俗権力の勝利

王法仏法相依の論にしても、国土即仏土の論にしても、宗教という理念の世界でだけ生き続けたのではない。畿内では、信長登場の段階で、前者の理論に支えられる荘園体制と王法＝天皇制が、なお残影を保っていた。後者では元亀元年（一五七〇）から天正八年（一五八〇）の長きに及んで信長に決戦を挑んだ一向一揆、また日本の流通経済の中枢機能を果たす京都には、かつて法華一揆に結集した法華宗町衆信徒の集団があった。それは現に、またいつでもこの理念をもとに民衆権力の結成へと止揚しうる社会的実体が弱体化しながらも、秘かに存在していることを意味した。

信長に始まる近世統一権力は、この両者の理念と実体に対決し、とくに一揆に結集して下地支配を目指す民衆権力を解体したうえで、初めてその成立への展望がひらけるものであった。

その具体的な展開は、統一権力による宗教の世俗勢力と教説の統制、また中世的支配体制の温存や民衆権力の結集に連なる宗教理念の解体である。この克服のうえで、近世統一権力の新しい政治理念が初めて生まれてくるからである。

この課題の最初の遂行は、信長によって開始された。

それは元亀二年（一五七一）九月、信長による山門焼討である。この元亀二年九月の段階で、信長が直面した条件からこの事件の軍事・政治上の意義を考えることは、ここでは省略して、まず山門攻めの実態をみてみよう。

この日、叡山の山上山下、四方からあたかも勢子が獲物を追うように迫った信長の軍勢は、「根本中堂・三(山)王廿一社を初め奉り、霊仏・霊社・僧坊・経巻一宇も残さず、時に雲霞の如く焼き払ひ、灰燼の地とな」し、「僧俗・児童・智者・上人、一々に頸をきり、信長の御目に懸くる」(『信長公記』)と、まさに徹底した破壊と殺戮を繰り返した。これを信長個人の生得の資質や、この段階で山門が占めた軍事上の重要性に帰して説明することも可能である。が、いまここで重要なことは、王法仏法相依論の中心であり、その最後の法城が当時北嶺であったことである。

宮廷公家の山科言継は、この事態の意義をつぎのように簡潔に要約した。「仏法破滅不レ可レ説レ々々、王法可レ有二如何一事哉」(『言継卿記』元亀二年九月十二日条)と。山門の破滅はただちに王法仏法相依の理念の消滅につながる。これは荘園体制を維持しつづけてきた中世国家の支配理念の消滅でもあり、また仏法と不二・双翼双輪の関係にある王法＝中世天皇制の理論的立脚基盤の終結をも意味していた。

信長の意志がどうであれ、また破壊と殺戮が徹底すればするほど、そして「諸国が之に依りて恐怖せしこと、如何に大なるか」(一五七一年十月四日発信ルイス＝フロイス書翰『耶蘇会士日本通信』下)と、その衝撃が諸国に大きければそれだけ、荘園体制の維持と中世天皇制存続の理念を克服した信長の政治的勝利の意義は大きかった。

山門焼討は、信長が中世国家の呪縛から解放された新しい権力者であることを、はっきりと物語るものであった。そしてそれは、彼に続く統一政権による荘園制の完全解体、寺領聖域論を克服した検地による寺領再交付、さらに依拠する理念を喪失した中世天皇制の近世的再編へと、具体的な展望につながる道が開けたことを意味した。

一向一揆や法華一揆に結集した民衆権力の克服は、近世統一政権にとり、さらに深刻である。

彼らを一揆に結集させた原動力に、仏法領や釈尊領や同朋的平等主義・衆生即仏子の宗門伝統の理念が内包されていたと前に述べた。弥陀も釈尊も、実在がこの世で現認できる存在ではない。とすると、この理論は国土にはその当初から、固有の正当な権力実体は存在しないという理念につながる。つまり釈尊領や仏法領の理念は、一揆門徒による支配地の確立という現実が出現すると、そこでは彼らの下地支配権の唯一正当性を保証する理論へと変化する。

だから、そこでは「武家ヲ地頭ニシテ、手ゴハキ仕置ニアハンヨリハ、一向坊主ヲ領主ニシテ、我ガママヲイヒテ」(『総見記』)という、世俗権力に反抗する一揆蜂起がどこでも、常に増幅再生産される可能性をもっている。この一向一揆の結実である本願寺法主国の実態が、在地領主に依存した領国支配であり、それが強化されて内部において一般門徒への圧迫が加わると、一五三〇年代以後、そこでは本願寺の支配に対する一向一揆が起こり、また前に述べたように、「下部ノゴトク荷ヲ持セ、或ハ下人ノゴトク鑓ヲカタネサセ召使」(『朝倉始末記』六)う大坊主に対して、「一向不㆓心得㆒次第ナリ」との同朋意識に支えられた一般門徒の平等を求める反発のエネルギーがある。

そして、彼らは荘園領主系の社寺を焼き、所当の年貢を未進し、自ら「国郡ヲ進退セント思ヒ」、村落の下地支配を目指している。かつての天文の法華一揆も、年貢未進と謗法の社寺を焼き、「土檀の雑人等、相談して恣に畿内の諸公事を評判す」と、土民の檀越＝町衆信徒が洛中の町の支配を志向したが、この点も全く同じである。

しかも、この段階における門徒には、「今生ハ御主ヲヒトリタノミマイラスレバ、サムクモヒダルクモナシ、ソレモ御主ニコソヨルベケレ、コトニイマノ世ニハ、クウコトモキルコトモナキ御主ハイクラモコレオ、シ、サレドモヨキ御主ニトリアヒマヒラスルソノ御恩アサカラヌコトナレバ、イカニモヨクミヤヅカイニコ、ロヲイレズンバ、ソノ冥加アルベカラズ」(『御文』二六帖外)と、蓮如が説いたような世俗の主君に対する忠節の観念はない。

蓮如の説いた王法為本の立場は、すでに証如の指令による天文の畿内一向一揆の段階で、法主の側から放棄されて、一揆は本願寺の指令によって蜂起した。法主の権限も強化されたが、それだけ一揆の組織力も規模も増大した。

信長が直面した顕如の段階の一向一揆は「雑賀之輩、或は討死、或は手負、不惜身命の事、たぐひなき忠節、感入計候、聖人（親鸞）へ報謝これに過ぐべからず候、これに付てもみな〳〵仏法に心をとゞめられ候べく候、（中略）信心決定に候て、極楽の往生とげられ候べき事、ありがたかるべく候[18]」と、門徒は世俗の権力と戦って戦死し負傷することが、宗祖親鸞と仏法に対するたぐいなき忠節であった。

しかも、この忠節は「進めば往生極楽、退けば無間地獄」の彼らの旗印に象徴されるように、進むも退くも「必定の死」しかないぎりぎりのところで門徒が選び取る忠節であり、この忠節を受けるべき主君は、現世でも来世でも、弥陀であり親鸞である。この場合も、現世の主君の実体はこの世になく、一転して彼らの忠節は、彼らが現に確保した村落の支配の維持への忠節、荘園領主と封建領主に抵抗して作り上げ、しかも法主からは「百姓ノ持タル国」と冷やかに批判される国への忠節、また彼らの支配を保証する限りにおいて、彼らの団結の結節点なる本願寺への忠節となる。必定の死を恐れずに一揆に結集するあの広汎な民衆のエネルギーは、ここから生まれる。

したがって、一向一揆と信長の対決は、土民門徒の支配する郷村か、近世封建権力が支配する郷村か、歴史のぎりぎりの選択であったといえる。しかも、信長の領国はどの国をとっても、一歩郷村に入ると、そこには蓮如以来つちかわれた「坊主と年寄と長百姓」を中心とする強靭な門徒がいた。

天正二年（一五七四）、伊勢長嶋に出陣した信長が、「男女悉く撫切に申し付け[19]」、また翌年の越前の出陣での「府中町は死がい計にて、一円あき所なく候、見せ度く候、今日は山々谷々を尋ね捜し打ち果すべく候[20]」という、異常なまでの信長の殺戮と門徒の抵抗は、信長個人の資質を越えて、いかにもこの戦いの本質を示している。この殺戮から続く天正八年（一五八〇）の石山本願寺の開城は、単に一向一揆の終焉をもたらしたにとどまらず、近世統一権力による郷村支配の完遂、さらに惣検地、兵農分離への展望をひらくものであった。

また、と同時に、一揆の解体は宗門伝統の仏法領の理念、その領内では「井の水をのむも、仏法の御用なれば、水の一口も如来・聖人の御用」「衣裳等にいたるまで、我物と思ひ踏た、くる事、浅間敷事なり、悉く聖人の御用物にて候」(『御一代聞書』一六二・一四〇)という仏土の理念、また同朋的平等主義の敗北を意味した。世俗権力の圧勝である。はたして、近世本願寺教団では、仏法領の理念は未熟のままその後発展せず、顕如代よりもさらに強固な法主制が成立し、近世前期に成立した西本願寺の学寮では二代能化知空の代から、宗学の基調が親鸞よりも王法為本を鮮明に説く蓮如の教学に置かれ、少なくとも三業惑乱までこの立場が継承された[21]。

一方、法華宗の教説の世界に生きる国土即釈土、衆生即釈子の理念も、前に述べたように真宗のそれと本質において大差はない。ただ違う注目すべき一つは、当時の法華宗が、地方農村だけでなく京都町衆社会にとくに大きな支持基盤をもっていたので、この理念が町衆の理念として生き続けたことである。

またいま一つ、この理念をもとにした民衆権力への志向、すなわち法華一揆が天文五年(一五三六)、山門を中心とする荘園領主勢力との戦いに敗れ去って、一向一揆のごとき門徒支配圏を形成しなかったことである。したがって、法華宗の場合、この理念は日常の信仰活動を通じて、信徒団の中に生き続けたことになる。そしてとくにこの理念は、化儀における折伏、また折伏と表裏一体の関係にある不受不施門徒集団の理論的基盤となったので、江戸時代、禁教不受不施のなかに鮮明に生き続けた[22]。

近世権力によるこの理念の解体作業のはじめは、天正七年(一五七九)、信長の命で行われた浄土・法華の安土宗論である。信長は「問答に負け申に於ては、京都幷に御分国中、寺々破却有るべし」(『安土宗論実録』)という異常な意志表明のもとで宗論を強行し、敗者に追い込んだ京都法華本山より「他宗に対し、一切法難を致すべからざる事」（『言経卿記』天正七年六月二日条）と、宗論放棄の詫証文をとった。宗論の放棄は化儀における折伏の放棄であり、必然的に教理における仏法為先の政治観、さらにその背後にある不受不施と釈尊御領論の自己否定を意味する。

宗門伝統の守るべき宗義宗制の政治権力への明確な屈伏である。朝尾直弘氏がこのときの詫証文第三条「法華一分の儀、立置かるべきの旨、忝く存じ奉り候」をひいて、この宗論の意義を「こののち法華宗は、信長という世俗の権力者によって、かたじけなくも存在を許されるものに成り下った事実だけは、厳然としてのこった」とし、「そのあり方は幕藩体制下における将軍と仏教諸宗派との関係の原型をなすものであった」[23]とした指摘は正しい。

だが、安土宗論後も、受不施に転じた日珖門下を除いて、法華経為先の政治観や釈尊御領、衆生即仏子の平等主義は、不受不施理論として近世初頭の法華宗内の実は大勢を占めて生き続けた。

この点については、すでに述べたこともあるのでここでは詳述をさけるが[24]、たとえば近世不受不施運動を主唱した妙覚寺日奥が、「今此三界皆是我有、其中衆生悉是吾子」の譬喩品の文言を敷衍して、国主以下一切衆生の釈尊所従平等論に発展させ、また「我等、今天の三光に身を温め、地の五穀に命を養う、是れ皆釈尊の恩徳にあらずや」（『守護正義論』）と仏土論を展開し、「是れ世間一旦の王命は尤も軽し、出世法王（釈尊）の勅命は甚だ重き」（『守護国家論』）と、世俗の王命よりも、仏勅＝法華経への忠節を吐露した態度を想起すれば十分である。

民衆のなかに法華宗の教義として生き続けた、この政治理念の近世権力による弾圧は、家康による慶長四年（一五九九）の日奥の対馬遠流、寛永七年（一六三〇）の幕府による不受不施邪義の裁決、さらに寛文五年（一六六五）から同九年（一六六九）にかけて遂行された不受不施の全国的規模の禁教をもって、一応の完成をみるのである。

これ以後、存続を許された近世日蓮宗は、すべて受不施を唱え、化儀においても折伏でなく摂受を建て前とし、彼らの教説からは釈尊御領や衆生即仏子の理念は大きく後退した。

2　権力者の政治理念

逆にいうと、近世統一権力は、中世国家の支配体制を支えた王法仏法相依の理念と、中世末に広汎に形成された民衆一揆の基底にひそむ国土即仏土・衆生平等理念、この両者を解体し克服し、それと全く訣別したとき、初めて形成の道が開けてくるものであった。だから、こうして形成した近世統一政権の政治理念には、これまでの仏教的な国家観や政治思想は、初めから存在しなかった。

政治が宗教を支配し、宗教に奉仕されるという政治権力の姿勢が、近世の国家権力を一貫する性格となった。山門焼討、一向一揆の解体、検地による寺領再交付、不受不施の禁教は、いずれも教権の支配を目指す政権が必ず通らねばならなかった道標であり、さらに江戸幕府による寺院諸法度の発布は、教団内部の固有の権利であるはずの寺院本末の認定、住持任免権、さらに教説の正統と異端の認定まで、世俗の権力である幕府が掌握したという意味で、この道程の終着を意味するものであった。

こうして近世の政治権力は、仏法と王法にそれぞれ固有価値を設定し、王法から超脱した場に自己の仏教を樹立せんとした親鸞や道元のあり方も、また世間と出世間の両者の世界から離脱した場に仏教の本姿をさぐろうとした遁世聖や漂泊聖への志向も、まして法華宗伝統の法華経為本の正法国家論の存続も許さなかった。

さて、この道程を最初に踏み出した信長について、ルイス=フロイスは「信長は来世なく、又観るべき物の外、存せざることを主張し」（一五六九年七月十二日発信『耶蘇会士日本通信』下）、また「信長は常に日本の偶像を嘲罵し、当諸国の監督及び支配に当るや、殆ど一切の僧院の収入を奪ひて、之を兵士に与へ、新に城を造らんとする主将等には僧院を破壊し、坊主を放逐し、其材料を以つて之を築かしたり、彼は常に卜占、其外日本人の迷信を笑ひ」（一五七三年四月二十日発信『耶蘇会士日本通信』下）と、信長には来世救済への渇仰や宗教的罪障意識が全くなく、強烈な現世主義に貫かれていたことを報じた。この報告は、その後の信長の行動に照らして正確である。信長が直面した既存の新旧仏教各宗は、禅を除いて、いずれも現世に対応する来世救済の理念と、自己の内面に形成された罪障意識を前提に、初めてその教理を成立させる。信長が伝道を許可したキリスト教も、この教理のパターンは同じである。

信長が来世往生意識や罪障意識をもたなかったことは、彼がその志向する政治の前途に、なにが克服すべき対象として存在するか明確に自覚し、その伝統的権威の呪縛から解放された新しい型の権力者であることを示している。この彼の態度は、「天台座主沙門信玄」と称したと伝えられる武田信玄や、そのほかの多くの戦国大名が晩年には仏門に入ったが、信長以後の近世封建君主が、日課念仏を書写して信仰深かった家康を含めて、この慣習から解放されたことに直結するもので、またこの風習の克服こそ宗教と政治権力の近世社会における位置関係を象徴するものでもあった。

仏教と政治権力の関係はこの段階で、「歴々たる武士たちの武運長久之戦功を仏神に便り、珠数の力を憑む事は何事ぞや、秀頼公之寺社建立し給ひし、其数莫太なりと云共、七福は即生せず、七難を身にまとひ、即滅ありし事不ㇾ弁乎、利家は天智天皇之勅願所石動山を焼亡し、剰僧共を討捨られし故、武運長久し、二位大納言まで経上り、子孫繁昌有事、よく〳〵勘がへ知べし」（『甫庵太閤記』巻四）と、支配者層は仏教をその権力の維持や鎮護にとって、本質的には無効な存在であると明確に認識した。

仏教的政治理念の権力への介入と、「珠数の力を憑む事は何事ぞや」と、神仏依存を否定したあと、残るものは、現実に確立された権力はそれ自体生得にして固有な支配の正当性を保持するものであるという、自己の権力の絶対性への確信である。この確立した権力への不退転の確信は、信長以後の近世支配権力に共通する政治理念となった。しかもこの理念は、民衆一揆との戦いの過程に、また勝利のあとに築かれたものだけに、それは重々しい現実をもって民衆に迫ってくる、近世政権の権力理論であった。

この理念の端緒は、天正元年（一五七三）、ルイス＝フロイスに信長が偶像崇拝の意義を否定し、ついで「日本に於ては彼自ら生きたる神、及び仏なり」（一五七三年四月二十日発信ルイス＝フロイス書翰『耶蘇会士日本通信』下）と語った、信長自身の言葉に見出せる。

当時、一般的概念では神は現世利益、仏は後生善処を人間に約束する機能をもつ。この信長の言葉は地上の何人に対しても、現世後世二世にわたって、彼が至上の絶対者として君臨するという意志表示にほかならない。逆にいえば、自己の保持する権力に対する絶対の確信である。だから信長はこの確信に抵抗した一揆門徒にすさまじい殺戮を加え、これを「数多くきり、気を散らし候[25]」と、こともなげに言い捨てる。

この確信は、原昭午氏が「あらたに形成されつつある兵＝武士階級の階級的結集の論理である[26]」と指摘したところの、天正三年（一五七五）の信長の越前国掟の末尾の一節「事新しき子細候と雖も、何事に於ても信長申し次第に覚悟肝要に候、さ候とて無理・非法の儀を心におもひながら巧言を申し出すべからず候、其段も何とぞかまひ之れ有らば、理に及ぶべし、聞き届けそれに随うべく候、とにもかくにも我々を崇敬して、影後にてもあだにおもふべからず、我々あるかたへは、足をもささざるやうに、心もち簡要に候、其分に候へば、侍の冥加有りて長久たるべく候、分別専用の事」（『信長公記』）と、民衆だけでなく家中武士階級に及ぼされてゆく。

ここでいう「理」や「法」は、仏家のいう仏典に依拠する義理でも、従来の社会の慣習に根ざしたものでもなく、その最終的な判者は「何事に於ても信長申し次第」と、信長という主君であり、この掟の受取者、織田宿老第一の柴田勝家にさえ、信長の「あるかたへは、足をもささざるやうに」という強烈な絶対服従が求められる。大名をも含む武士階級全体の最終的権威を統一権者ただ一人に集中させ、それへの絶対服従を謳うこの論理は、江戸時代に入っても一貫して統一権者の支配の論理となった。幕府が大名改易権を留保し、また大名は「藤堂高虎遺書」に「大事の御国を預り在レ之事に候間」と、領国「預り」の理念を共有し、またキリシタン武士が禁教に当たって、「御掟にて御座候へば」「御意にそむき申す儀まかりならず候条」「御法度につき御意にまかせ」という常套的な理由で、神よりも現世の主命を選択したことは、この好例である。

この権力の絶対不可侵の理念の止揚は、秀吉が「てんか」と署名したように、統一権者を指して用いられた「天下人」「天下殿」「天下様」なる呼称[27]に、また統一権者みずからが体制の守護神となったことで示される。すなわち秀吉は、その死後、慶長四年（一五九九）四月、豊国大明神の神号を受けて阿弥陀ケ峯の豊国社に祀られ、その遺臣たちの手で豊臣政権維持のいわば国家神の地位を得た。

元和元年（一六一五）、豊家滅亡とともに豊国大明神の生命は終わるが、家康も死後翌年の元和三年（一六一七）、幕府の奏請によって後水尾天皇から東照大権現の宣下を受け、日光東照社に祀られた。中村孝也氏は、祖父家康を崇拝した家光は自己を家康の再誕であると自認した形跡があると指摘し、守り袋の一つに「いきるもしぬるもなに事もみな大こんけんさま《(権現様)》した（い）《(次第)》に、将くん《(軍)》ことも、みなしん《(神)》へあけ候まま、な（に）事もおもわくす、しん《(神)》おありかたく存、あさゆふにおかみ《(拝)》申ほかわなく候」との家光の書跡があることを紹介した[28]。

将軍の家光が生死さえゆだねた神であることは、とりもなおさず東照大権現は徳川の祖先神からすでに幕藩体制を守護する国家神に成長したことを意味する。こののち東照社は諸藩や大寺に勧請され、また「権現様」「東照神君」なる神格が法度や触書に不可侵の権威として使用され、死せる権力者はなお民衆の前に神として君臨した。

かつて、支配権力が人間の観念の次元に生まれた神仏に擁護を求めた例はある。だが、権力者自身が体制擁護の神となって常に現世に君臨し、将軍・大名を頂点とする武士階級、被支配者の民衆、さらに正保四年（一六四七）から例幣使を送る天皇までを包摂した国家神となって、その体制を維持するという支配の論理は、これまでの歴史になかった。この思弁は統一政権者と近世支配体制が創出した新しい政治理念の一つである。

では、近世の統一権者が、自己の権力の統治の正当性について、かくも強烈な自己確信をもつ根拠はなにか。それは彼らの徹底した武威主義、すなわち、権力が権力として正当たるの根源は、権力側みずからが内部に保持する武力にあるという、鋭い現実主義に基づく思弁である。

この意味で、永禄十年（一五六七）、信長が沢彦宗恩のすすめに従い、周の文王が岐山より起こって天下を定めた故事にちなんで、美濃井ノ口を岐阜と改め、またその印文に「天下布武」の文字を選び取ったことは、近世権力理念の生誕を告げる暁鐘であったと考える。この布武の理念こそ、民衆一揆の解体と兵農分離、武家諸法度の冒頭の「文武弓馬の道、専らに相嗜むべき事」の規定に直通し、また軍役制度の整備を基盤に形成された諸藩に対する幕府の、民衆に対する武士階級の圧倒的な軍事力の常備確保政策の底流に生き続けたのである。

この圧倒的な軍事力を背景として打ち出された近世統一権力の基本的な支配理念、それは、国土と人民はすべて王土王民であるという思惟である。王土王民思想とは「普天之下、莫レ非二王土一、率土之浜、莫レ非二王臣一」という『詩経』に基づく理念であり、周知のように、古く律令国家の時代から、これまで長くわが国の支配層の中に入っていた。だが、これまでのそれが仏法に補塡される王法の王土であり、また一方に仏土仏子思想の形成を許したのに対して、近世のそれは、信長・秀吉、また徳川将軍家を唯一至高の「王」とする王土であり、仏土仏子思想の克服のうえに打ち出された、文字通り地上の万物を一元統治するという王土王民思想であった。

この端的な確証は、国土即釈土、衆生即釈子の宗門伝統の政治理念を表面に押し立てた妙覚寺日奥が、幕府に対して不受不施理論を主張したとき、幕府に支持された受不施派の攻撃が、「普天の下、王土にあらずといふことなく、山海の万物は国王の有にあらざることなし、もし国主の供養を嫌はば、須臾も国王の地の上に処すべからず、土地所生の物、一粒一滴もこれを受くべからず、日奥、なんぞ伯夷・叔斉が如く飢ゑ死なざるや」(日奥『宗義制法論』)と、この近世的な王土王民論によって展開され、幕府裁決によって後者の勝利に帰したことで明らかである。

さらにこの理念は、寛文六年(一六六六)、全国的な不受不施禁教政策に幕府が踏み切ったとき、不受の制法を楯に幕府の供養を拒む不受不施寺院に対し、幕府はこの普天下王土の論をもとに、飲水や行路、挙足・下足する所、また、天の三光に身をあたため地の五穀に身を養う天恵まで、将軍所有にして、その日常の受用は即将軍の供養であることを認めた手形の提出を迫った。[29] 地上の万物はもとより、井水、さらに天の三光や自然の徳化まで、その所有権を理念の上でなく、現実に被支配者に確認を迫る権力、それが近世統一権力の権力理念であった。

地上の国土はもとより、教権を服従させ、民衆の権力形成への志向を解体し、さらに天の三光までを領有するという、唯一至高の統一権力者＝将軍の権力理念が形成されたあと、この理念をもとに、現実の施政、すなわち「治世」のための政治思想が育てられた。

その一つは、とくに江戸前期から、支配者側から説かれた四民それぞれの職分論である。[30]

たとえば、農工商の三民について「国家、民人を以って、至宝と為すと云う」(『内藤義泰家訓』)、また「人、或ハ耕シテ食ヲイトナミ、或ハタクミテ器物ヲ造リ、或ハ互ニ交易利潤セシメテ、天下ノ用ヲタラシム」(『山鹿語類』巻二一)と、盛んにその意義と有用が主張される。とくに、『慶安御触書』の中の「年貢さへすまし候得バ、百姓程心易きものは無レ之」の一節は、近世権力が到達した農民職分論の公的集約を示すものである。

この三民を支配する武士階級は、戦時のための武事のほか、平時における職分をどのように自覚したか。将軍にも職分がある。たとえば池田光政の言葉をかりると、「上様之御本意、御願は何も無レ之、一天下之民一人も飢寒候人無レ之、国富栄候様にとの御願之外は無二他事一候」[31]と、それは万民を徳治して保つ治世＝泰平である。そして大名の職分について、光政はついで「然共御一人にては不レ成故に国々を御預け又は小給人も其通に候を、国を一所に仕、一国之人民歎候様仕、其一国の民の歎、みな上様御一人に御蒙被レ成候得ば、上様の御冥加、減候様に仕候事、第一の不忠無二申計一候」と言い、また井伊直孝は「公儀より之御厚恩を報じ度被レ存候て、下々之者も随分大切に常々撫育を加へられ候様に御心掛可レ有レ之候、治世之御奉公は此事に止り申義にて」（『井伊直孝教訓』）と自覚する。

大名が自認する己が職分は「一国之人民歎候」ことのなく、また「下々之者も随分大切に常々撫育を加へ」、将軍から「預り」の領国を治国することである。これは土井利勝の「家中侍並領内之町人・百姓等に至迄、静謐に仕置度候事、則上へ之忠信にて候」（『土井大炊守利勝遺訓』）なる思弁にも直結し、これが彼らの将軍に対する「治世之御奉公」、すなわち義務である。

大名の職分が将軍治世への分担御奉公にあるとすると、一般武士の職分はどうなるか。将軍が大名に「御一人にては不レ成故に、国々を御預け」とあったように、大名も家臣に対して、その治国のための分担奉公を求める。光政が前出の史料の中で、「小給人も其通に候」と言い、またのちのものであるが、細川重賢が「国政之儀は我等存念計にても不二相行一候、貴賤一和をもつて治国に至り候」（『細川重賢教令』）と家中に教訓したのは、この端的な例証である。この場合、一般武士の大名治国への協力は、主君を通じて、実は将軍の天下治世への参加と奉公にも連なることになる。

そして、治世の支配の末端を担うためには、たとえば「為レ士之職、励レ義守レ礼、故農工商之上たり、是二を離ば(中略)不レ可レ語二士之道一也、義者励二忠良一、礼者正二名実一、不レ可二遺失一矣」(『酒井家教令』)と、一般武士に対して三民の支配者たるにふさわしい泰平下の「士之道」の形成が、形を変え内容を変え、常に主君の側から求められた。

まさにこの四民それぞれの職分論は、封建的身分制の形成や幕藩体制の重層的支配構造に照応して、権力側が導き出した民衆支配の新しい理論であった。

この職分論を一貫する基調は、将軍以下の支配層が重層的に連なって、徳治の名で民衆を支配し、「開国」と当時表現された家康創業の「治世」＝泰平に対する不退転の確信である。ここに、「修身斉家治国平天下」を標語とし、五倫五常を説く政治哲学としての近世朱子学が、権力者に「治世」のための教学として受容される契機があった。

結果的にみて、江戸前期の大名の遺書や家訓に「学文」＝儒学の必要がしばしば規定された。たとえば「国の仕置素直ニ、非道無レ之様ニ学問ヲ用ヒ候事」(『黒田長政遺言』)、「人の主たる身の、学文なくば政道なりがたし」(『板倉重矩遺書』)とみえるように、彼らが受容した儒学は、趣味や教養や修身にとどまる学問ではない。それは彼らが現実の政道に役立つ実学として選び取った学問である。

だが一方で、留意すべきことは、すでに寛永期、「治世の要」として支配者層に定着した儒学に対して、鋭い批判も起こっていた。たとえば本阿弥光悦は、「宋の代ほど大儒の出来候時は無レ之候へども、(中略)彼の歴々の大儒の顕はし候書物、又は書物の註など我朝まで渡り、我人尊敬仕候へ共、其作り候人々の在世にさへ、宋一統の天下に学文の力にて成不レ申」、また「宋朝の儒者の書残されし書など、高論も有レ之候と承り候へども、誠に口先計りにて、天下一統の功は埒明申さず[32]」と、鋭い批判を加える。

明らかにこれは、中国史の現実という重々しい実証的批判精神と、中華に対する劣等感を排した国家意識の形成、これが支配教学としての儒学に対する批判の基底にあることを示している。

そして、これはやがて、つぎの寛文・元禄期以降、権力に屈服して再編された近世仏教が、寺請制の確立を通じ、また近世寺檀制を通じて、権力者の支配の教学の雄として、体制の中によみがえってくる道を暗示するものでもあった。

註

(1)『本阿弥行状記』四、『老人雑話』など。
(2) 岡山大学蔵『池田家文書』「老中へ懸御目備前出家還俗之子細書付」。
(3) 黒田俊雄『日本中世の国家と宗教』(岩波書店、一九七五年、四六二頁以下) 参照。
(4) 竹内理三編『平安遺文』三巻、七〇二号文書。
(5)『東山御文庫記録』、天文五年六月朔日付「山門大講堂三院集会議奏状案」。
(6)『吾妻鏡』治承四年七月五日条。
(7)『祈禱鈔』(『昭和定本日蓮聖人遺文』一巻、六八五頁)。以下、本稿使用の日蓮御書は本書による。
(8) 仏法領の研究は、管見の範囲で、黒田俊雄「一向一揆の政治理念―仏法領について―」(前掲『日本中世の国家と宗教』)。同書、三三六頁参照。
(9) たとえば、日蓮御書「六郎恒長御消息」参照。
(10) 文禄五年九月十三日付、日奥筆『法華宗奏状』(日蓮宗不受不施講門派編『万代亀鏡録』)。
(11)『蓮如上人御一代聞書』一九三(『真宗聖教全書』三巻、六〇六頁)。以下、本稿で用いる『御一代聞書』は『真宗聖教全書』による。
(12) 笠原一男「一向一揆の本質」(『史学雑誌』五八―六、一九四九年、三五頁以下) 参照。

(13)『朝倉始末記』六（越州軍記四）（日本思想体系『蓮如一向一揆』、岩波書店、一九七二年、四二〇頁）参照。
(14)前掲『蓮如一向一揆』、六三八頁。
(15)天文五年六月朔日付「山門大講堂三院集会議奏状写」（首楞厳院所蔵「三院衆議集」）。
(16)『京都の歴史』三巻、学芸書林、一九六八年、五五九頁。
(17)前掲「山門大講堂三院集会議奏状案」。
(18)「顕如上人文案」（一九六六年復刻版『石山本願寺日記』下巻、六二〇―六二一頁）。
(19)（天正二年）八月七日付「河尻秀隆宛書状」（奥野高広『織田信長文書の研究』上巻、吉川弘文館、一九七一年、七七五頁）。
(20)（天正三年）八月十七日付「村井貞勝宛朱印状」（奥野高広前掲書、下巻、六一頁以下）。
(21)近世真宗宗学については、薗田香融「黒江の異計」（『近世仏教』一・三、一九六〇―六一年）参照。
(22)拙稿「江戸幕府の宗教統制」（岩波講座『近世3』、一九六三年、本書六二―一〇〇頁に再録）。
(23)朝尾直弘「将軍権力の創出」二（『歴史評論』二六六、一九七二年）五一頁。
(24)拙稿「近世仏教の特色」（日本思想大系『近世仏教の思想』、岩波書店、一九七三年、『法華衆と町衆』に再録）。
(25)前掲「村井貞勝宛朱印状」。
(26)原昭午「幕藩制国家の成立について」（『歴史評論』二四四、一九七〇年）。
(27)この点については朝尾直弘「将軍権力の創出」三（『歴史評論』二九三、一九七四年）が示唆に富む。
(28)中村孝也『家康伝』（講談社、一九六五年）、七一二頁。
(29)日講筆『守正護国章』（前掲『万代亀鏡録』）。
(30)職分論については、石井紫郎「武士の家訓と近世の国制」（日本思想大系『近世武家思想』、岩波書店、一九七四年）がある。本稿はこの示唆を得た。
(31)藩法研究会編『藩法集』1（「岡山藩」上）、創文社、一九五九年、二六五頁。
(32)『本阿弥行状記』一三一・一四。

「かた法華」と「ひら法華」

一　法華信仰の二潮流

中世の末から近世初頭にかけて、京都において開花した桃山文化を創り出した人々の中に、強信の日蓮宗の受法者たちが多くあって、桃山文化とはその思想や宗教的な基盤の中に法華信仰が深く存在して、まさに法華文化といって過言ではないことを、かつて指摘したことがある（「桃山の法華文化」〈『文化財報』八一、一九八八年〉、本書二七一―二八二頁に再録）。確かに、元信、永徳ら狩野一族の絵師、それに等伯、元乗、光乗、徳乗、春正、紹由、紹益、光悦、光瑳、光甫、光益、光琳、乾山、紹巴、昌琢、貞徳と、桃山芸術のあらゆる分野に、法華宗信者の名を見出すことができる。

しかし、桃山の芸術家たちがもっていた法華信仰といっても、決して同じものではなかった。もちろん、彼らの法華信仰とは、天台法華宗がいうところの天台の法華信仰ではなかった。日蓮という宗祖から発し、日蓮が解釈した独特の法華経の正義を信じて、これを実践するところの、いわゆる日蓮法華宗（日蓮宗）が説くところの法華信仰であった。

だが、といっても、日蓮は十三世紀に活躍した人である。しかも、その活躍の舞台は京都から遠く離れた東国だった。桃山の芸術家が活躍した京都という舞台、また活躍の時代との間にも大きな隔差がそこにあった。そのうえ、日蓮の主要な著述、教義をやさしく庶民に説いたあの情熱的な消息、また宗祖の本尊や聖教類のほとんども東国各地の宗門の諸大寺に散在して伝蔵され、かつ宗内に対しても秘蔵され、日蓮の教説を正確に、かつ体系的に理解することは、今日とちがって桃山時代の京都では、宗門の高僧でさえ、実に至難のことだったのである。宗祖の著述や消息が、秘蔵されることなく、その書写がある程度開放され、さらに板行もされるようになって、宗祖の教説の全貌が宗門の僧俗の共有のものになるためには、さらにしばらくの歳月をおかねばならなかった。

結論的にいうと、日蓮の入滅から桃山の芸術家が活躍するころまで、またそのあとでも、日蓮宗がもっている法華信仰は決して一様ではなく、一歩その宗内に入ると、正統と異端、対立と分裂の歴史の連続だった。だから、身を外に一歩置いて彼らの法華信仰をみると、そこには実に多種多様の法華信仰が存在する。この宗内の情勢を室町時代の中期に京都で活躍した本法寺の開山日親は、「本迹ニモ一致・勝劣、叡山ノ戒檀ヲ蹈ミ・蹈マズ、謗法ノ供養ヲ受ク・受ケズ、社参仏詣ヲ致シ・致サズ、乱レタル髪ノ如ク、結レタル糸ノ如クナル」(『伝灯鈔』)と述べている。

桃山の芸術や文化の思想的な基盤となるものに法華信仰が存在するとしても、その信仰の正確な分析を、芸術家個々人や工房集団について理解を深めなければならないだろう。ちょうど念仏他力門の世界にも、天台浄土門の念仏もあれば、法然の専修念仏もあり、専修念仏のなかにも一念義、多念義の念仏があったように、題目の世界もこのようにさまざまである。

二　門流教団の対峙

具体的にみると、日蓮宗の内部は、まず一致と勝劣の二派に分かれていた。法華経二十八品のうち、前の十四品を迹門、後の十四品を本門というが、この迹門と本門を一体のもの、あるいは平等とみる立場から法華経を受容するものを一致派といった。これに対して迹本二門に勝劣を立て、本門十四品を重んじて法華経を受容する派を勝劣派といった。桃山期のいわゆる京都日蓮宗十六本山と総称された洛中の日蓮宗諸山についてこれをみると、妙顕寺・妙覚寺・本法寺・立本寺・本満寺・本国寺・頂妙寺などが一致派、本能寺・妙満寺・本隆寺・要法寺・妙蓮寺などが勝劣派に属していた。桃山期の法華の芸術家集団を考えるとき、まず彼らの法華信仰が一致義の法華信仰か、勝劣義の法華信仰かに留意しなければならないということになる。

だが、日蓮宗のいう法華信仰が、迹本の一致義と勝劣義の二派に分かれるという理解は、一面では正鵠を射たといえるが、といってそれがそのまま、中世日蓮宗教団の全貌を二派分立だけでとらえてよいというものでもない。一致・勝劣という二派分立は、法華経全体二十八品の後半部の本門十四品を重視するかどうかという、依経の評価に関する異義を軸とした分立であって、その二派の内部に入ると、それはさらにいくつもの対峙する門流教団があったからである。いいかえると、中世・近世の日蓮宗という教団は、決して一つに統制された組織ではなく、一致・勝劣二派、さらに幾十にも及ぶ中小の門流教団に分立し、それを総称する呼称だと考えてよい。

日蓮の滅後、幾世紀かにわたって、一致義あるいは勝劣義を信奉する宗内の高僧らは日本各地に弘通を始めた。彼らは各地に檀那や信者を得、弟子を養成し、寺を建て、またその弟子たちも師の足跡を踏襲して各地に寺や檀那を増やしていく。こうして、宗内の傑出した高僧が拠点とした大寺（大本山）を中心に、その法系に連なる弟子、弟子たちが建立した諸国の末寺、獲得した檀那や信者、これらを組織したものが門流教団である。だから門流教団は法系や本山を冠した呼称で呼ばれる。身延（久遠寺）門流、富士（大石寺）門流、中山（法華経寺）門流、妙顕寺門流、本能寺門流、本法寺門流、また日朗門流、日興門流、日像門流、日隆門流、日親門流というのがこれである。

これら門流教団の総合である日蓮宗の特徴の一つは、浄土真宗の本願寺、浄土宗の知恩院、臨済禅の妙心寺、曹洞禅の永平寺のような宗内の末寺・檀那・信者の過半、あるいはそれ以上を制するような巨大な門流教団が存在せず、多くの中小門流の分立に終始した歴史である。そして特徴の二つは、これら中小の門流教団が、本迹二門の一致・勝劣両義のほか、あるいは宗祖の教説の敷衍をめぐって、あるいは教化の姿勢をめぐって、対峙し、衝突と和睦を門流間で繰り返したことである。本山と末寺、それに僧侶と檀那と信者で形成されたこのような門流教団の、宗祖の教説への正統か異端かをめぐる抗争は、宗祖の教説の大系的な全貌が、宗門全体の共有の所有になっていないとき、結局のところ、門流ごとの弘通の場における成功か不振かによって結着するようになっていく。したがって、門流教団ごとの抗争は、弘通の場でより熾烈となり、その宗内抗争のエネルギーが消耗戦よりも、巨視的にみると、中世・近世の庶民社会における日蓮宗全体の、爆発的ともいえる宗勢の拡張戦となっていったのである。

室町後期から近世初頭にかけ、京都の町衆社会では法華信仰が街の人口の過半を制するようになっていく。洛中は「題目の巷」と、他宗から評判されるようにもなった。実際にはその数に不足していても二十一本山とか十六本山と総称される日蓮宗本山が、洛外ではなくて洛中に存立していた。妙顕・本国・妙覚・本法・妙蓮・妙満・本能・頂妙などの諸本山は、いずれもこの門流教団の本山＝総師である。東西で三キロ弱、南北で六、七キロという狭い洛中に、十数個の門流教団の本山が屹立し、互いに正統と異端、また寺運の存亡を賭けて町衆社会での弘通を競ったことが、この時代の京都日蓮宗繁栄を支える、実は原動力だった。

門流教団はおのおの独自性を誇示するために、門流ごとに、あるいは独自の法会儀式あるいは寺法を定め、さらには法華経の読誦さえ門流独特の抑揚を生み出していた。門流という同じ法系を軸にした僧侶と檀信徒を「門徒」

と呼んだ。本能寺門徒とか、日像門徒という呼称がこれである。そして、それぞれの門流では、門徒の信仰形態や教化の方法を統制して門徒の団結をかためるため、「妙覚寺真俗異体同心法度之事」とか、「本能寺門徒信心法度」という、門流ごとに門徒の法度が定められるようになった。

そして、その門徒法度のうち、本能寺門徒の信心法度の中にはつぎのような一条もみえる。

一、法華宗たりといえども、当門徒より外の寺へ参るべからず、仏をも拝むべからず、同じく僧・檀方をも供
　養すべからず

日隆を流祖とする本能寺門流の僧侶と檀那は、同じ日蓮宗であって日隆門徒以外の日蓮宗の本山、たとえば妙顕・妙覚・本国・本法寺などへの参詣やそれら諸山の諸仏拝礼、それに他門流の僧侶や檀那への布施供養の提供を禁止されていたのである。当時の日蓮宗の法華信仰は、いわば門流ごとの独立した信仰であって、異門徒間の互いの交流を禁じられたことを語っている。さらに他の条には、

一、他門徒の談義を聞とも、経をも付誦し、題目をも唱えざること

とみえる。他門流の日蓮宗の僧侶が行っている法華経の談義説教の場で、本能寺の門徒がこれを聴聞してもよいが、談義の前後などに行われる他門の僧による法華経の読誦や、題目の唱和には、加わってはいけないというのである。

このようにみてくると、桃山期の日蓮宗宗徒の法華信仰は、簡単に同じ信仰であると理解することは早計である。その法華信仰が、どの門流の法華信仰であったかまでを考えることが、実に多様の門流が対峙した桃山期の京都では、ことに大切なことであることがわかってくる。

三　摂受と折伏

さて、日蓮宗の宗徒を指して、「ひら法華」と「かた法華」という呼称がある。文献の上で、いつから発生した呼称か確証はないが、少なくとも江戸時代には社会に定着した呼び方であった。

ともに、他宗からみた呼び方である。「ひら法華」はおだやかな法華宗徒、「かた法華」は固い固い法華宗徒、つまり強信の法華宗徒という意味である。そして、「ひら」にしても、「かた」にしても、どの門流は前者、こちらの門流は後者というように、門流を単位とした呼び方ではない。逆にいうと、法華宗徒を指していうこの二様の呼称は、門流を超越して僧俗の法華信仰のあり様から生まれたものである。つまり、どの門流の僧と檀那方にも「ひら法華」と「かた法華」がいたということである。

では他宗の人は、どのようにして法華宗徒を「ひら法華」とか「かた法華」と、区別したのだろう。もとより、二様の呼称の差が、法華信仰の強弱、深浅、剛柔からきているものであるから、両者を分ける結界は相対的、また恣意的なものであって、客観的な不動のラインがあるわけではない。だが、ここではこの呼称の歴史的な用例から、どのような法華信仰の形態を、この二つに区別して一般的にいわれていたかを考えてみることにする。

「かた法華」の特色の一つは、謗法の教化についての態度である。彼らは折伏をもって謗法を教化し、「ひら法華」は摂受をもって教化する。摂受は相手の宗義をしばらく認めて争わず、次第次第に時間をかけて正法（法華経）の世界に導く寛容的な教化の方法をいう。折伏は相手の邪義を許さず、徹底的に破折して正法に帰伏させる厳しい教化の方法をいう。

日蓮は釈尊出世の本懐を法華経の流布にあると確信し、法華経以外の諸経、諸宗、諸行を否定し、「大難の来れるは、真言は国をほろぼす、念仏は無間地獄、禅は天魔の所為、律は国賊との給ふゆへなり」（『諫暁八幡抄』）と、その著作や消息の中で、謗法の意義を否定し去ったことはよく知られるところであった。したがって、日蓮滅後の中世日蓮教団は、巨視的にいうと、この四箇格言や「諸宗無得道」を標榜して、戦闘的に謗法を排除する折伏を、他宗と妥協的な摂受よりも重視して、教化の現場における伝統的な方法とするようになっていた。

日蓮宗の僧俗門徒が刀杖を帯び武力集団を形成して、他宗寺社を襲撃したり、法華一揆を起こして念仏門徒と武力衝突を繰り返したり、狂言の『宗論』にみえるように謗法と厳しく対決したりする強硬な教化路線が、中世後期には弘通の現場で主流となった。この折伏の教化法こそ、「かた法華」の特色であって、中世後期に、洛中や西日本の各地に日蓮宗が爆発的に勢力を伸張させた原動力でもあった。

しかし、この戦闘的な折伏の教化法は、信長の登場とともに転機を迎えることとなった。すなわち、天正七年（一五七九）の安土宗論によってである。

この宗論は安土城下の浄厳院において、浄土宗と日蓮宗が信長の命で行った宗論である。結果は信長の政治的意図で日蓮宗の敗北とされ、法華宗を代表した京都頂妙寺日珖、妙覚寺日諦らは散々な恥辱を受け、しかも信長の分国内でこれまで通り日蓮宗諸寺院の存立を許してもらうために、莫大な献金を信長に献上しなければならなかった。安土宗論が信長が仕組んだ罠であったにしても、結果として洛中や畿内の日蓮宗宗徒が蒙った経済的・社会的な打撃は、はかりしれないほど大きかった。

摂受よりも、謗法に対して戦闘的な教化法であった折伏が、日蓮宗の各門流教団の中で主流的な立場を失ったのもこの宗論が契機だった。宗論のあとで、京都日蓮宗十六本山は連署して信長の宗論奉行あてに詫証文を起請の形で提出した。全三条のうちの第二条に「向後は他宗に対して一切、法難を致すべからざる事」という文言が書かれている。

今後は他宗の法理や宗義を批判攻撃することは中止する、という意味である。法華経のみを正法、余経を毀破し、他宗を邪義とする四箇格言も、諸宗無得道という伝統的な旗印も、信長の分国では、こうして天正七年以後、日蓮宗の各門流教団の中で急速に消えていった。四箇の格言の灯が消えると、当然のことながら折伏という教化法も、またそれを推進した「かた法華」も宗内から衰退し、かわって他宗と妥協的な摂受の教化法を採った「ひら法華」門徒が、宗内で大きな勢力を占めるようになっていった、と私は考えている。

さらに巨視的にいうと、日蓮宗の各門流教団の中で、折伏という教化法にかわって摂受が、また「かた法華」にかわって「ひら法華」の門徒が台頭してくる趨勢は、信長滅亡後も変わらず、江戸時代になるとさらに一層この傾向は強まっていった。たとえば、折伏の結果による他宗の寺院や僧俗の日蓮宗への改宗や帰伏が、近世社会では全くと言ってよいほど影をひそめているからである。

こうして「かた法華」は、宗外に対する折伏という華々しい教化法が採れなくなったとき、信者の内心に形成する信仰の純化に力を注いだ。いわば、平和時における「かた法華」の信仰形態の形成である。すなわち、強信にして雑信仰を完全に払拭した、純粋な法華信仰を確立する運動である。具体的にいうと、「かた法華」は折伏を捨てたかわりに、神祇の不拝不参、謗法からの布施供養の不受、謗法不施という、これまた中世日蓮宗の各門流教団の中に多かれ少なかれ存在していた不受不施の制誡を、とくにこの時代に入って強調しだしたのである。

四　神祇不拝

「かた法華」の、平和時にとくに強調される特徴の一つは、神社への不参不拝である。戦前に専修念仏門徒の中に神社に参拝しない人がいて、社会的な問題となったことがある。これと同じことが、戦前の「かた法華」の中にもあったことはあまり知られていない。なぜ彼らは神社参詣を拒んだのだろうか。

といっても、宗祖の日蓮は神そのものの存在を否定したことはなかった。が、日蓮とその教説を信じる人々は特色ある神祇観をもっていた。

日蓮はまず、この娑婆世界の真実の主人を釈迦仏と考えた。日本の風土の真実の領主は、天皇や将軍ではなくて、釈迦仏であると説いた。すなわち、日本は仏土なのである。この国土の真実の主が説いた唯一の正法が法華経であるから、日本の国土に鎮座する固有の神はこの法華経を守護し、かつこの経の流布を使命とする日蓮以下の法華経の行者を常に擁護する責務を、国土の真実の主の釈迦仏に負っていると、日蓮はいくたびも述べ続けた。

神の性格はこれだけではない。第二に神が神としての神威をもって、この責務を果たし、ついで国土や国民の安穏を守るためには、神は常に法華経の法味に浸っていなければならない、と日蓮は説いた。したがって神前では、法華経が常に読誦されていなければならない。そうでなければ神は、神威を失って神でなくなる。神威を失うと、神は、仕方なく日本の国土を捨ててその本土である天に帰ると、日蓮はいう。これが、日蓮宗独特の神祇観、すなわち善神昇帰の考えである。だから日蓮は、生前から善神捨国を説き続けた。

確かに、日本の中世社会では謗法が強盛であった。名神大社から村々の鎮守に至るまで、神仏習合が行われ、そこでは真言師、念仏師、禅律僧らが祭祠を支配していた。これらの神社は日蓮宗からみると、祭神が天に帰って社はもぬけの殻となっている。これが、日蓮宗がいうところの、謗法が支配している、謗法の神社、他宗の神社の意味である。

「ひら法華」の門徒はともかくとして、「かた法華」にとって、このような謗法の神社への参拝はなんの意義もないことになる。本能寺門流の「かた法華」の信心法度の第一条に、

一、他宗謗法の堂社へ参るべからず、同じく仏神を拝し、一紙半銭にても供うべからざること

と見え、また妙覚寺真俗異躰同心法度の第一条にも、

謗法の堂社を参詣いたすべからざる事、ただし見物や遊覧や公役等はのぞく、

とある。他宗が差配する謗法の神社へ、「かた法華」は見物や遊覧には行っても、決して信仰をともなう参拝はしない。また信仰の裏付けがあって初めてその意義をもつところの、奉賀や寄進や投げ銭は、たとえ鐚半銭であってもこの謗法の神社へは供養することはなかった。

では、彼ら「かた法華」は神を拝さなかったのだろうか。結論からいうと、彼らは謗法が支配する神社へ参拝しなかっただけで、正法の神は崇信した。

正法の神とは、前に述べたように、法華経の法味に浸って神威をもって日本にとどまり、現に国土国民を擁護しつつある神であり、法華経と法華経の行者である彼ら門徒を常に守護してくれる神である。具体的にいうと、法華経が支配する聖域、すなわち日蓮宗の寺院境内に勧請された法華経三十番神であり、また彼ら門徒が崇拝の対象とするお題目の本尊の中に勧請された神々を指して、正法の神という。日蓮が創始した日蓮宗独特の本尊曼荼羅の中には、必ずといってよいほど、名神大社の神名がはっきりと書きしるされている。寺内・寺外でこの本尊を掲げ、

唱題・読誦する門徒らは、そのまま正法の神祇を拝礼していることとなっていたのである。法華経三十番神は、陰暦大月の三十日という日数に合わせて、全国三十の名神が毎日交替して法華経を守護するという、天台法華宗に始まる神道説である。日蓮宗はこれを受容発展させて、寺院内に三十番神堂を建て、全国三十の名神を勧請し、この寺内の法華経の番神信仰を門徒に鼓吹した。これが正法の神である。「かた法華」たちは、こうして謗法の神の意義は否定したが、神を彼らの聖域の中に蘇生させ、伝統の神祇信仰を日蓮宗のいわば独占とし、より強信の「かた法華」集団の形成を、正法神信仰を軸にして目指したのである。

五　不受不施

「かた法華」のつぎの特色に「不受不施」がある。「ひら法華」はこれに対して「受不施」という。不施とは謗法の寺や僧侶や檀那に対して、布施や供養を一紙半銭といえども捧げないことである。歳暮や八朔という世間の仁義としての贈答ならば問題はない。だが、布施供養というのは、相手の法理を認めたときにのみ神仏へ捧げる志納である。否定すべき法理をもつ神仏に、供物を捧げる理由はどこにもない。念仏無間と、西方浄土の存在も念仏往生の意義も認めていない日蓮教説の世界からみると、たとえ兄弟親戚であっても、彼らが念仏者や謗法である限り、その法会や葬礼に供養を捧げる道理は初めから存在しない。堕地獄という痛ましい事態に縁者が陥っていることに気づかない謗法の人、この哀れな人に布施供養を捧げることは、あたかもこの痛ましい事態を認めたことになる。だから、「かた法華」は施物を捧げない。同じ意味で、謗法の寺や僧侶に、布施供養を施すことは絶対にない。

「謗法の僧侶などに供養をなすべからざること」と、彼らの信心法度は制禁する。これが不施である。

不受とは主に僧侶に課せられた制誡で、謗法の人から布施供養を受けないことである。法華経を受持しない謗法の人は、日蓮宗の教説からいうと、邪義にまどわされ、後世には成仏できない哀れな人々である。その哀れな人を折伏して正法に改宗させることもなく、彼らの痛ましい後世の事態を熟知しながら、この哀れな人から布施供養を受けることは、まさに仏徒として恥ずべき、また受けてはならない不正義の施物である。こうして不受の制誡が「かた法華」の特色となった。だから、不受を旨とする「かた法華」の寺では賽銭箱が置かれていなかった。置けば、謗法者が投げるからである。それでも諸堂の前に投げ銭があるため、京都の「かた法華」の大寺では、桃山時代に、毎日毎日投げ銭を門前の川に捨てたので、夕方にはそれを拾う人で小川が賑わったという伝えもある。

また信心法度に、「他宗の仏事祈禱の処へ行き、一飯をも請け、茶酒にても候へ乞うべからず」という制誡もみえている。この制誡が遵守される限り、縁者の葬礼や年忌などにおいてさえ、「かた法華」の門徒は、死者の成仏を願う供養である限り、一飯も、一碗の茶酒も手をつけなかったということになる。今日でも、「かた法華」の門徒の墓所に、たとえ親兄弟であっても、謗法の者には石塔への拝礼と墓前への供物散米を禁止する旨を書いた木札があることがある。不受の制誡に由来する「かた法華」の姿である。

「ひら法華」はこのようなことはない。寺には賽銭箱が置かれ、謗法者の縁者を交えて葬礼法会の供物の受納が行われる。だから、彼らは受不施と呼ばれ、他宗と妥協的な摂受の教化法を採るから、いいかえると受不施は「ひら法華」ともいえるのである。

天正七年（一五七九）の安土宗論で前にいったように、日蓮宗は他宗に法難をなすことを信長から禁じられた。ここでいう法難は、宗教弾圧を意味する法難ではない。他宗の法理を非難、難詰するという意味の法難である。具体的には他宗の折伏、そして公場での宗論を禁じられたのである。「かた法華」の最も先鋭な特色である折伏を制止された彼らは、形を変えた平和的な折伏の方途を強調し、かつ生み出した。これが不受である。といっても、「かた法華」の折伏への郷愁、四箇格言の禁止への怨念は根深い。「かた法華」の石塔墓に、正面は「妙法」や題目を彫り込めながら、側面に「念仏無間、禅天魔、真言亡国、律国賊」と陰刻した石塔墓が、江戸後期になっても全国各地にひそかに残されていたことが、これを雄弁に語っている。

ともかく謗法者は、「かた法華」の寺で賽銭すら受納されない。親兄弟、知己の葬礼や法会に捧げた供養も、謗法者である限り拒絶されてしまう。親兄弟の墓所に行くことはできても、「かた法華」の死者は、謗法者である限り、わが子でさえ参詣を拒む。拒まれた彼らはその理由を考える。そこで、日蓮の四箇の格言の存在を知り、諸宗無得道との宗祖の法理に突き当たる。彼らはなにが謗法で、なにが正法であるか、宗祖の法理を内心で真剣に検討しだすことになるかもしれない。不受は謗法者に対する無言の諫暁であり、また平和的に形を変えた、折伏であるともいえる。

近世の封建君主によって「他宗法難」という折伏が禁止されたころ、かわって京都日蓮宗の中に、不受不施の制誡を守る「かた法華」が台頭した。不受不施の人は、いずれの京都の門流の中にも存在し、門流の枠を越えて広まり、やがて近世前期に不受不施派という、門流を越えて「派名」で呼ばれた。江戸幕府は仏教界を動揺させる元凶、他宗法難の基と、この不受不施派を把握し、江戸時代を通じて禁教に処した。法網をくぐり、「かくれ日蓮」「かくれ不受不施」と呼ばれたのが、この「かた法華」の人々である。桃山文化を法華文化としてとらえるとき、法華の芸術家のなかに「ひら法華」と「かた法華」の、二潮流があることを忘れてはいけないと思う。

Ⅱ　法華宗の人物像とその作品

日像
――題目流布　初めて京の町へ――

鬱蒼とした森林、野鳥のさえずる声にかこまれた、ここは甲斐国・身延山の日蓮の庵室である。まだいとけない一人の稚児が日蓮の前にすわっている。師は慈悲にあふれた眼を稚児にそそぎながら、法華経の経文を、静かに、しかし力強く唱え出す。稚児は、師の御房の口からもれる言葉を一言片句も聞きもらすまいと、くい入るように師の顔を見つめ、やがてその小さな口をいっぱいに開いて、師の口うつしに「じーがとくぶつらい……」（自我得仏来）と、懸命に経文を唱え出す。法華経の巻第六、如来寿量品の有名な自我偈、その冒頭の文句である。「諸経諸劫数」「無量百千万」「億載阿僧祇」「常説法教化」「無数億衆生」……と、自我偈は続く。日蓮は噛んで含めるように、口うつしに一句一句を唱え、少年は懸命にこれを唱え返す。野太い師の御房の声と、少年特有のかわいくてかん高い声が、不思議にも音律の調和をみせて、二人の自我偈は、森閑とした身延の山のしじまの中に、しみ入るように消えてゆく。

建治二年（一二七六）の春の、とある一日、身延の日蓮の草庵の風景である。時に日蓮五十五歳、佐渡流罪赦免ののちも幕府に容れられることもなく、失意の身をここ波木井郷の身延の草庵に托して、すでに二年の歳月が流れていた。稚児の少年は数えて八歳、眉目秀麗、八歳にしては大柄で、濃い眉毛の下のつぶらかな瞳は東国の武門の血をひいて、気品と意志の強さを現していた。

一　日蓮から日像へ遺命

少年の名前は経一丸（麿）。文永六年（一二六九）八月十日、下総国の平賀の生まれで、父はこの地の豪族平賀忠晴、母は妙朗尼、父母ともに日蓮の信者である。日蓮の高弟、六老僧の一人である日朗とも同族で、この縁によって、両親は少年の未来を身延の日蓮に托したのだった。少年が、日朗にともなわれて身延に登ったのは、昨建治元年の冬十一月のことだった。経一丸という名前は、このとき師の御房からつけられた。

日蓮は自我偈を口うつしに教えながら、故郷遠く父母のもとを離れ、同じ房総なまりの言葉を話すこの少年のなかに、安房の小湊の貧しい海浜村落に生まれ、清澄山で修学した幼き日の己が姿を思い起こしていたにちがいない。

だが、少年と日蓮との師弟のえにしは短かった。七歳で身延に登ったときからあしかけ八年目の弘安五年（一二八二）冬十月、日蓮は常陸での湯治を目指し身延を下ってその旅の途次、武蔵国の池上で不帰の人となった。この日蓮入滅のとき、経一丸は十四歳。このとき日蓮は、「天聴を驚かすべし」と、宗義を天奏することと、洛中弘通のことを、この少年に遺命したのである。師と別れた経一丸は肥後房日像と名乗り、鎌倉の日朗のもとで孜々として宗義を研鑽し、行学に励むこと十余年、日像は強義折伏の宗風をすっかり身につけて、宗門の未来を担う青年僧に成長した。

日蓮の法華宗は、あまたの諸仏の中で釈尊一仏だけを本仏とし、諸経の中から釈尊出世の本懐として法華経だけを正法として選び取る。そして他の仏や他の経の意義を謗法として否定し、法華経への唯一ひたぶるの信仰を求め、ただただ題目を唱えることだけを信者にすすめる。法華経と題目の功徳は無限であって、貧富や男女の別もなく、在家の身のままで、この世では現世利益をもたらし、また死後には寂光の浄土へ生まれ変わると、日蓮は説く。だが、日像が上洛して弘通するその日まで、京都の人々は、天皇も公家も武家も、また町衆たちも、この日蓮の教えを知らない。教えどころか、日蓮その人の名前さえ、京都では人の噂にさえまだのぼっていないのである。

日蓮入滅の時点で、日蓮の弟子や信者はせいぜい数百人の規模であり、彼らは越後、信濃、甲斐、遠江から以東の東国一帯にしか散在しなかった。日蓮は東海安房の小湊の人、生涯東国なまりは抜けず、生粋の東国武士の血をひいていた。この意味で、日蓮が開いた法華宗は東国の土壌のなかで生まれ、その風土とそこで生活する人々の精神のなかではぐくまれたものだった。日本の仏教諸宗の歴史は、鎮西や瀬戸内で、また文化の中心である京都で生まれ育ち、あるいは宗祖が入唐求法して日本に将来し、西日本一帯にまずは弘まって、それから東国へ教線が延びたものだった。しかし、日蓮の法華宗だけは違った。滔々としたこの仏教東進の歴史の潮流に刃向かって、ひとり日蓮の法華宗だけは、けなげにも東国から西国に向かって、宗義の西進を目指したのである。

二　三たびの法難に耐え

永仁二年（一二九四）旧暦四月十四日寅刻、日像は洛中に入り、この日から洛中弘通を始めた。法華宗にとって、この日は京都開教の記念すべき日となり、日像はのちに宗内で洛陽開山と呼ばれることとなる。時に日像二十五歳、日蓮の十三回忌の年に当たっていた。日像の周辺には次第に信者も増え、柳酒屋仲興、小野妙覚などの有力な町衆が大檀那となった。法華宗にとって最初の大檀那層が有力町衆だったことは、法華宗の未来の歴史にとっていかにも象徴的なことだった。

だが、日像の弘通は決して平坦なものではなかった。日蓮教説の根幹である謗法の折伏は、天台・真言・念仏・禅・律など謗法諸宗盛行の京都では強烈な反発を招き、日像の弘通が激しい迫害に見舞われることは必須だったからである。はたして、日像は院宣によって、徳治二年（一三〇七）、延慶三年（一三一〇）、元亨元年（一三二一）の三回、洛内から追放を受け、しばらくたつとまた赦された。追放と赦免のくりかえしは、それだけ日像の法華宗の力が増え、諸宗の反発が強くなったことを意味した。この二回目の追放の間に、日像は洛外に弘通し、洛北の松ケ崎、洛西の鶏冠井《かいで》、洛南の深草の村民をすべて法華宗に改宗させ、それぞれの村の妙泉寺、真経寺、宝塔寺は日像の弘通の拠点となった。いまに伝わる松ケ崎と鶏冠井の題目踊り、また夏の大文字送り火の夜、松ケ崎の山に点火される「妙法」の二文字も、日像に始まるといわれている。

三　宗旨の公認を意味する宗号綸旨

日像の洛中の拠点は、初め綾小路大宮にあった法華堂がやがて妙顕寺と称し、建武新政にあたって後醍醐天皇に味方した日像は、建武元年（一三三四）、天皇から「妙顕寺は勅願寺たり、殊に一乗円頓の宗旨を弘め、宜しく四海泰平の精祈を凝すべし」との綸旨を賜った（「妙顕寺文書」）。妙顕寺が教団最初の勅願寺となること、日蓮教義の根本である一乗円頓の宗旨の弘通を認めたことは、そのまま、中央政府が日蓮の法華宗を天台法華宗から独立した一宗として、公認したことを意味した。日像が上洛して実に四十一年目のことだった。ついで日像の妙顕寺は足利将軍家、北朝持明院統の祈禱所にも指定され、暦応四年（一三四一）には寺基を四条櫛笥に移し、町衆信徒の支援を受けながら、南北朝の戦乱の世を雄々しくも生き抜いていった。

康永元年（一三四二）の旧暦十一月十三日、弟子の大覚にすでに妙顕寺を譲っていた日像は、重い病の床にあった。臨終正念を願って、弟子や信者が誦す寿量品の自我偈が静かに日像の枕辺に流れ、日像の脳裏には、幼き日、身延の草庵でこの偈を一句ずつ口うつしで教えてくれた師の御房、日蓮のあの慈顔が、遠く近くほほえみかけてきただろう。こうして日像は、五十年にわたる京都での長い弘通の使命を終えた。

日像の説いた法華宗は、やがて室町時代、京都は「題目の巷」と評されるほど町衆の宗教に成長し、その教線は門流の弟子によって遠く鎮西にまで拡大し、東国に興った日蓮の法華宗は全国的、かつ国民的規模の大教団に発展したのである。

妙秀

――正直正路の生涯――

一 妙秀のおいたち

戦国時代末の享禄二年(一五二九)京都に生まれ、九十歳という長寿を全うして、江戸時代はじめの元和四年(一六一八)、世を去って行った一人の女性がいる。妙秀という人である。

父は京都の上層町衆である本阿弥光心、母は妙性という。「本阿弥系図」に従うと、妙秀は父光心が三十四歳、母妙性が三十一歳のときに生まれ、父は永禄二年(一五五九)六十四歳で没し、母は文禄五年(一五九六)、九十八歳という天寿を全うして世を去っている。この血脈からみると、妙秀はきわめて頑健な体質を天性のものとして父母から受け、その九十歳という天寿も親ゆずりのものであったと思われる。

彼女が生まれた本阿弥の家はすでにこのころ、一族が代々にわたって刀剣のとぎ・ぬぐい・目利の業を家職とし、その家職の名声は当時、世間で定評のあるところであった。

刀剣に関するこの家職から、本阿弥一族は町衆でありながら、武士との交渉も多く、代々室町将軍家や諸国の大名の御用をつとめてきた。妙秀はこの本阿弥の惣領であり、また家職の棟梁である父光心のもとで育った。

本阿弥の家はその家職からみて、傘下に多くの職人集団をかかえ、また富裕な上層町衆であったことは確かであるが、妙秀の成長した少女時代、決して安定した毎日ではなかったろう。彼女が多感な少女時代を過ごした享禄から天文期は、決して元和堰武以後の泰平の世ではない。まさに世は戦国の時代である。

京都では町衆が集住して繁栄する洛中に対して、近郊農村を拠点とする土一揆がことあるごとに蜂起して洛中に乱入し、掠奪と放火が頻発し、また室町幕府の衰微とともに洛中を支配下に置かんとする畿内戦国大名の軍勢が、入れかわり立ちかわり、都に進駐と撤退を繰り返していたからである。そのたびごとの戦火と殺戮に町衆たちも巻き込まれ、あるいは命を落とし、家財を焼かれ、当時の言葉で言う「乱世の苦しみ」や「乱世の悲しみ」を骨身にしみて日々を送っていた。

不慮の死や思いもかけない災害がいつでもどこでも、ある日わが身にふりかかるかもしれないというこの不安は、富裕な本阿弥の惣領娘として育った妙秀でさえ、逃れることはできなかった。これが、彼女が育った時代の世相であった。だから人々は、この不安をまぬがれるため、信仰の世界に入った。あとで詳しく述べるが、妙秀の両親も本阿弥一族も、現世利益と災疫除去を約束し、果福将来を説く法華信仰の熱心な信者であり、彼女もこの一族の宗教的環境のなかで育っていった。

成長した妙秀は、姻戚の片岡家から七つ年上の夫光二を養子として結婚した。おそらくそれは、天文末年頃のことであったろう。光二、通称次郎左衛門。光二なる名は後年法体となったときの入道名、のちに本阿弥次郎左衛門家の始祖となった人である。

光二の父は近江の武士であった片岡次大夫、また先祖は多賀豊後守高忠である。高忠は近江犬上郡を本拠とした豪族で、近江守護京極氏の有力被官、主家の京極氏が四職の一家として侍所の所司につくとともに、応仁・文明のころ、所司代として京都の治安警備の責任者として活躍したこともある。

こうして妙秀は名門の武士の血をひく光二を養子として夫に迎え、光二もまた本阿弥家職に励んだ。

やがて妙秀は二男二女を産む。永禄元年（一五五八）に生まれた長男こそ、不世出の芸術家として名高い本阿弥光悦であり、次男は宗知といい、長女法秀はかの光琳・乾山兄弟の祖・尾形道柏に嫁し、次女妙光は妙秀の弟光刹の子息・本阿弥光徳の妻となった。

妙秀は夫として光二を得、また四人の子供を育てた子福者でもあった。

二　妙秀の人柄

戦国期から江戸時代初期のころの女性がどのような家庭生活を営み、どのような処世観や人生観をもっていたか、同時代の男性に比べると実はなかなかわからない。まして権力者の側ではなく、市井の庶民である町衆の女性においてはなおさらである。

だが、幸いなことに、本阿弥の家では先祖が子孫のために言い残し、教え訓した事柄などを、折りにふれ代々の人が家訓として書き残した『本阿弥行状記』（以下『行状記』と略記）と称する家訓がある。妙秀はこの家訓によって、その生き方や人柄を、めずらしくもある程度明らかにすることができる、数少ない町衆女性の一人である。妙秀は『行状記』によると、家つきの女性として、家職にも高度な見識をもち、また温厚な夫の光二をよく助けた、男勝りの才気活発な女性であった。

光二は「光悦が父光二と申もの、刀脇差の目利・細工、竝もなき名人」（『行状記』第五十一段）といわれて、家職にもすぐれ、永禄年中には今川義元に召されて駿府に下って義元の刀剣御用をつとめ、またそのころ駿府に人質として幼年期を過ごしていた徳川家康からも、小脇差のとぎを命ぜられたこともあったというが、今川家滅亡ののち、織田信長の寵遇も得た。ちょうどそのころのことである。

光二は讒言によって信長の不興を蒙り、わが家に逼塞していたことがある。妙秀は加茂に遠出した信長の馬前に走り出て、馬の口にとりつき、鐙でけられながらも夫光二の無実を訴え続け、その効あって、光二は再び信長の寵遇を得たという。夫の危機に際しては、信長という専制君主の権威さえ恐れず、わが身を捨て切って夫を救おうとする勇気ある女性の姿を、この妙秀の行為のなかにみることができる。

妙秀の勇気は感情に押し流されたものではない。とある日のことである。人をあやめた者が追手に追われて血刀を片手に本阿弥の家に走り込み、妙秀を人質にとった。妙秀はあわてず騒がず賊を説得して納戸にかくまい、追手と応対し、賊がわが家にひそむことを隠し、夜更けてこの賊に衣服・編笠・銭まで与えてひそかに逃した。とっさのときの彼女の勇気と沈着と機智と、また慈悲を語る話である。

この気丈さをもとに、妙秀は子供たちの教育についても高い識見をもっていた。そしてこの母の教育は、晩年に鷹ケ峰に住んだ光悦が、日々の心のやすらぎと、閑寂な鷹ケ峰の生活に心から満足して、「若年のとき、いつも妙秀語りけること、不図おもひだし、さては疑ひなくわが親の善心の報ひなりと肝に銘じける」（『行状記』第五十二段）と、しみじみと亡き母の教えの応報であると述懐したように、子供たちに深い感化を与え続けた。

まず妙秀の子供たちの育て方は、事の正邪、事の善悪を判断させることから始まる。すなわち子供たちに「少しにてもよき事あれば」（『行状記』第四段）、殊のほか喜びほめちぎった。親が喜びほめれば幼き子はおのずと事の正善を知り、善に走る。つぎに妙秀は、子供に対して親が瞋恚の心を起こすことを厳しく戒めた。親が憎しみ怒れば、いとけなき子供はかえって心がいじける。子供の性格がゆがめば、戒めはすでに戒めではない。だから妙秀は世間の親のように、子供を折檻することは一度としてなかった。子供に悪いことがあると、ひそかに諸家から預かった刀剣を納める蔵の中につれて行き、親子二人、しかもわが子を抱き寄せて、決して怒ることなく順々とその不作法をいましめた。さとしの場所に蔵を選んだのは、その教誡の場を他人にのぞかれないようにという、幼きわが子への母の細かい心づかいである。

この穏やかなさとしが、「よその親の怒りわめくよりも」かえって子供たちの「恐るるもの」となり、その効果があがった。これは五つ六つまでの子供への教育である。七つ八つになると、四書五経を読ませ、素読のときからその講釈を聞かせ、また和歌や礼法を教え、ついで家職の道の修業に入らせたという。光悦はこのような母の教育のもとで成長したにちがいない。

女性の教育や婚姻についても、妙秀は一つの理念をもっていた。

彼女はわが娘に嫉妬深きことを戒めた。女性の嫉妬心は逆にその女性の好色なることを示し、時には夫の恥を世間に知らせ、かえってその身を滅ぼす原因ともなる。といっても、妙秀は男性の放埒を許したのではない。世間の夫婦の離婚を嫌い、また年老いた正妻をうとんじて「成人の子供の思ふ所をも恥ず、本妻の心をいたましめ」(『行状記』第八段)て、よその女性にうつつをぬかす男を「義理をしらぬ者」、「ちく生」であると、強く子孫に戒めた。当時の法華のいう「義理」とは、「正義の道理」という意味で、その略語である。妙秀が子孫に遺した教えは、一夫一婦の堅実な家庭生活である。妙秀は家付きの娘であり、その長寿から、またこのような見識から、本阿弥一族の中心的な存在であった。

たとえば一族の結婚について妙秀は、「他人と取極と聞けば機に合ず、親類の中と聞けば悦びける」(『行状記』第五段)と、同族の婚姻を喜んだ。本阿弥一門の族的結合を堅持せんとする自己の血脈に対する強烈な確信である。

本阿弥の家職はいうまでもなく、いくつもの分業工程によって成り立っている。とぎ一つとっても、下とぎ、中とぎ、水仕立、拭い、磨きの五色がある。それぞれに修業と秘伝があり、一色さえ名人となるのはむずかしい。本阿弥一門のうち、この五色ことごとくの名人と称されたのは光悦の養子、光瑳だけだったという。

本阿弥の家職の名誉を他の同業者に対して常に優位に維持するためには、それぞれの分業工程の技術秘伝を同族だけで確保する必要がある。「秘すればこそ花」であり、家職の名誉は保たれる。しかもさまざまの分業工程は、息の合った協力が要る。一族が同じ家職に従うのはこのためであり、族的結合の維持は常に家職の面からも求められる。妙秀が一族間の婚姻を求め続けた理由の一つも、ここにある。

妙秀はさらに言う。一族間に年ごろの男女があるとき、この娘を他家に嫁すことは一族間に思いやりのない証拠であり、それが一族の間に間隙をもたらす。まして名利につられて、「金銀を持参る嫁を尋」ね求めることをあくまでも排した。金銀があって「一大事の兄弟、中あし（悪）くなり」の例はあっても、「貧なるものの死したる跡にて、兄弟中のあしくなりたる事は」ないからである。だから妙秀が信念とする結婚は「夫婦の中、互ひに大切ならば、いかほど貧しくともたん（堪）ぬべし」と、貧しくとも相思相愛の家庭の建設であり、また婚姻を通じた兄弟や一族の、より強い団結の維持である。「人の身の大事は縁辺なり」と、妙秀は人生にとっての結婚の大切さをこのように子孫にさとし続けた。

妙秀が生きた時代、一般には社会的にも家庭の中でも、女性の地位はきわめて低かったとよくいわれる。支配階級である武士や公家の社会ではそうであっても、市井の町衆など庶民の社会では、この妙秀のように家庭内の妻として、母としての女性の地位と役割は、決して低いものではない。逆にいうと、町衆の家職の維持と伝統は、女性の力によってできたものであるともいえよう。

三　正直正路の生活

妙秀はまた、華麗（奢侈）と慳貪（貪欲）と無慈悲を嫌った。かわって質素と無欲と慈悲の生活を、美徳としてこよなく愛した。

妙秀のころ、本阿弥一族は上京の上中小川町から西に入った本阿弥辻子に、数家の広大な屋敷を構えて集団で住んでいた。そのうちの一家の屋敷面積さえ、一二五〇坪以上もあり、これは錚々たる大名の、当時の京都屋敷の広さに匹敵する。このころの一般町衆の家は、買券などからみるとせいぜい平均十坪から二十坪どまりであるから、本阿弥一族は飛び抜けて富裕な特権的町衆だったといってよい。

この本阿弥の中心的な存在であった妙秀が「金銀を宝と好むべからず」（『行状記』第五段）といい、「欲深く鼻のさきにのみ智恵のあるものは、富貴なるをのみよき事と思ひて」と富貴を嫌う。「富貴なる人はけんどんにて有徳に成つるやらん」と、富貴のうちには必ず慳貪があるからである。

そして妙秀は、慳貪とは、当時の高利金融資本である質屋の営業を指して、「無慈悲けんどんにて、わずかの金をかして宜ものを質物に取り」と、無慈悲の裏付けがあって初めて可能であると認識する。無慈悲とは、強者が弱者をむごくいたぶることである。こうして、無慈悲と慳貪と富貴は一直線に連なるものと解して、妙秀はこれを排した。

だから妙秀は富貴の結果としての華麗を「我家の作法違ひ」（『行状記』第五段）、本阿弥の作法でないと言い切り、また本阿弥一門も刀剣の家職に関して長くのちまで、「大分の利を取ざる程の家の作法なれば」（『行状記』第六十三段）と、利益至上主義や拝金思想を捨離し、それをその家門の誇りとした。

物欲や富貴を否定したあと、では本阿弥一門の心のやすらぎはどこに求められるか。それは信仰によってつちかわれた安心の境地である。

本阿弥の信仰はこの妙秀のころ、一門すべて法華宗の信者である。そして一人の例外もなく、京都法華宗十六本山の一つ、かの「なべかむり日親」を開山とする叡昌山本法寺を檀那寺として仰いでいた。本法寺にとって本阿弥一門は大檀那であり、また本阿弥は本法寺をさして「一門の寺」と呼び、家職に関する一門の連署起請文を当寺に納めていた。「本阿弥が家のとぎは人の見知る事にあらず」と言い切るような独占秘伝的な家職の技術を保持しながら、一つの生活共同体として時代を生き抜く本阿弥家職集団——その一門団結の中心に、法華信仰と本法寺がある。

本阿弥一族は例外なく、男性は「光」の字を、女性は「妙」の字をその法名につける。妙秀の父の光心、夫の光二、長男の光悦なども例である。これは諱でも字でも、また通称でもなく、入道名また法号である。普通には法号はその人の没後につける。だが、法華宗では在家の篤信者について、生前すでに法体となり、そのとき檀那寺の僧が与えることがある。本阿弥一門のこの法号は本法寺住持から生前に与えられたもので、彼らが信仰による救済への不動の確信——「安心立命」の境地に達していたことを示している。

彼女の妙秀なる名前も、もちろん法号であって、生前すでに称していたものにちがいない。無慈悲と慳貪と富貴を排し、慈悲と無欲と質素を美徳とする、妙秀のいう本阿弥の家門の作法は、この法華信仰による不動の安心から生まれたものと、私は考える。このような慈悲と無欲と質素を旨とする安心の生活理念を、妙秀は「正直正路」と表現する。

妙秀が長女の嫁ぎ先に尾形の家を選んだのは、この家が正直正路であったからであり、また長子光悦が自己の信仰を「心の正直」と表現し、次男宗知も「京中に隠れなき大正直者」と伝えられ、正直正路は本阿弥一門の作法である。

正直正路とは、この場合、いつわりのない正道というような普通の意味ではない。「正直無上道」「正直の妙法」「正直の経」という日蓮教説からくるもので、法華信者の世界でいう正直正路とは、法華経の教えを忠実に守り、信仰の安心によって正しい日常の生活を送ることである。

この当時の法華信仰は、唱題目一行に徹することだけが必ずしも強信ではない。信仰から生まれてくる安心が、質素と無欲と慈悲というような日常の庶民生活の徳目の実践に裏打ちされたとき、それが正直正路の人生となる。妙秀という一人の女性に代表される当時の庶民社会が受容した法華信仰は、このように彼らの日常生活に定着した堅実なるものである。

妙秀は元和四年、九十歳の天寿を全うした。光悦をはじめ当時の本阿弥一門の大部分は、その子、その孫、その曾孫で、彼女はまさに一族の母であった。妙秀は貧しき人々に衣服や銭貨を惜しみなく与え、自身はきわめて質素な生活を送ったというが、富裕な本阿弥一門の母でありながら、はたして彼女がその死後に遺したものは、単物一枚、かたびらの袷二枚、浴衣、手ぬぐい、紙子の夜着、木綿のふとん、布で作った枕だけであったという。

妙秀は正確な意味では仏家でなく、在家女性の篤信者、「優婆夷」と呼ばれる人である。だが、その生涯は無欲と質素と慈悲の生活を実践し、法華信仰による安心をもとに、正直正路の生き方を求め続けた人である。

参考文献

正木篤三『本阿弥行状記と光悦』（大雅堂、一九四五年）。
林屋辰三郎「光悦の人と時代」（同氏編『光悦』第一法規出版、一九六四年）。

仮名草子と法華宗

——『妙正物語』について——

一　はじめに

江戸時代初期に成立した種々の物語の中に、『妙正物語』と題する一冊子がある。平仮名まじりの平易な文章で語られ、最初の整版本として普通知られるものは、寛文二年開版にかかるものである。従来の国文学の研究成果を瞥見するところ、この物語は仮名草子の部類に入れられ、さらにこの中でも、「啓蒙教訓的」な中の「教義問答的」部類に分類、位置づけられているのが普通である。(1)

ところで、手近の国文学辞典あるいはその概説史類を紐解いてみると、この『妙正物語』なる一草子の名称は、一応はあげられているが、この物語それ自体を取り上げ、書誌学的にも、国文学史的にも、あるいは歴史思想史的にも、問題とされた業績は今までのところ見当たらない。著者はもちろん不明であり、内容紹介に至っても、わずかに「仏教を薦めたもの」(2)、あるいは「日蓮宗宣伝の仮名草紙」(3)と紹介される程度なのである。といっても、私はこの小論の中で、この物語の諸種異本の照合、これによる書誌学的検討とか、あるいはまた、その内容の逐一的紹介とかを意図するものではない。

むろん、これらの点においても、この小論の以下の目的、またその論証過程において、必要な限度においてふれるつもりであるが、むしろここでは、この物語の成立の過程を歴史的・社会的背景からとらえることに焦点を合わせ、ひいてはその内容の思想史的分析より、物語成立の必然性と製作意識を明らめ、物語の作者についてもある程度の推考を試みたいのである。そして、このことが江戸初期文学たる仮名草子の成立史、ないしはその歴史的意義の解明にあたって一つの端緒ともなれば、望外の倖せである。

二　物語の梗概

さて、本論に入る前に、まずこの物語の梗概を簡単に述べておかねばならない。というのは、この梗概すらも手近の文学辞典類には見られず、整版本の『妙正物語』を紐解くこともなかなか容易ではないからである。大まかにいって、所謂、普通、仮名草子と称せられる近世初期の草子類の原初的成立は、一人あるいは何人かの作者によって成り、それが次第に好事家の間に読みものとして伝写される。しかもこの間、原作者あるいは伝写する人々によっても、その原初的内容は時には加筆され、修正されることもあったと考えられる。こうした過程で一応の成立をみた仮名草子は、一方で発達する整版技術と相俟って、その原初的成立の時点を下ったある時に、上梓され、版本として公にひろめられ、飛躍的にその読みものないしは文学としての普及性を高めるのである。所謂これが流布本である。ところが、この版本は一種ではない。今日と同じように、江戸時代においても、また何度も何度も再版されていくのである。この再版の段階においても、改修され、時にはその内容の主要な部分でさえも変えられることすらある。

したがって、仮名草子、少なくともその成立について考えるときには、諸作品の書誌学的研究が最も基本的出発点とならざるをえない。ところが、現実には仮名草子に関するかかる基本的研究はほとんどないといってもよく、また事実、これらの研究の素材となる整版本以前の古写本の発見は、ほとんど稀有なことなのである。ここで取り上げる『妙正物語』も、実はこの古写本を看見したわけではない。したがってこの小論では、整版本の『妙正物語』を素材とするのであり、この点あらかじめお断りしなければならない。

さてこの版本の『妙正物語』にも、管見するところ数種がある。

(A) 京都大学国文研究室蔵本で、大本、上下二冊、計五九丁、刊記に「寛文二壬寅歳七月吉日江戸通石町三丁目中村五兵衛板行」とある。

(B) 天理大学図書館蔵本、大本一冊、五九丁、刊記前半は(A)のそれと同じで、続いて「関東本化宗門書林丹波屋甚四郎求版」とみえる。

(C) 岡山県御津町妙覚寺に伝蔵される数本の中の表題に『法華随力妙正物語』と、「法華随力」の四字が加わったもの。大本、上下二冊、計五八丁、挿絵入、刊記「文政八年乙酉九月発行、書林大坂心斎橋通安土町、加賀屋善蔵製本」。

(D) 同寺所蔵、大本一冊、五八丁、挿絵入、刊記はつぎのごとくである。

京三条通竹屋町　出雲寺文次郎
同　寺町通松原　勝村治右衛門
発行　同　三条柳馬場　堺屋仁兵衛
江戸日本橋通一丁目　須原屋茂兵衛
同　二丁目　須原屋新兵衛

同　浅草茅町　　須原屋伊八
同　芝神明前　　岡田屋嘉七
尾州名古屋本町通　　永楽屋東四郎
同　小牧町　　美濃屋伊六
書肆　紀州若山駿桜町　　阪本屋喜一郎
大阪心斎橋通北久太郎町　　河内屋喜兵衛
同　心斎橋通安土町北　　加賀屋善蔵板

さて大別したこの四種の整版本の内容を比較し、類似点をあげると、その文章、あるいは改丁、改行の箇所に至るまで四種ともに全く同じであり、またその字体も後にふれる数語を除いて同じである。これは、これら四種の版本が、覆彫で再版されたことを物語っているといえる。ところが、また相違するところもある。

まず版行の年序は(A)(B)がともに寛文二年（一六六二）で古く、ついで(C)へ、最後が版行年次は明記されていないが、内容を比較すると(D)へ続くと思われる。些細にみると語句に異字もある。目につくところでは、親鸞を、(A)(B)では「新鸞」と彫り、(C)(D)では「親鸞」となっている。だが、この四者の比較において、重要な相違点は別にある。これは後でふれるこの物語自体の性格を、何か暗示するようにも思えるつぎの三点である。

㈠、(C)(D)では前二者と異なって、挿し絵が四葉新たに加えられていることである。四枚の挿し絵は(C)(D)では全く同じである。結果的に言えば、挿し絵のあるものは新しく、版本の年代序列を決める鍵ともなる。㈡、この物語の構成上の主要人物の一人、「日りよう上人」が、(A)(B)(C)では「日領上人」と当てられ、(D)では「日梁上人」とある。

㈢、これは最も大きな相違点であるが、(A)(B)より(C)(D)は一丁紙数が少なくなっている。つまり(A)(B)本の最後の一丁

（実際は十一行）が(C)(D)本にはない。ところがこれは重要なことである。というのは、この十一行の中に、この物語の主人公の妙正が前者では入水自殺する結末が書かれ、後者にはこれがないのである。つまり、(A)(B)本では主人公は自殺し、(C)(D)本では主人公は生きているのである。全体の文脈からすると、明らかに前者にみえる妙正の自殺が自然であり、したがって後者のこの結末の削除は、不自然かつ作為的であること、両者を併読すれば明瞭である。というわけで、後者二本は前者五八丁の後三行目の途中より「唯臨終の事を待つらん。南無法蓮華経」の十字よりなる短文と首題が加筆されて不自然に文尾を括る。

さて、これらの相違点の存在、ないしその発生の理由は、前にふれたごとく、この物語の性格、あるいは成立の事情を考えるとき、私は一つの手がかりともなると考えるが、それはしばらく後でふれるとして、以下の考証を進める便宜上、この辺で物語の梗概を述べておこう。

『妙正物語』の梗概

摂津国小浜村に妙正なる人が庵を結んで、一子善九郎妙善の菩提を弔っている。そこへある日、旅の僧「日りやう」が訪れる。一宿を乞い、その夜物語に妙正は、自分が道心を起こせし因縁を物語る。この夜物語が『妙正物語』なのである。妙正はもと大身の武士、のち浪人して備前の中村に帰農し、家族は妻と一子善九郎、合わせて三人、もとは門徒宗（一向宗）の篤信者として平和な生活を送っていたという。

ところで、その子善九郎は父と違って、備前と京都間をしばしば往還する商売であったが、ある年の上洛中、彼は京都妙覚寺の日典に教化され、法華宗篤信者となって、平和な農村生活を送る念仏信者の父母のもとに帰ってくる。周知のごとく、題目（日蓮宗）と念仏（一向宗）とは犬猿の仲である。ここに父妙正との間に、宗論が闘わされる。この宗論の部分は、この物語の中で最も主眼とされる部分であり、しかも物語は常に善九郎側（法華側）の立場に立って進められてゆく。ともあれ、父妙正はこの宗論に負け、一度は改宗せんと発心するが、このとき妻（善九郎の母）の反対――先祖重代の宗旨の改宗の不可と、善九郎こそ大不孝者との非難――に妨げられ、ついに転宗を断念する。善九郎は母の無智、父の改宗断念を見て、かくては父母とも後生は無間地獄におちること必定と悲しみ、その孝心の深さより重病となる。彼は臨終にのぞんで、再度父母に改宗をすすめ、また身延への納骨と、さらには形見の文を受法の師妙覚寺日典へ届けることを遺言する。父母はこの臨終にのぞんで心底より後悔し、岡山蓮昌寺日紹を招いて改宗する。わが子の死後、遺言を果たさんと父妙正は郷里を旅立ち、日典の手許に形見の文を届け、またはるばる身延に参って納骨し、ついで鎌倉、池上と日蓮旧跡を訪れる。その帰路、摂津小浜に至って、妙正は、かつて宗論に敗れて改宗せんと決意せしとき、妻の反対なかりせば、善九郎が不帰の人となるという不孝の訪れもなかったと思うにつけ、その妻の待つ郷里への旅足は進まず、この地に留まって一庵を結び、いまは村人の情けによって静かに善九郎菩提を、日夜弔っている。と、このように夜物語に語るのである。旅僧はこの因縁譚に感涙し、また翌朝何処ともなく旅立つ。そのあと妙正は、「霊山にてまちまいらせん」との臨終に善九郎の言葉を頼りに、近辺の生瀬川に投身する。これが物語の梗概である。しかしこの最後の妙正投身のくだりが、先にふれたごとく、(C)(D)本では削除される。

三　物語の基調

さて、この物語の基本的性格、ないしはこれを一貫する基調ともいうべきもの、これは一言でいえば何であろうか。

それ人間のあだなることを思へば、水の上の泡なり。何事をかたのしむべき。はやく、此生にぼだいのたねをうへて、ながき世のたのしミを、ねがはん事こそ、あらまほしけれ

の書き出しで始まり、

なに事もかごとをも、みな夢のまのたはぶれなり。いそき寂光浄土をねがふべし

に結ばれるこの物語首尾の数行を紐解くだけでも、それは、法華信仰発心のすすめであり、「法華随力」のためのものであることは明らかである。だが、この物語の内容をより些細に分析すると、さらに興味あるいくつかの特色が浮き彫りされてくるのである。そしてこの浮き彫りされた特色が、とりもなおさず『妙正物語』の本質的性格を規定し、さらにはその歴史的、あるいは思想史的成立の必然性を暗示するものであると考えられる。

ともあれ、私がここで試みる分析の方法はつぎの二つの方向からである。一つは物語にみえる人物と地名であり、二つは説かれている宗教思想、つまり法華宗教義自身の内容分析である。

そこでまず、この物語に登場する人物について逐一検討していこう。

㈠　妙正。物語の主人公。妙正なる名は法華宗に発心改宗した後の、入道名である。本姓は寺西新之丞正成、本国は備前国中村。物語現在では、摂津小浜村に庵室を結び、「行すまして」善九郎菩提を弔う年老いた一人の法華宗入道である。が、もとは武士、しかも「あきのてるもと」(毛利輝元)に仕え、「大分の所領を得」て「栄花に候」生活もしたが、故あって浪人し、本貫地中村に帰農し、この物語発端までは平和な農村生活を送る。したがって彼は生粋の農民ではない。善九郎の遺骨を抱いての身延道行の途中では、名所旧蹟に一首を詠ずる風流人であり、また下人二人を召し連れて遙々下関する富裕な農民である。と同時に彼は元来は先祖累代の門徒宗篤信者で、平素は、一向宗の「御堂への日参」をなし、時には人々にも教化を行い、五十余年の間修行を積んだ全く心底からの念

仏信者でもあった。したがって、この物語の大部を占めるわが子善九郎との日蓮と門徒の両宗問答においても、自己の信念を鋭く吐き、この物語を締める。善九郎臨終にあたっての改宗は、岡山蓮昌寺日紹によってなされ、また身延道行の途中、妙覚寺日典の法談をも聴く。物語最後の生瀬川入水時、六十四歳であったという。以上が物語に描かれる妙正である。

(二) 善九郎(法名妙善)。妙正とともに物語の主人公。妙正の子、本姓寺西善九郎正行。彼ももとは輝元に仕えた武士。父の浪人帰農後、備前中村に住すが、そのころは「商人をかたらひ、京へのほり、いなかへ下」るを常とする商売となる。性格は「つねづね心ぼそく、気よはなる大孝行」にして、「器量骨柄人にすぐれ、才覚ゆうなる」立派な二十歳余の若者である。「若年のむかしより、一向専修のすすめをよく聞きわけ、信心獲得して、和讃聖教をそらにうかべ随分信力ふかかりし」と、もとは専修念仏の信者。ところが、ある年、商いのため入洛し、妙覚寺境内において「うり物など」していたとき、住持日典に対面して、「諸宗無得道、堕地獄の根源、法花独の成仏のことわり」を聴き、ついに日典より受法し、法華経一部を授かり、一転して法華信者となる。前述のごとく帰郷後、父と宗論を行い、その結果不帰の人となるが、その野辺送りでは、「紫雲たなひき、花ふり、異香四方に薫じわたり、をんがくのこゑあらたにきこえ」る奇瑞が生じ、果ては「見るものきもをけし、聞人稀有のおもひをなす、近国隣郷のものまでも九郎をおしまぬ人もなし」と人々にその死を悲しまれる。時に二十二歳、法名を妙善という。終始この物語が、この善九郎の立場から運ばれること、いうまでもない。

(三) 妙正妻。善九郎母、物語では夫妙正とわが子善九郎の道心を妨げ、果ては善九郎死去の因をなす悪役として登場する。もちろん宗旨は門徒宗。「邪道の魔王」の心が入った「女人は大魔王」の典型的婦人とされる。のち善九郎死去にあたって、夫とともに蓮昌寺日紹により受法、法華信者に変わるが、結句は夫妙正も妻のもとに帰らず、見捨てられる。

以上がこの物語に描かれた主人公の寺西家の人々である。しかし、よく注意すると、これら三人についての物語の記事には、興味深い特徴が巧妙に隠されている。すなわち、その一つは妙正は念仏者で、のちにその非を悔悟する役、善九郎は法華の代表、その母は二人の発心を妨げる邪道の女性と、その登場する人物の配置に無駄がなく、巧緻でさえある。物語の構成上、必要最少限の人数だけが登場し、それぞれが独特の役割を果たしている。そしてこれに、物語の横の大筋として、善九郎の「大孝心」なる道徳倫理が加わって物語は構成される。第二は、主人公二人（妙正・善九郎）は、血筋を尋ねれば歴とした武士であり、いまは農民あるいは商人である。しかもある程度富裕で、父は風流も心得、子は孝心篤く立派な若者である。ということは、この物語の受容者、それが武士であれ、商人であれ、また農民であっても、いずれもそれぞれの環境と照応し、また自然に共感を覚えることは容易であったろう。また、もしこの物語が最初から一つの目的意識をもって製作されたと考えるならば、このことは物語が受容者にとって、より効果的働きをなしたであろうとさえ思われる。第四にはこれら寺西一家は備前の人である。何故に寺西一家は備前でなければならなかったか。全くの偶然性か、あるいはそこに一つのなにか必然性があるのであろうか。これは後でふれる。

さてこれら三人がこの物語の中で、いわば庶民世間を代表するシテ役とすれば、つぎには仏法の世界を代表するワキ役に注意しよう。つまり僧侶である。しかも、ここではいずれも日蓮宗の僧侶しか描かれていない。

㈣　日りやう。「日領」、また「日梁」とも書かれる。堺薬王寺の僧で、旅僧。妙正の法華信仰の因縁譚の聴き手。

㈤　日典。京妙覚寺の住持。善九郎受法の師。妙正から形見の文を受け取り、回向のため千部経を修し、また参詣した妙正を種々教化する。

㈥　日紹。岡山蓮昌寺の僧、善九郎臨終の席で父母を改宗させる。「天下無双の説法者」とされ、また善九郎葬礼の導師。死後十七日間にわたり法談を行い、多数の人を受法させる。

この三名の僧がこの物語に登場する僧であるが、これらには共通する特徴がある。すなわち、一つはいずれも日蓮宗僧侶、二つは主人公妙正一家が実在の確証がないのに対して、(4)いずれも実在人物と推定できること、三つはこれは後で詳述するが、これら法華僧は妙正の本貫地備前と、洛内とに深い関係をもつ僧であることなどである。以上六人がこの物語構成上不可欠の役割を果たす。このほか、善九郎を日典に取り次ぐ妙覚寺の老僧、善九郎の発病にあたって、これを見舞い、のちには、善九郎の道心によって法華に転宗する寺西家の「したしきものども」があるが、これらは物語の端役にすぎない。

ところでつぎに、この物語にみえる地名と寺名を逐一検討すると、どのような特徴があるであろうか。物語にみえる地名では、妙正の身延道行きのくだり、その道中の名所旧跡がつぎつぎと出てくるが、これは物語構成上、決定的主要性をもたない。むしろ紀行風を加味することによる物語の面白さに目的があると考えられる。物語の主要な場所はつぎの五つである。

㈠　備前、(イ)中村。主人公本貫の地であり、生活の本拠である。この中村は、実在の地、備前西南部、現在岡山県山陽町の西仲集落（通称中村）がこれに当たる。(ロ)これに、妙正受法の師日紹の岡山蓮昌寺がからみ合わされる。同寺もまた実在の寺であり、永和年間（一三七五―七九）、京都の妙顕寺大覚大僧正により開創され、その後備前の豪族松田一族の外護下に栄え、殊にこの物語のころは、備前法華宗三本山の一つと謳われた巨刹であった。

㈡　洛内。といってもこの物語では妙覚寺に視点が凝集される。物語ではここは善九郎受法の師日典の住する寺である。周知のように、同寺は日蓮宗京都十六本山の一つ、史上に著名な寺である。

㈢　摂津小浜村。妙正庵室の所在地、因縁譚の語られる場所である。この地は、武庫川の東岸、長尾の西に接する。付近を妙正が投身する武庫川の上流、生瀬川が流れる。

㈣　身延。当時の法華信徒、最大の霊場、善九郎の納骨される祖山である。

㈤　池上。身延納骨の帰り、妙正はわざとここに参る。日蓮入寂の故地たる故であろうが、後でふれるように、実はこの本門寺で日典は育ったのである。

すなわち、このように物語にみえる寺名、あるいは地名を逐一検討し、前述した人物の特色と対比すれば、ここにこの物語のいわば外面的特徴として種々の条件が浮き彫りされてきたことと思う。

(a)物語に登場する一人ひとりが、それぞれ物語構成上必須の役割を果たし、その配分は巧緻でさえある。しかも必要最少限の人数で物語は進められる。(b)人名、地名、寺名等の固有名詞を検討すれば、主人公妙正一家を除いて、実在のものを取り上げている。(c)受容者（読者）側に最も共感を呼ぶべき飾りが主人公になされる（士農商いずれの性格をも併有）。(d)物語は、近世初頭の変動期を生き抜く話である。(e)人物、地名、寺名を検討すれば備前を指向する比重が多い。ついでは地域的には京が重視され、加うるに、摂津小浜、身延池上等がみえるが、前者に比すれば、この物語構成上での後者の比重は少ない。(f)物語の基調は法華信仰を基調とする。具体的に言うと、人物では日典・日紹が渇仰され、ついでは日りやうである。寺では京妙覚寺・岡山蓮昌寺が最も重要な地位を占める。主人公の身延の道行きの話も看過できぬが、むしろ、物語全体の法華勧進の基調の中心からはずれる。

この中でとくに留意すべきは(e)(f)の特色である。何故にこの物語では備前の描写がことに多く、重視され、あるいはまた日典・日紹が何故に碩徳の僧として描かれねばならなかったのであろうか。実在の確証のない主人公妙正一家を除いて、ほとんどの固有名詞が実際の地名・寺名であり、僧侶も仮託のものでなく実在の人をもって語られているからには、この両者は何処でいかに噛み合い、また両者がとくに重視されて語られねばならなかった必然性が、そこに存在したのではなかろうか。

これの鍵は、さらにこの物語の思想的内面を分析することにより、より鮮明に浮かび上がってくるようである。

四　思想的内面の分析

この物語の思想的内面の分析とは、妙正と善九郎との間で闘わされた念仏と法華の宗論の部分の検討である。宗論は六丁から三九丁の前半に及び、この物語の半ば以上を占め、問答は十五回に及ぶ。周知のごとく、法華宗と専修念仏系諸宗との宗論は中世以来史上に喧伝され、多くの史料に、また狂言、文学の中にさえも見出すこと困難ではない。したがって、この父子の宗論の中にも両者宗論の恒常的普遍的部分も多く、その内容の詳述など不要である。

この意味で、この宗論のうちでとくに留意すべきは、問答の最後の締めくくりの部分、すなわち「法花宗のをきて法度はいかが候やらん」との、父の問いに対する善九郎の返答である。この返答によって、父妙正は「つくづくと感じ感涙をながし」、果ては「いたづらに難行道とおもひ、(法華宗を)信せさりし事のあさましさよ」と悔悟するだけに、この物語の原作者の最も主眼とした物語の製作意識が秘められているはずである。

作者はこの中で法華の十三の功徳を説く。すなわち、㈠には「下根なりとも」、成仏の可能をあげ、㈡に「もろもろの戒をもたざれとも、諸戒をたもつになりぬ」と法華経を受持することが戒であると述べる。㈢、㈣、㈤、㈦には「罪業おも」き人、「十悪五逆」の人、「愚智無智」の人、「不浄」の人、いずれも成仏の障りにならざる旨を言い、㈩には「五障三従の女人ハ別して此経をうけたもつべし」と女人成仏唯一の経なることを主張する。そして、㈧㈨㈪には、法華信仰の将来する現世利益として、「当於今世得現果報」「病即消滅不老不死」と経文をあげ、「未来貧窮のなんをまぬか」れ、かつ「病をはなれ無病なる」利益があると述べる。利益はこれだけではない。「悪事災難時の中夭をのがれんと思ハば、此経をたつとぶべし」と、さらに災難救助の利益も加わる。

では、かかる多数の功徳利益を併有する法華信仰の本質はなにか。作者はこれを㈫㈬の法華功力として、つぎの二点を強調する。曰く、「身はいやしくとも、そのへだてあるべからず、経にいハく、其中衆生悉是吾子と、あるひは是真仏子とゝき給ふ」と。つまり、その一つは衆生＝仏子の理念を現実具現した教えこそ法華宗であり、釈尊の前における衆生の貴賤・貧富の差を取り除いた仏教的平等理念こそ、それであると説く。第二には、かかる法華宗こそ「一門眷属法界衆生をうかめん」法であり、「易行易修の御法」であるとの規定づけである。

ところが、このように易行易修の法であり、現世利益あらたかな法華信仰も、全く無条件に信者すべてが成仏できるのではない。ただ一つではあるが不可欠の、信者の守るべき付帯条件がこれに付属すると作者は主張する。すなわち前述十三の法華の功徳も、「余経余宗もみな仏説なりといひてならべてしんぜ候はば、成仏はあるべからず」と。つまり、信者個々人の信仰形態があくまで法華専修であること、これがその必須条件である。したがって、このために、物語の作者は、法華宗の唯一の法度を訴えるのである。法華経譬喩品「但楽受持大乗経典乃至不受余経一偈」の文言を引き、「日蓮宗のをきてハ、是第一なり、他宗の心さしをうけず、ほどこさずの法度にて候なり」と。

こうして、この物語の中で作者が訴えんとした法華信仰の特色は、漸く浮かび上がってきた。それは、余宗信仰の併存する法華信仰ではない。法華一道に徹した専修の信仰であり、その中でも「他宗の心さしをうけほどこさず」という謗施不受と謗法への不施を堅守する不受不施の法華信仰である。

この二条件をその教義の特色とする門流が、近世初頭の法華宗諸門流の中に、実は存在するのである。結論的にいうと、それは妙覚寺日奥に率いられた日蓮宗不受不施の人々である。

たとえば、応永二十年（一四一三）六月十三日、妙覚寺住持日成らによって規制された「妙覚寺真俗異躰同心法度事」九ケ条の法度のうち(5)、つぎに掲げる最初の三条を見れば、すぐ首肯されるところである。

一、於二謗法之堂社一、不レ可レ致二参詣一事、但除見物遊覧公事等

一、於二謗法之僧侶等一不レ可レ成二供養一事、但除世間仁義愛礼等

一、設雖レ為二誘引之方便一、直不レ可レ受二謗法供養一事

この法度は元和九年（一六二三）霜月二十五日に至って、日奥によりさらに改修強化されたが(6)、その新法度の中で日奥は、この応永妙覚寺法度を説明して、「当寺九箇条の法式委悉なり。其中殊に肝心なるは初め三箇条なり。第一には謗法の寺社参詣禁制、第二には謗人に施さず、第三には謗施を受けず、此三箇条は宗義法度の眼目なり」と説いた(7)。つまり、これら三ケ条にみられる他宗寺院、神祇の不信不拝、つまり法華一道による法華専修の信仰形態の確立、ないしは謗法供養の不受不施の鉄則こそ、日奥不受不施理論を支える根本的大動脈であった。そしてまたこの鉄則の存在が、日蓮宗諸流派の中で、殊に近世初頭の身延を筆頭とする受不施派法華宗、つまり近世日蓮宗主流派と、妙覚寺門流を峻別する基本的分岐点をも意味したのである。

ところで、不受不施理論は日奥個人によって創始されたものではない。応永の妙覚寺法度にみられるごとく、妙覚寺門流の長い歴史の中に育まれたものである。しかも日奥は、この物語の主人公善九郎を教化したとされる日典の弟子である。日奥は、わずか二十八歳の若さで師日典に抜擢され、妙覚寺法灯を譲られるほど、日典最愛の法弟

でもあった。とすると、この物語に登場する実在の一人、日典に再度注目せねばならない。

日典は、室町期後半に備前半国をほぼその勢力圏下に置いた戦国大名松田氏の被官、備前野々口の土豪大村家に享禄元年（一五二八）に生まれた。十四歳にして京妙覚寺で得度、十七歳のとき下関して池上本門寺仏寿院日現に師事し、三十六歳で藻原妙光寺住持、この間、佐渡塚原根本寺を中興し、永禄九年（一五六六）、三十九歳にして京妙覚寺法灯を嗣いだ。(8) 天正二十年（一五九二）七月、七十五歳の生涯を同寺に閉じるまで、彼は衆庶を教化し、安土・桃山期の宗門を代表する名僧として、その碩学を京師に謳われた人である。

周知のごとく、室町末から近世初頭にかけて法華宗教学の主流を占めたのは、関東系教学と洛陽系教学の二大潮流であった。後者が、かの安土宗論に宗門随一の碩学として出席した京頂妙寺の日珖を頂点とし、法脈は本満寺日重、さらに身延日乾・日遠と近世身延派に継嗣されたのに対して、前者は池上仏寿院日現を基点に、一つは京妙覚寺日典・日奥に、一つは池上へとつながったのである。(9)

(イ) 関東系教学

日現─┬─日典（妙覚寺）─日奥
　　　└─日惶（池上本門寺）─日尊─日詔─日樹

(ロ) 洛陽系教学

日珖─日重─日乾─日遠

しかして、この両者の教学が近世に至って受・不受両派の対立抗争に進展するのであり、この両者の峻別の分岐点が、前述のごとく、この物語の法華教義の特色、つまり専持法華の信仰形態、ないしは謗法供養不受不施の鉄則の有無にあったのである。この物語の中で、渇仰される聖人として日典が描かれる理由も、ここにあったといえよう。まさに、善九郎の口をかりて語られる法華信仰の内容は、妙覚寺門流のそれであり、この物語の原初的製作意識も、この門流の独特の教義広宣にあったと推考されるのである。

だが、妙正夫妻を受法させるいま一人の僧日紹が、この物語の中に碩徳の僧として登場する理由は、奈辺にあったであろうか。この物語の成立意識が前述のものであるとすると、かれ日紹こそは、慶長四年（一五九九）、大坂城中の徳川家康面前において、京妙顕寺住持として京都の受不施派を代表し、妙覚寺門流の正嫡を嗣ぐ日奥と対論したその人であり、その結果、日奥は対馬遠流あしかけ十三年の苦吟に堪えねばならなかったのである。これを想起すれば、日紹は不受不施受難史における元凶の一人であり、この物語に渇仰さるべき僧として登場することは、奇異といわねばなるまい。

ところが、この日紹も、生涯の事歴を顧みると、必ずしもこの門流と無関係ではないのである。すなわち、彼は天文十一年（一五四二）、日典の出生地野々口の近く、備前松田氏の金川城下に生まれた。長じて法華宗宗門に投じ、下総飯塚檀林で学業を大成した。(10) 物語の中で「天下無双の説法者」といわれるごとく、『本化別頭仏祖統記』の略伝に、「殊善二演説一、又議論奪レ席之手也」と記されている。中年に及んで帰郷し、岡山蓮昌寺住持となり、文禄四年（一五九五）、転じて京妙顕寺法灯を嗣いだのである。ちなみに彼は元和八年（一六二二）六月、八十一歳で入滅する。

この中で注意すべきは、彼は物語の主要舞台備前の出生であり、また物語に示されるごとく、文禄四年妙顕寺法灯を嗣ぐまでのある期間、蓮昌寺住持職にあったことである。彼がいつ蓮昌寺に帰ったか、今日定かではない。だが、この蓮昌寺は備前法華宗三大拠点の一つであり、しかも実は、このころ京妙覚寺の末寺であった。すなわち、幕府は寛永九・十年、諸宗本山に命じて末寺録進を命じたが、このとき妙覚寺が提出した寛永十一年（一六三四）十一月二十八日付、「上京妙覚寺諸末寺覚」(11)なる末寺帳の中に、備前末寺として同寺は記載されているのである。したがって蓮昌寺住持としてこの物語に登場する日紹は、その後年はさておき、かつては妙覚寺門流の重鎮であったことは疑いないのである。

かくして、この物語成立の原初的目的意識が、妙覚寺門流教義の広宣にあったとする前述の前提に立てば、これら法華僧がこの物語の中に登場し、かつその碩徳を渇仰される理由もおのずから首肯されてくるのである。

では、この物語のいま一つの特徴、妙覚寺門流とは一見無関係とも思われる備前地方が殊に重視される理由は、奈辺にあるのであろうか。全くの偶然性でなく、そこになんらかの必然的相互関係があれば、より一層、前述のこの物語の製作意識を裏付けることとなる。

結論的に言えば、日典、日紹が備前出生であった理由に加えて、実はこの物語のころ、備前地方は妙覚寺門流の二大勢力圏の一つであったのである。

この点についての詳述は、先年私見を述べたこともある(12)ので省略するが、日典の愛弟日奥により展開される近世初頭の不受不施運動も、その一つの基盤は備前妙覚寺門徒に置かれたのであり、また当時の妙覚寺末寺の諸国分布の状態を調べても、総数百カ寺の末寺のうち、実に二十一寺が備前に存在し、第一位を占めるのである。妙正一家の本貫地中村も、備前南部の妙覚寺門流主要勢力圏に包含さるべき位置を占め、物語の備前重視の理由もかかる歴史事実に照応するものといえよう。こうして、この物語にみられる種々の特徴、日典・日紹への渇仰にしても、備前の重視にしても、物語の目的意識となんら矛盾なく受け入れられ、かつ、この推測を裏付ける働きをなしているのである。

五　成立の背景

かくして、当然ここに、物語原作者の範囲はおのずから限定されてきたようである。原作者が単数であれ複数であれ、その条件は、㈠妙覚寺門流教義に明るく、殊にその門流内に包括さるべき法華僧ないしは篤信者、㈡物語に描かれる地域、すなわち京を中心に東は池上、身延、鎌倉に至り、西は備前に及ぶ地域、なかでも殊に備前と深い関係を有することになる。もちろんこれに、この物語の原初的成立時期が絡む。この物語内容に、原初的立期から寛文二年（一六六二）開板に至る期間、物語の主要人物名に改変がなかったとすると、この物語成立の上限は、日典妙覚寺住持就任の永禄九年（一五六六）と思われ、またその下限は、日紹が妙覚寺門流に対し決定的な対立態度をとる慶長四年（一五九九）と推考されよう。もちろんこれは、この物語が妙覚寺門流教義喧伝の目的のため成立したという前述の考察を前提とする場合である。したがって、原作者第三の条件は、永禄九年以後に生存したということである。

ところが、この物語原作者については、明治初年再興された不受不施宗内に、実は所伝があるのである。最初に述べた版本(D)、現在、不受不施本山備前妙覚寺に襲蔵される『妙正物語』の見返しの部分に、左のごとくみえるのがそれである。

妙覚寺日典上人著
妙　正　物　語
法華宗門書堂蔵板

物語の中で、善九郎受法の師とされる妙覚寺日典自身が著者であると、明瞭に刷られているのである。日典はもちろんこの三条件を満たし、その事歴よりすれば、最も適合する条件をもつとさえ言える。だが、これをもって、原作者が日典に間違いないといい切るわけにはいかない。著者として彼の名がみえるのは、管見した版本のうちこの一冊のみであり、またこれを傍証する史料もないからである。

しかし、十六世紀後半、彼を中心とする京妙覚寺門流の宗教活動の中から、その門流教義広宣の目的意識をもってこの物語が成立したと考えるならば、著者は必ずしも日典でなくとも、彼と同時代、その近辺にあった妙覚寺僧俗の誰人かによって、この物語が成されたと推考して間違いないであろう。

さて、このような『妙正物語』の特色あるいはその作製の必然性が首肯されるとすると、この物語ははたして最初から、読みものないしは文学として成立したものであろうかという点に言及せねばなるまい。もちろん、版本以前の手稿本を指摘したわけでもなく、この点、多分に憶測のそしりを免れがたいが、当然ここに、談義本との絡み合わせが問題となってくるであろう。

いずれの宗派を問わず、その布教の場において、種々の譬喩・因縁譚を絡ませ、教義の主旨を平易に説くいわゆる唱導談義が、中世社会において盛行したことは周知のことである。この唱導の場において、その形式ないし種々の因縁譚を集記した談義本が製作され、かつ用いられるのであるが、今日では殊に真宗史におけるその存在が、多く注目されるところである。(13)

法華宗においては、かかる談義本自体の研究は進んでいないが、唱導談義が布教活動に大きな比重を占めて盛行したことは、前者と同様である。

たとえば近衛政家の日記『後法興院記』の随所には、十五世紀後半のそのころ、洛内法華宗寺院の多くに、「聴聞所」が寺内に設置され、そこで唱導談義が行われ、政家自身も多数の参衆に交わり聴聞した記事がみえている。かかる唱導、法談の盛行の過程に、日蓮御書あるいは種々の譬喩、因縁譚を収集した談義本が、法華宗においても作製され、実用されるであろうこと、想像するに難くない。

実際、法華宗においても談義本が存在し、古くは南北朝期、下総中山法華経寺の日祐の『本尊聖教録』の中に、『西域記因縁』『頻婆沙羅王之事』『天竺物語』『諸因縁集文』と、談義本と推定される書誌名が散見され、また降って室町後半期にも、夙に宮崎円遵氏によって紹介されるごとく、日澄の『助顕唱導文集』あるいは日守の『因縁抄』など、多くの談義本が存するのである(14)。

妙覚寺門流についてみれば、日典の師仏寿院日現はその「書置之事」の中で、「法談ノ事ハ自」元、一期ノ本意ナリ」と言い切るほど、殊に説法唱導を重視した門流であり、かかる談義本ないし譬喩・因縁譚が縦横に駆使されたであろうことは、容易に想像できる(15)。もちろん、この『妙正物語』自体が談義本であるというのではないが、このように考えてくると、この物語の内容・性格はかかる唱導の場において、きわめて適合するものであり、前述の『妙正物語』の原初的成立の背景にあったであろう妙覚寺門流の宗教活動とは、かかる唱導談義の場であり、この物語成立の系譜もまた、ここに求められるとも推考されてくるのである。

かくして、ともすれば従来、個々の作品の検討を忘れ、仮名草子なる範疇のもとに、一括して取り上げられてきた近世初期の草子類は、少なくともその原初的成立においては、その個々の作品が固有の成立事情ないしは特定の製作意識をもってなされたものとさえ、考えられてくるのである。日蓮宗関係のことを主要テーマとした仮名草子はこの物語よりほかにも多々あり、それらを検討すればさらにこの点は明瞭となるが、これはまたの機会を期す次第である。

註

(1) 久松潜一編『日本文学史近世』、至文堂、一九五六年、二二五―二二六頁参照。
(2) 同右、二二六頁。
(3) 頴原退蔵「日本文学書目解説㈤、上方・江戸時代(上)」(『岩波講座日本文学』、岩波書店、一九三二年、一八頁)。
(4) 寺西一家の実在を確証する史料は宗門関係のそれに見当たらない。その本貫地、備前西仲集落にも妙正一家についての伝承はない。ただ、この西仲集落には今日なお不受不施講社が存し、この物語のころ、つまり不受不施禁教以前には、妙覚寺門徒も多数あったであろうと推測できるのみである。
(5) この法度は、『万代亀鏡録』、あるいは備前鹿瀬本覚寺所蔵の日奥自筆「妙覚寺法度条々」に収められている。
(6) 元和九年霜月吉辰「妙覚寺法度条々」(『奥聖鑑抜萃』所収)。
(7) 同右。
(8) 『本化別頭仏祖統紀』。
(9) 執行海秀『日蓮宗教学史』、平楽寺書店、一九五二年、一七九頁参照。
(10) 『本化別頭仏祖統紀』。
(11) 内閣文庫蔵本。
(12) 拙稿「法華宗不受不施派についての一考察」(『日本史研究』三六号、一九五八年、二六―三〇頁参照)。
(13) 宮崎円遵「中世に於ける唱導と談義本」(『真宗書誌学の研究』、永田文昌堂、一九四九年)に詳しい。
(14) 同右、三二一―三二三頁。
(15) 「書置之事」(『日蓮宗宗学全書』史伝旧記部、日蓮宗宗学全書刊行会、一九二六年、一二八頁)。

日奥

――不受不施に殉ずる――

一　町衆の血潮

日奥は近世初期の日蓮宗の高僧で、京都の日蓮宗十六本山の一つ、妙覚寺の住持だった。この日奥が史上に光彩を放って登場したのは、彼が日蓮宗の伝統だった不受不施の宗義を称えて、秀吉・家康の命令に従わず、信仰に殉じて反権力の姿勢を貫き通したところにあった。

そのため、日奥は対馬に遠流されるなど、数々の弾圧を受け、また彼の死後、幕藩体制が確立するとともに、日奥が主唱した日蓮宗不受不施の教えは、切支丹とともに明治まで、幕府の厳しい禁教下に置かれた。こうして彼の教説は、江戸時代、「かくれ不受不施」とか「禁教不受不施」と呼ばれた強信の信者らによって、命がけでひそかに明治まで伝えられたのである。

確かに、絶大な権勢をもった秀吉や家康などの封建君主の側からみると、日奥こそ公儀に背く「天下の邪僧」であり、その説くところの教えは、「新義・邪義」に属した。だが、身命を天下の覇者の前に投げ出して、仏法の正義をひるむことなく説き続けた日奥の生きざまは、陰に陽に彼を支持した不受不施信者から、生前においても、またそののち今日まで、限りない崇信と讃歎を集めている。

こうして日奥は禁教不受不施派の派祖とされ、また彼の残した多くの著作は、時代をこえて、権力に対する宗教のあり方とはなにか、宗教者としての真実の求道とはなにか、また狭くは日蓮教説の中での正統と異端の問題などを、いまもなお語りかけているのである。

さて、日奥は永禄八年（一五六五）に京都で生まれ、そして寛永七年（一六三〇）に同じ京都で六十六年の生涯を閉じた。対馬に流されていたあしかけ十三年間を除いて、彼は人生のほとんどを京都で過ごした。彼が活躍した舞台は、当時、世界第一級の都会であった京都である。彼が生きた時代は、文化史でいうと、京都では世にいう安土桃山文化が絢爛と花咲いた時代だった。狩野永徳や山楽、長谷川等伯、本阿弥光悦、海北友松など錚々とした芸術家が、同じ時代の京都で、彼の周辺で活躍していた。

だが政治の面に目を転ずると、日奥の時代は、歴史の潮流が中世から近世へとうとうと流れた時代である。日奥六十六年の生涯の間に京都を支配した武家の政権は、足利義輝→三好義継→松永久秀→三好三人衆→足利義栄→同義昭→織田信長→明智光秀→豊臣秀吉→徳川家康→同秀忠→同家光と、実に目まぐるしく交替した。濃尾の軍勢を率いた織田信長が上洛し、一世紀以上に及んだ戦国争乱の幕がひとまず閉じられて、京都周辺にいちおうの平和がもたらされたのは、日奥かぞえて四歳の永禄十一年（一五六八）の秋だった。いわゆる近世京都の幕あけである。だが、この平和は決して安定したものではなかった。

七歳の少年日奥は、信長に敵対した比叡山延暦寺がその軍勢に焼き討たれ、業火が王城鎮護のこの法城をなめつくす悲惨な光景を見た。そして天正元年（一五七三）、都の人に久しくなじまれていた足利将軍家が信長の義昭追放をもって滅亡し、このとき日奥が生まれ育った上京の町々は、義昭に同情的であったことから信長によってことごとく焼き討たれた。少年日奥の生家も焼き払われたにちがいなく、彼はこれまでと異なった新しい近世の覇者、絶対君主信長の姿をしっかりと見たはずである。

だが、この信長も本能寺の変で滅亡し、かわって登場した豊臣政権も秀吉の死とともに崩壊し、やがて天下は徳川の世となって、日奥晩年のころからようやく近世封建社会は、確立期へと向かっていた。まさに日奥が生きた時代は、日本の歴史のうえで最も激動した政治の時代だった。中世的な古い制度や経済機構、人々の生活慣習や文化が滅んで、新しい近世のそれが成立してきた時代であった。

この歴史の激動のなかで、宗教者として人々に教えさとす真の仏法のあり方を求め続けたのが、日奥の生涯である。彼の生涯を振り返るとき、その出自が注目される。日奥は禁裏にほど近い、上京の新在家町に住んだ辻藤兵衛という町衆を父として生まれている。

当時の京都の住民は、おおまかにいうとつぎの五つの社会的階層から成っていた。一つは天皇を頂点とする公家方と呼ばれた人たちである。二つは足利将軍家を中心とした大名や家臣など武家方といわれた人たちである。三つは寺社方といって僧侶や神官など寺社関係の人々、四つは村方と呼ばれた洛外の農民、そして五つは洛中の町屋区域に住んでいた商人や工人を中心とした町衆であった。彼らは同じ都市に住みながら、一歩その中に入ると、公家衆は公家方の、武家衆は武家方の、農民は村方の、町衆は町方の、といった独自の慣習法や言葉、礼法や気質、生活風俗や文化をそれぞれが育てていた。

このころの多くの僧侶が、宗派を問わず公家方や中央・地方の武士の出身であったのとちがって、日奥はめずらしくも、この京都の町衆の血をひいていたのである。

京都を含めて近世はじめの都市の町衆は、江戸中期以降の町人とは、その気質や社会的な地位に大きな相違があった。彼らの政治的識見、豊富な海外の知識、高い文化的素養、豊かな財力は、どれをとっても公家や武家に一歩もひけをとらなかった。彼らは武門の政権に対しても高い矜持と堂々とした態度を保持していた。堺の町衆だった千利休が一時は豊臣政権の中で大名に劣らぬ権勢をもち、のちに秀吉の忌諱にふれて切腹を命ぜられたとき、従容として武士のごとく自刃したその冷徹さ、あるいは博多の豪商の島井宗室が秀吉との茶の湯の席で、「一城の主となるよりも海外に雄飛せん」と言い切ったという挿話の中に、桃山時代の町衆の壮大な気概と社会的地位の高さを知ることができよう。

日奥の前半生の時期は、このように町衆社会が自由闊達な気風に満ちた時代だった。後年にみられるような、士農工商という截然とした封建的な身分差別の社会は、まだ生まれていなかった。

そのうえ日奥は同じ町衆の出身といっても、堺や博多の町衆ではなかった。この時代の京都の町衆は、自分たちこそ、この世界有数の大都市の繁栄を担う主人公であるとの自負に燃え、彼らの都市づくりへのあこがれをもっていた。京都にありながら、豊富な海外知識をもって世界の趨勢に明るかった。禁裏に対して崇敬と親しみをもち、彼らの住む都市こそ王城であるという矜持をもち、地方諸国に対して彼ら独特の優越感を心の底に秘めていた。

中世末から近世初頭にかけ、足利将軍家の衰退とともに、この都市の軍事的な支配者は、丹波勢を率いた柳本↓摂津勢の細川↓強兵の阿波勢を率いた三好↓近江の六角↓大和・河内衆の松永と、入れ替わり立ち替わり、めまぐるしい興亡を町衆の眼前でくりかえした。最後に登場したのが、信長↓秀吉↓家康だったが、町衆にとっては、それも結局のところは、地方から王城に進駐してきた武門の政権にすぎなかった。彼らは表面では圧倒的に強大な軍事力に驚歎しながら、腹の底では耳慣れない田舎言葉を話す軍兵、粗野な礼法や文化素養の低級さに辟易しながら、田舎の武門を冷ややかに眺めていた。

詳しくはあとで述べるが、日奥が秀吉・家康という王城を支配した武門の権勢に対して、仏法の正義をかざして一歩もひかなかった、実に強靱なその反骨と反権力の精神の原点は、彼の体内に流れていた、この時代の京都町衆の気質があったからだと思われる。

二　戦国期の京都

天正二年（一五七四）、十歳になった日奥は父母の意志で、そのころ下京にあった日蓮宗の本山、具足山妙覚寺の住持日典の弟子となった。仏教にはもとより、いくつかの宗旨がある。その中で、父の辻藤兵衛がわが子の未来をとくに日蓮宗の妙覚寺に託したのには、それだけの理由があった。

現在の京都では、日蓮宗の勢力は他宗に比べてとくに抜きん出ているというものではない。東西の本願寺に象徴される浄土真宗、知恩院に代表される浄土宗、東寺・仁和寺・醍醐寺・智積院・大覚寺などの真言宗、妙法院・青蓮院・三千院・曼殊院などの天台宗、さらに大徳寺・妙心寺・南禅寺・相国寺・東福寺・天龍寺などの臨済宗、このような諸宗の有名な大寺院のかげに隠れて、日蓮宗には著名な寺院も少なく、その勢力は少ないようにみえる。しかし、日奥が妙覚寺に入り、宗教者としての第一歩を踏み出した近世の初めの京都では、今日の宗勢からは想定できないほどの大きな力を、日蓮宗はもっていた。

もっとも、当時の京都と現在の京都ではその区域は全く違っていた。近世初めの京都はおおまかにいうと、まず「洛中（洛内・京中）」と「洛外」に分かれていた。正確な意味での「都」の区域は「洛中」と呼ばれた地域で、いまの京都の市街区域よりはるかに狭い地域だった。北は鞍馬口通、南は最南端で東寺あたりまで、東は京極と呼ばれていたいまの寺町通あたりまで、西は千本通の付近までという東西で三キロ弱、南北で六、七キロという地域が洛中と、いわれた。もっともこの地域すべてに町屋が建ち並び、町通りが通っていたというのではなく、通りをはさんで両側に町屋が建ち並ぶ「ちょう」（町）と呼ばれる町衆共同生活区域がつぎつぎと成立していた。だから洛中といっても、町屋がぎっしりと建ち並んでいるのではなく、洛中の中にも田畑や野や空き地もあって、それが東西にはしる往古の二条大路のあたりを境にして、北が上京、南が下京と呼ばれていた。

下京は住民のほとんどが商工人で、したがって商工業都市の性格を強くもち、上京は禁裏や幕府があった関係から公家衆や武家衆の屋敷が建ち並び、政治都市の色彩が濃く、上京の町衆には禁裏や武家御用をつとめる特権的町衆も多く、下京の町衆と比べると概して上層の町衆が多かった。ともかく上京と下京から成る洛中は、ある地域では町屋が建て混み、また空き地や田畑や内野のような寂しい野もあって、その外周は農村風景に満ち、「洛外」といわれた地域だった。

日奥が妙覚寺に入った天正の初年、町衆が住む洛中だけでいうと、王座を占めた宗教は日蓮宗だった。東西の本願寺が現寺地に移って京都への進出を果たしたり、徳川家の香華寺院として近世に大発展した知恩院が洛中に勢力を伸ばしたのは、これより遅れて日奥の後半生の出来事だった。この知恩院を含めて清水寺・東福寺・妙法院・青蓮院・南禅寺・大徳寺・妙心寺・仁和寺・大覚寺・天龍寺など、いまの京都を代表する大寺院は、いずれもそのころは洛外と呼ばれた郊外に位置していた。

これに対して妙顕寺・本国寺・妙蓮寺・本法寺・本満寺・本能寺・妙満寺・頂妙寺、それに日奥が入った妙覚寺など、日蓮宗の京都本山はすべて洛中に堂々とした寺基を構えていたのである。近世のごく初頭に洛中にあった他宗の大寺といえば、上京のはずれにある足利将軍家の菩提寺だった相国寺、下京の南端にあった平安京鎮護の教王護国寺（東寺）など、二、三カ寺を数えるにすぎなかった。

しかも、日蓮宗の各本山は、真言・天台・臨済五山の大寺のように、朝廷や幕府の官寺として創建当初から七堂伽藍を整備し、その後の堂塔の修理営繕も官費によってまかなわれるという歴史を全く持ち合わせていなかった。どの寺も庶民宗教の寺として、洛中のあちこちで草庵から寺史の第一歩を踏み出し、庶民檀信徒の累代の外護で大寺に成長した寺だった。なかには、妙顕寺など二、三の大寺は朝幕の祈禱所としてそののち官寺化した大寺もあったが、いくら大寺観を整えようと日蓮宗の本山のほとんどはあくまでも民間の寺、政権からみるといわゆる「私寺」であった。

私寺としての日蓮宗の諸本山が、洛中という町屋区域に甍を並べて繁栄している。それが日奥が生まれたところの洛中の宗教情勢だった。このことは、とりもなおさず、日蓮宗が町衆の主流な宗教だったことを雄弁に語っている。

事実、中世の終わりから近世の初めにかけて、京都の錚々たる町衆の名家は、圧倒的に日蓮宗信者の家が多かった。海外貿易できこえた茶屋四郎次郎の一族、刀剣三所物の彫金や黄金の大判・分銅の製造で名高い彫金後藤の一門、刀剣の拵えや鑑定を家職とした本阿弥光悦の一族、元信・永徳の名声でならした絵師の狩野家、のちに光琳と乾山という兄弟の芸術家を世に送り出した尾形一族、貞徳・尺五を育てた松永一門、さらに連歌で有名な南北里村家など、彼らはいずれも日蓮宗の大檀那だった。

三　師匠・日典との出会い

日奥の生家があった上京の新在家町は、当時、四方に土塁をめぐらし、住民たちはほとんど日蓮宗の信者であるという法華の町であった。父の藤兵衛も熱心な日蓮宗の信者であって、その檀那寺だった妙覚寺の日典のもとに、少年日奥の未来を託したのである。

妙覚寺は日蓮宗の京都十六本山の一つで、南北朝の内乱さなかの永和四年（一三七八）、僧日実が俗弟日成とともに妙顕寺を出て開創した寺である。開山日実が大覚大僧正のあとをついで備前・備中で弘通した関係から、末寺はこの地方に多く、「備前法華」の呼称で有名な、強信で鳴った備前の法華門徒は、妙覚寺門流の人たちが多かった。はじめ四条大宮にあったが、日奥が入寺したころには、下京の商工業の中心にあたる衣棚押小路に、また彼が当寺の住持となったころには、現在の寺地でもある、上京の寺之内に移っていた。

当寺の堂塔が洛中でいかにずばぬけて大きかったかは、このころつくられた「洛中洛外図屏風」の中で、当寺がいつも東寺や相国寺などと並んで、それに劣らぬ寺観で描き出されていることでよくわかる。中世末以降、軍勢を率いて上洛してきた武将たちが、洛中でよく宿所にしたのは、東寺と相国寺を除くと、妙顕寺・本国寺・本能寺、それに日奥が入ったこの妙覚寺という日蓮宗の本山だった。これは当時の日蓮宗の諸本山が軍勢を収容できる規模を持ち、また急に堀や土塁や塀をめぐらして、ちょっとした城構えにできるという、要害に変化し得る機能を持っていたからである。

だから信長は上洛したとき、よく本能寺と妙覚寺を宿所に利用した。天正十年（一五八二）六月一日、光秀反逆のその当夜、信長は本能寺に、嫡子の信忠はこの妙覚寺に泊っていた。もっとも信長は当夜本能寺の表御堂に泊っていたわけではない。境内に信長はかねて「御殿」といわれる殿舎を建て、そこに泊っていたわけである。さて、信長はこの殿舎で、信忠らは妙覚寺を出て二条御池の御所にたてこもって討ち死にしたが、十八歳の多感な青年僧の日奥は、専制君主信長・信忠父子の滅亡を、ごく身近でまざまざと見たのである。

さて、日奥が師事した日典は、備前半国の戦国大名だった松田氏の家臣・大村氏の出身で、幼くして京都の妙覚寺に入り、のち関東に下って身延をはじめ関東諸山で修学し、三十六歳の永禄六年（一五六三）、上総茂原（千葉県茂原市）の妙光寺に晋住し、のちに同九年に妙覚寺に帰って十八世の法灯をついでいた。日奥が日典に師事したとき、師の日典は四十七歳、まさに仏教者として脂ののりきった時期だった。

日典の宗風は、日蓮宗関東教学の伝統だった日蓮の御書中心の修学を重視し、教化においては強義折伏と不受不施を宗義の肝要として子弟の教育に当たっていた。この日典の宗風は、当時の京都の日蓮宗の主流が、天台教学を中心に据えて、広学多聞の開会（方便の教えを開いて真実に入らせる）思想にたって、他宗に寛容的な摂受主義をとっていたことと、あざやかな対照をみせ、彼はいつも洛陽教学の大勢に鋭い批判の眼を向けていたのである。

日奥は真摯で陰ひなたなく、日典の宗風を学びとった。倦むことなく、真面目な努力家であるというのが、若き日奥の修行時代の特色だった。やがて日奥は、公家や有力な武士の子弟も交わる多くの日典の弟子の中で、僧侶としての学識と自覚において、また師の宗風をよく継承したという点において、群を抜いて頭角を現すようになった。

天正二十年（一五九二）七月、師の日典は六十五年の人生を妙覚寺で閉じた。この入滅の直前、遺告によって妙覚寺十九世の住持職は日奥に譲られた。このとき、日奥は二十八歳の青年僧である。日蓮宗の宗内を見渡して、この時代に、この若さで、宗内の諸本山の住持に登用された例はきわめてめずらしかった。しかも日奥には、前に述べたように皇族や公家や武門の名家など、俗世の背景は全くなかった。生家は一介の町衆にすぎなかった。

日典の弟子や妙覚寺住僧の中には、のちに飯高・松ケ崎両檀林の講教の祖として碩徳を宗内に謳われた教蔵院日生、のちに妙顕寺住持となり、「天下無双の説法者」とその碩学と弁才が天下に名高かった星陽日紹、かの安土宗論で日蓮宗を代表した老僧の常光院日諦など、錚々とした先輩がいた。この先輩をさしおいて日奥が住持に抜擢されたのであるから、いかに師の日典の日奥によせる期待が大きかったかがしのばれる。

だが、この抜擢と同時に日奥の双肩には、諸国の百余を数える末寺、さらに幾十万という僧尼や檀信徒、これらを擁した妙覚寺門流の総師としての責任が、重々しくのしかかってきたのだった。

もしも、日奥が五十年も早く、あるいは百年も遅く生まれていたならば、彼は苦しくともこの責任を果たし終えて、門流僧俗の崇信を受けながら、平穏な生涯を終えることができたかもしれなかった。しかし、近世封建社会を生み出していく激動の政治の時代は、彼にそれを許さなかった。

四　不受不施のおしえ

それから三年余りの歳月が流れた。そして、文禄四年（一五九五）九月、京都の日蓮宗諸本山に対して豊臣家奉行の前田玄以から、秀吉の命令を伝える一通の書状がもたらされた。その書状は、きたる九月二十五日から秀吉が行う東山の方広寺大仏の開眼千僧供養に、日蓮宗僧侶の出仕を命じるものだった。

このなんでもないようにみえる出仕命令は、日蓮宗にとっては喉頸に刃物を突きつけられたようなものだった。

これにはしばらく説明が要る。

まず方広寺大仏とは、京都の東山三十六峰の一つ、阿弥陀ケ峰の西の麓――現在の東山七条の西北の地域――に、秀吉の発願によって天正十四年（一五八六）から造営工事が進められていた大仏である。

封建君主は権力の絶頂期に、自己の権勢を現世だけでなく来世にも及ぼすべく、大寺院造営にのりだす例が多かった。北条氏による円覚・建長の二大寺、足利尊氏が造営した天龍寺や諸国の安国寺利生塔、足利義満の相国寺、信長が築いた安土城下の総見寺、徳川氏の増上寺と知恩院の大造営など、この例である。秀吉も例外ではなかった。自ら創建の大願主となり、諸大名に普請を割り当て、その工事の壮大さにおいても天下の耳眼を驚かし、いわば「豊臣の法城」として造営されたのが、この方広寺の大仏と、それを容れた大仏殿だった。

諸国の百姓から弓・槍・鉄砲・刀・脇差、すべての武器を召しあげた有名なあの刀狩令のなかでも、秀吉は「没収した武器を鋳つぶしてこの大仏鋳造に役立てる」と、その意気込みを述べたほどである。だが、実際にできあったこのときの大仏は乾漆像であって、百姓への約束は反故にされたが、それでも大仏殿の大きさはいまの東大寺大仏殿の規模をはるかに凌駕するもので、覇者秀吉の権勢を王城の地に示してあまりあるものだった。

万事に華麗好みの秀吉は、完成した大仏のめでたい開眼供養に京都の各宗僧侶を交替で出仕させる、いわゆる千僧供養という大法会の演出にとりかかったのである。

こうなると、方広寺大仏の千僧供養は単なる宗教的な大行事ではなくなった。秀吉の権勢をかけた政治的なメインイベントになっていた。もちろん供養法会は、豊臣政権の続く限りいつまでも続けられるはずである。出仕すると今日の想像をこえた莫大な黄金が布施として僧侶たちに与えられる。いまの常識からいうと、この供養参加の機会が与えられたこと自体、京都の日蓮宗にとって名誉であり、寺の経済もうるおい、参加になんの不都合もないと考えられるかもしれない。

しかし事実はちがっていた。当時の日蓮宗の中には、守るべき伝統の宗制として不受不施の制誡が存在していたからである。この不受不施こそ、日奥が生命を賭して守り抜いた仏法の正義だった。

不受不施の説明に移ろう。不受とは、日蓮宗の寺と僧侶が他宗の信者からいっさいの布施や供養を受け取らないことをいう。不施とは、日蓮宗の僧や信者が他宗の寺や神社に参詣せず、また他宗の寺や僧侶や神官に布施や供養を施さないことをいう。

このような制誡が生まれた理由はなんだろう。よく知られているように日蓮宗の教義の基本は、諸仏の中で釈迦一仏を選び取り、一切経の中で『法華経』だけを正法とし、それ以外の余経・余仏はいっさいこれを捨て去って、『法華経』だけを受持し（専持法華）、それへのひたぶるの信仰を求めることにある。したがって、余経や余仏に依拠する他宗（謗法という）は仏果を得ることは永久に不可能で、これを強義折伏して正法に帰信させることが日蓮以来、法華の行者の責務であり、またこれが宗是ともなっている。

だが、他宗を邪として折伏する前提には、まず自らの信仰への不動の確信、純正な法華信仰の確立が必要となる。こうして、『法華経』と宗祖日蓮への絶対憑依の信仰上の忠節と、余宗信仰の完全な払拭が繰り返しくりかえし信者に対して求められた。成仏の鍵は難解な学問や厳しい修行にではなく、信心そのもの、すなわち信心為本にあるのである。

ひるがえって、神仏や知識（僧）への礼拝、またそれへの布施・供養は、もともとそれを行う人間の宗教的な行為である。世間に一般な物見遊山や、仁愛をともなった贈答品とは本質的に違う。宗教的な行為である限り、信心為本の立場からすると、布施も供養も信仰の裏付けがなければその意義はない。いいかえると、神仏への礼拝、それへの布施・供養は、それを行う人の心の中に純粋な信仰があって初めて、真実の礼拝や布施や供養になるのである。

まして、日蓮宗は自己の信仰だけを唯一の正法として、すべての他宗を邪としてその意義を否定し、折伏をいどむ。他宗を邪としながら、他宗からの布施や供養を受用すれば、それは道理に合わない。信の裏付けのない施物はまさに不義の施であって、受用すれば街の乞食に劣り、また相手を邪として折伏する勢いも余地もなくなる。この意味では、不受は折伏と表裏一体のものだった。こうして不受の理論が、中世の日蓮宗の各門流の中に広く制法として定着したのである。

中世にも近世にも、また現代でも、寺院や仏閣に行くとそこには賽銭箱が置いてある。だが不受不施の寺には、昔も今も、この箱はない。置けば、受けるべき道理のない他宗の人の投銭、すなわち信心なき不義の布施が入るからである。

不施の理論は、不受の理論の裏返しとして生まれた。もしも日蓮宗の信者が他宗の寺社に参拝し、あるいは他宗の寺社や僧侶に布施・供養をすれば、それは自己の法華信仰にいまだ不動の確信がなく、余経・余仏への信仰がなお残っている証拠である。これは純正無垢な法華信仰が確立していないことを示している。だから不施は、強信にして純正な法華信仰を信者集団に確立させる過程で、制法として生まれてきたものだった。強信な不受不施信徒は、神社や他宗の寺に見物遊山には行くとしても、決して神仏を礼拝しない慣習はこうして生まれてきたのである。

秀吉の大仏千僧供養に話を戻そう。秀吉はもちろん日蓮宗の信者ではない。出仕すれば布施・供養物が下される。受用すればたちまち不受の制戒に背く。同時に、謗法者(他宗)である国主秀吉を折伏する根拠を、未来永劫に宗門は失ってしまう。なぜなら、謗法者である秀吉がその宗教的確信に基づいて行った大仏造営の意義を、出仕したことがすなわち認知したことになるからである。そのうえ布施や供養まで受用すると、他宗の教義に基づく大仏造営は全く無意義であるとして行う折伏は、最初から成立しないことになる。不受という一線を失えば、日蓮宗はここで折伏という伝統の教化法を放棄したことに直結していくのである。

しかし正確にいうと、以上の道理は日蓮宗の内部にしか通用しない宗義上の正義である。前に述べたように、大仏造営と千僧供養は秀吉の権勢を賭したものであり、この一大イベントが成功するどうかは、宗教的儀式の域をこえて、すでに政治的な重要な意義を持つものになっていたのである。

宗門の宗義上の正統と異端がどこにあるかをさしおいて、専制君主秀吉が発した出仕命令の意味するところは、現実には実に重かった。織豊政権はこれまでの政権のように、仏法の法城を決して手付かずの聖域とは認めなかった。信長の比叡山や石山本願寺攻め、秀吉の根来攻めや高野山攻め、いずれをみても、近世統一政権の覇者の前に仏法の正義をかかげて立ち向かった諸宗の法城は、圧倒的な軍事力によって蹂躙され、惨憺たる結果に終わっていた。

前田玄以の出仕を促す書状によって、京都諸本山の住持が集まった本国寺での会合は、初めから重々しい空気に包まれた。宗門の正義を守って出仕を拒否するか、あるいはその結果がもたらす覇者秀吉の政治的制裁を重視して出仕に踏み切るか、ともにぎりぎりの苦しい選択だった。

会議は紛糾したが、結局のところ、「出仕を遂げずんば、諸寺破却におよぶ儀も出来せしめんか」という深い現状認識に基づいて、妙顕・妙蓮・本法・本能・頂妙・立本・本満・妙満・要法など十三カ寺が出仕に踏み切った。いわゆる近世の受不施派日蓮宗の成立である。彼らは不受の制法について、かつて宗門の一部に成立していた公方や国主の施物受用はこの制法の適用外であるとの考え方を持ち出したが、所詮は世俗の政権の宗制支配を是認する立場につながっていた。

このときの出仕派――受不施派――の指導者は本満寺の一如院日重、その弟子で、当時は本国寺の求法院檀林の化主だった日乾だった。日乾は洛陽教学の泰斗で、のちに身延久遠寺に晋住して中興とたたえられ、やがてこのち関東教学の系譜に連なる日奥と激しい宗義論争を行うこととなった。

日奥はこの諸山代表の会議において、不受不施の宗義を楯に千僧供養への出仕を拒否しつづけた。彼は専制君主への忠節よりも、不受不施という宗門の正義を堅守する道を選んだ。世俗の政権が、仏法という出世間の世界に確立された権威と伝統を蹂躪することを、彼は決して認めなかった。三十一歳の日奥が選択したこの道は、これから三十余年に及ぶ長い長い封建君主に対する、彼の反権力の戦いの始まりだった。

こうして文禄四年（一五九五）九月二十五日から、日奥らを除く京都の日蓮宗諸本山は大仏の千僧供養に出仕した。だが、出仕を拒んだ日奥と、彼に賛同した本国寺日禛は、大寺の地位・名誉を捨てて出寺した。日禛は嵯峨小倉山に、また日奥は丹波の小泉の草庵に身を寄せた。この丹波の草深い庵室で、彼は日蓮の御書を読みふけりながら、『法華宗諫状』『守護正義論』など、不受不施の正義を主張する著作に、しばし心血を注いだのだった。

五　対馬へ配流

そののち数年、なぜか秀吉はこの寒村に隠栖した日奥を追及しなかった。大仏の千僧供養は絶えることなく続けられ、日奥の退出したあとの妙覚寺では、彼を支持した大衆は四散し、伽藍も荒れた。そして、慶長三年（一五九八）八月、秀吉は伏見城で没した。

この間、日蓮宗の宗内の世論は、大寺の名誉を捨てた日奥や日禛らに同情的であって、供養出仕をめぐる受不施・不受不施の問題は次第に全教団に波及し、情勢は政治権力に屈した日重や日乾らに必ずしも有利ではなかった。

慶長四年十一月二十日、日奥は豊臣家大老の徳川家康に召喚されて、丹波小泉から大坂城西の丸の大広間に召し出された。日奥を公命違背のかどで家康に訴えた受不施派の日乾・妙顕寺日紹らと、家康の面前で対論するためである。正面に家康、脇に諸大名も居並んでいた。いわゆる大坂城中対論である。

豊臣家が執行する大仏供養への出仕を拒む日奥が論拠とした不受不施の義は、宗内の制法として正統か異論かをめぐっての対論は、容易に決着しなかった。家康はじきじきに日奥に向かって、一度だけ出仕すればあとの出仕は免除する旨の折紙を出そうとまで譲歩し、並居る大名らもこれに従うようにと勧めた。対決の焦点はこの制法の是非よりも、千僧供養に出仕せよという家康の上意に、従うか、拒否するか、この回答を豊臣家大老の家康に直接行うことにしぼられた。

この対論のとき、秀吉が死去してから一年二カ月の歳月がたっている。家康の名目上の地位はまだ豊臣家の大老である。だがこの前々月の九月、伏見城西の丸から大坂城に入っていた家康はついに西の丸に移り、この曲輪の中に天守まで構築して動かなかった。秀吉死亡のときに機能していた豊臣家の五大老と五奉行の制は、わずかこの一年余の間に、前田利家の死、石田三成の失脚と佐和山への蟄居、残る大老の相続く畿内からの退去によって、もろくも崩れていた。

もともと西の丸は城主の後継者が入る曲輪である。大坂城の本丸には幼君の秀頼が居るとはいえ、西の丸に居据わったことで、家康は伏見・大坂の二城を制して、事実上、豊臣政権の主宰であることを天下に示したことになる。洞察力のある奈良の多聞院英俊は、関ケ原の前年にあたるこの年の春、すでに家康が「天下殿」になったと、その日記にとどめたほどだった。

まさに旭日昇天の勢いを示しつつある家康、この「天下殿」じきじきの妥協的な提示にも、日奥は屈しなかった。「身命はすでに仏法に奉り候、流罪、死罪の義、いまさら驚かざる事にて候」と、日奥は家康に言い切った。死を覚悟した返答である。彼は「天下殿」への服従よりも、自己の信ずる仏法の正義に殉ずる道を選んだ。

「公命拒否」、公儀への反逆、これが世俗の権力者が日奥に下した罪名である。天下殿に対してじきじきの命令を面と向かって拒んだ僧は、宗門の歴史上でかつてなかった。家康は激怒した。日奥を「法華宗の魔王」と極めつけ、即座に袈裟と念珠を剝ぎとった。

そして、翌慶長五年の六月、日奥は対馬へ流された。慶長十七年（一六一二）に赦されて帰洛するまでのあしかけ十三年間、日奥は対馬の宮谷（厳原町）の草庵で自己の信念のあとづけを、宗祖日蓮の御書のなかに探し求めた。師の日典の宗風をついだ日奥は、実に御書を耽読した。時間はあり余るほどあった。この耽読のなかから、彼の不受不施理論はさらに理論的に構築されていった。『御難記』『諫暁神明記』『三箇条尊答』『御縁記』など、著作がつぎつぎと生まれた。

日奥は法難の苦境に身をおけばおくほど、宗祖の法難の歴史を偲んで『法華経』の行者としての覚悟をさらに強めた。宗内の僧侶や檀信徒にも、強信な支援者を育てた。玄海灘の荒波を越えて対馬の草庵を訪れる人、施物を送り届ける人、家康に赦免の運動を起こす人、この島にいても、彼は決して孤独ではなかった。日奥はこれらの人に絶えることなく書状を認め、懇切に不受不施の教えを説いた。

こうした生活のなかで、日奥はいやが上にも、権力とはなにか、権力者の統治の正当性とは、その根源がどこにあるのか、仏法と王法、宗教と政治はどのような関係をもつのか、僧侶が使命とする真実はなにか、などの宗教者としての本質的な命題の解決に直面しなければならなかった。この命題の解決にあたって、常に日奥の脳裏を去来するものは、日乾を先頭とした受不施派の碩匠たちや、世間一般のつぎのような非難だった。

普天のもとはすべてこれ王土である。山海の万物はすべて君主の所有である。王土にすむ人びとは、これすべて王の民である。その君主の命に従わず、しかも君主からの供養や布施を拒否するのであれば、須臾もこの王土に住むべきではない。また君主の所有である一粒の米、一滴の水も口に入れるべきではない。かの伯夷・叔斉が首陽山で飢えたごとく、みずからの信念にしたがって餓死の道をえらぶのが道理である。それに日蓮宗の歴史をみても、伽藍造営のために、他宗の信者である君主から、先匠たちは寺領の寄進を受けているのではないか。寺領をもらいながら、君主のための法会はつとめず、その供養を拒むことは、それこそ仏法者として背反の行為である。

この論理をいかに撥ね返していくか、ここに日奥独特の国主・国土観ともいうべき理念が育てられてくることになった。

六　国土は誰のものか

日奥は言う。

まず、この国土は決して王土ではない。大地・虚空・山海・一木一草、すべては釈尊の所有である。国土は釈尊の御領、すなわち仏土である。したがって万物の真実の所有者は釈尊であって、信長でも、秀吉でも、家康でもない。国土の本源的な所有者である釈尊が人間世界に生まれてきた本懐は、『法華経』を世に残すことにあった。この正法である『法華経』の広宣にあたる『法華経』行者の日奥が、釈尊の国土に住して五穀を食べて、どのような咎があるのだろうか。

世俗の君主、それが「王（天皇）」であれ、「国主（信長・秀吉・家康など武門の棟梁）」であれ、彼らがこの仏土を領しているのは、真実の本主である釈尊から、世俗の支配をいわば委託されているにすぎない。しかもその委託にも一つの条件がついている。その条件とはなにか。真実の国土の所有者釈尊が出世の本懐とした『法華経』を自ら受持し、『法華経』の弘通のために不惜身命の覚悟で活躍している『法華経』の行者——日蓮宗の僧侶——を守護することである。これが世俗の権力者が釈尊に負うた聖なる義務である。

だから、世俗の政権が日蓮宗の寺院に寄せた寺領は、個々の人がその信仰の志を表すために行う供養や布施とは異なったものであって、世俗の領有権を委託された政権が三界の本主である釈尊に対して、この聖なる義務を果たした証拠として行うものである。だから、寺領寄進を領主から受けることは、日蓮宗にとってむしろ当然の権利であり、感謝の対象は世俗領主よりは釈尊にある。

伯夷・叔斉は賢者であっても、仏法が伝わる以前の人、首陽山に餓死したのは、いまだ国土の本主が釈尊であるという、この真理を知らなかったからである。

日奥はこのような理論を構築した。そして、この理論の原点を、『法華経』の、

今此三界、皆是我有。

という文言と、この文言を引用敷衍した数々の日蓮の御書の中に求めた。

国土は王土ではなく釈尊の仏土であるというこの日奥の理論を、さらにつきつめていうと、どうなるか。まず、国土はもともと現実に存在する覇者のものではない。しかも、本主である釈尊の存在は、この世で現認できるものではない。所詮は、人の心の中に存在する仏という観念である。とすると、国土ははたして誰のものか。

結局、社会的階層や身分にかかわらず、国土は国土に住む人々すべてのものということになる。だからこそ日奥は、天下殿の家康の命令を面と向かって拒み続けても、自ら一点として恥じることはなかったのである。この意味で、彼は確かに「公命違背」の確信犯だった。

だが、このような理念がまかり通ると、封建君主が領土・領民を統治する正当性はどのようになるだろう。信長

にしても、秀吉にしても、また徳川にしても、封建君主の統治の論理は天帝説ではなく、「切り取り次第」の論理だった。「刀の柄にかけて」切り従えたところ、すなわち、強大な軍事力によって支配した地域とその住民は、自らの領土であり領民だった。「刀の柄」こそが、彼らの統治の正義である。この正義に基づいて彼らの胸三寸の計略で禁令を発布し、民衆の生殺与奪の権を握り、領民から余剰生産物を年貢や公事の名目で、思うがままに収奪したのである。

日奥の「国土は仏土である」という理念は、近世封建君主の統治の理念を、まさに根底から否定しさるものだった。将軍を頂点に、士農工商という截然とした封建的身分制の確立を急ぎ、それを基盤として支配を透徹しようとする幕藩体制の政治理念とも、全く本質的に相反するものだった。日奥は身に寸鉄を帯びずして、まさに覇者に刃むかう反権力の人だった。

彼の説いた不受不施思想の信者が、のちに幕藩権力により長く明治まで禁教下に置かれた必然性が、ここにようやく浮かび上がってきたともいえる。

士農工商という近世の封建権力が形成した身分差別の制も、日奥はその意義を認めなかった。その根拠としたのは、

読持此経真仏子

という『法華経』の一句である。彼は衆生はすべて釈尊の子、すなわち仏子であると考えた。国土が王土でないように、民衆も決して領主が自由にできる王民ではない。領主も領民も、ともに仏土に住む仏子であるという理念である。いいかえると、世俗の権力がもちだす王土王民の理念を、彼は仏土仏子の理念で切り返したともいえる。

彼がいう仏子とは、上は天皇・将軍から下は非人・賤民まですべてを含む概念だった。だが、現実の社会では、

秀吉の兵農分離令このかた、近世の封建制下の身分制は着々と形成されつつある。にもかかわらず彼は、宗教や信仰の世界に関する限り、この差別を決して認めようとはしなかった。

『法華経』受持の同じ信仰にたつ人々の間で、在家の人が三宝の前で世俗の軽賤に悩むことを誡め、男女・貧富・貴賤を問わず、信仰の世界では異体同心の水魚の交わりをなすことを、繰り返しくりかえし信者に説いた。いうまでもなく、釈尊を頂点とした仏教的平等思想の展開だった。ここでも彼の理念は、封建的ヒエラルヒーの確立を急いだ世俗の政権と、基本的に衝突した。

同じ日蓮宗でありながら、受不施派の日蓮宗の僧侶が説くところとは違っていた。彼らは「王と民と知らぬ人に、王に慮外（無礼）なきように、王を王と知らせ、民を民と教えぬる」（『千代見草』）こと、つまり治者と被治者の峻別を民衆に教えること、これが宗旨の肝要であるのだと説いていたからである。

寛文五年（一六六五）の不受不施の全国禁教とともに、それ以後、幕府が保護し存続を許した日蓮宗は、このような受不施派の日蓮宗であった。禁教とともに日奥を派祖と崇めた近世の不受不施派の寺院は、僧侶は転宗か、追放か、あるいは遠流にされ、かわって受不施派の僧侶が法灯をついで、伽藍は存続したのだった。

七　仏法と王法

日奥は事が仏法に関する限り、一歩たりとも権力と妥協しなかった。ただし、彼のいう仏法とは、堂塔伽藍の壮大さに表現されるような仏法の外容ではなかった。彼は、仏法とは物質で表される形でも、世俗の評判や名利に左右されるようなものでもなく、信仰という、人の心の問題だと考えた。ただし、この信仰は『法華経』をその文字のままに読み取り、宗祖日蓮の御書に忠実な、正しい信仰でなければならない。正しい信仰とは、他宗の信仰を徹底的に淘汰し、そのうえで確立される純正無垢の法華信仰である。この信仰を確立するためにあるのが、前に説明したように不受不施の制法である。

江戸時代から不受不施派に伝わる伝承によると、妙覚寺で行った彼の説法には、他宗の人も聴聞に参加する。なかには当時の慣習として、聴聞の謝礼に銭をおいていく人がある。彼はこの銭を寺の裏を流れていた小川に捨てさせたので、そこに乞食が集まったという。その銭は信仰をともなわない、不義の施物だったからである。

散銭をはねつけられた他宗の聴聞者は、このとき日奥を無礼・偏狭の人と考える者もいれば、峻拒された理由について、自己の信仰がなぜに邪とされ、捧げた供養が不義の施とされたか、みずからの信仰を内省する人もある。

この契機を他宗の人に与えること、そこから『法華経』という正法に回帰する糸口が生まれるかもしれない。不受は無言の折伏となる。他宗の施を受納すると、この折伏の機会を失ってしまう。折伏とは口角泡をとばす宗論ばかりではない。他宗の施物を拒む不受も、僧侶が在家に対する立派な折伏の方法である。日奥が日常坐臥、あくまでも追い求めたのは、物質ではなく信仰そのものの清浄さと、仏家の責務としての衆生の教化、すなわち折伏だった。

余宗の信仰を払拭し、人の心に形成された純正な法華信仰こそ、日奥がいう「仏法の正体」であって、峨々としてそびえる堂塔仏閣の結構さも、正体を失えばたちまち無意味のものとなる。

日奥は「堂塔仏閣はこれ仏法の正体にあらず」・「伽藍殿堂をもって、あえて仏法繁昌とはいわず」（『宗義制法論』）と言い切って、覇者に堂塔を破却されることを恐れて大仏供養に出仕した、受不施派の説く伽藍経営至上主義を、真っ向から否定した。そして、真の仏法のあり方は伽藍という形にあるのではなく、正義の宗教者――『法華経』の行者――が坐すところにある。それが樹下であれ、石上であれ、露坐であれ、どこでも、いつでも、真実の仏法が存在し繁栄しているのだと説いた。

大寺の名誉を捨て、配流された孤島の草庵で、経文と宗祖の御書に対坐しつづけた日奥が到達した一つの結論が、ここにあった。まさに、一徹の求道者の姿である。

だから日奥がいう僧侶の使命とは、ひたぶるな法理への忠節であって、世俗の君主への安易な服従や妥協では決してなかった。かつて室町時代の中期、折伏の弘通で有名な本法寺開山の日親が、将軍義教の弾圧にも屈せず、「われ、仏弟子にして、法（『法華経』）の臣下なり、公命を恐れて、いかで仏の教えにたがわんや」と叫んで、法難を甘受した仏家の道に、日奥のそれも直接的につながるものだった。

こうして、日奥の思弁と行動の規範は、いつも世俗の君主の法度ではなく、仏法の法理に求められた。そして、日奥は常に王法と仏法、政治と宗教、世間と出世間は、別次元に対置して存在する世界であって、そこにはそれぞれの道理、正義、生活、倫理、機能があり、また互いにその独自性を認めて、侵犯すべきではないと説き続けた。仏家は出世間の法理に忠節をつくすこと、これがわれらの道理であって、世俗の政権がこれに口出しすべきでないと叫び続けた。いわば、仏法を王法から独立させ、政治からの仏法の不可侵性を主張するものだった。確かに中世の歴史のうえで、寺領が「守護不入」の特権をもち、僧侶が寺院法によって規律されるなど、世俗の政権が仏教の自主とその不可侵性を認めていたかのような現象は多くあった。

だが、時代はすでに変わっていた。「百姓の持ちたる国」と評された本願寺の諸国の郷村支配は、つぎつぎと信長の軍事力の前に完膚なきまでに蹂躪された。殺生禁断の旗印のもとで、世俗の敗者を包み込んでいた高野山の長い長い伝統は、秀吉が関白秀次をこの山に追放し、ついでこの聖域で切腹させたことで、踏みにじられた。

それどころか、全国の古寺・大社が前代から営々と保持していた寺領も、太閤検地によって田畠一筆ごとに検地の竿が入れられ、いったんすべてが収公された。そのうえで、国王のはからいとして存続を許された古社寺だけに、減額した寺領が改めて寄進されていたのである。世俗の権勢に対して、仏法側が営々として築いてきた権威も伝統も経営基盤も、音を立てて崩れた時代だった。

統一政権の封建君主は、寺や僧侶を聖域とはみなさなかった。彼らの政治の枠の中に存在する、支配すべき対象の一つにすぎなかった。しかも、織豊政権につぐ徳川の政権は、さらに強固に宗教界全般を政治の枠内に組み入れ、その完全な支配の透徹を目指していた。関ケ原以後、家康がつぎつぎに発布した寺院法度や諸宗法度は、この政策の一環だった。

日奥が政治からの仏法の自主性や不可侵性を主張しつづけた相手は、このような性格をもつ政権だった。

八　「祖師代々の讎敵」

では、日奥の不受不施の教説と世俗の政権は、最初から決して妥協したり、共存する余地はないのだろうか。結論からいうと、彼はそこまでは言い切っていなかった。

すでに説明したように、日蓮宗の僧侶はこの仏土に住む民衆に正法、すなわち『法華経』を弘通する責務を釈尊に負っている。君主は釈尊出世の本懐であるこの『法華経』を受持し、正法弘通に従事する『法華経』の行者を擁護する義務を、国土の本主である釈尊に負っている。これが日奥の、国主とはなにか、を規定する不可侵の原則である。

他宗の信者である封建君主は、明らかにこの義務を遂行していない君主である。この場合、日蓮宗僧侶のとるべき方法は、ただ一つ、君主に『法華経』の真理を説き、彼の果たすべき義務を知らせ、邪法を捨て正法に立ち返らせることである。この諫言を日蓮宗では国主諫暁という。他宗折伏とは口角泡をとばす宗論だけでないと、前に述べた。不受も折伏の一法だった。この国主諫暁も立派な折伏の一つであり、日蓮が『立正安国論』を最明寺入道時頼に上呈したときに始まり、それ以来、折伏の弘通に邁進した宗内の先哲が、わが身の危険をかえりみず、朝廷や室町幕府に行ってきた伝統だった。このように日奥は説いた。

したがって日奥にとって、他宗の信者である秀吉が無意味な大仏造立を行い、さらにその千僧供養に出仕を命じてきたとき、公命違背の咎を恐れて黙ってこれに従えば、君主の誤りを黙認したことになる。これでは諫暁にならない。『法華経』の行者として日蓮宗僧侶の義務は、正法の功徳を弘通し、他宗を逆化折伏する点にある。不惜身命は行者たるものに必随する覚悟である。国主の貴命とはいえ、事は仏法の正邪に関する。邪であるならば、貴命たりともこれを拒み、堂々と宗義を開陳し、秀吉に正法の受持をすすめることこそ、宗門伝統の国主諫暁と折伏教化という、行者としての義務を果たしたことになる。

一見矛盾するようだが、日奥の理論からすると上意違背こそが、かえって公儀への、彼の好意と義務を示したことになるのである。しかしこのような理論は、もちろん近世の専制君主には通用しない。近世封建君主は寺院存続の可否、門徒一揆の解体、僧侶生活の法規制、寺領の進止まで自由に行い、いよいよ仏教側が最後の砦とした教説という形而上の世界にまで、遠慮会釈なく踏み込みだした段階だった。

いわば、ここに日奥の悲劇があった。対馬遠流という弾圧が加わったとき、日奥もさすがに、直面している権力の本質をはっきりと認識するようになった。秀吉・家康という君主は、『法華経』弘通を擁護するという釈尊への義務を明らかに放棄し、釈尊に叛逆した君主に堕したと考えたからである。彼はこの段階で、秀吉と家康を「釈迦諸仏の大怨敵、祖師代々の讎敵なり」と、耽読した日蓮御書の行間にしっかりと書き入れたのである。「讎敵」と認識した限りにおいて、日奥の不受不施理論と近世封建君主との間には、もはや妥協の介在する余地はなくなったことになる。

この認識のうえに立って、彼は前節に述べた国土の本源的な領有権者は誰か、すなわち王土王民思想に立ち向かう、仏土仏子理論を構築していったのである。

九　日奥を支えた人々

日奥が対馬に流されていたとき、本州のあちこちで彼に心酔していた信者たちが、家康への赦免運動を熱心に行っていた。中心は、妙覚寺の直檀越や地方末寺の有力な檀那たちだった。備前法華の門徒の中心だった部将で、いまは家康の旗本となっている者もいたが、とりわけ熱心だったのは妙覚寺直檀の京都の町衆たちだった。日奥を支えたこれら町衆のうち、大部分の人はその名を今日に伝えていないが、彼らの指導者の幾人かは知ることができる。

妙覚寺檀家頭ともいうべき立場にあった、彫金後藤の一族がそれである。彫金後藤は、足利義政に仕えた祐乗を家祖とし、刀剣三所物といわれた小柄・目貫・笄の作成を代々の家職とし、織豊時代から豊臣家の大判・分銅を一手に引き受けて、近世初頭のころ、茶屋・角倉とともに京都三長者に数えられた名家だった。

後藤家代々が作成した三所物は、そのころ想像をこえて高価であり、並みの武士が持てるものではなかった。将軍や大名など最上層の部将らが注文し、ようやく入手できる名品ぞろいだった。豊臣や徳川が鋳造した大判も、後藤家惣領が極印を打ち、花押をすえて、初めて世間の信用を得て通用したのである。

信長・秀吉・家康が「天下殿」として絶大な権勢を握っても、彼らはもとはといえば地方大名にすぎなかった。それが畿内を制して中央政権となったとき、朝廷との交渉、外交や貿易、宗教行政、とくに商品流通や金融の面で、熟達した都市町衆の協力をどうしても必要とするようになった。今井宗久、千利休、天王寺屋宗達と宗及、長谷川宗仁、茶屋四郎次郎、角倉了以、亀屋栄仁、後藤庄三郎などの堺や京都の有力な町衆が、歴代の「天下殿」の帷幕にあって大名たちに伍しながら華々しく活躍したことは、よく知られるところである。

彫金後藤も例外ではなかった。もともと刀剣三所物を通じて諸大名ともなじみであり、このころの惣領やその立場にあった光乗・徳乗・長乗などは、もとより秀吉や家康に近侍したり、昵懇になる立場にあった。

津田信成という部将がいた。初め秀吉に仕え、小牧や小田原の戦に従軍し、山城三牧城主で一万三千石の大名だった。慶長五年（一六〇〇）の関ケ原の合戦では、東軍に属して戦功を立てた。だが、彼はこの年、加茂の社の境内で後藤長乗の妻が乗っていた輿の戸を無理にあけて、その妻の顔を見た。おそらく、長乗の妻は美人だったにちがいない。長乗はこの無礼を家康に訴えた。そのため、信成はまもなく改易の憂き目にあった。後藤一族の富と権勢は、当時、並みの小名などの及ぶところではなかったのである。

日奥が対馬にあったころ、この後藤一門はすでに数家に分かれて、それぞれ妙覚寺の東に広壮な邸宅と工房を持っていた。光乗・徳乗・長乗を筆頭とする彼らは、一族すべて妙覚寺の門徒であり、日奥の生涯を通じて、常にその外護者の立場をとり続けた。

禁裏の西、日奥が生まれた新在家の町衆の中にも、彼を支持する檀越が多かった。生家の辻藤兵衛家と一族であった有名な町衆茶人の辻玄哉、清水紹務、同右甫などは、京都・駿府（静岡市）・江戸へと、日奥の赦免のため一所懸命になっていた。

このころ、京都の町衆の代表的な日蓮宗の信者たち、たとえば光悦を頂点とする本法寺檀越の本阿弥一族、妙覚寺の有力檀越だった絵画の狩野一族、あるいは海外貿易でならした茶屋四郎次郎家、連歌の里村の宗家、絵師の長谷川等伯などが、日奥の不受不施理論の展開とその強烈な行動をみて、どのような心境にあったのか、それを語る史料はなにもない。しかし彼らの心中に、日奥の投じた波紋は決して少なくなかったはずである。日奥の謦咳に接した人もなかにはあり、また日奥を熱心に支えた後藤一族や新在家衆は、彼らの共通の知人だったからである。

少なくとも宗義のうえからみると、不受不施の制戒は守るべき宗門の伝統として、このころの日蓮宗信者の中に共通の認識があったはずであるから、おそらく彼らも日奥とその支持者たちに、同情の目を注いでいたかもしれなかった。

町衆たちを引きつけた日奥の魅力は、なんといってもその第一は、宗教者としての秀れた資質だった。宗学に対する学識もさることながら、その資質の根本は「強信」だった。『法華経』と宗祖の御書によってつちかわれた法華信仰に対する不退転の覚悟、さらに仏法の正義のためには天下殿にも一歩もひかない強烈な行動の軌跡、このために日奥が法難を受ければ受けるほど、彼への尊崇の思いが町衆たちの心の中に増え続けたにちがいなかった。

そして二つには、日奥の体内に流れる同じ京都の町衆の血に、言い知れぬ親近感を彼らがもっていたからかもしれない。地方から都を制した武門の権勢に毅然として立ち向かう、反権力の日奥の姿勢は、そのまま桃山の町衆たちが心中深くに秘めていた、共通の心情だったからである。

さらにいま一つ。日奥はその教えのなかにこそ、一種の禁欲的ともいえる信仰上の潔癖性をもっていたが、その容貌や平素の人柄は、信者らから「大黒奥師」という愛称で呼ばれるほど親しみをもたれていた。「大黒さまのように福ぶくしく、円満な日奥さま」という意味である。今日に伝わるわずかな日奥の画像や彫像をみると、彼の顔はこの愛称のように丸みをおびてふっくらとし、目鼻立ちも美しく、まことに福相の人である。そして、いつも日奥は米俵の上に坐って、左手に『法華経』を持ち、右手に砂金袋を持った姿で描かれている。日蓮宗の僧の肖像としては、きわめて異例である。他宗に対しては折伏一道に徹し、宗内においては福力円満の僧、それが町衆が受け止めた日奥の人格像であったからかもしれない。

十　不受不施論の禁断

慶長十七年（一六一二）、日奥は赦免されて京都へ帰った。あしかけ十三年に及ぶ流人の生活だった。幕府はこの時点では、いま説明をした日奥の不受不施理論のもつ反権力的な本質を、まだ十分に理解していなかった。彼の対馬への流罪の罪状も、不受不施という教説への処罰というよりも、彼個人の家康の上意への違背という、途方もない行為に対する処断だった。

帰洛した日奥は、妙覚寺の脇坊に入って、すぐには本坊に復帰しなかった。過ぐる文禄四年（一五九五）の秋、住持の名誉を捨てて丹波小泉に隠栖したとき、妙覚寺の大衆は日奥支持派と非難派に分かれた。日奥の流罪中、妙覚寺を守っていた大衆は、日奥を非難した僧侶たちであったからである。

このため、所司代の板倉勝重が斡旋にたち、元和二年（一六一六）三月、妙覚寺の満山大衆は日奥に悔悛し、また五月には大仏供養に出仕した京都の日蓮宗諸本山を代表して妙顕寺日紹も悔悛し、日重・日乾もこれに応じて法理通用の一札を日奥と取りかわし、京都の日蓮宗諸山と日奥の間に和融が成立した。京都の日蓮宗は、再び伝統の不受不施の制戒を守るようになったのである。

日奥はこの年三月、本坊に入って妙覚寺住持に復し、彼の長年の労苦は報われたかにみえた。

だが、この和融は長く続かなかった。間もなく、受不施義の理論的指導者だった身延久遠寺を隠居した日乾らと日奥との間に、受不施・不受不施をめぐる著述による応酬が激しく繰り返されだしたからである。日奥は『法華宗諸門流禁断謗施条目』『宗義制法論』『禁断謗施論』『門流清濁決義抄』などをつぎつぎと著し、日乾らはこれに論駁して『破奥記』を著し、諸方に配布して日奥を激しく攻撃した。

京都における諸山和融の成立にもかかわらず、受不施・不受不施の対立は、檀信徒を巻き込み、日蓮宗の全教団をゆるがす社会的問題へと、またもやその輪を広げだしたのである。

幕府も次第に、不受不施思想に対する警戒を強め出した。寛永七年（一六三〇）二月、幕府は江戸城中において、不受不施派を代表する池上本門寺日樹らと、受不施派の身延久遠寺日暹らとの間で対論を行わせた。翌々四月の裁決で、幕府はついに不受不施義という教説そのものの弾圧に踏み切った。すなわち不受不施義を邪義と断じ、日樹ほか七名の僧を流罪追放し、日奥を張本人として再び対馬に配流することに決した。

だが、日奥その人は、この裁決の下る前月の三月十日、京都の妙覚寺において、六十六歳の生涯を閉じていた。世に「日奥の死後の流罪」といわれるのが、これである。

幕府はその遺骨を掘り出して対馬遠流を果たさんとしたとも、また遺弟たちがこれを恐れて密かに遺骨を隠したともいうが、その実否について、いまはなにも定かでない。

ちなみに、不受不施義の禁教が全国の寺院や僧侶や信者の末端にまで及び、ついに完成したのは、日奥の入滅から三十五年を経た寛文五年（一六六五）のことだった。

参考文献

宮崎英修『不受不施派の源流と展開』(平楽寺書店、一九六九年)。
同『禁制不受不施派の研究』(平楽寺書店、一九五九年)。
柏原祐泉・藤井学　日本思想大系『近世仏教の思想』(岩波書店、一九七三年)。

大鹿妙宣寺覚書

一　大鹿皆法華

いまは兵庫県伊丹市域に属するかつての川辺郡大鹿村は、村民のすべてが法華宗の信者であるという、いわゆる皆法華の村である。この村民の信仰の中心は、村の中心に位置する大覚山妙宣寺である。

一つの集落や特定の地域の住民すべてが、法華宗の信者という皆法華と呼ばれる信仰形態は、法華宗の発展史の上で、特筆すべき現象である。

もちろんこの現象は、たえず信者間の団結を説いた法華宗が、新しい信仰として農村に弘通されたとき、生活共同体的な紐帯が濃厚に存続している在地農村の社会構造の特性に照応して、生まれてきたものである。

そして、さらにこの場合、皆法華の集落や地域が形成される契機に二つの型がみられる。一つは、あるとき、その村を初めて弘通した法華宗の僧が、村民や既存の村の寺院の住僧を折伏し、時には寺院もろとも一村あげて皆法華に帰信させる型である。ともあれこれは、村民たちの自由な信仰の選択が契機である。いま一つは、まず初めにその村や地域の領主が法華宗の信者となったり、あるいは法華信者が領主となる。そして、この法華領主——法華の大小名——が領内の法華宗勢力と結合して、上からの権力により領内寺院と領民とを一斉に法華宗へ改宗させる、いわば領域皆法華という型である。

一般的にいって、法華宗発展史の上で、前者は鎌倉末期から室町前期にかけて多く、後者は室町中期以降に多くみられる現象である。前者の例では、京都妙顕寺開山の日像によって成立した洛北松ケ崎村と、洛西冠鶏井村の皆法華が注目され、後者では室町中期に、守護千葉氏の外護下に形成された肥前法華、戦国末から近世初頭にかけて松田・花房・戸川氏らの守護代や有力国人層の領内で盛んになった備前法華、あるいは阿波三好氏の領域で展開した阿波法華などが、その好例としてあげられる。

大鹿皆法華は、この分類からいうと、法華領主による上からの強制的な改宗によって形成された痕跡は全くない。村民の先祖がある時期、一つの契機で、自由な信仰の選択として法華宗へ帰信をなしとげたものにちがいない。その形成の時期や契機、また、この信仰がいかにして今日まで維持されてきたのであろうか。

伊丹市域における法華宗伝播の年代を示す確証は、伊丹市史の発刊によって、正覚寺に現存する室町中期の文安六年（一四四九）七月十日の陰刻銘をもつ、題目板碑であることが明らかにされている（『伊丹市史』第六巻、二〇八頁）。大鹿皆法華の成立は、この文安六年をさかのぼりえないものであろうか。

これを解く鍵は、もちろん大鹿にある妙宣寺の寺史にある。

昭和五十年の秋、筆者は大阪大学教授・黒田俊雄氏に伴われ、当寺住職・有原日耕師や総代の方々のご好意と行政資料室の皆様のご協力を得て、当寺の寺宝の調査を行った。またその後、伊丹市立博物館長・門脇良光氏のご好意で、再度総代の方々のご協力を得て、大鹿の題目講が伝蔵する聖教類の調査を行った。このうち最初の調査の結果は、黒田俊雄氏がすでに『地域研究いたみ』第五号に、精緻な調査概報をのせられている。

この調査概報と二回の調査で蒐集した史料をもとに、しばらく、妙宣寺の寺史と大鹿皆法華の歴史をたどっていくこととする。

二　日隆門流と大鹿妙宣寺

妙宣寺は現在、尼崎本興寺の末寺である。そして、この本末関係の成立を、当寺の寺伝は本興寺開山・日隆の時代に置いている。この寺の法系は重視しなければならない。

本興寺開山の日隆は慶林院と号し、南北朝内乱期の武将桃井尚儀の子として、至徳二年（一三八五）、越中国射水郡浅井村に生まれた。十八歳で上洛して妙顕寺貫首・日霽に師事したが、師の入滅後、妙顕寺に晋住した月明と宗義をめぐって対立し、妙顕寺門流から分立した。日隆は化儀においては摂受よりも強義折伏にかたむき、宗義ではかつての本迹一致義から、やがて勝劣義を唱え、諸国を巡錫し、摂津守護職の細川満元の外護を得て、尼崎に一寺を開いた。応永二十七年（一四二〇）に着工、同三十年に竣工した尼崎本興寺がこれである。

本興寺を拠点に、日隆の諸国巡錫は続いた。俗姓の縁をたどって越中・越前の北陸路、転じて永享五年（一四三三）、洛中の六角大宮の地に本能寺を創建し、さらに遊行と留錫は泉州堺、ついで備前・備中・讃岐の瀬戸内沿岸諸国に及び、これらの各地に諸寺を建立した。この間、宗義の研鑽にもつとめ、永享元年（一四二九）、本興寺の寺内に学室をつくり、彼の門流学徒の根本道場とした。のちの勧学院がこれである。

晩年の日隆は著述に没頭し、世評に三千余帖の著述ありといわれるように、『私新抄』十三巻、『開迹顕本宗要』六六巻、『本門弘経抄』一一三巻など、今日確認される著述のみで、三十六部三一五巻に及んでいる（『日蓮宗章疏目録』）。まさに日隆は、室町前期を代表する法華宗きっての傑僧である。

こうして、日隆は、その入滅前年の寛正四年（一四六三）、本能寺法度条々を書き残し、京都本能寺と尼崎本興寺の、両山一寺の制を定めた。両寺貫首職を一人が兼帯し、これを彼の門流僧俗が所帰する本所と定めたわけである。翌寛正五年、八十一歳の高齢で日隆は世を去ったが、彼がその生涯を賭して諸国に築き上げた寺院とその門徒集団は、あるいは日隆門流、あるいは本能・本興寺教団、また本門法華宗とも呼ばれて、とくに京畿を中心に北陸と瀬戸内諸国にめざましく雄飛し、各門流が対峙しながら発展した中世法華宗の歴史の中で、ひときわ光彩を放っている。

大鹿妙宣寺、あるいは大鹿住民の法華信仰は、この日隆門流の法華信仰である。いま、当寺に残る本尊・聖教類も、このことを裏付ける。すなわち、「南無妙法蓮華経」のいわゆる髭題目を書いた当寺伝蔵の本尊曼荼羅は、宗祖日蓮筆のものは別格として、室町時代以降のものすべてが、日隆門流の高僧の手跡になる本尊に限られている。これを本興寺歴代でいえば、開山日隆、十二世金剛院日承、十三世好学院日衍、十五世具摂院日運、二十世誠諦院日善、二十二世智泉院日達、二十四世恵昇院日宥、二十五世日厳（院号不明）、二十七世源妙院日玄、二十八世本妙院日顕、三十二世蓮華院日勢、三十三世本事院日軌、三十四世慈眼院日湜、三十五世円成院日成、三十八世遠寿院日宋、三十九世円光院日慶、四十世慈雲院日仁、四十一世英住院日升、四十三世一乗院日通、四十五世瑞光院日行、四十六世久成院日亨、五十一世祥光院日泰、五十二世実成院日乗、五十三世要伝院日鏡、五十四世守真院日専、五十五世広宣院日祐、五十七世光顕院日唱、五十八世報智院日心、六十一世正道院日元、六十二世本正院日妙、六十三世寛摂院日皞、六十八世浄妙院日源、六十九世信解院日英、七十二世大乗院日宏、七十五世妙行院日禎、七十六世昇純院日琮、九十世本事院日経と、それぞれ自筆本尊と続き、最後は昭和三年の本門法華宗管長・日継筆本尊で終わる。

端的に言って、妙宣寺の寺格と寺基に比して、この本尊の伝蔵形態は一つの驚異である。その理由の一つは、寺格に比し、高位高僧の本尊を大量かつ系統的に伝蔵していることである。また二つには、本尊の系統が日隆門流のみに限られて、他門流の本尊が一幅も交わっていないことである。本尊曼荼羅は、寺院僧俗の信仰の帰入するところであって、本尊の性格は、彼らの信仰の性格をそのままに物語る。円隆門流至高の本尊が、日隆以下歴世五十幅余りを数え、他門の本尊を一本たりとも伝蔵しないこと自体が、実は当寺とその檀方が一貫して強義で鳴った日隆門流の法華信仰を堅守し、当寺がその門流中の重鎮寺院であったことを示している。

日隆門流と妙宣寺の密接な関係を語るものは、本尊だけではない。当寺伝蔵の聖経典籍の中に、『法華経御講書』（全九冊）、『類雑集』（全十冊の内六冊）と題する筆写本がある。前者各冊の末丁には「日承」なる署名とその書判がある。また後者は、第十冊の末丁に、

此類雑十条、以連々見聞之次、任自用撰定之、無弁文之前後、不知義之表裏、謬誤必数多、参差定不少、

敢莫及他見、則可埋土中而已、

天文三年甲午十月九日終竟　日承（花押）

と、筆録の由来と年紀を誌した奥書がある。

前者の内容は法華経講釈を記した覚え書きであり、後者は門流宗義の肝要を折にふれて書き残した手稿本である。この両本の筆録者日承とは誰であろうか。花押の形状とその筆致から推して、本能・本興両山貫首の金剛院日承その人の自筆本であることは誤りない。

日承、その出自は伏見宮貞敦親王の異母弟、はじめ梶井門跡に入ったが、転じて両山貫首・好学院日侶の門に入り、師の日侶から日隆門流の総師たる両山貫首職と、金剛院なる院号を授与されたのが、天文十二年（一五四三）

十一月、それ以来日承は、両山貫首職をその弟子好学院日衍に譲って隠居する永禄十三年（一五七〇）三月まで、天文法華の乱で壊滅した本能寺の復興と戦乱の中での両山経営に意をそそぎ、天正七年（一五七九）七月、七十九歳の高齢で入滅した。

この日承筆録の二つの典籍は、彼の述作として初めて発見されたもので、今後、中世日隆門流の宗義を解明するための貴重な文献となるだろう。

ともあれ、「敢莫及他見、則可埋土中而已」と彼自らが奥書に自誡したような、若き日の日承の真摯な勉学の手蹟が当寺に伝蔵されていることも、本尊の伝蔵形態と合わせて、当寺と本興寺の密接さをさらに裏付けることとなる。

三　近世の妙宣寺

一般的にいって、法華宗の寺院がその開創の時点で、開基の外護檀方が公家や武家や大商人ではなく、名もなき村民の寺として成立したとき、堂々たる伽藍をそなえた寺院として創立当初から出発することは、ほとんどないといってよい。庶民たちの寺としての寺史をもつ寺院ほど、最初は草庵として、あるいは村堂として出発する。伽藍もなければ寺号さえなく、時には常住の僧尼さえいない。草庵には紙本に書かれた本尊曼荼羅のみが掲げられ、常時は村人が守り、その堂は所在の地名を冠して「何々村法華堂」「何々村草庵」と呼ばれる。それが幾世紀かの間に、常住僧をもち、さらに寺号が付せられ、やがて伽藍が整えられていくという過程をたどるのが、法華宗寺院の一般的な寺史である。

妙宣寺も、領主開創の寺でないからには、おそらくこのような寺の歴史をたどってきたものであろうか。当寺は日隆門流の重鎮寺院として発展してきたと、わたくしは先に述べた。だが、その時期は何時からか、まだ明らかにしていない。当寺の本尊・聖教典籍の伝蔵系統から推定しただけである。厳密にいうと、本尊も聖教も後代になって蒐集することができる。伝蔵本尊の系統から寺門の法系譜を指摘することはできるが、寺史そのものを本尊聖教の係年にまでさかのぼることは、早計である。

はたして当寺の本尊聖教も、室町期に限ってみると、妙宣寺なる寺名を明記して授与されたものは一点もない。では、妙宣寺という寺名はいつから確実な史料にみられるであろうか。それは、当寺現蔵の聖教中、巻子装の「法華経巻釈」という内題をもつ一巻の奥書に、「大志賀妙宣寺常住　天正拾年午壬正月日　仙隆院日幸（花押）」とみえるのが初見である。

天正十年（一五八二）というこの年は、いまのところ、当寺が茫漠とした草庵時代の寺史を終えて、寺号寺院として、はじめて文献史上に現れた年である。そして、この仙隆院なる当寺住僧は、年欠五月二十二日付金剛院日承書状の中で、日承が鳥子紙二百枚の買得送付を依頼した宛所として登場する（「妙宣寺文書」）。すなわち、日承が活躍した天文から天正のころ、仙隆院時代の当寺は本興寺末寺として、寺号寺院に発展していたと推定してよいだろう。

これ以後、当寺の歴史はさらに確実になっていく。すなわち寛永十年（一六三三）十一月付で、本能寺が幕府に提出した「本能寺末寺帳」なる古帳が、内閣文庫に現存する。その摂津国末寺の筆頭に「大志賀妙宣寺」と、当寺の寺名が現れる。

この末寺帳への登場は、寺史にとって重要な意義を持っている。このときの末寺帳は、幕府が諸宗本山に命じて一斉にその末寺帳を提出させたものであって、この末寺帳を、幕府が受理したとき、そこに登録された寺院を、幕府が公認したことになったからである。

周知のように、江戸幕府はその成立の当初から、公武領主が発願開創する寺院は除いて、諸宗僧侶や庶民が開創する寺をわたくしの寺、すなわち私寺として、繰り返し制禁を加え続けた。したがって、寛永十年の諸宗末寺帳に記載されて幕府に登録された寺院は、いわばいまでいう届出制による幕府公認寺院となった。この公認の意味は大きい。その寺の所在が天領にあろうと藩領にあろうと、この帳に載せられた寺の寺地は多くが免租となり、住僧の課役は免ぜられる。さらに檀方への寺請証文発給資格の寺となり、また住僧の任免や昇任などの僧侶身分の保全、寺の裁判訴訟、重要な案件は、本山を通じて幕府寺社奉行管轄に移される。これが幕府公認の寺院の意味である。この帳に登録されなかった寺は、領主の菩提寺は別として、庶民の私寺には原則としてこのような特権はない。いわばこの末寺帳記載寺院は、いまでいう宗教法人として許可された寺院に当たるものであろうか。

寛永の諸宗末寺帳に登録された寺院は、江戸時代、幕法や藩法など法制や行政の上では、寛永の古跡寺院と呼ばれている。ちなみに本能寺派の古跡寺院は、摂津国では当寺のほか、尼崎本興寺、大坂の本行寺と久本寺、平野の本妙寺、兵庫の久遠寺・須磨の妙興寺と計七カ寺を数えるだけである。

まさに近世の妙宣寺は、この時点で確固たる寺基と寺格を確立したわけである。こののち、二十余年を経た明暦二年（一六五六）、当寺境内に一宇の再建が行われた。おそらく本堂であろうか。発願主は当寺住持の南性院日正、奉加の檀方は大鹿村住人一同であった（当寺所蔵、同年八月十三日付「日厳筆本尊曼陀羅」）。

ついで、寛文九年（一六六九）頃、当寺では「中興」と称せられるほどの造替工事が行われた。発願主は「中興開基」と讃えられた住持の「徳林院日桂」である（当寺所蔵、同年卯月二十五日付、「両山貫主日宥筆本尊曼陀羅」）。

諸堂の寺観が整うと、つぎの段階は尊像の整備である。貞享四年（一六八七）、両山貫主日顕によって開眼された門流の始祖日隆上人の坐像が、まず伊丹屋妙蓮によって寄進された（「同像墨書銘」）。ついで元禄十一年（一六九八）には、大鹿村を領有した麻田藩主青木重安によって、その慈母昊凛院が生存中に尊信していた日蓮上人坐像が、当住日進のもとに寄進された（元禄十一年六月二十二日付「青木重安寄進状」「同像墨書銘」）。さらに正徳三年（一七一三）四月には、当住の正法院日寿の開眼になる大覚大僧正坐像が、信者の坂上宗蓮と同宗経を造主にして、当寺に寄進されることとなった（「同像墨書銘」）。これより先の正徳二年の春、本堂も再建され（同年仲春付、本興寺日成「妙宣寺本堂再興偈文」）、おそらくこの宗祖日蓮と門流の始祖日隆、それにあとでふれる大覚大僧正を加えた当寺ゆかりの宗門三祖の御影が、この新造の本堂に安置されたにちがいない。

さらに享保十四年（一七二九）、大鹿の領主青木一典は、同家のための「武運長久之祈念」の資として、寺領十石を当寺に寄せた（同年十二月四日付「青木一典寺領寄進状」）。当寺はここに、大鹿村民の寺に加えて領主の祈禱寺たる性格をも兼ねることとなったが、寺運はそれだけ安定を加えたにちがいない。

このようにみてくると、当寺が妙宣寺なる寺号寺院として発展してきたのは、おそらく中世末期のころであり、それが近世に入って古跡寺院に成長し、さらに貞享から享保に至る時期に、寺観も整い、寺院経営も安定し、三祖御影像の安置に象徴されるように、近世寺院として寺基の確立をみたと考えてよいだろう。

四　大覚大僧正の伝承

当寺の寺史には、寺号寺院として文献に登場する以前の、いわば草庵時代の寺史は、はたしてなかったのであろうか。結論的にいうと、これを証する当時の確実な文献史料は皆無である。だが、年紀ははるか後代に降るが、のちの筆録文献や、あるいは大鹿村民の伝承や民俗の中に、草庵時代の当寺の歴史をたぐる手がかりはある。

まずその一つは、当寺の山号「大覚山」の中にある。この山号の文献上の初見は、当寺所蔵の享保十二年（一七二七）十月十三日付、両山貫首一乗院日通筆本尊曼荼羅の中であって、その授与者名に「大覚山妙宣寺敬詔院日俊」と記されている。この山号そのものが、当寺の開山は大覚大僧正であるという寺伝が存在していたことを示している。

さらに手がかりの第二は、日蓮・日隆とともに、前述したように正徳三年、大覚大僧正の木像を造り本堂に安置していることである。これもこの当時、開山が大覚大僧正であるという寺伝が存在していたことを語っている。

さらに第三に、大鹿地域に大覚大僧正筆の本尊曼荼羅二幅と、大覚講が存在することである。曼荼羅の一幅は妙宣寺に伝蔵される。当寺本尊の中で、日隆以前では、宗祖日蓮を除くとこの大覚の曼荼羅が一幅だけである。ただし、年紀と授与者を欠いている。いま一幅はもと大鹿に住んでいた故大橋六左衛門家に伝蔵されたものであるが、これも年紀と授与者を欠いている。残念なことは、二幅とも筆致・墨色・紙質などから推して、大覚真筆と認めることにはやや難があり、正確には後世の写である。写としては、石橋家伝蔵の本尊がより古趣を残し、室町中期のものと考えてよいだろう。真筆でないことはともかく、この大覚の本尊が大鹿の寺檀両方の中に、信仰の中心として伝えられていることは、注目に値することである。

大覚講は、大鹿村民をもって組織された大覚大僧正を信仰する人々の題目講で、いまも大鹿に存続し、文献上では天保六年（一八三五）のころ、村民五十六人が講中であったことが確認できる（同年十一月三日付、「日琮筆本尊曼荼羅」）。この大覚講の人々が、近世における大鹿皆法華の実体であったと考えてよいだろう。

さらに最後の手がかりは、当寺門前の「大覚さん」と呼ばれている小堂の存在である。傍に一群の紫竹が生え、また天保六年建立の大覚大僧正顕彰の石碑がある。碑文は西国巡化の途次、大鹿村に立ち寄った大覚大僧正が村民を教化し、去るに及んで手にした紫竹の杖を土中に差して「此竹復生、我法必興矣」と予言した。この予言のごとく、やがて紫竹が群生したという奇瑞を誌して、この奇瑞とともに生まれた大鹿皆法華の開闢伝承を述べている。

この「大覚さん」を祀っている石橋重治氏のご好意によって、わたくしは小堂の内部を拝したが、そこには文化八年（一八一一）壬《（閏）》二月十五日付、両山貫首昇純院日琮開眼の板本尊が安置してあった。そして、この板本尊の願文は「五穀成熟、家内安全、万民豊饒、子孫長久、息災延寿」と、その墨痕がわずかに読み取れた。近世、大鹿村の大覚信仰は、農村生活に密着したありとあらゆる現世利益を招来する碩徳として、村人の信仰の中に定着していたのである。

この大覚信仰に関する大鹿の民俗伝承は、当寺が近世末期に至って寺伝を整理して記録に残したその一節に、

> 大覚大僧正、当所ニ錫ヲ巡ラスノトキ、遇々旱ス、村民請ヒテ雨請祈禱ヲ修ス、立所ニ雨ス、喜ビテ東村ノ十一人ヲ初トシ、続々改宗シ、寺ヲ改メテ信伏シ、妙宣寺ト号ス

とみえる記事にも、ほとんど符合する。ここでは現世利益が、農耕にとって最も必要な雨乞祈禱として表現され、祈禱僧たる大覚の奇瑞が讃えられて、この奇瑞が村民の法華帰信の契機として語り継がれている。

このように大鹿皆法華の周りには、大覚大僧正の伝承が満ちみちている。ここで、大覚の事歴を簡単に述べておこう。

大覚、字は妙実、永仁五年（一二九七）の生まれ、近衛家縁故の出身であったことは確かである。はじめ密教系の仏門に身を投じたが、やがて京都に初めて法華宗を伝えて洛陽開山といわれる妙顕寺日像に帰依して改宗し、そ

れ以後、鎌倉末期から南北朝内乱期にわたり、初期妙顕寺の経営に苦心する師の日像をよく援け、妙顕寺二世の法灯をついだ。この間、大覚は畿内・山陽の諸国を実に精力的に巡錫教化し、諸国に末寺を開き、門徒団を形成し、妙顕寺教団成立の基礎を築いた。東国にその勢力圏を限定されていた日蓮段階の法華宗が、永仁二年（一二九四）、日像によって初めて京都で弘通され、さらに南北朝内乱期の時点で、その教線が畿内・瀬戸内諸国に伸びて、地域宗派から全国宗派へと飛躍しえた過半の理由は、この大覚の積年の弘通成果に負うものであったといっても過言ではない。大覚の足跡は、法華宗門史の上でそれほど偉大であった。

しかも彼は、祈禱僧としてもたぐいまれな才幹を発揮した。延文三年（一三五八）、大覚は勅命によって桂川畔に祈雨祈禱を行って成功し、その成果として自らは大僧正の極官に昇任し、宗祖日蓮に大菩薩号、また先師の日朗と日像に菩薩号の勅許を受けたことは、疑いない事実である。

貞治三年（一三六四）四月、大覚は入滅したが、その名声はそののち長く宗内に風靡した。

妙宣寺が所属した本能・本興門流の始祖、慶林院日隆は、この大覚よりほぼ二世代を降って、同じ妙顕寺門流に育った。日隆はこの妙顕寺から分立して自らの門流を形成したが、その分立の契機は妙顕寺当住の六世月明との対峙にあった。日隆にとって、依然として大覚は日像とともに尊信すべき先師の一人である。妙宣寺でもみられるように、日隆門流の寺院において門流三祖の一人に大覚を加えて尊信することは、法系からみても門流の歴史からみても、なんら不思議ではない。

このようにみてくると、大鹿の大覚大僧正伝承は、大覚が諸国弘通にしばしば往還した、当時の西国街道沿いの集落であるという地理的条件、あるいは祈雨祈禱の奇瑞という大覚にふさわしい伝承の内容などからみて、なんらかの事実を反映した伝承の色彩が濃厚である。とすると、大鹿皆法華と大鹿草庵の歴史は大覚大僧正に始まり、やがて南摂尼崎に上陸した日隆門流の教線が、法系の縁故をたどって大鹿へと北上し、それが妙宣寺という寺号寺院の形成となって結実したという、一つの推論も可能になってくるだろう。

しかし、文献検証という史学研究の正道からみると、これはあくまでも、いまは推論にしかすぎない。確実な史料が新しく発見されない限り、大鹿皆法華の形成の時期を確定することや妙宣寺の草庵時代の歴史は、いまはなおしばらく、推論と伝承の世界に埋まっているようである。

Ⅲ　法華文化と地域文化

鶏冠井の法華宗

一　日像の上洛弘通

向日市の日蓮宗の歴史は古い。いまも皆法華の集落である鶏冠井《かいで》は、西日本においてすべての村民が日蓮宗になった最古の集落の一つであり、またこの集落にある真経寺は、関西最初の日蓮宗寺院と伝えられている。しばらく向日市域の日蓮宗の歴史をたどっていこう。

晩年の日蓮が病の身を常陸の湯治でいやそうとして、住みなれた甲斐の身延の山を下って、その旅の途次、武蔵の池上郷に至り、直檀の池上宗仲の屋敷で六十一歳の生涯を閉じたのは、二回目の蒙古襲来の翌年に当たる弘安五年（一二八二）冬十月十三日のことであった。この時点で彼の教えを信奉した弟子や檀越は、多くみてもせいぜい数百人に過ぎず、しかも彼らは讃岐の日華の一門を除くと、現在の山梨県と静岡県を結ぶ線から以東の東国の諸国に散在していた。いいかえると、鎌倉中期の宗祖入滅時の日蓮宗は、東国に限定されたきわめて小勢力の原初教団に過ぎなかった。この日蓮宗が、これからわずか十余年、早くもその教線は京都や畿内に入ってきた。

それは、洛陽開山と呼ばれた日像の上洛弘通によってである。日像は下総の平賀の土豪だった平賀忠晴の子、七歳のとき身延の日蓮のもとで出家し、経一丸と名を改めて本尊を授かり、それ以後、日蓮の膝下で孜々として行学に励んだ。そして、日蓮の臨終に当たって、日像は上洛して教義を朝廷に奏上することと、京都での弘通を病床の日蓮から托されたと、宗内でいわれる。

この日像が師の遺命に従って、上洛して日蓮宗の布教を始めたのは、鎌倉時代後期の永仁二年（一二九四）夏四月のことであった。東国で育まれた日蓮宗は、こうして中央の京都に記念すべき第一歩をしるした。日像はそののち、あるいは洛中で、あるいは洛外で、活発に日蓮の教えを説き、弘通につとめ、次第に有力な町衆信徒を獲得し、上洛して二十数年を経た元亨二年（一三二二）のころ、御溝の側の今小路の地に、洛中で最初の寺号をもった日蓮宗の寺院を建立した。すなわち具足山妙顕寺がこれである。

この妙顕寺は、さらにこれから十余年を経た建武元年（一三三四）、建武新政の開始に当たって、「妙顕寺は勅願寺たり。殊に一乗円頓の宗旨を弘め、宜しく四海泰平の精祈を凝すべし」との文言をもつ有名な綸旨を新政府から受けた。勅願寺の指定は政府から準官寺の扱いを受けて寺基の安定を示すものであり、また「一乗円頓の宗旨を弘め」とは、日蓮宗をこれまでの天台宗の一つの分派ではなく、独立した一宗としての扱いとその弘通を、政府が公認したことを意味した。後世、日像が宗内において洛陽開山と讃えられる理由はここにある。

その後の日蓮宗は、中世を通じて洛中で勢力をめざましく伸張させていったが、日像が妙顕寺を創建し、この綸旨を得るまでには、上洛以来四十年の歳月が流れ、この間の日像の弘通は決して平坦なものではなかった。弘通の成果が上がるにつれ、叡山を中心とする他宗からの攻撃と迫害が強まり、彼らの讒奏によって、朝廷は日像を二度、三度と洛外へ追放した。一回目は徳治二年（一三〇七）五月から延慶二年（一三〇九）八月まで、二回目は延慶三年三月から応長元年（一三一一）三月まで、三回目は元亨元年（一三二一）十月二十五日から翌月八日までであった。このような追放と赦免の短期間のくりかえしは、日像の洛中弘通の初期において、他宗の怨嫉の激しさと、それに対する日像を支持する教勢の成長を物語るものであった。

日像はこの三回の追放と赦免が繰り返される時期、洛外農村部に留まって弘通し、つぎつぎと信仰者の集団を得ていた。洛北松ケ崎の天台宗歓喜寺の実眼を折伏して寺を妙泉寺と改称し、村民すべてを日蓮宗に帰伏させたのもこの時期であったと、宗内に伝えられる。西国街道に沿った向日神社や鶏冠井の集落に、日像の姿が現れたのもちょうどこのころのことであった。

二　鶏冠井の法華改宗

日蓮宗の宗内の近世の所伝によると、洛中を追放された日像が西国に赴く途中、向日神社の前に至ったとき、明神が鳩や老翁となって現れ、日像を引き止めて教えを請い、日像は付近に留錫して村民たちに説法を行った。いま神社の前にある「説法石」は、もと神社参道の中ほどにあったものだが、このとき日像が腰かけて説法したものであるとの伝承がある。鶏冠井には古くから、村民の三郎四郎という人が日像に帰依していち早く直檀となり、ある日、法華経の功徳による草木成仏の義理を問うと、自炊していた日像が静かに鍋の蓋をとった。すると、不思議にもたちまち、沸気の中に七字の題目が現れたという伝承もある。

そのころ、鶏冠井にあった密教系の真言寺という寺の住持実賢は、法兄の深草極楽寺の良桂とともに、日像に法論を挑んだがついに折伏され、それぞれ寺を日像に寄せた。鶏冠井真経寺と深草宝塔寺がこれである。と同時に、鶏冠井の村民もすべて日像に帰伏した。鶏冠井の皆法華の始まりである。これを南真経寺の記録は徳治二年（一三〇七）のことと伝え、また日蓮宗宗内の近世に成った日像の伝記類は、延慶三年（一三一〇）の春であったという。

いま、日像の鶏冠井留錫の年を良質の史料で確定することはできないが、これらの記録や伝承を参考に、鶏冠井皆法華と真経寺の成立が、日像の京都弘通の比較的早い時期であったとして、大きな間違いはないであろう。

真経寺は近世に至って南北両真経寺に分かれたが、今日、両真経寺が共有し、厳重に保管伝蔵されている「御霊宝」と呼ばれる寺宝がある。内容の主なものは、有名な尊性法親王消息翻摺法華経十巻のほか、日像筆の本尊曼荼羅一軸、伝日蓮画像一軸、伝日朗画像一軸、および『秘蔵抄』三帖である。寺伝では、法華経は日像が宮中から下賜されたものと伝えて実に美事な作品であり、またほかのものも、日像の旧蔵であると推定してまず間違いない、実に貴重な文化財である。

ここにみられる日朗とは、日蓮の高弟六老僧の一人、日蓮の滅後に鎌倉妙本寺と池上本門寺を管領し、日蓮に死別した日像は、しばらくこの日朗に師事したこともある。日蓮・日朗ともに日像の師匠であって、日像にとり最もゆかり深い人物である。

だが、この二幅の画像の像主を、寺伝でいうように日蓮と日朗に断定することには、やや疑問が残る。寺伝そのものが近世のものであり、像主を特定する直接の手がかりが、軸の巻留めにある近世末と思われる墨書銘だけだからである。だが、二つの画像そのものは、その画風から推しても室町初期を下るものではない。またそれぞれの像主の左上部には開眼を示す七字の題目が書かれ、像主が日蓮宗の高僧であることを示すとともに、その書風もまた肖像作成期に合致する。さらにいうと、軸巻留めの墨書銘で日朗画像とされる像主の開眼首題の筆者は、その特色ある筆致から、明らかに日像その人であるといってよい。日像が開眼主となる像主は、彼の事歴からみて、日像が近侍した師匠の日蓮か日朗のいずれかである可能性が最も強い。後年の書き入れではあるが、墨書銘に従って日朗であると考えることもできるが、像主の面貌そのものは日朗よりもむしろ日蓮に近いことを、ここで指摘しておう。

一方、後年の軸巻留めの墨書銘で日蓮画像と伝えられる像主は誰だろう。前者と違って、この像主の開眼首題の筆者を特定することはかなり困難だが、ともかく明らかに日蓮ではない。題目の筆致は、日像の法嗣、京都妙顕寺二世の大覚大僧正のそれに非常に近い。開眼主を大覚大僧正とすると、像主はまず日蓮、日朗、日像のいずれかであると推定してよいだろう。そして、この像主の面貌は、今日伝わる信頼すべき日蓮像のそれとは、一見しても大いに異なっている。この像主を確定することは将来にわたって不可能であろうが、もしここで墨書銘にこだわらず大胆に推論すると、その面貌は京都妙顕寺に現存する大覚大僧正開眼の日像画像のそれに酷似して、日蓮よりも、日像その人の画像である可能性が強いように思われる。

しかし、この二幅の真の像主が日蓮、日朗、日像のいずれであれ、日蓮宗僧侶の肖像画として最古の部類に属す貴重な作品であり、日像の京都弘通とともに始まる鶏冠井集落の法華信仰の歴史の古さを、この御霊宝自体の伝蔵が、なによりも雄弁に物語るものであることに違いはない。御霊宝の中にある『秘蔵抄』は、桝形粘葉の三帖よりなる小冊子で、寛文元年（一六六一）に修理されているが、古体をよく残し、内容は日像が諸経の要文を抄出したもので、彼の勉学の跡を偲ばせている。

三　一結講衆と「石塔さん」

日像に帰伏した当時の鶏冠井の村民の法華信仰についてみると、この御霊宝の中の日像筆本尊曼荼羅一幅がとくに注目される。この本尊は元徳四年（一三三二）二月二十四日の授与の年紀があり、「授与主一結講衆」と被授与者銘が書かれている。一結講衆とは、法華信仰によって結ばれた僧侶と信者の集団、すなわち題目講のことである。本尊伝来の由緒からみて、この一結講衆が鶏冠井の題目講であることは確かである。前述したところの鶏冠井一村皆法華の年が徳治二年、延慶三年のいずれであれ、それから二十余年を経たころ、鶏冠井には真経寺実賢を中心とする日像門流の、強固な僧俗の集団が形成されていたことがわかる。まさにこの本尊は、初期の鶏冠井の法華信仰が、皆法華という集団で維持された状況を知る確かな証拠である。

また、この本尊授与の元徳四年二月といえば、鎌倉幕府が滅亡する前年にあたる。討幕の兵をあげた後醍醐天皇は、笠置で捕えられて幽囚の身となり、この翌月には遠く隠岐へ配流されるが、世情はまさに、天下動乱の世へと大きく動きつつある時だった。この年、日像は六十四歳、洛中にはその拠点となった妙顕寺が建立されて十余年が過ぎ、彼積年の弘通の成果が一応の安定を見た時期である。この本尊授与の前日、日像は同じような本尊を深草宝塔寺の良桂にも与えている。このように考えると、本尊をこの日、鶏冠井一結講衆に書き与えた動機は偶然ではないだろう。迫り来る動乱の世情をいち早く察知した日像が、その門流僧俗の安穏を祈念するために、心をこめて書き与えたものに相違ない。講衆という集団に与えたものにふさわしく、本紙の法量は、縦九四・六センチメートル、横四九・二センチメートルという大幅である。当時の農民の家には、これを掛ける壁面も、また講衆が集会する広さもなかったはずで、おそらく真経寺の堂内に掛けられ、講衆たちはこの本尊の前で、題目を唱えながら現世安穏を祈念したものであろうか。

向日市域の日像の遺跡は真経寺だけではない。同じ鶏冠井の石塔寺がそれである。日像は京都七口に通じる街道に沿って、七字の題目を刻んだ石塔を建てたといわれる。この石塔は当時、一種の道祖神の役割を果たしたもので、題目石と呼ばれている。日蓮宗の勢力が、室町時代を下るにつれて町衆社会を中心に洛中洛外で強大になると、洛陽開山と讃えられた彼の遺徳を偲んで、各街道に残されたこれらの日像題目石への信仰が盛んとなった。石塔寺はその寺名が語るように、日像が西国街道沿いの鶏冠井地域に建てた題目石塔への信仰から起こった寺である。いま境内にある「お塔さん」とか「石塔さん」と呼ばれる題目石がそれである。石塔が現地に移建されたのは、文明年中（一四六九―八七）とも、文禄年中（一五九二―九六）とも寺記にいうが、定かではない。当寺は開山を日像とするが、寺院を実質的に開創した開基は、延徳二年（一四九〇）に入滅した啓運院日成であって、当寺が寺院へと発展したのは、おそらく寺伝でもいうように、室町中期のことであったと思われる。

こうして当寺は、鶏冠井村落の檀越の寺というよりも、洛中洛外に散在する法華信者に広く支えられ、群参する彼らに現世利益を与える、いわば信仰の寺として、近世に入るとさらに栄えていったのである。

四　鶏冠井の題目踊り

鶏冠井といえば、有名な題目踊りを見逃すわけにはいかない。村の伝承によると、日像の高徳を渇仰した村民が一同に日蓮宗に改宗したとき、喜びのあまり、野良着のまま、菅笠を手に太鼓をたたいて、題目を唱えながら踊り出したことに始まるというが、確実な文献によってこの踊りの創始された時期や指導者を探り出すことは、とうてい不可能なことである。

だが、今日の踊りの歌詞をみると、そこには、実に巧みに日像門流の日蓮宗の教えがうたわれている。

歌詞全体を流れる基調は、法華経と題目の功徳によって現世利益を得ることと、常寂光土への即身成仏をうたったものであることはいうまでもない。しかも、日蓮宗教義の特色である悪人や女性の成仏の肯定について、「三悪四趣の罪人も、妙法蓮華を只一度も唱ふれば、ぼんのう菩薩と、てんじこそすれ」と、悪人の救済をうたい、一方、「女は五障のつみ深く、迷の雲の晴まなく、我慢嫉妬の念強し、地獄におつる身なれども」と女性の罪障を強調しながら、一転して「法華経をたもつ女人は、変成して男子となり、忝なくも此経は、二つもなし三つもなく、只一乗の法のみのりと聞からは、いろいろのさわりいかであるべき」と、女人の成仏をうたいこむ。

日蓮教説の本質は、余仏余経を捨てて専持法華と唱題の一行、さらにそれへの信心為本である。踊りの歌詞は、「妙法の唱への外に道もなし、信の一字が仏なるべし」「余経・余論も見じ聞かじ」と、専持法華の強信を上手にかつ平易に説く。「ふたりの親を二度と見ぬ、親の御恩をいかでおくらん」と、日常倫理の基本である孝も説かれ、それにつれて、「報じても、報じがたきは祖師の恩、大難四かど、小難かず知れず、東条小松原の御難には、眉間に三寸の傷をかふむり給ひ、佐渡塚原の流罪には、三七日のその間、雪を食事となされしも、此妙法を説んためなり」と、巧みに宗祖への報恩とそのいたましい迫害の歴史を、さりげなく説きさとす。歴史といえば、「その上、日像薩埵、法華経弘通の御祈り、此径路を下り給ふ時、氏神より鳩一とつがい遣はされ、衣のすそをくわへ引し故、明神へ夜もすがら法味をそなえ給しより、初めて妙法の御名を聞き」と、鶏冠井皆法華の歴史が、日像と鎮守向日明神との不思議な結縁にあったことを語っていく。

善神は常に法華経の行者の頭上にあって、現世安穏に彼らを守ると、日蓮は彼独特の神祇観を展開した。日蓮宗の教義の特色である。「善神じきに行者を守護し給ふ故、此世にて不定の災難を祓い」と、ここでも、鶏冠井の村民は祖師の教えに忠実に、神の擁護を確信した。

この歌詞の筆録は現存の範囲では近代になされたもので、内容も諸本によって多少の異同がある。しかも、歌詞そのものの作成者やその時代、また現行の歌詞が成立するまでにどのような変遷があったかなど、これを特定するすべは、すでにない。

だが、この歌詞を見る限り、その内容は平易ではあるが、高度の日蓮教説が随所に折り込まれ、日像の直檀たる強信の題目講衆がうたうに、実にふさわしいものである。題目踊りの起源をこの集落の信仰の歴史の重さに相応させて、中世にさかのぼらせて考えても、決して無理ではないだろう。

五　鶏冠井檀林の開講

西日本最古の日蓮宗集落という由緒をもつ鶏冠井の日蓮宗は、近世においても、わが国の宗教史と教育史の上で特筆すべき役割を果たした。日蓮宗の京都六檀林の一つ、鶏冠井檀林（冠山檀林）が開かれていたからである。

檀林（談林）とは、檀所、学林、学校、庠《まなびや》ともいい、戦国争乱の終結と軌を一にして、浄土宗や浄土真宗、日蓮宗などの庶民仏教系の各宗が、宗内の僧侶の養成機関として全国各地に設けた学問所のことである。檀林は化主とか能化とか庠主とか呼ばれた学長のもとに、宗内の碩僧が所化として集まり、諸国から多くの学生を募って宗学の研鑽を行った。こうして、檀林を中心に各宗の近世教学は発展し、維新以後の近代社会においては、これら檀林を母胎にして、いわゆる宗門の大学や高校や女学校が経営され、現代社会でも教学の府として大きな役割を果たしていることは、よく知られているところでもある。

近世日蓮宗の檀林は、飯高・小西・中村・松崎・西谷・玉造・三昧堂・南谷のいわゆる関東八檀林と、そして京都の六檀林から成っていた。京都六檀林とは、松ケ崎（本涌寺）・鷹ケ峰（常照寺）・山科（護国寺）・求法院（本国寺）・東山（善正寺）、そしてここ鶏冠井檀林である。檀林の開講の年代は、松ケ崎が最も早くて天正二年（一五七四）、鶏冠井は最も遅れて承応三年（一六五四）に通明院日祥によって開講され、正確には近世の宗内で「鶏冠井山真経寺学校」と称された。

日祥は、慶長十一年（一六〇六）西陣に生まれ、字を慧性、のちに梅山と改め、通妙院と号した。鷹ケ峰檀林の出身で、のちに南都に負笈して唯識と律蔵の奥義を究め、ついで関東の飯高に転じて化主日祐の門をたたき、その碩才は宗内に殊に名高く、寛永十八年（一六四一）、三十六歳の若さで、請われて母校の鷹ケ峰檀林の化主となった。

鷹ケ峰にあった日祥は、日像の開創という由緒ある真経寺がそのころ衰退していることを聞いて、その中興造営と学室（檀林）の開講を志し、檀林の講務を一心院日廷に譲り、やがて鶏冠井に移ってきた。おそらくその時期は、正保から慶安初年（一六四四―四九）のころであったと思われる。

では、日祥が鶏冠井に移る直前の、村の日蓮宗の様子はどうであったろうか。これを示す史料は少ないが、確実なものが一つある。日祥の入村より前の寛永十年（一六三三）十二月一日、京都妙顕寺は幕府に、「京妙顕寺末寺帳」と題する一冊の帳を提出し、これがいま内閣文庫に残っている。この帳をみると、鶏冠井村にはこのとき、「真経寺」と「談義所」の二寺が妙顕寺末寺として存在した。「談義所」とは法華経の談義唱導を行っているところで、すでに日祥の鶏冠井入村以前に、村には真経寺とは別に、談義所と称された一種の学問所が存在していたことを示している。この談義所こそ、日祥がやがて開講した鶏冠井檀林の前身であり、また彼の檀林開講の背後に日像門流の雄、京都十六本山の筆頭である妙顕寺の強い意向と援助が、当初から存在していたであろうことが、まず推定されてくるのである。

厳密にいうと、鶏冠井檀林は日祥の創設したところではなく、すでに存在した妙顕寺末の談義所の中興という形で開講された檀林であった。それはともかく、日祥の鶏冠井村入村とともに、諸方からその碩徳を慕って学徒が集まってきた。彼らを収容するための檀林の正式の開講は、承応三年五月のことであった。この月の二十三日、妙顕寺当住の日豊は、真経寺南北檀方中にあてて書状を送り、その中で「其地本堂屋敷、今度借用して、諸生（書生）のため学舎取立、談所興行候」と報じている。さらにこの文面から推すると、開講当初の檀林は、鶏冠井村南町と北町の真経寺檀方中が支配する、真経寺の本堂と寺屋敷を本山妙顕寺が借り請けて、それを檀林の学舎にあてる形で発足したことがわかってくる。

檀林初代の化主として鶏冠井に留まること十余年、日祥は紀州感応寺の住持に招請されて、講務を中道院日春に譲り、檀林を去って行った。

六　繁栄する檀林

檀林二代の化主となった日春は、加賀金沢に生まれ、関東中村檀林の出身で、日莚の会下に育ち、鶏冠井からのちに松ケ崎檀林十三世の化主、ついで妙顕寺十六世貫主、また中村檀林十四世の化主に転じ、元禄十五年（一七〇二）に入滅した人である。

この日春が檀林で果たした功績は大きかった。初代日祥と二代日春の時代に、鶏冠井檀林の整備と経営基礎が確立されたからである。

万治三年（一六六〇）八月、日春は檀林の「万代制法」を制定した。制法は二部に分かれ、前部は「物読次第之事」、すなわち教材による学修課程の規定である。課程は名目・四教儀・集解・顕性録・玄義・文句・止観・御書という八学級より成り立っている。このカリキュラムをみると、当時の日蓮宗学徒の教育が、日蓮の遺文を中心とした御書の修学よりも、天台教学を重視したものだったことがよくわかる。

そして、「万代制法」の後半は、「鶏冠井学徒中之制法」と題した、十九条より成る檀林生活の規制である。そこには、刃傷打擲の禁止、喧嘩口論の停止、徒党引率の禁、高下礼節の遵守、寄宿した寮内と郷中町辺での放逸戯笑と高声雑歌の禁、博奕・蹴鞠・管弦の禁、猥りに外出することの禁など、およそ勉学を妨げる行為は厳しく制禁の対象となっていた。日春が定めたこの「万代制法」の原本はいま、北真経寺に伝蔵されているが、その巻末には日春に続いて、幕末に至るまでの代々の化主がこの制法を遵守することを起請して、署判を延々として加え続けているのである。日春が定めた檀林の就学規定は、こうして明治八年（一八七五）の当檀林の廃止まで、檀林の学徒の中に生き続けたのであった。

一方、開講以後、日祥・日春が化主のころに学舎の整備も進行した。講堂・方丈・食堂・浴室・文句論場・玄義論場・玄能寮・大頭寮・中頭寮・玄頭寮・寮頭寮（柳の寮）・一老寮（松の寮）・二老寮（桜の寮）・四老寮（樫の寮）・五老寮（梅の寮）・所化寮（竹の寮）・西南北の三門・作事小屋に至る諸堂が建てられた。これらの作事は万治元年（一六五八）のころには一段落したと思われ、この年の十一月、妙顕寺からこのとき池上本門寺に晋住していた日豊は、はるかに檀林の興隆を祝して、「洛西鶏冠井山北真経寺学校常住」の本尊曼荼羅を寄せたのであった。

二代日春が松ケ崎化主に転じたあと、三代化主職を本源院日浄（日達）が継ぎ、そののちも歴代化主に宗内の碩才が相次いで招請され、諸国からは多くの所化が化主を慕って、ここ鶏冠井檀林に集まってきた。前記した多くの諸寮は、彼ら所化たちを寄宿させるためのものである。享保十三年（一七二八）に作られた檀林境内図の控がいま北真経寺に残っているが、その絵図によると、この時点でも、間口奥行が二間に十間前後の学徒のための寮が、九棟も設けられている。各寮は平屋で、内部は幅四尺の長縁が建物の片側を突き抜け、この長縁に面して四畳半から八畳程度の部屋がずらりと並んでいる。部屋数は各寮とも六ないし八、これらは能化や所化が寄宿する部屋である。総部屋数は六十前後と推算できるだろう。

檀林にいつも寄宿していた学徒総数を語る、正確な史料はない。しかしこの部屋数から推すと、盛時には数十人から百名を超える所化が集まっていたと考えても、不思議ではないだろう。承応三年（一六五四）の開講から廃檀に至る明治八年までの間に、当檀林が世に送り出した日蓮宗僧の総数は、実に莫大な人数を数えることができるだろう。

ともあれ、彼ら所化たちは、青雲の希望に燃えて諸国から集まってくる。多くは日像門流の青年僧であり、厳しい修学課程を終えると、檀林の門を去って諸国の寺々に帰って行った。化主は開講から幕末まで三百代を超え、この化主の下には板頭、二老、三老、四老、五老などと称された指導者があって、各寮を主宰して下級学徒の所化を教育した。歴代の化主は宗内の俊秀がつぎつぎと招請され、彼らの中から、やがて他檀の化主や宗内の大寺の貫主に転じた高僧が、江戸時代を通じて輩出された。

こうして鶏冠井檀林は近世日蓮教学の聖地となり、また巣立って行った諸国の日蓮宗僧侶たちの心の中で、懐しい母校として生き続け、近世宗教史や教育史の中で大きな光彩を放ったのである。

七　檀林の衰微

だが残念なことに、江戸時代末期になると檀林の経営は次第に翳りをみせるようになった。学徒数が減少したからである。

日蓮宗の檀林は、朝廷や幕府や諸藩が経営にあたる、いわば官公立の教育機関ではなかった。学舎の維持と営繕、学徒の生活費など、その経営の費用は、本山や在地の信徒の多少の援助があるとはいえ、主に学徒の入檀料（授業料）によってまかなわれていた。この意味では、檀林はあくまでも在野の私学であった。だから、学徒数の減少がたちまち経営の危機につながったのである。

では、なぜ学徒数が減少したのだろうか。その根本の原因は、日蓮宗の内部において、関東檀林に対する京都六檀林の地位が、時代とともに低下したからである。具体的にいうと、江戸時代後期ともなると、京都檀林の出身者が諸檀林の化主や大寺諸山に出世する道が次第に閉ざされ、京都檀林の化主でさえ、多くは関東の飯高・中村両檀から入檀することが通例のようになっていた。このため学徒たちは、宗門内部での将来の立身を展望して、京都よりもまず関東諸檀への入檀を考え、また現に京都檀林で修学中の学徒の中にさえ、関東檀林への編入学を希望する者が続いたからである。この意味では、学徒の減少は鶏冠井に限る現象ではなく、江戸末期の京都六檀林に共通する現象でもあった。

はたして、天明七年（一七八七）三月五日、京都六檀林の上座は連署して、洛陽十六本山の「御本山御学道中」にあてて、次のような願書を提出した。

近年諸檀林一統、人少なニ相成り、随って学問策励相懈り、甚だ以て歎かしき義ニ存じ奉り候。これに依り、御本山御塔頭、諸国末寺の御弟子中等、入学致され、一統成功これ有り候様、御賢慮ませられ下さるべく候。学林繁栄のため、今般会合の上、諸檀一統願上げ奉り候。

このように十八世紀末、鶏冠井をはじめ京都諸檀は、すでに学徒の入学募集を諸本山に強く要請しなければならないような窮状に直面していたのである。この窮状は幕末に至ればさらに深まったと思われる。

北真経寺の文書によると、天保十四年（一八四三）八月、鶏冠井檀林の上座以下が連署して、同じ日像門流に属する京都十六本山の一つ、妙覚寺に対してまたまた次の願書を呈している。

当庠、近年衰微仕り、修復等も行届かね、廃壊仕り、仲間一統歎入、諸国御縁寺中へ御願申上げ候へども、夏々人少なニ相成、自力及び難く候、然ば、御本山御慈悲を以て、御山内御一統、諸国御末寺まで、御勧誘下され、衆徒繁茂致し候様、幾重ニも御取計願上げ奉り候。此儘打捨置候てば、年々衰微ニ相成候はんト重々歎入申候。是非々々御山内御入坊の人は、当庠入看これ無く候はんでは、入坊も相成難き趣ニ仰付られ下され候様、願上げ奉り候。

当庠すなわち鶏冠井檀林は、天保十四年の時点で、学徒の減少によって校舎の修復もままならず、すでに廃壊に及んだ建物もある状態となっている。この危機を乗り切る手段は、入檀学徒の勧誘しか残されていない。だからこそ檀林側は、繰り返し繰り返し本山に対して、諸塔頭や諸国末寺を通じて入檀者を勧誘されるように要請し続け、さらには鶏冠井檀林の修学者でなければ妙覚寺への入坊を差し止めるようにとまで、経営の危機の打開を訴えたのであった。

だが、学徒減少の根本の理由が、前述したように京都檀林の地位の低下にある限り、このような檀林側の努力は結局のところは空しかった。学徒増加の期待は常に裏切られ、鶏冠井檀林は幕末に至るほど、慢性的な経営危機に陥って衰微していったのである。

こうして鶏冠井檀林をはじめ日蓮宗の京都檀林は、明治維新を迎えたとき、他宗の檀林が、新しい社会のなかで果たすべき役割を模索して、近代の高等教育機関へとつぎつぎと再生脱皮したような道を歩むこともなく、いずれも廃檀の幕を引いていった。鶏冠井檀林も明治八年、二百二十年に及ぶ長い歴史を閉じ、明治十一年（一八七八）には残っていた所化寮以下の学舎も解体された。いまの北真経寺がこの檀林の遺跡である。

八　法華の寺々

前節で述べたところの皆法華村という鶏冠井の性格は、近世になっても変わらず、村民たちは深い法華信仰を守っていた。村民たちは遠く故郷を離れて北真経寺学問所、すなわち檀林に学ぶ多くの所化たちを暖かく見守り、陰に陽に彼らを外護した。檀林の学徒にとって、皆法華村は実に好適な環境であった。だが村民にとって、談所（檀林）はあくまでも談所であって、彼らの信仰の結節点となる村の寺院としての性格は薄かった。

村の寺院として近世村民の信仰を多く集めたのは、談所よりはやはり南真経寺であった。遠く日像のころから「一結講衆」と呼ばれた題目講が村民の中に組織されていたが、近世になってもこの題目講は生き続けていた。

そして江戸時代中期になると、この題目講衆、すなわち鶏冠井の村民の中から、檀林三十二世の化主になり、のちに転じて南真経寺十六世の法灯を継いだ藤田氏出身の相厳院日福（宝暦三年〔一七五三〕寂）のような、地元出身の俊僧が現れるようになった。これは、いつも教化される立場にあった村民が、転じて逆に教化する立場に立ち廻ったことを意味し、それだけ村民の法華信仰が質的に高度なものになったことを示している。

ところで、現在の両真経寺の寺地は南北でなく、東西に離れている。それにもかかわらず東西真経寺と呼ばずに、南北を冠して真経寺と呼ぶのはなぜだろう。

その理由は、両寺はかつて南北に位置し、それがある時期にどちらかが移建されて、現在のように東西に離れて位置するようになったからにちがいない。

だが、この推定を直接に解き明かす史料はいま、両真経寺の文書の中にはみえない。ただこの点について、住持として宝永六年（一七〇九）に南真経寺堂舎の修造にあたった前述の日福は、興味ある一つの記事を残している。すなわち、寛延二年（一七四九）五月付で、彼は両真経寺の由緒を書き認め、その中で「当寺嫡寺ナル」と記す。当寺すなわち南真経寺こそが、日像が開創した中世以来の真経寺の正嫡寺であるとの意味である。そして続けて「今檀林辰巳ノ方ハ南真経寺地ナリ、余（日福）小僧ノ時迄、辰巳角方ニ一囲余ノ松四本アリ」と述べ、この土地が檀林十一世化主の日浣に譲られて、ここに檀林の庫裡が建てられたと記している。前述したように、相厳院日福は鶏冠井に育って土地の故実に詳しいはずの人である。また生涯を南北真経寺で過ごして住持・化主となり、それだけ両寺に公平な立場にあった僧でもある。したがって、この記事は簡潔ではあるが十分に信頼に堪えるものといえるだろう。

とすれば「今檀林辰巳ノ方」、すなわち北真経寺に接した東南の土地が、かつての南真経寺の寺地であり、そこがまた中世真経寺があった場所ということになる。さらに推定を加えていいかえると、中世の真経寺はいまの北真経寺の寺地の東南辺を一部含むか、あるいはこれに接して南側にあり、そして寛永十年の時点で、この真経寺の北側、すなわちいまの北真経寺の寺地のどこかに、前述した「談義所」ができていた。

この談義所を通明院日祥が中興造営して檀林を開講し、それが「北真経寺学問所」と称されたとき、従来の真経寺に南真経寺という通称が生まれ、南真経寺はあとで述べる興隆寺の寺域内、すなわち西方の現寺地に移建されたものではないかと思われる。

さて、江戸時代に鶏冠井村にあった日蓮宗の寺は、両真経寺だけではなかった。現在の南真経寺の東側には、約百間四方の寺地を擁して興隆寺があった。宗内の所伝によると、この寺は京都妙顕寺十世の日堯が、同じ尾張中村の出身であったという縁によって秀吉の外護を受け、天正の後半頃（一五八三—九二）に開創されたものと伝えられ、両真経寺と同じく妙顕寺末寺に属していた。したがって両真経寺から当寺への住持入院がしばしば行われたことは、いま両寺の歴世譜によって確かめられる。しかし明治八年、興隆寺は廃仏の世潮のなかで廃寺となり、そののちまもなく寺籍や建物は石塔寺に合併され、いまは寺址がわずかに残るだけである。

この興隆寺が開創されたのとほぼ同じ時期の天正十九年（一五九一）、日像門流の日了によって上植野村に法華寺が開かれた。当寺も同じく妙顕寺末寺に属し、村民の帰依を得て今日に至っている。

九　不受不施と石塔寺

「石塔さん」の信仰で知られた石塔寺は、同じ鶏冠井村にありながら、近世前期のころ、前述した諸寺とは異なって、しばらく苦難の歴史を歩んだ。江戸幕府が切支丹とともに厳しく禁教した不受不施の教義を、この寺が堅守したからである。

不受不施とは一体どのような教義だろうか。

不受とは、日蓮宗の僧侶に課された制法で、謗法（他宗）からの布施・供養を拒否すること、また不施とは日蓮宗の信者に課された制法で、謗法の寺院や僧侶に対して供物を施さないことをいう。なぜ、このような制誡が生まれるのだろうか。

不受不施の立場からいうと、およそ布施・供養は世俗の仁義による贈答とは異なって、法理を信ずることを媒介にして寺檀の間で交される、宗教的な行為である。信心の裏付けのない施物は、当初からすでにそれは布施でも供養でもないのである。法華の法理と不縁の存在である謗法からの供養、あるいはこれに供養を施すことは、だから道理なき不義の施物ということになる。彼らは決して乞食ではない。こうして謗施を拒否する不受不施の理論が展開される。

この不受不施の理論は、いいかえると謗施拒否の行為による日常不断の謗法折伏の行為であるともいえる。そして、この強烈な謗法排除の理論は、他方において日蓮宗僧俗の内部に、より純粋な法華信仰を育ててゆく。だから彼らは強信者の集団となり、いわゆる「堅法華」とも呼ばれた。不受不施は弘通の場では、他宗に妥協的な摂受の立場は決してとらない。四箇格言や諸宗無得道を標榜して宗論を挑み、強義折伏を掲げ、謗法の寺や神社へは参詣を行わず、世俗の権力への服従よりも、信仰への忠節を誓った。

しかも、その内部では貴賤・男女・老若などの世俗の差別を排して平等の救済を説き、寺や僧侶を中心に強信者の集団を組織して、中世末期、しばしば法華一揆の主体となって史上に登場したことは、よく知られるところでもある。

近世初頭のころ、日蓮宗の各門流にはこの不受不施の制誡がなお厳然と存在し、他宗に対して妥協的な受不施派と、宗内を二分する形勢を示していた。仏教諸勢力をその膝下に組み入れようとする宗教政策を展開した江戸幕府は、その成立の当初から不受不施弾圧に乗り出し、数十年を経てようやく全面的な禁教政策を完成させたのである。近世不受不施の歴史は、まさに連続する迫害と法難の歴史であるともいえたのである。

すなわち慶長五年（一六〇〇）、まず家康は不受不施の首唱者、京都妙覚寺当住の日奥を対馬に遠流した。寛永七年（一六三〇）には、幕府は池上本門寺日樹以下の不受不施派の碩僧らを諸国に分散配流し、その拠点であった京都妙覚寺・池上本門寺・中山法華経寺・小湊誕生寺、飯高・中村・小西の関東の三檀林などを、幕府に従った受不施派の身延久遠寺に与えてその支配にゆだねた。そして、さらに寛文五年（一六六五）から、不受不施弾圧をこれまでの大寺諸山から諸国に散在する地方末寺にまで拡大し、同九年に至って不受不施寺院の寺請証文の発給を全国的に停止し、檀家ともども不受不施僧俗の公民権を剝奪したのである。いわゆる不受不施の「寛文惣滅」であった。これ以後の不受不施は、一部は悲田宗（悲田不受不施派）として元禄まで生きながらえたが、その大部は秘密組織をもって、「かくれ不受不施」として明治に至ったのである。

石塔寺は、向日市域にある他の日蓮宗寺とちがって、近世初頭のころ、洛陽不受不施派の本拠、京都妙覚寺の末寺であった。のちに不受不施派の始祖とされた妙覚寺当住日奥が、家康・秀忠・家光の徳川三代の弾圧に苦難の道を歩んでいたころ、石塔寺当住の本行院日受は、陰に陽に日奥を外護し、不受不施を堅守して日奥に属していた。

そして寛永七年、前述のように本山妙覚寺は、幕命によって受不施派の身延久遠寺の支配するところとなったが、石塔寺はこの時点でも受不施には転じなかった。日奥直弟の本行院日受はすでに元和八年（一六二二）に入寂していたが、それでも石塔寺は、受不施に転じた本寺妙覚寺を見限ってこれに違背し、不受不施の法灯を掲げて苦難の道を歩み続けた。七世正教院日了、八世正行院日教、九世大領院日官の時代である。

ところで、当時の石塔寺は、寺院経営の形態において、鶏冠井村の村民に基盤を置いた両真経寺とは違っていた。石塔寺は諸国に多数の末寺を組織した、いわゆる中本山に成長していたからである。石塔寺の当時の末寺は想像を越えて多い。

すなわち、寛文惣滅の段階でその末寺の総数は実に三十三カ寺に達し、その内訳は備中に二十二カ寺、和泉に四カ寺、山城に三カ寺、丹波と伊賀と大和と河内に各一カ寺と、近畿一円にその末寺が分布していた。この末寺集団を率いて石塔寺は、寛永七年（一六三〇）から寛文惣滅までの約四十年間、不受不施弾圧の世潮の中で、なお毅然として不受不施の孤塁を守り続けたわけである。

だが、寛文九年（一六六九）の惣滅の嵐を避けることは、ついにできなかった。

当住の中正院日深は、江戸に下って幕府の寺社奉行のもとに出頭して、信ずるところを開陳した。そしてその結果、日深は悲田宗に転ずることを選択し、と同時に三十余の末寺を統べる独立本山たる寺格と、その寺基の安堵を受けたのである。しかしこれまでの不受不施本派から、この時点では幕府がまだ容認していた悲田宗（悲田不受不施）に変わることで、とにもかくにも不受不施の法灯を維持しつづけようとしたこの日深の努力も、結局のところは空しかった。幕府は、元禄四年（一六九一）からさらに悲田宗の禁教政策に踏み切って、不受不施余類の徹底的な弾圧に乗り出したからである。

世俗の政治権力に対する長く苦しい石塔寺の抵抗の歴史は、少なくとも歴史の表面から、元禄四年の時点で消え去った。ここに石塔寺とその末寺集団は、悲田不受不施の法灯をおろし、幕府公認の受不施派日蓮宗に転じることとなった。このとき石塔寺は、これまでの「無本寺」の寺格、すなわち独立本山の寺格も幕府によって剥奪された。石塔寺はいずれかの本山を選択しなければならなくなった。

しかし石塔寺は、このとき、いまは身延の支配下にあるかつての本山、京都妙覚寺のもとには帰らなかった。約半数の末寺を率いて、同じ日像門流の京都十六本山の一つである妙顕寺のもとに帰し、その直末寺となって幕末に至ったのである。

松ケ崎の法華宗と洛北の祭り

一　「妙法」の送り火と題目踊り

洛北の松ケ崎の地域は、いまでこそすばらしい住宅地域になっているが、古くは松崎荘、または松ケ崎村と呼ばれた洛外の農村で、村民たちは松ケ崎山の南麓に細長い集落を形成し、農業にいそしんでいた。ところが、この洛北の松ケ崎村は実に注目すべき歴史を秘めた集落である。

結論的にいうと、この村の住民は一人残らず日蓮宗の信者だったことである。すなわち、この村はいわゆる「皆法華」の村である。古くから洛外と呼ばれていた京都の近郊の農村は、集落全体の農民が念仏者であることが多かった。たとえば松ケ崎の隣村の上賀茂、下鴨、深泥ケ池も念仏の村で、ただ一つ松ケ崎だけが題目の村であるということだけでも、この村の歴史がただものでないことを語っている。いまでも松ケ崎の地域を歩いていると、道のそこここに、「南無妙法蓮華経」と刻んだ題目石が何気なく残っている。ここは題目の村であると、村の先住民たちが、他所からここに移って来た人に語りかけているようである。

松ケ崎村の住人がすべて日蓮宗に帰依した歴史は古い。宗祖日蓮の遺言によって、京都に日蓮宗を初めて伝えたのは、洛陽開山といわれる日像上人である。この日像上人によって村民すべてが題目に改宗したというから、鎌倉時代の末からこの村の「皆法華」の歴史は始まる。言いかえると、東国で始まった日蓮宗を西日本で最初に受け容れた村、それが松ケ崎村であると言ってもよい。

いま、毎年の夏八月、京都では「お盆」がやってくる。亡くなった父母や祖父母や先祖の精霊が、懐しいわが家にあの世から一年に一度、このお盆の間だけ帰ってくる。だから、京都を離れて遠くで暮らしている人も、先祖の鎮魂のため、お盆には生まれ育ったわが家に帰ってくる。日本民族が何世紀にもわたって培ってきた、これがお盆の風習である。昨日まで田畑を耕し続けたり、用水を開いてくれたりした先祖を、決して忘れることなく、先祖を深くうやまってきたのである。

短いお盆の間だけだが、先祖の精霊は、住みなれた村、住みなれた田畑、住みなれたわが家に戻ってくるものと、今日を生きる子孫は考えた。だが、いつまでも精霊がわが家に逗留されると困る。「孫、三日」といって、かわいい孫でも三日も逗留されると、じいさま、ばあさまもあごを出す。だから、お盆が終わると、精霊にはまたあの世へ帰ってもらわねばならない。亡者と生者が共存するための、ロマンに満ちた知恵である。精霊をあの世へと送る日、道に迷わないようにと、京都では家中や村の中を真っ暗にし、精霊が帰って行くあの世の方向を示して、周囲の山々に送り火をともす。今日、八月十六日の夜、総称して「大文字」と呼んでいるのがこれである。

精霊たちが帰るあの世、すなわち浄土は、彼らの生前の宗旨によって異なる。薬師如来の瑠璃光浄土に帰る人、大日如来の浄土に帰る人、阿弥陀仏の西方浄土に帰る人、それに釈迦如来と多宝如来が主宰する常寂光の浄土へ帰る法華の人もいる。精霊それぞれが帰るべき浄土の方向を指示して、東山には、「大文字」が、金閣の裏山には「左大文字」が、洛西には「鳥居」や「船」が、そして松ケ崎集落の裏山には、西の山に「妙」の字が、東の山に「法」の字が、江戸時代には旧暦の七月十六日の夜、今日では八月十六日の夜に、くっきりと輝いている。

松ケ崎の送り火のこの「妙法」の二字とは、日蓮宗の教説の根本経典、「妙法蓮華経」すなわち法華経のことである。「妙」の字は日像上人の書いた字、「法」の字は松ケ崎にあった大妙寺二世の日良上人の筆であると伝えている。

お盆が過ぎ去る最後の夜、松ケ崎山に輝く「妙法」二字の送り火は、皆法華のこの集落の送り火として実にふさわしい。日蓮の教説の世界では、浄土はこの世を遠く去って西方十万億土の彼方にも、また東方東海の億万の彼方にもあるものではない。娑婆即寂光の都といって、法華の門徒が行く死後の浄土は、この娑婆世界の中空の彼方、すなわちこの日本の国土の真上、はるか虚空のなかに、釈尊と多宝の二如来が主宰して存在する。

洛外農村とちがって室町時代の洛中の町屋区域には、日蓮宗がめざましく教線を張っていた。町衆の主流的な宗教は日蓮宗であって、洛中は「題目の巷」と言われた。遅くとも室町後期からは続いている京都のお盆の送り火のなかで、洛北の夜空に映える「妙法」の二字は、洛中洛外の法華門徒が、彼らの死後の聖域、常寂光土を洛北松ケ崎山の虚空に、洛陽開山日像が開いていると思い定めた結果にちがいない。「妙法」の山、つまり松ケ崎は、まさに法華宗門徒の聖地であるといえる。

この送り火の夜、松ケ崎では住民によって題目踊りが行われる。念仏の村で、お盆に六斎念仏が興行される例は日本の各地に多く残っている。だが、題目を基調にして、法華経の功徳を歌詞に折り込みながら踊り明かす題目踊りは、全国的にあまり残っていない。松ケ崎の題目踊りはこの点でも貴重な民俗芸能であり、ぜひ後世にも伝えられていかねばならないものである。

皆法華の村である松ケ崎には、かつては法華の寺しかなかった。いまの涌泉寺の前身である妙泉寺が、村人の信仰を集める寺として現在の松ケ崎小学校の場所に明治の初めまであった。そして、小学校の隣りのいま涌泉寺がある場所には、通称して「松ケ崎檀林」、すなわち本涌寺が建てられていた。檀林とは、江戸時代に仏教各宗が経営した僧侶の大学である。龍谷・大谷・佛教・花園・立正・大正などのいわゆる宗門系の今日の諸大学は、いずれも遠く江戸時代の檀林の系譜を引いて発展した大学である。松ケ崎檀林は、残念ながら明治以降、大学に発展しないで、大正七年（一九一八）廃檀の悲史をたどった。

だが、松ケ崎檀林の創立は天正二年（一五七四）のこと、各宗檀林の中でも群を抜いて開創は早い。初代の化主は日蓮宗きっての学僧、教蔵日生であった。それ以後、代々の化主は宗内の碩僧が招請され、秀れた能化が集まり、全国各地から所化が勉学のため入檀し、多くの学寮に寄宿した。日蓮宗学、天台教学、仏教学一般、さらに漢学、和学のカリキュラムが整備され、所化たちは鍛えに鍛えられた。多くの貴重な仏典や和漢の典籍が、かつてのこの檀林にいかに多く集められていたかは、今日、欧米を含んだ世界の古典籍の市場で、この檀林の蔵印を捺した貴重な典籍が発見されることでも、十分に偲ばれるところである。

松ケ崎には江戸時代、妙泉寺と檀林のほかに、いま一つ日蓮宗の寺があった。元和二年（一六一六）、本覚院日英が建てた妙円寺である。この寺は江戸の中期から、伝教大師作と伝えられる本尊の大黒天が、霊験あらたかであると洛中洛外の人々にもてはやされ、現世利益の寺として庶民の信仰を集めて急速に栄えた。妙円寺という正式の寺の名よりも、「松ケ崎大黒天」という通称でなじまれ、京都七福神めぐりの第一番目の札所となって、縁日には洛中洛外から参詣者が集まる。彼らは家内安全、商売繁盛など、それぞれ現世における願望を大黒天に託していた。

いま、八月十六日の夜のお盆の送り火である「妙法」の二大字、その夜に催される全国的にも珍しい「松ケ崎の題目踊り」の背後には、このような皆法華の村である松ケ崎の集落の、題目の歴史があったのである。

二　糺の森の神々とその祭り

いま、京都府立大学や植物園、洛北高校がある左京区下鴨といわれる地域は、遠く古代から京都市に合併されるまでの長い間、山城国愛宕郡下鴨村と呼ばれていた。村の中心は、なんといっても下鴨神社で、社殿はいまよりも広く、うっそうとした糺の森の中に鎮座していた。賀茂氏の氏神であるカモタケツヌミノミコトとタマヨリヒメを祀るこのお宮の正式の名は、賀茂御祖神社といったが、賀茂別雷神社を一般に上賀茂神社と呼んだように、この神社にもいつしか、下鴨神社という通称が生まれた。平安時代以来、この両社に対する朝廷の保護は伊勢神宮につい で厚く、また上下二社の祭礼や、朝廷からの奉幣や行幸などが同時に行われたことから、二つの神社を合わせて賀茂社と総称するようになった。

下鴨社は伊勢神宮に準じて、二十一年目ごとに朝廷や幕府の力ですべての社殿を建て替えたり修理したりする、いわゆる式年遷宮を行う由緒ある神社だったが、中世の戦乱期には中絶し、社殿は荒廃にまかせられた時代もあった。だが、江戸時代になると式年遷宮が再興され、二十一年目ごとというわけにはいかなかったが、寛永六年（一六二九）、延宝七年（一六七九）、正徳二年（一七一二）、寛保元年（一七四一）、安永六年（一七七七）、享和元年（一八〇一）、天保六年（一八三五）、文久三年（一八六三）と、遅れがちながら計八回の式年遷宮が行われ、社観は一新された。現在、本殿（国宝）は文久三年の造り替え、ほかに三十二棟の国指定重要文化財の社殿が、糺の森の神域に静かなたたずまいを見せている。

江戸時代、社殿の復興が成ると、元禄七年（一六九四）から幕府からの下行米によって、戦乱で中断されていた四月の中午日の御蔭祭、同じく酉の日の葵祭が再興された。

御蔭祭は葵祭に先立って行われる神事で、比叡山の山麓の御蔭神社に降臨した神霊を本社に遷す神事である。日本で最古の神幸列といわれて、天下に名高い。

いまは新暦五月の中旬に行われている葵祭は、供奉する人々の冠帽に葵桂を飾りつけるのでこの名称が起こったといわれるが、ともかく祭りの祭王を中心とする行列の優雅典麗さは、御蔭祭とともに、古く平安時代から官祭の白眉とされてきた。人々は見物のため、行列の道すじの至るところに桟敷をかまえたり、物見車で集まったり、雑踏をきわめる祭りでもあった。『源氏物語』にみえる有名な話、光源氏の正妻の「葵の上」と、愛人の「六条の御息所」との車争いの出来事は、この祭りの見物のため、互いによい場所を取ろうとして起こったものだった。

下鴨社の正面の参道は、糺の森の中央を通っている。この森の名前は、賀茂川と高野川が合流する河合の地、つまり只洲から起こったともいわれ、古くから河合の森とか、只洲の森と呼ばれていた。

だが、また一説には、只洲の意味は糺すに通じ、調べただすこと、たとえばもつれた日蔭の蔓をときほぐすようなことで、賀茂氏の氏神のカモタケツヌミノミコトが遠く遠く神代の昔に、この森の中で人々の争いを聞きただし、「くがたち」によって正か邪の判定を行ったという故事伝承から、この森の名が起こったともいう。『新古今和歌集』十三恋歌の部に「いつわりをただすのもりのゆふだすき、かけつつちかへわれを思はば」という歌がある。また『愚管抄』を著した天台座主の慈円の歌に、「名にしおへば浮世の人のいつはりを、ただすの宮にまかせてぞみる」とあるから、糺の森の神秘的なくがたちの伝承は、平安・鎌倉時代から古く社会に定着していたことになる。

この神秘に富んだ森は、また一方で、古代から心身を清める「みそぎ」の森でもあった。「ゆふ掛くる糺の森にみそぎして、千歳の秋の初めをぞ待つ」という『新和歌集』の藤原為家の有名な歌も残っている。

神聖にして神秘に満ちみちているこの森の至るところに神々が宿っていると、われわれのロマンに満ちた先祖たちは考えた。数十を数える大小の社殿がこの森の中にある。賀茂氏よりも古くからこの下鴨の地に住んでいた、出雲氏の氏神であるスサノオノミコトを祀る出雲井於神社（比良木神社）も鎮座する。この神は下鴨の地主神といってもよく、いまは本殿の南西にあって、社壇の下が井泉になっている珍しい社である。

森の中には、東側に泉川が、そして西側には御手洗池を水源にして御手洗川（いまは川床だけ）が南流していた。本殿の東の御手洗池を前にして井戸の上に鎮座する小社は、セオリツヒメノミコトを祀る御手洗社である。社での夏の土用の丑の日に行われる「足つけ」と、夏越の「矢取り」の神事は、参集する人々のさまざまな願いごとについて、招福除災と五穀豊穣、縁結びや安産などに霊験があると信じられて、今日でも真夏の京都の風俗の一つになっている。

森の中には神武天皇の母のタマヨリヒメ（下鴨社の祭神とは同名異神）を祀る河合神社もある。この神社の「河合禰宜」の職を世襲する社家に生まれた鴨長明が、後鳥羽上皇の支持があったにもかかわらず、一族の反対でついに禰宜職を嗣ぐことができずして遁世の道を選び、ひいては中世文芸の至宝『方丈記』述作の遠因になったともいう、文学史上の秘話をもつ神社である。

神々が宿るこの聖なる森も、近世になると次第に庶民の憩の森になっていった。その理由は、なんといっても森に宿る神々そのものの性格の変化だった。古代の神は、洛北の上賀茂・下鴨の地の支配者だった賀茂氏という氏族の先祖の神、つまり子孫の彼らだけを守る氏神だった。血縁的な神ともいえた。だが、中世から近世と時代が下るにつれて、森の神々は、その子孫である賀茂氏やそれに連なる朝廷だけを守る神から、神が鎮座しているこの地域において生活する住民全体を、氏子として守護するという、産土の神、つまり地縁的な神へと変わった。特定の氏族が独占する古代の神から、洛北地域の庶民の神への変化だったといえる。

こうして上下の賀茂社は近世になると、洛中洛外、さらに遠く諸国から上洛してきた一般の人々の崇信を集める神社になった。先述した御手洗社の「足つけ」や「矢取り」の神事に、大勢の京都の庶民が参加し、夏の庶民のみそぎの風俗になったのも、この一つの例であった。

糺の森も、中世から近世になると庶民に解放された。「御手洗の、声も涼しき夏蔭や、糺の森の梢より、初音ふり行く時鳥」と謡曲の『賀茂』に謡われ、また同じく『賀茂物狂』の中では、「賀茂の川波、糺の森の緑も夏木立、涼しき色は花なれや」という言葉が耳になじまれて、京都の夏の盛り、糺の森の中世はこのかた、庶民たちの納涼の場として有名となった。「糺の納涼」というのがこれである。

森の中には御手洗川と泉川が流れる。水は清冽で、真夏でも水の中に長く立っておられないほど冷たかったと、江戸時代の史書は言う。貴賤の男女はこの川筋に沿った森の中に思い思いに幕を張り、ござを敷き、果ては茶店のような店棚もでき、そこでは川水で冷やしたまくわ瓜や、心太《ところてん》が売られていた。神聖な森は、納涼と遊宴の庶民の憩の森へと変わっていた。森を西南に抜けると、そこは糺の河原である。賀茂川と高野川の合流点であるこの河原は、洛中から若狭街道へ抜ける大原口のすぐそばで、人々が集まり物資が交流する、賑やかな当時の京都の東北部のセンターだった。森の中での納涼は、夕方になると森からこの河原に移り、四条河原のように、ここにも水茶屋が建ち、夏の京都の風物詩にもなっていた。

糺の森と糺河原の納涼の場には茶店が建ち、人々が集まり、やがて当然のことながら、そこは庶民が楽しむ芸能の場ともなった。猿楽や狂言、幸若や曲舞や芝居が、森や河原に俄かに建てられた舞台桟敷で演じられ、千秋万歳や獅子舞、くぐつや猿廻しや鉦叩きが庶民の集まりの輪をつぎつぎと廻り、果ては相撲や軽業や手品が「仁義の衆」と呼ばれた顔役の仕切りもとで演じられ、人々の喝采を得ていた。

今日、何事もなかったようにたたずんでいる糺の森にも、糺の河原にも、神秘に満ちた神々の、近世の庶民の納涼の、そして人々をなごませた、さまざまな庶民芸能の舞台となった歴史が秘められているのである。

三　門前の名物

全国的な視野でみると、江戸時代中期の十八世紀ともなると、前代から盛んになりつつあった庶民の神社仏閣への参詣の風習が急速に発展し、かつ全国に普及した。信仰もさることながら、庶民の生活が向上し、余裕ができ、いまでいう多分に観光的な意味合いをこの風習はもっていた。そして社参仏詣の爆発的ともいえる流行の中心は、名社・大寺が集中した京都だった。いいかえると、江戸の中期以降、京都の有名な神社仏閣は、京都の人だけのものではなくなった。日本民族全体の、一生に一度はお詣りしてみたいという、いわば全国区の名神や名刹となっていった。十八世紀以降、いく種類もの京都の『名所図絵』や社寺の案内記が大量に出版され、全国で売られた。折りたたむと懐中にでも入るような京都の名所めぐりの地図が、また大量に出版されるようにもなった。

曼殊院、実相院、三千院、鞍馬寺、貴船神社、峰定寺、松ケ崎大黒天、上賀茂神社、大徳寺、大田神社、下鴨神社と、洛北には有名な神社や仏閣が集中する。これらの社寺は、洛中洛外の人はもとより、諸国から上洛した参詣者で江戸中期から急速に賑わった。

参詣者が増加すると、門前や境内に茶店が出張り、また名物が生まれた。逆にいうと、参詣者は信心だけでやって来るものではない。信心も信心だが、門前の名物の、酒や料理やうどんや菓子を食べることを楽しみにやって来る。

こうして京都の有名な社寺の門前や境内には、名物と呼ばれた門前の特産品が生まれた。門前名物の出現には、喫茶もつきものである。いや、名物の発生よりも門前の喫茶のほうが古いかもしれない。

中世末から近世初期にかけて制作された『洛中洛外図屏風』やいろいろの『風俗画屏風』を見ると、社寺の門前や人々が群衆するところには、必ずと言ってよいほど一服一銭が出ている。茶一服を永楽通宝一枚で飲ませるものである。天秤棒の片方に大きな茶釜、いま一方に茶碗や茶筅を容れた大きな籠や桶などを担いで、適当な場所を見つけて荷物をおろして客を待つ。もちろん茶は粉茶で、茶筅でこれを点てる。一服一銭は今日ならば、移動式の喫茶店といえる。上下賀茂社や今宮神社など、洛北の名社の門前にも一服一銭があちこちに出ていた。喫茶が始まると、菓子や茶うけはつきものである。

洛南や洛東や洛西に、清水寺のやき餅、稲荷の染団子、東山大仏の大仏餅、北野の真盛豆と長五郎餅、愛宕詣の愛宕粽など、門前の名物が喫茶の風習とともに近世の京都の街で喧伝された。

洛北の社寺でも、門前の名物として今日まで参詣者を喜ばせているものも多い。松ケ崎大黒天では門前名物のせんべいは姿を消したが、参詣者に出された茶うけの菜の花漬が、いまもこの地域の特産となっている。大原・八瀬・岩倉・鞍馬の社寺の門前や参拝路では、木の芽や蕗の煮物、野菜のしば漬が売られていた。

上賀茂ではやき餅とすぐきが名高い。やき餅は清水寺の門前のそれとともに、江戸時代初期から有名だが、古くは双葉餅と呼ばれていた。昔のやき餅が現在のように餡が入っていたかどうかなど、いまと同じものだったとは考えにくい。だが、「酢茎菜《すぐきな》」「賀茂菜《かもな》」の名前で史書に登場するすぐきは、上賀茂や深泥ケ池の村々で作られた保存食用の漬け物で、作られだしたのはやき餅よりはるかに古い。形も質も今日とあまり変化はなかったと思われ、洛北の名勝・史跡を逍遙する人々が一服するとき、いまも昔も絶妙の茶うけや土産となっている。

古い門前の茶店の姿やその菓子を比較的古風のままで伝えているものに、やすらい花の祭りで有名な、今宮神社の門前のあぶり餅がある。東参道に向かい合って二軒の茶店があり、店の前の細長い四角な爐の炭火で餅が焼かれる。竹串の先にきな粉をつけて餅を差し、一度に十本ほどまとめて、京都風の甘味噌をつけて、炭火であぶってできあがる。黒くこげたり、灰がついていたり、茶店の床几に腰かけて手軽に食べるあぶり餅の味は、いかにも野趣に富んでひなびたものである。

下鴨神社の参道の茶店で売られていた御手洗団子も、『毛吹草』という寛永十五年(一六三八)に編集された書物にその名前が見えるから、作られだしたのはさらに古く、おそらく中世にさかのぼると考えてよいだろう。もっとも、昔の団子の姿や味わいがいまもそのまま伝わっているかどうか、保証の限りではないけれども、近世前期の有名な俳諧師、西山宗因の句に「みたらしや、きのふは吾妻の十団子」とあるので、昔も串に連ねられていたことだけは確かである。

一般的に言って、菓子や茶うけや酒の肴のなかで、団子や餅や漬け物や味噌などは古風なものである。起源は古代・中世にさかのぼり、近世から近代にかけて趣向をこらして変化させ、名物として今日に生き残っている。洛北の名産物であるいろいろの漬け物、門前名菓のやき餅や団子は、今日では江戸時代のように特定の営業者による独占的な製造や販売という形態は消え去って、広く自由に作られ、味も形も工夫され、かつ伝統は残しながら、洛北地域の名産物として、全国の人々に馴染まれるようになっている。

桃山の法華文化

一　洛中は題目の巷

法然が開いた専修念仏の浄土宗、親鸞の浄土真宗、一遍房智真の遊行時宗、栄西や道元が伝えた南宋の禅などの鎌倉新仏教と呼ばれる庶民的仏教諸宗派のうちで、日蓮を開祖とする法華宗（日蓮宗）だけは、ただ一つ東国社会のなかで生まれ育った宗派であった。たとえば、法然・栄西・道元・親鸞・一遍らは、いずれも都の公家か、瀬戸内の先進諸国の豪族の家に生まれ、陰に陽に生家一族の支援のなかでその宗教活動を行っていた。だが、日蓮は違っていた。彼は東海の、安房の小湊という海浜村落で生まれ、修学時代こそ一時は畿内に遊学したが、立教開宗した場所も、またその後に弘通したところも、すべて東国であった。坂東で生まれ、坂東の言葉で話し、坂東の社会のなかで、自己の思弁を展開させ、一つの宗教体系にまで止揚したのが、日蓮の教えであったといえる。だから、弘安五年（一二八二）冬の十月、日蓮が武蔵池上郷の池上宗仲の館で六十一歳の人生を閉じたとき、彼の教えは、都はもとより、西日本へはまだ伝えられていなかった。

身延での晩年の日蓮の膝下で少年期を送った日像が、師の遺命に従って、帝都での布教を志し、鎌倉を出て佐渡・北陸を経て、京都に弘通の第一歩をしるしたのが、日像の付弟である大覚の書状によると、永仁二年（一二九四）四月十四日の寅の刻であったという。日蓮の立教開宗の建長五年（一二五三）から数えると、日蓮の教えが初めて京都に伝えられるまで、そこには四十余年の長い歳月が過ぎ去っていたのである。

確かに日蓮の法華宗は、事を京都での弘通という一点にしぼると、ほかの新仏教諸宗に比べて、最も遅れて弘通を開始し、またその教えそのものも、東国の土壌のなかで形成されたものという点で、都の人々に最も馴染み薄いものであったといえるかもしれなかった。

だが、事実はどうだったろうか。結論からいうと、最も遅れて京都で布教を開始した法華宗が、応仁の乱後から近世初頭の安土桃山の時代のころ、すなわち十五世紀後半から十七世紀初頭の時代、京都の町衆社会の支配的な宗教へと成長していたのである。だが、法華宗がここまでたどった歴史の道は、決して容易なものではなかった。

洛陽開山と宗内でのちに讃えられた日像は、洛中で弘通すること約半世紀、山門を中心とする他宗の酷しい弾圧迫害のなかで、その拠点として妙顕寺を開き、有力な町衆檀越を確保して、洛中で確固たる寺基を築いた。この日像のあと、室町時代を通じて、東国から不惜身命の覚悟に燃える傑僧たちがつぎつぎと上洛し、刻苦精励して不屈の弘通を洛中で行った。彼らは信者を獲得し、小庵を構え、やがてそれが寺院へ、さらにその寺院が地方諸国に末寺を建立し、それぞれ門流の本山へと成長するという歴史をたどった。

こうして室町時代は、京都ですさまじい勢いで法華宗が伸びた時代であった。だが、ほかの宗派は事情がちがった。応仁文明の大乱に始まる中世末の戦乱期、荘園領主でもあった真言や天台の大寺院、室町幕府の官寺の立場にあった臨済五山の大寺院は、公武政権の衰退とともに、戦乱の中で兵火や略奪の被害を受け、あるいは衰微し、あるいは法灯を断っていく趨勢にあった。室町後期の京都の諸宗衰微という激流の中で、法華宗の寺院だけは、焼かれても、略奪されても、破壊されても、焦土の中から復興されてくるという、不死鳥のようなエネルギーをもっていたことが、当代京都法華宗の大きな歴史的特色となっていた。

だが、不死鳥であったのは、なにも法華宗の寺院だけではなかった。京都という都市自身が、戦禍の中から常によみがえってくる不死鳥のような都市だった。室町時代の京都は、公武政権が所在する「都」という政治都市の枠の中だけにおさまる都市では決してなかった。絹織物と各種の手工業が発達し、その原材料は全国各地、遠く海外からもこの都市に搬入され、また各種の製品は、諸国の地方領主層を中心とする需要者たちの手許へ、いろいろの流通ルートをたどってもたらされた。端的にいうと、京都は中世日本の商業と手工業を支配する中央市場そのものであった。それだからこそ、京都はいくたびかの戦禍の中から、常に商工業の力を挺子にして復興をなしとげ、また幾十万という驚くべき多数の住民を、この時代を通じて保持しつづけたわけである。

不死身ともいうべき卓抜したこの都市のエネルギーの源泉は、天皇や将軍を中心とした、一群の公家衆や武家衆にあるものではない。それは、この都市の商業と手工業生産を支配し、日本経済の中央市場を形成した、町衆と呼ばれた商人や工人たちであった。町衆こそ、中世後期の京都で、商工業の都市としての生命を維持する真の実力者であった。

この時代の京都で、諸宗衰微の潮流の中で、法華宗だけが寺運隆盛となった理由は、まさにこの点に関わっていた。法華宗が町衆たちの心をつかみ、その生きる心の糧となり、彼らの絶大な支援を受けていたからである。

応仁文明の乱の直前にあたる寛正六年（一四六五）、「京中は半ば法華宗」と評された史料がある。洛中の町屋区域は、住民の半分が法華宗だという意味である。また応仁文明の乱のあと、関白九条尚経はその日記に、法華宗の繁栄する様子を「文明の乱以後、京中に充満す」と書き残した。京都の町衆社会を風靡した信仰、それは日蓮が創設した法華信仰であったことがわかる。

こうして、室町末期の十六世紀、洛中では妙顕・本国・本能・妙覚・妙伝・本法・立本・頂妙・妙満・妙蓮・本満・本隆・本禅など、京都法華宗二十一本山と呼ばれる諸本山が出現した。大徳・妙心・南禅・東福・仁和・大覚・妙法・清水・醍醐などの禅・天台・真言等の他宗の諸大寺が、洛外といわれた当時の京都の郊外に位置していたのに対して、法華宗のこれらの本山は一つの例外もなく、北はほぼ鞍馬口、南は九条の東寺口、東はいまの寺町、西は大宮通のあたりを限りとする、洛中といわれた区域に位置していた。これも、法華宗寺院が町衆とともに生き、ともに成長した宗教だったひとつの証左である。

こうして戦国時代のさなかの天文元年（一五三二）、「京都に日蓮宗繁昌して、毎月二箇寺、三箇寺宛寺院出来し、京中大方題目の巷となる」とまで書き残されるようになった。題目の声が町々や辻々に満ちあふれた街、それが戦国の京都の姿であったといえる。

二 彫金後藤の法華一乗

近世初頭のあの絢爛豪華な桃山文化は、その享受者はともかくとして、その創造の中心舞台は、なんといっても京都であった。数々の名品を生み出した大部の職人芸術家もまた、京都の町衆であった。絵画の狩野一族や長谷川等伯や俵屋宗達、書道と蒔絵における本阿弥光悦・山本春正・尾形乾山たち、作陶における楽一族や乾山、それに金工の後藤一門、これら桃山芸術を代表する作家たちはいずれも京都の町衆であって、もしもこれらの町衆作家を欠いたなら、あの桃山芸術はこの世に出現しなかったともいえるだろう。

では、中世末の京都の町衆社会の大きな潮流であった法華宗の信仰は、これら町衆芸術家の活躍の中に、どのように投影されていくのであろうか。彼らが、その町衆社会で主流となっていた法華信仰という心の境地と全く無縁の次元で、あの創造性豊かな桃山の美意識を形成するはずはないからである。

たとえば、このころ京都の三長者といわれた有力町衆の一家、彫金の後藤の家がある。家祖は東山時代の彫金の名手であった祐乗であり、以後、彫金が家職となった。この後藤家は近世初頭、宗家の四郎兵衛家のほか、嘉兵衛・七郎兵衛・理兵衛・勘兵衛家などの数家に分かれ、それぞれ広壮な拝領屋敷を構えて、上京の清蔵口の付近に軒を接して住んでいた。

当時の家職とは、一代で築いたり、一代で終わる職業をいうのではない。同苗の一族のすべてが数代にわたって世襲し、従事した家伝の職業であって、かつ製品や職業上の目利や信用が、権威あるものとして世間から広く定評を得たとき、その家職が成立する。家職は、時には公武の政権から独占的権益を保障されたり、あるいは権門名家への御用出入を許されたり、時には「天下一」「天下の名誉」の尊称を与えられることもある。

彫金といってもその範囲は広い。近世の初め、彫金後藤の家職は大きく分けて三つあった。一つは目貫・笄・小柄という刀剣装具の彫金仕事である。世に後藤の三所物として名高く、家祖祐乗以来、後藤一族は、天皇家・公家・足利・織田・豊臣・徳川をはじめ、有力武将のため、この刀剣装具の御用をつとめていた。

刀剣装具の彫金細工は、刀剣装具史の上で桃山時代が全盛期といわれる。すなわち、焼付鑞の新手法の開発で、細かい色絵の細工ができるようになって下絵が採用され、桃山絵画の自由で華麗なデザインが目貫・笄・小柄の、あの限られた小さな空間に彫金され、装飾性豊かな桃山の刀剣装具が発達した。細工工程はいくつもの専門的な分業段階に分かれ、《後藤衆》と呼ばれた後藤同苗の人々が下職人を従え、細工技術を独占し、多くの名品を生み出した。宗家四代乗信・五代光乗・六代徳乗などの名手が現れ、一門は桃山彫金界を代表し、これを支配したのである。

家職の第二は、この彫金技術を応用して近世初頭の大判鋳造の御用をつとめ、検定極印や墨書を行ったことである。徳乗に始まる織豊両家の大判金、徳乗・長乗兄弟による慶長大判・大仏大判がそれである。第三の家職は、天秤・分銅とその検定極印の製作であって、それは世に「後藤判形天秤」といわれている。

こうした家職を独占世襲して、「後藤衆」は京都町衆社会で二長者の一家へと成長したのだった。しかし、家職の名誉の保持は一族の団結の有無にある。団結が弛緩して、営々と幾世代を経て築き上げた技術がもしも他所にもれると、家職の名誉はたちまち危機に直面する。家職の名誉は、技術がその一族に独占され、他家に閉鎖されたときのみ、初めて存続できるものだからである。だから、後藤家にはすでに桃山期、一族が成人すると署判する家の掟があった。

その中の一条に、一族の信仰を日蓮宗とし、さらに一族の菩提所を京都の妙覚寺と定め、他宗の信仰を固く禁止した一条がある。子々孫々、彫金の家職に従事する限り、彼らは一人の例外なく、日蓮が創始した法華信仰をたもたねばならない。後藤彫金のあの華麗な作品のかげに、日蓮教説の世界が秘められていたということになる。

事実、後藤一族の法華信仰は強信だった。家祖祐乗の忌日である毎月七日、一族は宗家に集まって彫金の鑑定に当たったが、そのとき掲げられる祐乗の肖像画の中央には、墨痕鮮やかに「南無妙法蓮華経」の題目が書かれていた。彼らの作業は、家祖と題目の真前で行われたことを意味した。いまに残る後藤一族の墓石には、すべて「題目」の七字か「妙法」の二字が刻まれ、彼らの法華信仰を偲ばせている。後藤衆は家祖の祐乗以来、家職に従事する人は、相当の年齢になると法体となって入道名をつけた。法華宗の在家強信者の当時の風習だった。彼らは一人の例外なく、光乗・徳乗など「乗」を一族法名の系字とした。この系字の「乗」はどこに由来するのだろうか。これは明らかに、彼らの信仰「法華一乗」からきたものである。彼らの団結は、現世だけではない。法華信仰は、現当二世の果福を約束する信仰である。現世では一族は題目の旗印で団結し、来世では法華の浄土、常寂光の霊山浄土にともに成仏するという現当二世の団結が、妙覚寺門流の強信集団、「彫金後藤家」の姿だった。

三　法華の絵画

彫金の技術は、その図柄の下絵・色彩など、もとより絵画に関係する。桃山絵画を代表する狩野一族は、彫金後藤と家職を通じて、きわめて近い関係にある。

狩野氏は初代正信が将軍御用をつとめて画名高く、その子、古法眼元信、雅楽介之信に至って諸流の長所を集めて渾融調和し、いわゆる狩野派の画風を大成したといわれる。桃山時代、この狩野家に松栄直信、永徳・秀信・長信・光信・孝信と、相続いて史上に著名な名手を輩出した。山水・人物・花鳥・風俗と、その画題は豊富であり、障屏画や肖像画や絵巻物などの分野において、朝廷や幕府や諸大名、さらには社寺や豪商町衆たちのために、絢爛たる作品をつぎつぎと世に送り出したことはよく知られている。

彼らもまた、上京の狩野図子の宗家を中心に数家に分かれ、それぞれ広い屋敷を洛中に構えて、一族一団となって絵画の制作の家職に当たっていた。

この狩野一族も、後藤家と同じく、実は京都妙覚寺の大檀那だった。彼らも一族すべて法華宗の信者である。いま、妙覚寺の墓地の一隅に、古法眼元信、その子、松栄直信、さらに永徳、孝信、貞信、安信、時信と、彼らは静かに眠っている。

信仰と菩提寺が共通で、ともに町衆の名家であり、家職も密接にからまると、後藤と狩野の間に婚姻はおのずから生まれてくる。はたして両家の家譜を紐解くと、元信の妹は後藤二代乗真に嫁し、この二人の間に生まれたのが、彫金名手の光乗である。こうして、乗信、光乗からの後藤三所物の下絵は、元信や永徳など狩野の画家が描き出し、後藤彫金の意匠は狩野派絵画の影響下に成立する。

妙覚寺の町衆檀越で桃山芸術の主流的立場にあった家は、この両家だけではない。ほかに茶碗屋の楽、蒔絵の山本春正の家がある。

楽焼は利休好みとして、初代長次郎によって茶の湯の茶碗を主に焼き、桃山期の京都に生まれた新しい焼物である。今焼とも、聚楽焼とも、宗易形茶碗とも呼ばれたというが、この楽の初期の作家の一人である長祐、二代常慶、三代道入という桃山陶芸界を代表する名工たちは、いずれも妙覚寺の檀越として法華信仰に入り、それから今日まで、楽の家は同寺を菩提所としている。

山本春正、通称は次郎三郎、晩年には舟木軒とも号し、和歌を長嘯子、また貞徳に学んで、桃山京都の歌壇にその名を知られたが、なによりも家業の蒔絵にすぐれ、その作風は優麗にして気品に富み、世に春正蒔絵と呼ばれて、桃山蒔絵の高峰であったことで名高い。この春正も、強信の法華信者で、天和二年（一六八二）世を去ったが、同じ信仰の妻とともに、生前から永眠の地を妙覚寺に定めている。

蒔絵や陶芸というと、活躍期はやや降るが、光琳と乾山の兄弟の名も忘れられない。兄弟の生まれた尾形家は代々京都の町衆で、祖父の宗柏のころ雁金屋と称して染織業、さらに崇源院（秀忠夫人）、淀君、東福門院の呉服御用をつとめた名家である。

この尾形家も光琳の曾祖父道柏から一族すべてが法華宗に帰依して、妙覚寺に南接する妙顕寺を菩提寺とした。

しかも、尾形一族の信仰は在家としての信仰の域を脱して、一族の中から法華宗の高僧があらわれるほど強信だった。京都法華宗本山の一つ、頂妙寺の住持日意は、光琳兄弟の大叔父、また尾形一門が帰依した妙顕寺十三世に晋住した日饒は兄弟の叔父であり、この日饒が開創した同寺の塔頭の興禅院が、やがて尾形一門の菩提所となったのである。光琳・乾山の華麗・典雅な作品は、このような濃密な法華信仰という精神的な土壌の中から生まれてきたものだった。

四　光悦と等伯

この光琳兄弟の芸風の系譜をたどると、そこに光悦がいた。光悦というと、光悦様といわれる書、光悦本で知られる出版、さらに光悦茶碗、光悦蒔絵、光悦の茶の湯と、その芸術活動が実に多彩であり、彼は桃山文化の全盛期を生き抜いて、寛永十四年（一六三七）、八十余歳の高齢で世を去って行った。

だが、光悦の本業は別である。生家は町衆の名家本阿弥で、一門は本阿弥三事といわれた、刀剣のとぎ、ぬぐい、目利を家職とした。光悦のころ、本阿弥図子に住む宗家のほか、一族は数家に分かれ、洛中にそれぞれ広い拝領屋敷をもち、すべてこの家職に従っていた。光悦をはじめ一族は、すべてが法華宗の信者であり、有名な「なべかむり日親」を開山とする本法寺を菩提寺としていた。

本阿弥も彫金後藤と同じく、一族すべて家職に従う人は「光」の字を例外なくつけた。光悦、光瑳、光甫などの名がそれであり、この名前は在家強信の法華信仰の人が生前に剃髪して法体となり、そのとき師の僧が与えた、いわゆる入道名である。彫金後藤衆が「乗」を入道名の系字としたのと同じく、本阿弥は「光」を系字にしたのである。

同じ仕事、共通の法名、同じ先祖、同じ信仰、同じ菩提所となると、一族の団結は強まり、彼ら家職集団の存在と栄誉は、いやがうえにも世間一般から特別に権威ある存在として印象づけられる。彫金の後藤、刀剣の本阿弥、絵画の狩野、茶碗の楽、春正蒔絵の山本という、桃山芸術をになう京都町衆の家職集団は、このような仕組みの中に生きていた。法華信仰は家職の存続と、実は密接不可分のものであったのである。

光悦をはじめ本阿弥一族の墓は、いま本法寺と洛北光悦寺の境内にあって、墓石にはすべて題目が彫り込まれている。一人の異端者もなく、光悦時代の本阿弥一門が、後藤・狩野の家と同じく、すべて法華宗の信者であり、彼らの後世での楽園、霊山浄土への再誕を確信して永眠していることは、実に驚くべきことである。

光悦と同じころ、本法寺の塔頭教行院を宿坊にして、かの長谷川等伯がいた。等伯は能登の七尾の人、本法寺の末寺の七尾本延寺の檀越で、教行院はこの線から彼が京都で仮寓した宿坊である。桃山の京都画壇でゆるぎない地位を築いていた等伯は、光悦ら本阿弥一門が崇信した本法寺住持の日通上人に対して、これまた深く帰依して親交した。世に著名な『等伯画説』は、日通が折にふれて等伯から聞いた、画事関係のことを筆録したものである。

この等伯は、生前すでに「日妙」という日号をもっていた。在家信者に対する日号の授与は、没後に、その師の僧が戒名として与えるのが当時の通例だった。生前の授与は例外中の例外であって、その場合は本山の貫主が卓越した在家強信者に対して、とくに補任状を発給して許すもので、信者としては大変な名誉だった。等伯はこの名誉に浴した。おそらく、日通から許されたものだろう。

光悦の法華信仰は、日蓮の教えの原点である日蓮御書を、数多く筆写して理解するという段階まで到達していたが、等伯も日蓮御書の断簡、また本法寺開山日親の本尊曼荼羅を身辺から離さず所持して崇拝し、のちに悲父母のためにこれを本法寺に寄進した。また等伯は本法寺貫主だった日堯、日通両上人の肖像を描き、さらに慶長四年（一五九九）、本堂落慶にあたって等伯自らが願主となって、精根こめて涅槃図をかきあげて本法寺に寄せている。縦八メートル以上、横も五メートル以上、紙本濃彩色で、江戸時代から今日まで有名な等伯筆本法寺大涅槃図が、これである。

このようにみてくると、京都の町衆社会を母胎にして創造されたあの豪壮、華麗な桃山の芸術は、絵画、彫金、蒔絵、陶芸など、その多彩な分野で活躍した多くの町衆芸術家たちの精神の基調に、中世末から彼らの社会の主流的信仰になっていた、日蓮の説いた法華信仰が存在したことがわかるだろう。

これは、言いかえると、桃山文化の基本は法華文化であったということもできるだろう。文化の本質が法華信仰にあるとすると、日本の文化史のうえで、明らかにそれは新しい時代の到来であった。したがって、桃山芸術の世界からは、古代中世の芸術界を風靡した、来世救済の願望を濃く秘めた浄土教の美の世界は全く影をひそめている。また、中国情趣豊かにして、捨象のなかに、自己が到達した心の境地を表現しようとして形成される、あの禅の造形美の世界とも全く異質なもの、それが桃山芸術の美の世界であったといえる。

最後に、では法華信仰を基点に開花する美の世界とは、どのようなものだろう。その特色の一つだけをここにあげるとすると、それは来世救済の願望を秘めたような、仏教的色彩に包まれた美の世界では絶対にない。人々のいまの生活の意義を、また、さまざまなその欲望を、正面から肯定し、それを造形美に止揚する世界である。大胆にいうと法華芸術とは、現世謳歌の美の世界である。

日蓮教説の特色の一つに、現当二世の救済がある。日蓮は自己の創始した教説を後世菩提の宗教であると繰り返し信者に説いたが、と同時に、現世における即身成仏、立命安心の境地への到達こそが法華経の功徳であるとも説き続けた。在家民衆の現世での救済こそ、日蓮教説の全体を貫く大きな特色となった。現世は厭離すべき穢土ではなく、正法（法華経）を広宣流布して、そこに妙法が満ちみちた常寂光の安国の世界を樹立すること、これを『立正安国論』以来、日蓮は教え続けた。在家の民衆は正法を受持し、専一唱題する限り、その日常生活において、酒を飲むことも、金銀を求めることも、名誉や富貴を追求することも、商いや農業も、また「せんだらの子」と日蓮自らが自称するように、殺生を生業とする武士や猟師の生活も、その意義が認められた。病気ですら、法華経の功徳で克服できるものと説かれた。

桃山町衆が模索し、創造しつづけた造形美の世界は、これまで無視されてきた在家民衆の多様な日常生活を、さまざまな欲望を、あるいは画題に、あるいは彫金の分野に、さらに文芸のなかにさえ取り上げて、美の対象に止揚した。現世謳歌の活気に満ち、日常の庶民の姿やありふれた風景が、造形美の堂々とした対象となって活歩する時代が、ここにあった。これこそ、まさに日蓮教説に照応する美の世界ともいうべきもので、桃山文化は、この点からも法華芸術と呼んで差し支えないように思えてならない。

応永の法難と法華宗の「かくれ里」知見谷の歴史

一　はじめに

応仁の乱後から近世初頭の安土桃山の時代のころ、すなわち十五世紀後半から十七世紀の初頭の時代、京都の町衆社会の支配的な宗教は、日蓮が開いた法華宗（日蓮宗）であった。十五世紀中頃「京中半分法華宗」と評され、また十六世紀前半には「京中大方題目の巷」と謳歌されたこともある。洛中の町屋地区には法華宗諸本山が林立し、法華信仰に基づく現世肯定の法華の美意識が町衆文化を彩ったのも、この時代のことだった。だが、このような法華宗の隆盛は、平坦にして短絡的な歴史の道程でもたらされたものでは決してなかった。

鎌倉新仏教といわれる仏教諸宗のうちで、日蓮を開祖とする法華宗（日蓮宗）だけは、東国社会の土壌の中で生まれ育った宗派だった。弘安五年（一二八二）の冬十月、日蓮が武蔵池上郷の池上宗仲の館で六十一歳の人生を閉じたとき、彼の教えは都はもとより、讃岐を除いて、西日本へは未だ伝えられていなかった。身延日蓮の膝下で少年期を送った日像が、師の遺命に従って帝都弘通を志し、鎌倉から佐渡・北陸を経て京都に弘通の第一歩をしるしたのが、日像の付弟大覚の書状（妙顕寺文書）によると、永仁二年（一二九四）四月十四日の寅刻であったという。日蓮の立教開宗の建長五年（一二五三）から教えると、日蓮の教えが京都に伝えられるまで、そこには四十余年の歳月が過ぎている。

以後、日像は洛中で弘通すること約半世紀、洛陽開山と宗内で讃えられ、その拠点とした妙顕寺（のち妙本寺）は檀越町衆らに支えられて、洛中に確固たる寺基を築いた。日像の弘通成果に刺激され、日静・日尊・日什・日陣・日禅ら、関東諸門流の俊秀が相次いで上洛弘通をとげ、それぞれ洛中に寺院を開き、十五世紀前半には中央宗教界に、法華宗は無視し難い地位を確保するに至っている。その証拠には、専修念仏者らの他宗から、時には院政そのものから、法華宗に対する非難と弾圧が次第に厳しくなっていた。これらの弾圧者のうちでも、最も強大でかつ執拗に、題目弘通の正面に終始立ちはだかったのは、なんといっても山門だった。そして、山門のこの時期の攻撃の焦点は、洛中法華宗勢力のうちでの最強門流、像門の拠点である妙顕寺に対してであった。妙顕寺はいくたびか、山徒の実力行使で破却された。嘉慶の法難、応永の法難——これらの法難を乗り切って、室町後期からの京都法華宗の隆盛は、初めてもたらされたものである。

ところで、北桑田郡美山町の東北部、旧知井村の地域を八ケ峰の南麓から発した知見谷川が南に流れて、由良川に合している。京都府・福井県・滋賀県の三県々境の山岳に囲まれて、いくつかの山間集落が知見谷川の川畔に形成されている。中世には「知見」、あるいは「知見谷」の名で登場する集落で、当時は丹波国知井荘の荘域に属していた。北へ山岳を越えると、そこは若狭遠敷郡であり、都へは南方に約十里の距離を隔てている。

このささやかな調査報告の目的は、発展途上にあった京都法華宗に大きな衝撃を与えた応永の法難について、この知見谷地域がどのように関係し、歴史的役割を果たしたかを考察し、あわせて中世における京都と丹波との、宗教・文化の交流のあり方を瞥見しようとするものである。

二　応永期の妙本寺の宗風

醍醐三宝院門跡の満済の日記、応永二十年（一四一三）六月二十五日の条をみると、

法華堂坊主被レ補二僧正一云々、山門致二嗷訴一、放二遣犬神（人）□以下宮仕等一、令レ破二却法華堂一畢、自二早朝一、祇園社ニ□鐘ヲ□大□日也、

とみえる。満済はこのとき大僧正、醍醐寺座主を兼ね、室町幕政に深く関与していた。またこれと同じ日、山科教興の日記[1]には、

三条坊門堀河法花堂長老、去比任二僧正一、雖レ然先規無二其例一トテ、山門ヨリ公方へ伺申、□堂長老坊ナト、如二犬神人一皆以令レ発、破却畢、長老其外法花堂者共皆々逐電云々、

とみえている。

この二つの記事こそ、京都の法華宗を襲撃した応永の法難についての、確実な史料のすべてである。法難の中心となる満済のいう「法華堂」とは、教興によって「三条坊門堀河法花堂」であることが確認できる。では、この法華堂の正式の寺名はなんだろう。結論からいうと、この法華堂は妙本寺のことである。妙本寺は日像開創の妙顕寺がのちに改名した寺号である。この法難の約二十年以前の明徳四年（一三九三）七月、足利義満は妙顕寺四世日霽に宛て、押小路以南、姉小路以北、堀河以西、猪熊以東の地を寄せ[2]、日霽はここに、妙顕寺を妙本寺と改称して再興造営に着手した。造営は順調に進行したらしく、応永二年（一三九五）、義満から足利将軍家の祈禱所の指定を受け[3]、ついで応永五年（一三九八）、義満は夫人西御所の勧めによって、管領畠山基国、中山親雅、山城守護結城

満藤らを従えて当寺に参詣、(4)同年十二月、義満は本主妙香が日霽に寄進した摂津仲村南北両村以下の寺領安堵を行っている。(5)さらに同六年(一三九九)十二月には、後小松天皇からも「為当寺已数代之勅願」と、勅願寺の指定を受けている。(6)この日霽が造営した妙本寺の寺地の南北結界は、前述のごとく姉小路と押小路である。とすると、その中心の東西線は、まさに三条坊門通に当たることとなる。

こうして、応永の法難で祇園犬神人らによって破却された「三条坊門堀河法花堂」は、日霽による明徳度復興の妙本寺であったことが確認できるのである。

ただし、日霽はすでに応永十二年(一四〇五)入滅し、応永の法難の時点で当寺の貫主職にあったのは、日霽の法嗣の具覚月明であった。法難の原因は「法華堂坊主被補僧正云々」と、すでに先学も指摘されているように、(7)この月明の僧正任官にあった。

月明は太政大臣三条実冬の四男で、(8)日霽の門に入り、応永十二年、師の入滅後、わずか二十歳の若さで妙本寺貫主職に晋んでいる。彼がこの異例の若さで洛中随一の法華宗の大刹の住持に抜擢された理由は、貴族出身という俗姓の高貴さ、その出自にふさわしい彼の能力、さらには「当寺眉目也」(9)と評された秀麗な容姿などが相俟ってのことだったに相違ない。そして、このような貴種性が抜擢の理由になること自体、坂東の社会の中で生まれ育てられてきた初期の法華宗教団が、伝統として保持していた猛々しさや野性を、当期の京都法華宗が急速に失って、洗練された都市の宗教に化し、他方で宮廷貴族社会に浸透したというその歴史現象と、まさに照応するものであったといえる。

確かにこの月明の時代、妙本寺の寺風の貴族化と権勢への接近はめざましかった。しかも、化法では折伏に変わって、謗法に妥協的な摂受の化法が浸透した。寺内に帯刀の浪人が召し抱えられ、謗施受用などの非儀の振舞いも多かったという。(10) 有名な挿話として、将軍義持から宗門の法理を尋ねられた月明が、法華経こそが唯一正法であるとの立場に立ち、国主諫暁を行うという『立正安国論』提上以来の伝統の折伏の化法を忘れ、禅門に帰依する義持に対して、法華宗の法理は鎮護国家の法門であると答えて、義持の御感を得たという話も伝わっている。(11) 確かに、義持に対する月明のこの態度は、開山日像の遺誡の第一条に「於㆓聖人御本地㆒、不㆑可㆑有㆑諍、自公方、有㆓御尋之時㆒者、守㆓御抄之趣㆒、可㆑申㆑之」(12) とあって、公方へは身命を賭して宗祖法理の真実を開陳すべしという、日像門徒の責務に違背するものであった。

こうして、月明の時代の妙本寺では、貫主の宗風を批判して多くの僧が寺を去った。精進坊日存・好学坊日純・慶林院日立（日隆）たちがそれである。(13) まさに応永の法難直前の京都法華宗は、一方で宗義化法の貴族化を生み、他方でそれに反発する強義折伏路線を育て、この互いに背反する二つの潮流を内包しながら、京都の内外で教線の拡張にあたっていたのである。

三　応永の法難

筆を月明に戻すと、彼は妙本寺に晋住以来、僧位僧官の昇進の道を一直線に進んでいた。応永十七年（一四一〇）二十五歳で法眼、翌年権大僧都に昇進、(14) ついで応永二十年の春、月明は極官の僧正への昇任を、ある一人の有力な公卿を通じて後小松上皇に働きかけるに至っている。この経緯についてはすでに先学の研究に詳しいが、(15) この働きかけに対して、上皇は仲介に立ったある公卿に宸翰を下して、月明の経歴と年齢、さらに前官の権大僧都転任が応永十八年であって、その後幾年をも経ていないことを理由に、初めは勅許されなかった。(16) だが、五月に至って再度の懇望によってか、「又妙本寺僧都極官所望事、先度大概令レ申候き、然而別而承候之上者、可レ加二下知一候」と、ついに勅許された[17]。時に応永二十年（一四一三）五月三日、月明は弱冠二十八歳のときである。

僧侶として最高の僧正に任官すること自体が法華宗の僧侶にとって、当時稀有のことである。まして、この若さでの任官は、月明が太政大臣三条実冬の子息というその俗姓の貴種性を考えても、なお異例中の異例の抜擢であったと考えてよい。応永二十二年あるいはその翌年の十二月二日、月明は妙本寺の寺家大衆に一書を下し[18]、そのなかで日像・大覚・朗源ら住持歴代の遺徳を讃え、ついで先師の日霽について「先師成二広博之一寺一、天下皆雖二帰徳一、未レ有直二奏法門一」と記し、続いて自己の業績を開陳して「朝奨升殿之眉目、今於二愚僧一、独在二此事一、奏覧不レ幾、早被レ任二極官一」と述べている。先師を越えて初めて参内の栄誉を得、また僧正昇任を得たことへの限りない自負が、そこには溢れている。

だが、月明の軌跡に象徴される宗門の宮廷内部への浸透は、他方において山門を大きく刺激した。彼らこそ王法仏法相依の理論をかかげ、王城鎮護の使命にもえ、平安遷都以来、宮廷貴族社会そのものを成立基盤としていたからである。月明の僧正任官に象徴される宮廷接近の路線は、宮廷社会という山門の生命線を、まさにおびやかすものにちがいなかった。

応永の法難は、以上のような歴史的条件のもとで発生した。前掲の史料の中で、満済は法難の起因を、はたして「法華堂坊主被レ補二僧正一云々」と簡明に記している。ここでいう法華堂坊主とは、妙本寺当住の月明のこと、僧正補任は、この法難の前月五月に行われた彼の僧正補任を指していることは、いうまでもない。もっとも、山門は僧正任官と同時に、有無をいわさず実力行使に出たわけではない。山科教興の日記によると、はじめ山門は、法華宗僧侶の僧正任官はその先例なしとの理由によって、任官無効を将軍義持に訴え、幕府から仙洞へ圧力を加えようとしたがその効なく、ついに山を下って嗷訴を企て、祇園犬神人と宮仕をもって妙本寺諸堂を破却し、住僧の追却を行うに至ったと記している。

越えて翌応永二十一年七月八日、満済は、再びこの法難の続報を書き残している。

四条法華堂、依二山門訴詔一衆徒等任二申請一御沙汰云々、法華堂任僧正事、訴訟口宣被二召返一了、仍本堂法勝寺五大堂ニ御寄進、長老坊犬神人給レ之、自余并地等ハ被レ寄二十禅師一云々、

この記事には明らかに二つの出来事が記されている。一つは、山門が月明の僧正任官のことを訴訟に持ち込み、衆徒の主張通りに僧正補任の口宣案の召返が、この日決定したことである。二つは、この日、四条法華堂の、本堂は法勝寺五大堂に、また長老坊、すなわち住持の住む本坊（常住）は祇園犬神人に、残る諸堂宇と寺地は日吉十禅師に与えられることが、決定したというのである。

ここで問題にしたいのは、諸堂を処分された四条法華堂とはどこかということである。今日までの先学の研究は、いずれもこれを、前年破却された妙本寺の諸堂の処分と考えてきた[19]。だが、はたしてそうであろうか。

月明の妙本寺はすでに前年の六月、犬神人らによって破却されたところである。一年前に破却されて存在しないはずの寺の諸堂の分散寄進、すなわち諸方への移建が、この日になって決定するというのも少し奇妙である。さらに不審なことがある。前述したように応永二十年の時点で、月明が晋住した妙本寺は、東は堀河、西は猪熊、北は押小路、南は姉小路の場所にあって、その中心の南北線は三条坊門通にあたっていた。だから、宗外から月明当時の妙本寺は、三条坊門の法華堂と呼ばれていたのである。応永二十年、犬神人らに破却された寺は、明らかにこの三条坊門にあった妙本寺である。

だがこの年、応永二十一年七月に諸堂の処分が決定した寺は、洛中の地理をよく承知したはずの満済によって、

「四条法華堂」と記されている。

三条坊門妙本寺の南境の姉小路から数えても、四条通りは相当の距離がある。満済が両者を混同することは、まずありえないことである。とすると、応永二十年に破却された三条坊門妙本寺と、翌年諸堂を処分された四条法華堂とは、別の寺と考えざるをえなくなる。だが、後者の四条法華堂も、月明の僧正任官に起因して諸堂を処分されたのであるから、当時月明の支配下にあったか、あるいは妙本寺と密接不可分の関係にあった寺でなければならない。

結論的にいうと、この四条法華堂は、妙本寺が三条坊門堀河に寺地を移して建立される以前の旧寺地、すなわち四条櫛笥の妙顕寺の跡地に、その後建てられた寺ではなかったろうか。周知のように洛中の法華宗の寺院は、本国寺を除いて、中世の寺地は洛中を転々として次第に大寺へと成長した。寺名も変わることもある。

妙顕寺も開山日像以来、最初は四条五条辺を転々とし、二世大覚の暦応四年（一三四一）以来、四条櫛笥西頬地一町と呼ばれた土地、正確には四条以南、綾小路以北、壬生以東、櫛笥以西を寺地とし[20]、世間から「四条法華堂」と呼ばれ、三世朗源、四世日霽代と経過した。

この四条櫛笥の妙顕寺は、月明の師の四世日霽の時代の嘉慶元年（一三八七）、山門衆徒に襲撃されて破却され、日霽は若狭の小浜に難をのがれた[21]。世にいう嘉慶の法難である。

その後、明徳四年（一三九三）七月、日霽が義満から寄進を受けた寺地が三条坊門堀河の場所であって、この寺地に日霽が寺名を妙顕寺から妙本寺と改称して諸堂建立にあたったことは、すでに述べた通りである。このとき、四条櫛笥の旧寺地はどうなったのだろうか。義満の三条坊門堀河の寺地寄進は、新地の寄進であって旧寺地の替地としてではない。嘉慶元年の山徒の襲撃のあと、妙顕寺の諸堂がどう処分されたか、また寺地がそののちどうなったか、これを直接に示す史料はない。とすると、住持日霽は小浜に避難して帰洛ができる状況になかったが、寺地や諸堂はなお依然として日霽らが保持し、やがて諸堂もいくらか整備されていたと考えることも可能である。この四条櫛笥の妙顕寺の旧寺地に存在した法華堂、これが応永二十一年の満済のいう「四条法華堂」であったと推考できるだろう。

このようにみてくると、応永の法難は通説とちがって、二回起こっていることとなる。ともに原因は妙本寺月明の僧正任官にあり、第一回は応永二十年の六月、山門衆徒は嗷訴を行い、同時に祇園犬神人らをもって、月明が晋住していた三条坊門の妙本寺を実力で破却、住持月明以下の住僧が四散した事件である。第二回は翌年七月、朝廷は山門の嗷訴を容れて月明の僧正任命の口宣案を召し返し、四条櫛笥の旧妙顕寺の寺地にあった諸堂を、犬神人以下に分散処分したときである。

この応永の法難によって京都法華宗が蒙った打撃は大きかった。洛中法華寺院のうちで最大の勢力をもつ妙顕寺（妙本寺）門流が、宗門伝統の強義折伏の化法をも放棄して、貴族出身の若年僧を貫主にすえ、僧綱制下での極官である僧正任官を実現して、宮廷社会に確固たる基盤を築くかにみえたその瞬間、山門の弾圧によって、日像以来、営々として築いてきた四条櫛笥と三条坊門堀河の二つの法華堂を、一挙に失ってしまったからである。

四　知見谷妙顕寺（妙本寺）の成立

応永の法難によって妙本寺を逐電した月明は、難を何処に避けたのであろうか。かつて嘉慶元年、四条櫛笥の妙顕寺を破却された日霽は、若狭小浜に避難した。この小浜には、初めて京都に法華宗を伝えた日像が上洛の途次、留錫して開創した日像の四箇聖跡の一つ、小浜妙興寺があったからである。日霽は当寺に雌伏すること七年、京都還住の機をうかがい、丹波小野・備後の地を往来し、(22) 教線拡張につとめている。日霽が京都に還住したのは前述のように明徳四年、将軍義満が三条坊門堀河に寺地を寄進したときであった。

結論的にいうと、応永の法難で洛中を追われた月明は、師の日霽のときと同じく北方を志し、丹波の知見谷に逃れている。知見谷は桑田郡の最北部で由良川の支流、知見谷川の最上流に位置し、川沿いに若狭小浜への街道が通る。若狭とは山稜が国境となり、この街道を北東にたどると、知井坂を越えて小浜に至る。川に沿って下ると北から八原・大泊・下・中などの山間集落が点在する。中世には知井荘の荘域に属した。知井荘は弓削荘からの出作で開かれた加納地から出発した荘園と思われるが、知井荘名の初見は、鎌倉末期の徳治二年(一三〇七)のこととされている(『上弓削共有文書』)。また知見谷の名は、応永十八年(一四一一)三月と、永享七年(一四三五)三月の「宝幢寺鹿王院知行目録」(『鹿王院文書』)にみえ、このころ知井荘の一部にあたっていた知見谷は、鹿王院領になっていたことがわかっている。

いま京都の妙顕寺、本能寺等に伝蔵される応永二十年代前半の関係文書の中で、(23) しばしば「知見殿」の名で登場し、宗内僧侶の崇敬を受けた人物こそ、実はこの月明のことである。「知見殿」という呼称が宗内に定着したこと自体、相当長期にわたって月明が知見谷に住んでいたことを示している。結果からみて、彼はこの知見谷を拠点に、四散した各地の妙本寺門徒を指揮して、京都還住の方策を、ここ丹波の辺境からめぐらしていたのである。

法難による貫主の辛労は宗内に知れ渡り、一時期門徒の団結を呼んだ。月明が妙本寺貫主から僧正任官へと、順風満帆の出世の街道を突き進んでいたとき、その強義折伏路線の放棄と、宗門の貴族化を批判して、本寺から分立した日存・日純・日隆などのかつての門徒強硬派も含めて、像門門徒の団結の兆候が出てきたのも、月明の知見谷初期在住時代のことだった。彼らは貫主の知見谷での苦難の雌伏を、これこそ、法華経勧持品第十三に説かれている「遠離於塔寺」（塔寺を遠離せられる）の金言を、そのまま月明が体現した、法華経の色読であると感得したからである。応永二十一年十月、当時敦賀にあった精進坊日存と好学坊日純は、遠離於塔寺の苦難に堪えている月明に、いま改悔せずんば永業の苦報に沈むこと必定と、知見谷から小浜妙興寺に来て法談中であった月明を訪れて、「案二倒惑一云二自身一、云二他身一、共失二本心一条々、暴悪其罪積而、在二日存日純等之一身一、今倩思レ之、冥慮之照覧、恐怖甚銘レ肝、恣自今已後自不レ師矣、他人不レ化矣、併守二御成敗一、向後不レ可レ背」[24]との、改悔の起請文を捧げている。

また応永の法難以前、日存や日純と相前後して、月明に離反して妙本寺を去り、勝劣義に転じていた慶林坊日立（のちの本能寺開山日隆）は、応永二十二年ごろから、高辻油小路と五条坊門との間の東頬に本応寺を建立して、ここを拠点に勝劣義を弘通していたが、応永二十五年三月、月明の弟子千如房忠賢と論談すること三日三晩、ついに月明に対して「奉二捨邪帰正一意趣者、依二魔障一、奉下廃二先師一捨中御門流上、住二于違心一之条、後悔千万也、已今翻二彼邪心一之上者、雖レ為二向後一、全不レ可レ奉レ背二御門流一者也」との帰伏の起請文を呈し、本応寺を月明に寄進した[25]。

この日存・日純・日隆は、周知のように、この誓紙を捧げて幾ばくもなく、再び月明のもとを去って勝劣義を談じ、別派分立の道を歩むこととなる。だが、のちになって、日隆はかつて月明に帰伏の誓状を捧げた経緯を説明して、「両師（日存・日純）と愚僧（日隆）との起請文之事は、法門の事にては候はず、（中略）先ちミ殿（知見殿・月明のこと）に対して、捨申たるを悔帰すにて、化儀之一段斗を、さんげきふく申たる起請文にて候」と述べている[26]。日存・日純・日隆らが月明を批判してそのもとを去ったのも、また改悔して帰伏の起請を捧げたのも、一致・勝劣という宗義法門のことによるのではなく、すべては化儀、つまり弘通の方途についての立場の相違にあった、というのである。すなわち、他宗に対して折伏を捨て、妥協的な摂受の弘通法を採って宗門の貴族化をすすめるという月明の化法を批判するが故に、そのもとを去った。だが、妙本寺を擯出され、知見谷に逃れて遠離の難を遭う月明を見ると、「遠離於塔寺」の法華経の金言を身をもって色読した導師であって、化法に誤りはなく、そこで帰伏の誓状を捧げたというのである。ここでも、知見谷に逃れた月明の昨日に変わる苦難の生活、すなわち法難が、かえって妙顕寺門徒の中に結集心や同情心を育んでいくという、法華宗独特の宗風を垣間見ることができるのである。

ちょうどこのころ、京都では妙光坊が中心となり、妙本寺大檀那の柳酒屋が千貫文、小袖屋経意が三百貫文、他に二人の檀那が各三百貫文、合計千九百貫文の奉加を集め、これに経意が四条櫛笥の妙顕寺の旧地を買得して寄進し、ここに寺が建立されていた（『日像門家分散之由来記』）。応永二十三年十月ごろのことで、知見谷にあった月明が「再興妙本寺」と呼んだのが、おそらくこの寺のことである[27]。

堂宇が再建されると、妙光坊らは知見谷の月明に出京を勧めた。柳酒屋もこのため知見谷まで下ったが、月明は見参さえ許さず、「知見ヲ万事心安ク思テ（中略）山ヨリ山ノ奥ヘハ入ルトモ御出京ハ有ル間敷ノ由」と、月明は知見谷に隠栖する決意さえ示す有り様であった（『日像門家分散之由来記』）。この時点で、知見谷は妙顕寺貫主の隠居所の役割をも果たすこととなった。結局、月明は知見谷を動かず、「今雖レ不レ足レ為二法器一、纔在二一両輩之弟子一、所謂迹本院具円法師、久我前右幕下子息是等也、彼小生者、家門聊籠居之上、全分幼少也、先以二具円一為二付弟一、彼亦芳𢍰不レ変者、宜為二具円之付弟一、兼定二二代之後胤一畢[28]」と、自己の後職二代を定め、門徒は一味同心してこの付弟を守って寺院再興につとめるように、在京の大衆に報じている。具円は月明の俗弟（『日像門家分散之由来記』）、具円のあとを嗣ぐ「小生」と呼ばれる小僧は久我前右大将通宣の子息というから、月明も含めてともに公家の出身である。

こうして、月明の付弟、迹本院具円は「具覚和尚（月明）之御代官[29]」として、知見谷から上洛して四条櫛笥に建立された再興妙本寺に入った。やがて具円入院のこの寺は、遅くとも応永二十五年四月以前、寺号を「本応寺」と称するようになっている[30]。

だが、具円の本応寺入院は平穏ではなかった。大衆のうち光源とその与力は具円入院に反対し、また逆に妙光坊ら百三十五名の大衆は「本応寺殿具円上人之御事、先度自二知見殿一（月明）、任二御付属一、衆議依レ無二相違一、于今仰申処其分也[31]」と、その入院を支持した。結局、反具円派の三十六人の大衆は、「知見殿二有御出一者、尤可レ奉レ仰処也、若不レ然者、本応寺殿（具円）末法導師依レ為二不足一、不レ可二用申一者也[32]」と、月明が知見谷から上洛すればそれに従うが、いま眼前に接する具円は末法の導師としては器量不足で、従順することはできないと、具円のもとを去っている。『日像門家分散之由来記』によると、彼らは五条大宮に一寺を建立して本仏寺と号し、これに拠ったというが、なんといっても一門の総師月明の不在と、月明の代官具円の器量不足が、在京する旧妙本寺大衆を分立に追い込む大きな起因になったことは否めない。

ついに月明が知見谷を離れる時がきた。同じ像門の四条櫛笥の本応寺と、五条大宮の本仏寺の対立を解消させるための旅立ちだった。上洛した月明に対し、本仏寺大衆はただちに改悔し、月明もこれを許したが、具円に率いられた本応寺大衆は、かえってこれに反発して月明に従わず、そのため月明は本仏寺に入ってこれを妙本寺と改め、本応寺の帰参を待った（『日像門家分散之由来記』）。だが、本応寺大衆の違反は止まず、月明は本応寺の本堂が妙本寺再興の奉加で建立されたものとの理由で返還を迫り（『日像門家分散之由来記』）、また具円はすでに「師敵対罪」を犯したとして、「自今已後、就于真俗堅義絶[33]」と、妙顕寺門流の衆僧と檀那中に義絶を布告した。応永二十八年（一四二一）七月のことである。

月明の京都還住の正確な時期を確認する史料はない。だが帰洛は遅くともこの具円義絶の直前までにはなされたはずだから、彼の知見谷在住は、応永の法難から数えて長ければ七、八年に及んだと推定できる。これはこの期間、京都法華宗最大の大寺妙顕寺の寺籍が、この知見谷に存在したことを意味している。

義絶された具円が「悔二先非一、如レ元御弟子一分号を於二御免候一者、生々世々難レ有可レ存者也」と、月明に帰伏したのは応永三十四年（一四二七）三月のことで、帰伏状によると、本尊・諸堂・仏具等も、このとき五条大宮の妙本寺に在った月明に返還されることになっていた。[34]

だが実際には、具円は帰参したが、妙光坊に率いられた本応寺大衆は、諸堂は妙本寺のものでも、寺内の諸坊は自分たちのものであると退去せず、妙本寺が受け取った諸堂に番衆を派遣すると、夜間に矢を射かけるありさまで、妙本寺は返還された諸堂の管領を、事実上あきらめざるをえなかった（『日像門家分散之由来記』）。こうして四条櫛笥の本応寺は、妙光坊らを頭にして月明の妙本寺を離れ山門の末寺となり、やがて寺号も改め、開山に裏辻家から日実を迎えた。立本寺の成立である。

妙顕寺（妙本寺）門流は、このように月明が住持の時代、諸山の分立が相続いた。立本寺のほか、妙本寺を退出した日慶は、五条柳の下の日像最初の寺という妙法蓮華寺の故地に、応永三十年（一四二三）ころ妙蓮寺を建立して分立し、またひとたびは月明に帰伏した前述の日存・日純・日立（日隆）も月明帰洛のころ、再び月明を離背し、それぞれ洛中に法義を弘通し、日隆は永享五年（一四三三）、ついに六角大宮四町々の地に本能寺を開創している。

これら立本・妙蓮・本能の諸山は、やがて室町後期、京都法華宗二十一本山の一つに数えられ、各地に末寺を擁してそれぞれ門流教団を形成して雄飛したが、これらの教団形成の契機と時期が、応永の法難とそれに続く妙顕寺（妙本寺）が知見谷に存在した時期に一致することは、中世の知見谷の歴史にとって、とくに留意すべきことであると思われる。

五　知見谷の月明

よく知られているように、応仁の乱後の室町後期、「京中半分法華宗」「京中は題目の巷」と評されるほど、法華宗は洛中の庶民社会で支配的宗教に成長した。この飛躍の基盤に、法華宗の場合、常に他宗からの弾圧と、宗内各門流の対立競合の弘通活動があった。弾圧は、宗内では正法弘通の過程で必随する法難として受け止められ、つぎの飛躍の胚子となった。また中世の法華宗には、宗門の大勢を制覇するような巨大な門流は、ついに成立しなかった。日本各地の総本山を中心に、末寺と僧俗で門流ごとに小教団を形成し、宗門内部で競合対立しながら教線をひろめた。中世法華宗にとって、門流分立という分派活動は衰退の因にはならず、かえって繁栄のための競合のバネになるという役割をもっていた。

応永二十年、もしくは翌二十一年からおそらく応永二十八年前半にまで及んだであろう、月明の知見谷雌伏の時代は、知見谷妙本寺（妙顕寺）の時代であり、これは法難と分派分立の時代であり、また前述の宗風に照らすと、半世紀たらずのちに将来される京都法華宗繁栄の胚子を育て、またその揺藍の時代であったといえる。この胚子を育てる場所に知見谷を、なぜ月明は選んだのだろうか。また知見谷に雌伏した妙本寺は、はたしてこの谷のどこを拠点にしたのだろうか。

彼が知見谷を選んだ契機には、一つは山門の執拗な追求の眼を逃れ得ること、二つは若狭小浜への連絡の便利さが必ず考えられたにちがいない。応永の法難のとき、妙本寺の主要な末寺は越前・若狭・備中の諸国に散在していた。妙本寺を擯出された月明は、南でなく北へ避難の道をとった。過ぐる嘉慶の法難で、師の日霽が小浜妙興寺に難を避けたが、そのルートである。知見谷は小浜から桑田郡に入る咽喉の要地である。北境に八ヶ峰（八百メートル）が峙立ち、その知井坂の難路を越え、小浜妙興寺へも一日の道程である。だが、この知井坂はひとたび積雪すると、冬は踏破がほとんど不可能である。京都還住のため常に洛中の状況を掌握しておかねばならない月明にとって、冬は交通が途絶する恐れのある知井坂の北側の小浜より、南麓の知見谷は、それだけ地理的条件が有利なはずである。しかも知見谷の領主は嵯峨鹿王院であって、この知井坂越えの若狭道は、保坂越や上根来越などの山門膝下の他の若狭街道よりも、山門の看視の眼はゆるやかであっただろうという推定もできるだろう。

こうして月明は、知見谷をその雌伏の場所として定めた。また逆にいうと、若・近・丹の三国国境の重畳たる山岳に懐深く囲まれた秘境ともいうべき知見谷は、山門の追求をかわしながら、洛中や諸国の門徒と絶えず接触が可能な、いわば当期の京都法華宗の「かくれ里」として、実に適切な地理的条件をそなえたところだった。

では月明は知見谷のどこにいたのだろうか。彼は尾羽うち枯らした遊行の僧や、漂泊の旅僧ではない。洛中から追却されたとはいえ、彼は太政大臣三条家の出身、「当寺眉目也」と評される気品があり、僧侶の極官、僧正位に昇叙された経歴をもつ高僧である。山徒に追却されるまでのつい最近、洛内法華宗第一の大寺、妙本寺貫主の職にあった。山徒に破却される以前、三条坊門堀川にあったその妙本寺は、周囲六町々の寺域をもち、またそののち復興途上の応永二十五年（一四一八）の時点でも、寺家大衆は百六十名を数えている。(35)これは寺域の広さにおいてほぼ東寺に匹敵し、また住僧の人数において、幕府の官寺である臨済五山の大刹と肩を並べる大寺院である。月明はこのような大寺の貫主である。

知見谷非難の初期のころさえ、月明の周辺には、三条家出身の迹本院具円、久我前右大将通宣の子息、徳蔵坊という身辺を取りしきる奉行など、いく人かの付弟や随身が仕えていたことがわかっている。遠く洛中から、彼の身を案じてはるばると訪れてきた柳酒屋を「知見迄参タルニ御見参サヘナシ」と、月明は冷たく追い返したことさえある。(36)

柳酒屋といえば、「柳」の名酒で有名で、当時洛中随一の酒屋土倉、日像以来の妙本寺の大檀那で、前述したように、復興妙本寺のため千貫文という巨額の奉加を妙光坊に寄せた人である。遍塞の身であってさえ、知見谷の月明は遠く都から訪れた柳酒屋と、面談を拒否するほどの見識と権勢をなおもっていたのである。

この月明の一行が寄宿したのは、知見谷の山間集落の民家では決してない。彼らがこの谷を避難の場に選択できたのは、おそらくここに、像門の法縁がすでに存在したからにちがいない。このころ、知見谷には像門の末寺が存在したであろうというのである。この候補として、美山町大字知見小字家ノ上にあった本像寺（現正法寺）と、同町大字下小字横坂にある心蓮寺があげられるが、この二寺の成立は、はたしてどこまで遡り得るのだろう。

本像寺は、もとは真言の長栄山知美寺、永仁元年（一二九三）十一月五日、住持の多宝阿闍梨大観が当地に巡錫した日像と法論して破れ、寺号を本像寺に改め、そののち康正二年（一四五六）と明治四年に炎上、什宝等ことごとく焼失すと寺伝にいうが（『北桑田郡誌』、一三二頁）、もとよりこの寺伝を証する確実な他の史料は管見しない。

心蓮寺も、寺伝によると永仁二年（一二九四）、若狭から八ケ峰を越えて当地を訪れた日像が創建した寺と伝える。この開創伝承を支える史料は、前同様にまた存在しない。ただ寛永十年（一六三三）、妙顕寺が幕府に呈出した末寺帳(37)に登録された、丹波国内での直末寺はわずか二カ寺、その一カ寺が「知見谷心蓮寺」と明記されている。当寺のことである。寛永末寺帳は、中世末の末寺実態を遡及して示すものとも考えられているから、心蓮寺の創建は室町期にあると推定してもよいだろう。事実、中世戦乱期の末期、妙顕寺の宗祖真骨を当寺が鎮護したこともあり、そのころから、本山妙顕寺と特別な関係が存在した末寺であったことは確かである。寺基がある横坂は、本像寺がある家の上よりもはるかに冬の積雪量は少なく、それだけ風土は里に近く温順である。[38]

知見谷妙本寺の所在地を今日では正確に知ることはできないが、わずかに残る寺史や地理的条件から推すと、より可能性が強いのは、現心蓮寺か、そのあたりだろう。

現在の知見谷は、厳しい積雪という自然条件や近代化の波及によって、山間の集落はつぎつぎと過疎地域となっている。知井坂越えの若狭道も、若丹を結ぶ主要道路の地位を失って久しい。

だが、以上述べたように中世の知見谷では、当代京都を代表する大寺院・妙本寺（妙顕寺）が、雌伏苦難の時を送っていた。本願寺に大谷・山科・石山・貝塚時代があったように、これを知見谷妙顕寺（妙本寺）時代と呼んでよい。

この時代の知見谷は不遇の妙顕寺を暖く包み、町衆の宗教として次代に雄飛する胚子を育て、他方では公家出身の住僧や訪れてくる洛中の僧俗門徒から、さまざまな都の文化を吸収して、北丹地域における、特筆すべき先進文化地域を形成していたかもしれない。

註

（1）『教興卿記』同日条。
（2）「妙顕寺文書」、明徳四年七月八日付、日霽上人宛、足利義満御判御教書。
（3）「妙顕寺文書」、応永二年四月十六日付、日霽上人宛、足利義満御判御教書。
（4）『迎陽記』。
（5）「妙顕寺文書」、応永五年十二月二日付、足利義満御判御教書写。

（6）「妙顕寺文書」、応永六年十二月七日付、後小松天皇綸旨。
（7）辻善之助『日本仏教史中世編　四』、岩波書店、一九五〇年、三七六頁以下参照。
（8）本能寺『両山歴譜』。
（9）「妙顕寺文書」、「歴代略伝　月明僧正」の項。
（10）本能寺『両山歴譜』応永十二年条。
（11）『日像門家分散之由来記』（『日蓮宗宗学全書』史伝旧記部一、日蓮宗宗学全書刊行会）。
（12）「妙顕寺文書」、暦応四年七月二十四日付、日像禁制条々。
（13）『日像門家分散之由来記』。
（14）「妙顕寺文書」、応永十七年十二月十八日・同十八年四月七日付、後小松天皇口宣案。
（15）前掲『日本仏教史中世編　四』、三七六頁以下参照。
（16）「妙顕寺文書」、年欠三月十六日付、後小松上皇宸翰御消息。
（17）「妙顕寺文書」、応永二十年五月三日付、後小松上皇宸翰御消息。
（18）「妙顕寺文書」、年欠十二月二日付、月明書状案。
（19）前掲『日本仏教史中世編　四』、三七九頁。立正大学日蓮教学研究所編『日蓮教団全史』巻上、平楽寺書店、一九六四年、一三四頁。
（20）「妙顕寺文書」、暦応四年八月九日付、光厳上皇院宣。嘉慶元年八月十五日付、後小松天皇綸旨。
（21）『日運記』（『日蓮宗宗学全書』第五巻）、四四―四五頁。
（22）年欠八月付、妙顕寺殿宛日什書状写（『日蓮宗宗学全書』巻五、「日什上人集与妙顕寺書」）。
（23）「本能寺文書」、年欠霜月十二日付、日隆書状。「妙顕寺文書」、応永二十五年五月六日付、妙本寺大衆連署起請文。
（24）「妙顕寺文書」、応永二十一年十月十五日付、日存・日純連署起請文。『日像門家分散之由来記』。
（25）「妙顕寺文書」、応永二十五年三月二十八日付、沙門日立起請文。『日像門家分散之由来記』。
（26）「本能寺文書」、年欠霜月十二日付、日隆書状。
（27）（28）「妙顕寺文書」、応永二十三年十月付、再興妙本寺大衆宛、月明袖判置文。

(29)(30)「妙顕寺文書」、応永二十五年卯月日付、具円敬白起請文案。
(31)「妙顕寺文書」、応永二十五年五月六日付、本応寺々家大衆連署起請文。
(32)「妙顕寺文書」、旧妙本寺衆徒三十六名連署起請文。
(33)「妙顕寺文書」、応永二十八年七月十日付、月明門徒放状案。
(34)「妙顕寺文書」、応永三十四年三月三日付、沙門具円帰伏状。
(35)「妙顕寺文書」、応永二十五年五月六日付、寺応寺本家大衆連署起請文。
(36)『日像門家分散之由来記』。
(37)寛永十年極月朔日付、京妙顕寺末寺帳(『大日本近世史料』諸宗末寺帳下所収)。
(38)心蓮寺文書、妙顕寺日広筆宗祖真骨二百五十遠忌捧持書状。

中世備前法華門徒の比企・池上・身延参詣

一　身延参詣の盛行

日蓮が晩年を過ごし、またその遺骨が埋葬された甲斐の身延や、東国に散在する日蓮ゆかりの遺跡を巡拝する、いわゆる身延参詣や日蓮遺跡の巡拝は、中世から近世にかけ、法華門徒の中に広く行われた。この風習が日蓮入滅直後から始まったことは、中山日祐が、日蓮三十三回忌から毎年のごとく、檀越とともに身延に入って宗祖の舎利を拝し[1]、また肥後房日像が京都弘通を決意して、永仁二年（一二九四）、鎌倉から上洛するとき、日蓮の遺跡を巡拝しながら佐渡に渡り、北陸を経て京都に入ったことからも推察できる。

宗門聖地の巡拝は、法華門徒にとって、宗祖や先師の苦難と法難の歴史を、緊迫した臨場感の中で心身に理解し、自己の信心への不動の確信とその法悦を、より強固なものにする役割を果たす。こうして、聖地巡拝は僧侶の側から信者にたえず奨励され、また信者側にはこれに参加する衝動が常に内在する。

法華宗の教線が室町期に入って西日本に展開し、そこに宗勢が定着し、一方で交通路の整備や庶民階層の社会的地位が向上するにつれ、宗門発生の故地ともいうべき東国に散在する霊地への巡拝は、西日本の門徒にも広まり、全国的なものとなった。そして、狂言「宗論」で知られるように、門徒の身延参詣の風習は、室町後期ともなると宗内にとどまらず、広く一般にまで知れ渡っていた。同じころ、身延だけでなく、「昔ハ日朗ノ三箇寺トテ比企谷・池上・平賀、門流ノ者ノ参ルヲ三箇寺参ト云、今ハ平賀ヲ除キ身延山ヲ加ル也」と、日朗門流の中では比企谷妙本寺、池上本門寺、平賀本土寺への三箇寺参詣が盛んだった。(2) そして元和五年（一六一九）、一如院日重がこの記事を残したころ、この三箇寺参詣は次第に身延が平賀にとってかわり、身延参詣が宗内では盛行しつつあった。

確かに、戦国終結とともに、身延参詣は身延門流だけでなく、他門流を含む全国法華門徒の中に急速に盛行した。このことは、近世初頭の受不施・不受不施抗争の中で、日奥以下の不受派の巨匠が、受不施派の拠点となった身延を指して謗法の山と指弾し、参詣の無意義と停止を強く呼びかけ、法灯護持の興亡を賭けた身延が日奥らを幕府に訴え、これが不受不施禁教の第一歩となる、寛永七年（一六三〇）の身池対論へと発展したことでもよくわかる。

だが、このように盛行した身延詣りや三箇寺詣りについて、近世はともかく、中世のそれは実態がほとんど不明といってよい。たとえば、参詣は単独か団参か、先達の有無、全国各地からの参詣ルートやその行程、各地の戦乱をいかに通り抜けて参詣を行うかなど、具体的なことは全くわからないといってよい。

この解明について良質な史料がここにある。近年翻刻された備前野々口の旧家、大村家に伝蔵される『道中日記』(3) である。本稿はこの日記を分析しながら、地方法華門徒の東国霊地巡拝の実態を、できるだけ明らかにするものである。

二　三山参詣の旅程(一)

日記原本は、半紙を半切にして袋綴にした小帳で、現存部は表紙一丁、本文九丁の計十丁。ただし、最後十丁目は約四分一を残し、以下全く欠落する。表紙ウハ書に「比企谷長興山妙本寺　池上長栄山本門寺　身延山久遠寺」とあり、日朗門流の参詣日記であることが推定できる。本文は日ごとに墨継ぎ、行間書入れもところどころにあり、日記は後日になって整理浄書されたものではない。筆跡から、筆録者は一人である。日ごとの宿主も記録され、その日の旅程を終えて宿につき、一日の出来事を書きついだ『道中日記』原本である。筆跡・紙質・墨色など、一見して中世後期を思わせるが、全体として破損・虫損の部分も多く、読みづらい。重要な後部を欠くので、筆録者と筆録年時を特定することは、日記自体から、すぐには不可能である。しばらく参詣年時の解明をおき、まず、比企・池上・身延三山に参詣する彼らの日々の足跡そのものを追ってみよう。

ある年の二月二十六日、これが三山参詣の出発日である。この日付だけ、原本本文冒頭に太字一行で書かれ、他の日付の筆録の体裁と異なり、この点から、『道中日記』にこの日以前の記事欠落という疑念は全くない。この日付一行の次行に、再び「廿六日」と記して、「野々口村より今保ニ付」と、初日の旅程を筆者は残す。

したがって、まず日記の筆録者は野々口村の法華門徒である。日記原本を伝える大村家は、この野々口村の旧家である。同家伝蔵の諸系譜によると、大村氏は室町中期から野々口に住した国人侍で、代々金川松田氏に仕え、松田滅亡後、家盛（九郎右衛門家祖）と元盛（六右衛門家祖）の二家に分かれる。元盛は文禄元年（一五九二）十二月、宇喜多秀家に従って高麗の戦野に在り[4]、宇喜多滅亡後は野々口に帰農し、子孫の六右衛門家は池田藩時代に大庄屋をつとめた。日記はこの六右衛門家の子孫に伝わったものである。

この大村一族の法華信仰は古い。系譜によると江戸初期まで野々口に在った実成寺は、二代勝盛が大永元年（一五二一）、京都妙覚寺派の備前の雄、岡山蓮昌寺の末寺として開創したものと伝え[5]、また確実な文献では、大永八年五月吉日付の大村弥太郎宛の京都妙覚寺日賞筆本尊のほか、多くの曼荼羅を今日に伝蔵している。中世の野々口大村一族が、京都妙覚寺の法華門徒であったことは疑いない。

この大村家の享保作成の「大村氏族譜」の中に、『道中日記』がこのころ、すでに伝えられていたという記事がある。日記筆録者の野々口村の法華門徒は、この伝蔵の由来からみて、大村一族の誰かであることは疑いない。

こうして、この『道中日記』は、野々口を出発点とした備前法華門徒の、三山参詣の実態を浮かび上がらせることになる。

ともかく、一行の跡をたどろう。野々口は松田氏の本拠地金川から南に約二キロメートルの在所、彼らはここから最初の日に今保に着いた。今保とは足守川の河口、当時は児島湾の小港である。彼らは堺まで船路を選んだ。翌二月二十七日、今保から乗船、児島湾を横切って海上八里、備前牛窓港に着く(6)。翌日は牛窓から海上十里の「ゑい島」に至る。「ゑい島」とはおそらく、播磨の江井島の泊である。次の日は江井島から海上十八里の兵庫港までの旅。ここで一行は、心ならずもまる二日間も風待ちをする。風もおさまり三月二日、兵庫から海上十三里の堺に着き、翌日からまる四日間、堺に逗留。異国情緒豊かな街の見物に費したのかもしれない。堺からは長い陸路の旅である。三月七日堺を発って、その日は河内の守口まで。そしてその翌日、下京の宿に彼らは着いている。備前野々口から十四日目の入京、当時としてもゆっくりした旅である。

京都では下京にまる二日逗留し、十一日に上京に上り、翌日「妙学寺」に参詣した。彼らが目的の東国三山以外で、最初に参詣した寺である。「妙学寺」とは、開山日実以来、備前地方に多くの末寺を持っていた法華宗京都十六本山の一つ、具足山妙覚寺にちがいない。室町後期、浦上氏とともに備前を二分する勢力を有した松田氏は、南北朝内乱期に備前に弘通した大覚大僧正の直檀となって以来、一族法華門徒であって、その信仰は妙覚寺門流に属していた。たとえば、大永四年(一五二四)、在京中の松田左近将監元隆はこの妙覚寺の俗別当職につき(7)、また天文五年（一五三六）の法華の乱に際して戦死した妙覚寺十七世日兆は、松田左近将監の息男であった[8]。この関係で、松田領内はとくに妙覚寺門流の勢力は強い。松田氏の本拠地金川とはほぼ近い野々口の住人の日記筆録者の大村一族も、前述のように妙覚寺門徒である。京都にある法華宗各門流の数ある本山のうちで、一行が妙覚寺参詣の記事だけを残すことは、彼ら一行が妙覚寺門徒だったことを語っている。

妙覚寺参詣の翌日は上京逗留、その次の日の三月十四日、東国へと京を発った。上京から東国へは、普通は粟田口から逢坂の関越えの東海道を通り、また、まれに荒神口から山中越えで近江に出ることもある。だが、このときの一行は、「ろじ（路次）わるく候て」の理由で、なぜか東海道、また山中越えさえ選ばず、「かも」（下鴨村）から「ひへ（比叡）の山」越えで近江坂本に出た。京から近江へ抜ける最北端の、しかも最も峻険な雲母坂越えの道である。これが予定外の行路だったことは、「ろじわるく候て」と、変更の理由が付記されていることから知れ、また延暦寺参詣が目的でなかったことも、「山へ上候ていろいろ見物申候、さるのおおさ無申計候」と記されることからわかる。延暦寺は「見物」したかもしれないが、彼らは、参詣はしていない。

この『道中日記』に記されるすべての社寺について、日記筆録者は「見物」と「参」とを書き分けている。妙覚寺門流の信仰を特色づける不受不施制誡の第一条に、「於㆓謗法之堂社㆒、不㆑可㆑致㆓参詣㆒事、但除㆓見物遊覧公役等㆒[9]」との謗法堂社への参詣の禁がある。ただし、見物や遊覧の場合はその限りではない。叡山越えの記事は、はからずも、彼ら一行が妙覚寺門徒であるとともに、門流の信仰に忠実な、不受不施強信者の集団だったことを推測させてくれる。

なぜ、この日、東海道が通れなかったか、それは一つの謎である。ともかく、一行にはこの日と翌日、近江「ゐた村」に着くまで、京から孫二郎なる案内者がついた。「ゐた村」は、鏡の宿を越えて四十九院宿に近い枝村市場であろう。逢坂の関道を越えると、京から鏡宿までが普通は一日の行程である。雲母坂越えのため、一行の旅程はほぼ一日遅れたわけである。

翌十六日、枝村の宿から磨針峠の難所を越え、番場の宿、醒井の宿を過ぎ、美濃路に入って垂井の宿に泊った。この日の行程十里。一行は昼の休みを、脚下に琵琶湖を望んで、海道第一の景勝地といわれる磨針峠でとった。伊吹山、不破の関も通って[10]、名所旧路が多く、この日の旅は多彩だった。

三月十七日、垂井から美濃井ノ口に着いた。次の日、まるまる井ノ口に逗留し、「常覚院」なる僧からご馳走になり、稲葉山城を見て「城一段見事」と感心し、城主の「長井殿御いせい（威勢）無二申計一候」と、城下井ノ口の繁栄に、一行は刮目した。

十九日、井ノ口を発って尾張に入る。長井殿から人を添えられて、尾張上四郡の中心であった岩倉城の小田殿（織田殿）のもとに着いた。まる二日間、岩倉に逗留。二十二日に岩倉を出発したが、途中の「森山」（守山）までは岩倉の織田氏が送ってくれ、守山からは案内者がつけられて岩崎に着き、岩崎城下に近い藤島にこの日は泊った。次の日、藤島から三河に入った。「岩崎より岡崎まで人をそへられ候」と、またここでも案内をかねた人物が一行につけられた。岡崎で案内人と別れた一行はこの日、東西三河の分岐点である山中の宿に泊った。日記を注意して読むと、一行に案内やその他の目的でその土地の人が加わるのは、常時ではない。備前から遠く関東までの旅のうち、京を出るときと、美濃井ノ口から三河岡崎までの間だけである。単なる道案内や名所の説明だけのためだろうか。これもあとでは解けるが、ここではまだ謎の一つである。

尾張藤島から三河山中まで、この日の行程は八里、途中は名所が多い。名所旧跡を楽しみ、景勝を愛で、信仰の旅を続けるのも、備前法華門徒の三山詣りの特色だった。「やはぎ（矢作）の川、しやうるり（浄瑠璃）の古所見物、松一本有」と、日記にある。矢作の渡りを過ぎると岡崎の宿、彼らはここで矢作の宿の長老の娘、浄瑠璃御前が奥州に下向する牛若丸に懸想した秘話を、案内人からでも聞いたのであろうか。大永七年（一五二七）、連歌師宗長がここを通って、「やはぎのわたりして妙大寺。むかしの浄瑠璃御前跡、松のみ残て、東海道の名残、命こそながめ侍つれ。今は岡崎といふ(11)」とその手記に残したが、この宗長が見たと同じ一本松を、彼ら備前門徒の一行も確かに見た。ちなみに元和四年（一六一八）四月、烏丸光広がここを通ったとき、「遊君浄瑠璃の旧跡は、今、岡崎の城中になりたりと云ふ(12)」と、昔を偲ばせるこの松はなかった。彼らの旅は少なくとも、これ以前に行われていることになる。

翌二十四日の旅程は、山中の宿から遠江の白須賀の宿まで。昼の休みは吉田の宿、この日から以後は、案内者は全くつかない。彼らが泊った白須賀の宿は、「南のはて、海のはてにて候」と、山手に移った近世の白須賀宿ではなく、いまの「もと白須賀」の地にあった、太平洋を望む中世の白須賀の宿である。

二十五日は浜名湖の湖口の「いまきれ渡り」、「ひきま」（匹馬・引馬）の宿を通り、大天龍・小天龍を船で渡って遠州掛川の宿まで。次の日、掛川から駿河に入って日程七里、藤枝の宿に泊る。この日の海道は「名所」が多い。小夜の中山やその麓の「につさか」（日坂）、「金屋」（谷）の宿の歴史と風景を、彼ら一行は楽しんだ。この日の宿、藤枝の「宿主四郎衛門」について、日記は、「まへの宿主にて候由、実成」被申候」と、注記一行を残す。筆者が、「実成」と親しく呼び捨てできる僧が一行の中にいる。しかも、彼は東海道の往還に経験のある僧で、前に宿主四郎左衛門のこの宿に泊ったこともある。彼が誰であるかはあとにして、ともかく一行の中で具体的な名前が知れる人物の初出である。

次の日は藤枝から府中（駿府）までの五里(13)。この行程も名所が多い。一行は、宗長の柴屋軒でも有名な「まるこ川」（丸子川）を渡り、宇津の山の茶店では宇津谷団子に舌鼓を打った。宗長が、「此茶屋むかしよりの名物、十だんごといふ。一杓子に十づゝ、かならず、めらうなどにすくはせ興じて[14]」と記した、その名物団子である。

二十八日は駿府から蒲原まで。道は海岸に出て、「名所多候」と、旧跡景勝に富む。清見関、清見寺、興津の宿、現在では蒲原の浦といっているかつての田子の浦、千本の松原など、一行は駿河湾沿いの名所を楽しみながら進んだ。次の日は、東海道随一の難所、富士川の渡りがある。一行はともかく、この「大事之渡り」を無事に通った。そして近世の吉原宿ではなく、いま元吉原と呼んでいる海辺にあったかつての吉原の宿から船で沼津に渡り、伊豆に入って三島の宮を見物し、三島の宿に泊った。行程は九里だが、難儀な一日だったろう。

三　三山参詣の旅程㈡

三月三十日、故郷を出てすでにひと月以上の日が過ぎた。この日からいよいよ、目的の宗祖遺跡の巡拝が始まる。一日の旅程も坂東道の里程で、この日から記し始めた。この日、一行は三島から箱根越えの道をたどらず、伊豆北条に出て、そこから峻険な山路を越えて伊東に着いた。里程は坂東道で六十里。弘長元年（一二六一）、伊東に遠流された日蓮の遺跡を偲ぶためである。「いたう之躰、いつれよりもふへん（不便）、中々一段殊勝無申計候」と、簡潔に筆者はその感懐を日記にしたためている。この日、一行は北条で「あらための役所」、すなわち関所を通った。『道中日記』による限り、彼らの前に設けられた最初の関所である。

翌日は四月一日。一行は伊東から北上し、「あしろ」（網代）港から舟で、海上六十里、小田原に着き、ここに泊った。翌日は小田原に逗留、翌々三日、小田原を発ってついに旅の主目的の一つ、鎌倉の比企谷妙本寺に着いた。

塔頭玉林院が彼らの宿房である。妙本寺は、六老の一人、日朗が日蓮の直檀比企能本の邸跡に開創したもので、彼はここを日蓮没後の鎌倉の本拠とし、それ以後、当寺は池上本門寺と両山一貫首制をとり、中近世において関東南部の法華宗の中心的役割を果たしてきた。一行が属する妙覚寺門流は、その先をたどるとこの日朗門流の分流である。一行は、彼らの本山京都妙覚寺の、そのまた祖山ともいうべき比企に着いた。小田原から比企までのこの日の旅は、途中、名所や景勝、また日蓮の遺跡に恵まれる。昼を休んだ大磯の宿で「とらこせんの古所見物」と、彼らは『曾我物語』で有名な、十郎祐成と宿の遊女虎御前との悲話を偲び、「は入川」（馬入川）を渡り、「たつノ口御くひのさ」（頸の座）へ参」と、文永八年（一二七一）九月十日に、この刑場で首の座に引き据えられた日蓮の遺跡に参詣し、宗祖の法難に涙を新たにした。

四日、五日と比企に逗留。彼らは心おきなく鎌倉に散在する日蓮の遺跡を巡拝した。文永の法難で日朗らが幽閉されていた宿屋、左衛門尉光則の屋敷裏の「やとや土のろう（牢）」、文応元年（一二六〇）八月二十七日の夜に暴徒に襲撃された、日蓮草庵の「まつはかやつ」（松葉谷）の旧跡に、彼らはまず参詣した。法難の夜、日蓮は白猿に導かれるままに事前に草庵を出て、とある洞窟に逃れ、その洞窟で猿が運ぶ供物によって命をながらえたという、宗内で有名な奇跡譚がある。この「さるはたけ」（猿畑）の洞窟へも、彼らは足を歩んだ。鎌倉逗留の圧巻は、遺跡参詣だけではない。「御しやうそく、御筆しやきやうの御本尊廿ふく計、おかミ申」と、日記にあるように、比企谷伝蔵の日蓮の消息御書や本尊を、大量二十幅も拝跪したことである。今日も比企谷什宝の特色は、臨滅度時の本尊をはじめ真筆本尊の多蔵である。だが、近世はともかくとして、中世の関東諸山における宗祖真蹟や真筆本尊の、厳重な保管や礼拝の制度を想起すると、この備前門徒の一行はこのとき、全く異例の待遇を祖山から受けたことになる。このことは、彼ら一行の社会的地位、それに本山の彼らへの期待度を、暗黙のうちに語っているものであろうか。

四月六日、比企を発ち、その日のうちに池上に着いた。池上の本門寺は日蓮入滅の霊跡であり、日朗が比企とともに開創当初から管掌した、関東法華宗の大寺である。翌七日と翌々八日、一行は池上大坊に逗留した。八日は誕生会である。「法事有、御法談も有、道師正用院、大坊之御馳走中々、あまりニうれしく候つる、一日之まに九之度はしを取上候」と、参列した彼らは法談を聴聞し、歓喜するようなご馳走にあずかった。寺の歓待は、池上でも変わらなかった。

翌九日の朝、一行は池上から身延を目指した。だが、身延直行の道は選ばず、途中から道を西にとり、この日は座間に泊った。依知の「ほしくたり」に参詣するためである。文永八年（一二七一）九月十三日、佐渡遠流の途次の日蓮は、依知の本間重連の館に泊った。その夜、日蓮が明月に向かって自我偈を誦すと、庭前の梅樹に大星が降って皎々と光り輝いたという、『註画讃』でも有名な宗内の故事がある。あくる十日、一行は座間からこの故地に建てられた「星下寺」に参詣した。「梅のゑた一本所望申候」と、一行はそれぞれこの寺の梅の霊木の一枝を寺僧から貰った。だが、この日、一行の旅程は狂った。「くらミ谷の蓮乗房[15]」という旧知の法華僧に出会ったからである。彼は一行を強引に招いて「事外ふるまわれ候」と歓待し、一行とその夜、酒匂に泊って、「新保之王勝房」とともに彼らにありがたい法談を行った。この蓮乗房との出会いと、その好意による振る舞いが予定外だったことは、翌十一日の彼らの行程が、酒匂から坂東道の里程でわずか二里の目と鼻の先、小田原泊まりだったことでも知れる[16]。しかも昨夜の蓮乗房の事外の「ふるまい」の故か、一行の中の「林仙房」という僧が、この小田原で発病した。しかも、この発病事件は、後で述べるように尾を引いて、一行を仲間割れさせる遠因になる。

一行の中に病人が出た故か、十二日は小田原逗留。十三日、一行は「大乗房」を看病のため林仙房に付け[17]、身延を指して小田原から箱根越えで沼津に出て、ここに泊った。この日、一行は箱根越えで、「大うへ山」に放牧された多くの馬、深山の鹿の群れに眼を奪われ、また三カ所の関所を通った。そして三島に下ると、そこから沼津までは往路のときと同じ道であることに気づいた。次の日、沼津を出た一行は、往路の舟路でなく陸路をたどって、吉原の宿で昼を休み、富士川を舟に乗って内房に着き、ここで泊った。東海道から身延往還路に入ったことを示している。

四月十五日、甲斐に入り、南部の宿で昼休み、関所をこの日二つ通り、ついに旅の最後の目的地、祖骨が眠る甲斐の身延に着いた。宿坊は竹井坊、数えてみると備前を出て五十日目のことだった。あくる日は身延逗留。日記の筆者は、身延逗留の日の行動をなにも記さないが、あるいは祖骨を拝し、あるいは宗祖の山内遺跡を巡拝したのだろう。十七日に身延を発った一行は、「まんさ」（万沢）の宿で昼を休み、駿河に入って「ししはら」（宍原）の宿に泊った。ここから往路に通った東海道はほど近い。日記の坂東道による里程表記は、この日をもって終わる。

宍原から南へ行くと興津の宿、そこから、往路と同じ東海道に出て海岸の風景を楽しみながら、翌日駿府に着いた。この駿府での十八日の夜、一行は初めて仲間の中で激論を闘わした。小田原に残した二人の僧をどうするかである。おそらく、二人は病が癒えれば小田原から駿府に直行し、身延参詣の一行とここで落ち会うことになっていたのだろう。しかし、一行が泊った往路と同じこの宿に二人の姿はなかった。誰かが小田原まで引き返し、その結果を駿府で待とうというものと、小田原の二人はそのままにすぐ駿府を出発しようというものと、彼らの意見は二つに分かれた。まず、実成院が小田原に自分が引き返すと申し出てこれに強い反対があり、日記筆者がかわって引き返すと主張したが通らず、最後には興林房なる僧が戻ることになって一応の結着をみたが、これにも異論があって、結局のところ、小田原に迎えのために引き返すものを待って駿府逗留を続ける組と、翌十九日早々に駿府を出立する組の二つに彼らは分裂した。逗留組の日記の筆者は、出立組を指弾して「是程ニたのもしかるましき人とは、ゆめゆめ不レ存候」と、憤懣やるかたない気持ちを日記の中に書き残した。思えば、星下寺への参詣で知人の蓮乗房に偶然に会い、その好意で振る舞われて沈酔し、その結果が林仙房の発病を呼び、療養のために残した二人をめぐって、一行はこの駿府の街で逗留組と出発組に袂を分かつことになった。旅で起こった偶然の一齣が、旅そのものを思いもかけない方向へ引っ張ってゆく一例が、彼ら法華門徒の中世の旅にもある。

残留組は二十三日の朝までまる五日間、駿府に逗留した。小田原組との合流を果たしたのか、この日、駿府を発ち、旅程の遅れを取り戻すべく、往路二日の道程を一日で歩いて掛川の宿に着き、ここに泊った。彼らは、宇津山の峠の茶屋で往路と同じ団子を食べ、また藤枝の宿の手前の瀬戸山では、名物の「せとのそめいい」（瀬戸染飯）を味わった。数多い海道の名物のうち、この長い旅の中で、日記の筆者が記録した名物はこの二つだけである。小夜の中山もこの日に越えた。ここでも筆者は、往路とちがって、「家二ツ計有」りと、鄙びたこの山越えの風景を、簡潔ではあるが具体的に描写した。次の二十四日は掛川から白須賀の宿まで、二十五日は白須賀から三河の山中の宿までと、往路と同じ行程だった。だが往路のときとちがって、彼らが三河の吉田の宿に着いたとき、ここに新しく関所が設けられていた。

しかも、一行はこの新関で散々な難儀に遭った。「代物のえりミして、よき代をハ皆々取候由ニて、とられ候」と、関所役人は一行が持っていた貴重品を、容赦なく選り見して取り上げてしまったからである。「いろいろわひ（詫）事申し候て、返し候」と、結局は取り返すことができたが、彼らの心労は想像するにあまりある。なぜ、ひと月前の往路になかった関所が、ここ吉田の宿に新設されたのだろうか。その鍵はつぎの日の記事にある。三河と尾張の両勢が、国境地帯で衝突していたからである。

翌四月二十六日、一行は山中の宿を発って岡崎に至ったとき、「まへハふし島へとおり候へ共、三河・尾張取相ニて」と、合戦のため、尾張を通過する往路は全く通行不能になっていた。一行は旅程を変えざるを得なかった。戦乱の危機は、いつ無関係な彼ら備前門徒を巻き込むかもしれない。急遽一行は矢作川を舟で下り、知多湾の「大はま」（浜）の港に出て、船を乗りついで衣浦を渡って対岸の「ならわ」（成岩）港に着き、この日ここで泊った。東海道を遮断された彼らにとって、帰路は伊勢湾横断の道しかなかったからである。

あくる二十七日、一行は成岩から知多半島を横切って「とこなへ」（常滑）の港に出て、船上九里、風雨の中を「いまやいまやと、難き（儀）にて候つる」という命からがらの有り様で、ようやく「なこう」の港に着いた。この「なこう」とは常滑の対岸、鈴鹿川の河口に渡津として中世に栄えた長太港であったにちがいない。彼らは、長太から鈴鹿街道を通って京への道を目指したと思われるが、翌二十八日、彼らが伊賀の「上つけ」（上柘植）の宿に着いたところで、この『道中日記』は終わる。以下が散逸しているからである。

こうして、備前法華門徒の長い旅の日記は終わった。だが、これまで全く不明であった、中世における日蓮遺跡巡拝の地方門徒の旅が、どのようなルートで、またどのような手段で行われていたか、この『道中日記』の分析から、生々しく浮かび上がらせることができただろう。それは、備前野々口から帰路の上柘植まで、六十三日の長い旅であった。そのうち一つの場所に逗留したのは、帰路も合わせて多い順にいうと、洛中五日、駿府と堺が四日、兵庫・尾張岩倉・小田原・比企・池上が各二日、井ノ口と身延各一日で計十九日、ほぼ三日に一日は移動しなかったことになる。しかし、残りの四十六日間は、船路をとるか、陸路をとるか、ともかく彼らは旅しつづけた。

喜怒哀楽がこの中世の信仰の旅にもつきまとった。日朗門流・妙覚寺門流という同じ門流信仰の系譜から、彼らは門流の基盤である京都妙覚寺や井ノ口城下、比企や池上の本山で、感激この上ない歓待を受けた。東国の片田舎で偶然に出会った知音の僧は、彼らの旅の労苦を振舞酒と法談で慰めてくれた。だが、駿府の宿では、病める仲間の処置をめぐって、同じ信仰者の心の底に潜む、利害と人情の葛藤を巻き起こした。伊東や鎌倉や池上、それに星下や身延では、日蓮の遺跡に参詣し、生前にはついに世に容れられなかった宗祖の苦難の生涯を偲んで、彼らは涙したにちがいない。備前の門徒にとって、これまで寺僧の法談でのみ親しんできた宗祖日蓮は、その遺跡を目のあたりにすることで、それだけ身近になった。強義と強信で鳴る妙覚寺門流の彼らの信仰は、その涙でさらに強固となったに相違ない。旅の楽しみは、日々に変わる風景に、また耳慣れていた名所旧跡の見物に、あるいは海道の名物に、彼らの心を和ませてくれることにあった。

中世の旅は、決して近世のように安隠ではない。伊豆の北条、箱根に三カ所、身延往還で二カ所、三河の吉田と、日記にみえるだけでも計七カ所の関所が、彼らを悩ませた。まして最後の吉田の新関の無慈悲さで、一行は悲歎と困惑のどん底に突き落とされかけたほどである。富士川の渡河と伊勢湾の渡海は、この長い旅で、彼らがそれこそ命がけで越えた「大事之渡り」だった。また彼らは、戦乱が容赦なく無関係の旅人をさえ巻き込んでゆく危難に、常にさらされていた。この危難は近世の旅にはすでになく、彼ら備前法華門徒のこの巡礼の旅が、中世戦乱の世に行われたことを明らかに語っている。

四　巡拝の史的意義

『道中日記』で見る限り、周囲の情勢や海道の様子は、明らかに中世の旅である。前述したように、日記原本の体裁も中世後期の筆録であることを示している。だが、ここでさらにこの参詣の年時や筆録者を特定できると、この巡拝の史的意義はより確かになる。この作業がどこまでできるか、その検討に入ろう。
まず、原本を伝蔵する大村家では、この点についてどのような伝承があっただろうか。日記原本をみると、「八代ノ祖、出雲守盛忠、嫡男大村甚右衛門大夫家盛自筆、金川落城十六歳の時、天文年間ノ記ノ由」と、注記がある。しかしこの注記は、昭和十四年、当時の大村家当主が別紙に注記して原本に添付したものである。だが当主がこのような注記を添付したのには、理由がある。同家には享保十五・十六年に、一族の亀井正衡が作成した「大村氏族系譜」三冊が残っている。正衡はその中で「天文之比、鎌倉ノ比企谷、武州ノ池上、甲州ノ身延山ニ参詣セル道中日記有リ、元盛厳祖ノ筆ト云伝タリ」と記し、続けて自己の意見として、「予、案スルニ、定メテ家盛ノ手跡ナルヘシ」と、案文を付しているからである。

つまり、この『道中日記』は、享保十五年（一七三〇）の時点で、野々口村大村六右衛門家にすでに伝蔵され、同家にはこのころ、六右衛門家の元祖の元盛が天文年間に三山に参詣し、その筆録であるとの伝承があった。だが、系譜を作成した正衡はこれに疑問を抱いて、元盛の兄の家盛の筆録であろうと推定したことが知れる。

昭和の当主は、この享保の正衡の説に従ったわけである。いま、同系譜によって大村家の略系を示すと、次のようになる。

勝盛（松田元勝臣　大永元没）―盛長（松田元隆臣　永禄七没）―┬盛忠（松田元賢臣　永禄十一没）―┬家盛（松田元賢臣）（九郎右衛門家祖）
　　　　　　　　　　　　　　　　　　　　　　　　　　　　　　└歳若麻呂　　　　　　　　　　　　└元盛（宇喜多秀家臣　慶長十四没）（六右衛門家祖）

確かに正衡が疑問を抱いたように、参詣を天文年間とする限り、元盛筆録説は無理がある。前に述べたように元盛は文禄元年（一五九二）、高麗陣に従軍して実在が確認されるが、系譜によると慶長十四年（一六〇九）、五十四歳で没している。逆算すると、誕生年は弘治元年（一五五五）となる。この三山参詣を天文年間に比定する限り、元盛筆録の可能性は全くない。だから正衡は、兄の家盛説を考えた。

家盛は、『道中日記』が伝蔵された六右衛門家とは別の大村九郎右衛門家の祖であるが、右系譜や他の系譜類はこの家盛について、金川松田滅亡のとき、弱冠十六歳の若武者で、父盛忠とともに城下の佐波河原で奪戦したと伝えている。しかし、宇喜多直家に攻められて、金川が落城して松田氏が滅んだのは永禄十一年（一五六八）七月のことである。このとき十六歳であったという家盛の誕生は、したがって天文二十二年（一五五三）と逆算できる。参詣を天文頃とする限り、正衡が考えた家盛筆録者の可能性もまた消える。結論的にいうと、前に述べたように、日記筆録者が大村一族であることは確かだが、その大村一族の一人を特定することは、管見の史料の範囲では不可能である。

だが、参詣の年時を確定することは必ずしも不可能ではない。後年に作られた家伝や系譜ではできなくても、その鍵が原本それ自体の中に残されているからである。鍵の一つは、前にもふれたが、大村一族の日記筆録者から「実成」と親しく呼び捨てられる「実成院」なる法華僧が、一行の中にいたことである。二つは、彼らが逗留した井ノ口の城下は、当時「長井殿御いせい（威勢）、無二申計一候」と、長井殿の支配下にあったことである。三つには、彼らが参詣したある年は、二月と三月が大月だった年である。

ここに見える「実成院」は、備前野々口に生まれ、大村氏の出身である実成院日典と推定してまず間違いない。幾人かの同行の僧のうち、彼だけを「実成」と親しく呼び捨てたのも、筆録者が実成院と近親だったからである。日典の生年は異説もあるが、享禄元年（一五二八）は動かない。(18) 日典の青年時代を語る確実な文献は少ないが、天文十年（一五四一）、京都の妙覚寺で得度し、同十三年から関東に下って諸山を遊歴し、この間、池上十一世仏寿院日現に師事して、池上の教学法門の正統を相承したことは疑いないとされている。[19]その後、永禄六年（一五六三）、茂原妙光寺十三世、同九年京都妙覚寺十八世に晋住し、天正二十年（一五九二）、六十五歳で入滅した。また、現存の範囲で、日典の本尊授与の初出は、永禄二年一月朔日付である。[20]ちなみに不受不施日奥は、この日典の法嗣である。

この日典の事歴から推すと、彼の備前門徒の三山詣りへの参加は、上限を十四歳の得度以後のこと、下限を三十歳の茂原晋住以前のことであるとして大過はないであろう。つまり天文十年から永禄六年までのある年に、この参詣が行われたという考えである。

この上限と下限は、第二の鍵でさらに狭まる。一行が稲葉山井ノ口城下において、その権勢の華やかさを見た「長井殿」とは誰だろう。信長が龍興を追って稲葉山城を掌中にしたのは、この下限よりあとの永禄十年（一五六七）八月のこと、もとより信長以後の岐阜城主に、長井姓の城主はいない。したがって、信長以前の稲葉山井ノ口城主斎藤三代の道三・義龍・龍興のうちで探すと、長井姓を名乗ったのは、道三ただ一人である。なお、道三以前に美濃に権勢を張った守護代長井氏は、道三がその名跡をついで長井姓に改めた天文二年（一五三三）頃、すでにその勢力を失い、この日記でいう「長井殿」の可能性はない。こうして、日記でいう井ノ口城下の「長井殿」は、どうしても道三その人を指すこととなる。この道三が、わが子義龍と長良川で戦って討死したのは、弘治二年（一五五六）四月二十日のこと、したがって備前門徒の参詣は、討死前年の弘治元年以前に行われたことは明らかである。

こうして参詣の年は、天文十年から弘治元年までのある年に限定される。この間で、二月と三月が大月の年は、天文二十二年（一五五三）ただ一回だけである。備前門徒の三山参詣は、まさにこの戦国争乱の最中の、天文二十二年に行われたものだった。時に、実成院日典は二十六歳、確証がとれない青年時代のその足跡を埋める、確かな描点である。

備前門徒の参詣が天文二十二年とすると、彼らが見たのは戦国の世相である。これまで述べてきた彼らの見聞や経験した事件を、天文二十二年の旅の途次に起こったこととして、矛盾なく符合するかどうか、検討することも大切である。符合すれば、推定した天文二十二年の参詣年時が、より確かなものになるからである。

前に述べたように、一行は上京から近江に抜けた三月十四日、逢坂の関越えの東海道を通らず、なぜか峻険な雲母坂越えで坂本に出た。天文二十二年のこととすると、一行がこの道を選んだ理由にした「ろし（路次）わるく候て」という状態が、このとき粟田口辺にはたしてあったであろうか。自然の災害はこのとき京都では起こっていない。しかしこの三月八日、「武家与三好筑前守との間之事、今日相破、武家霊山へ御入城云々」[21]と、この日、足利義輝と三好長慶の和睦が破れ、義輝は東山の霊山城に入って立て籠り、洛中の長慶勢と戦機をうかがって対峙した。当時、洛中の政情不安は、すぐ洛外にはねかえる。三月十六日、細川晴元方に指揮された土一揆が国畑に蜂起し、三好衆と合戦が起こっている。[22]霊山城と粟田口は指呼の間である。粟田口を含む東山一帯の京都の出口は、両軍いずれかに押さえられたと容易に推定がつく。これで一行が「ろし（路次）わるく候」と、逢坂の関越えを避けた理由がはっきりする。とすると、上京から遠く近江の枝村まで、とくにこの日から案内者が一行についた理由も、戦禍を避ける用心であったと考えられる。

この一行が井ノ口に着いたとき、「長井殿」と記した城主は、道三以外に比定できないことを述べたが、厳密にいうと天文二十二年、道三はすでに斎藤と称して久しい。道三が長井の名跡をついで改姓したのは天文二年（一五三二）のこと、さらに守護代斎藤氏の名跡を侵して斎藤と改姓したのは、同七年九月頃だとされている[23]。彼らの井ノ口逗留が天文二十二年のこととすると、斎藤に改姓して、すでに十数年を経た道三を、なぜ一行は旧姓の「長井殿」で呼んだのであろうか。

一行が京都妙覚寺の門徒であることは、前に述べた。実は道三と妙覚寺の関係も古く、彼もまたその門徒だったと思われる。若き日の道三は、法華坊と名乗って妙覚寺の日善のもとで修行したことがある[24]。法兄の一乗院日運は、道三の美濃雄飛の時代、城下今泉にあった妙覚寺末の常在寺に晋在し、妙覚寺門流は当寺を中心に、道三の保護のもとで美濃一円に勢力を伸ばしていた。道三が入道剃髪をしたのも常在寺であり、いま当寺に残る重文指定の道三画像の上部にも題目が書かれ、彼の生涯の信仰が法華信仰であったことを示している。さらにいうと、道三はその討死前日の弘治二年四月十九日、明日の討死を予見しながら、「於㆓斎藤山城㆒者、法華妙躰之中、生老病死之苦を離、向㆓修羅場㆒、仏果を得んぞうれしき[25]」と、法華妙体の信仰によって、すでに生死を超越した心境であることを書き残し、あとに遺す愛児二人の将来を、京の妙覚寺に託した。ちなみにこの遺児の一人が、のちに常在寺五世、ついで妙覚寺十七世をつぐ日饒であり、いま一人が成長して常在六世日覚となっている[26]。

道三のこの生涯を通じる妙覚寺門徒としての強信と活躍を考えると、同じ妙覚寺門徒としての一行は、道三のことを耳目で知ること久しかったにちがいない。彼らが古くから耳馴染んでいた「長井殿」の旧称で道三を呼んだとしても、決して不思議ではないだろう。

しかも、天文二十二年三月といえば、道三が美濃を完全に征服してすでに久しい。濃姫を嫁がせた信長との有名な尾張聖徳寺での会見は、この翌月下旬のことである。井ノ口に逗留した一行が、「長井殿御いせい無申計候」と記したのは、まさにこの時期、道三全盛期のそれを表現するものとしてふさわしい言葉である。備前門徒は、さらに稲葉山井ノ口城について「城一段見事」と簡潔に記すが、これは稲葉山山上の城内を見聞した上での、彼らの感歎の記述であったかもしれない。長い旅の途次、彼らは多くの城を見たはずだが、その結構さについて言及するのは、この稲葉山井ノ口城ただ一回だけだからである。

備前門徒の長い旅で彼らが通行に不安を感じた地域は、京都から近江に抜けるときと、濃尾国境から三河岡崎に至る尾張路だけであったと前に述べた。この地域を通るときだけ、彼ら一行の中にその土地の人が加わり、それに導かれて門徒たちは旅をしているからである。彼らの旅が天文二十二年とすると、これも十分に首肯できる。美濃一円は道三の支配下にあって一応の安定があり、また三河以西は駿府義元の勢力下にある。尾張だけ、信長はこの年二十歳、まだその平定は終わっていない。尾張路は決して旅人にとって安全ではない。

だから道三は、「長井殿より岩蔵《ママ》之小田殿まで人をそへられ候」と、尾張岩倉に向かう一行に、おそらく警護の武士をつけた。日記は、単なる案内人の場合は、誰々に「ひかれ候」と表現しているからである。この時点で、岩倉の小田殿とは、尾張上四郡に勢力を張った織田信安である(27)。隠然と信長と対立したが、彼と道三との間には隙はない。一行は岩倉城下で山内某以下の家中侍から接待を受け、またまる二日間も逗留した。道三からの客人の待遇だったかもしれない。「岩蔵《ママ》より森山までおくられ」と、ここからまた信安方によって守山まで、彼らは送り届けられる。尾張守山の城主はこのとき、信長の叔父の織田信光である(28)。守山から「それより岩崎まて人を被レ付候」と日記にあるのも、次の岩崎まで、信光の計らいで案内者がつけられたと考えてよいだろう。この岩崎の城主、日記でいう「庭ノ右近と申人」とは、天文二十二年、当時、右近大夫と称していた丹羽氏識に該当する(29)。「岩崎より岡崎まで人をそへられ候」と、ここからも案内者が一行につけられた。前に述べたように岡崎より先の旅では、一行に他人が加わる例は全くない。

このように日記の内容を分析してくると、彼らの旅程は明日の計画なく無警戒に行われたのではない。とくに戦雲はらむ旅路では、その地域の領主の手厚い保護のもとで、旅を続けていたことがわかる。これは、名所旧跡の由緒や歴史を理解して楽しんだ彼らの知識度と相俟って、門徒の一行が普通の百姓門徒でなく、相当の社会的地位にある集団だったことを暗示することにもなるだろう。

帰路、岡崎に至った四月二十三日、前には述べたが、ひと月前の往路ではとにもかくにも通過できた尾張路が、「三河・尾張取相にて」と不通となった。この年、天文二十二年四月、彼らの旅の前途に起こった、三河勢と尾張勢の衝突とは何だろう。実はこの四月、鳴海城主の山口教継は、今川義元と結んで今川勢を尾張領内に引き入れ、信長に戦いを挑んだ。四月十七日、信長は愛知郡中村に教継を攻め、激戦に及んだが勝敗は決せず、それ以後長らく、義元・教継勢と信長勢は対峙しながら衝突を続けることとなる[30]。一行はこの合戦のため、岡崎で旅の前途を阻まれたわけである。とすると、一行が吉田で悩まされた新関は、義元がこの三河出兵に備えて設けた関と考えられてくる。臨時の戦時の関だから、役人は殺気立ち、取り調べも峻厳となる。だから一行は荷物を一つずつ改められ、大切な品を取り上げられた。「いろいろとわひ（詫）言申候」と、散々な目に遭う一行の有り様が彷彿とするようである。

こうして、備前門徒が旅で遭遇した世相や事件や合戦は、すべて天文二十二年のこととして矛盾はない。

いま一つ、さらにこれを補強する史料がある。すなわち、日記原本を伝蔵する大村家に、「備前大村歳若丸法名法珍」に授与した「天文廿二年癸丑卯月八日」付の、僧日現の本尊曼荼羅が残っている。この授与の日付は、一行が池上大坊に逗留して誕生会に列席し、大坊の好意あるご馳走に、「一日之まに九之度、はしを取上候」と感激した、その日の日付に合致する。

授与者の日現とは誰だろう。花押の形状から仏寿院日現である。日現は備前の出身、在京修学中は京の妙覚寺門流と近かったといわれ、(31)また前に述べたように、一行の先達的役割を果たした実成院日典の師匠でもある。彼は天文十三年(一五四四)のころ池上大坊に在り、(32)同十九年には比企・池上両山十三世に晋董した。比企・池上に備前門徒が参詣したその日、両山貫首はまさに、この仏寿院日現その人であった。破格ともいうべき比企と池上における備前門徒への待遇は、同じ郷里、同じ門流信仰、さらに日現と日典の嗣法の関係から、貫首日現の好意がその背後にあったにちがいない。

この曼荼羅に戻ろう。授与の日付は偶然に生まれたものではない。この日、日現は池上におり、同寺の誕生会に列した備前門徒に会い、一行の中の大村歳若丸に「法珍」なる法名を与え、その信仰の証として授与したのがこの本尊であると考えて、疑いないであろう。そして逆にいうと、この本尊の授与銘から、備前法華門徒の一行の中に、大村歳若丸法珍という一人の若い侍がいたことになる。法珍が日記筆録者とは速断できないが、でないとしても、筆録者や実成院とごく近親であったことは確かである。

門流の本山や祖山に参詣して、かねて渇仰する貫主からこのように本尊を授与されること、これが地方門徒の旅の目的の一つであり、その旅の辛苦を癒す具体的な法悦だった、と考えてよいだろう。祖山貫主の本尊が、中世において遠い地方の強信者に与えられる、その経緯を語る一齣である。

五　巡拝参加者の構成

最後に、三山参詣の備前門徒の一行にどのような人々が参加していたか、その構成を指摘しておこう。まず、日記に登場する人物を詳細に検討すると、一行は僧侶と在家の門徒に分けられる。

僧侶は、日記に現れる範囲で、「実成院」こと、若き日の日典、酒匂の宿で法談を行った「新保之玉勝房」、病のため身延参詣を中止して小田原に留まった「林仙房」、その看病についた「大乗房」、帰路の駿府から二人を迎えるため小田原に引き返す「興林房」と、少なくとも五名の僧が一行の中にいた。

在家の門徒はどうだろう。前に述べたが、あの駿府の夜、小田原に残した二人の僧を待つか待たぬかで激論のあと、翌日から一行の行動は二つに分かれた。日記はこの二組の行動をつぎのように記す。

　皆々いけん（異見）申候て、金川衆此方衆ハ小田原へこ（越）し候つる者を待候ハんと申候て、逗留申候処ニ、富山修理又新保衆ハす（捨）て候て、度々むりやり、十九日被レ上候

議論の重大さとその衝撃的な結果から考えて、筆録者ははからずも、一行全員の行動を残らずこの中にしたためている。こうして、彼ら一行を構成する在家門徒の全貌を解く鍵が、この記事の中に秘められている。記事の「此方衆」とは、この場合、日記筆録者の属す仲間、すなわち「野々口衆」と読んでよい。

結論的にいうと、一行の在家門徒はこの記事にみえるように、「金川衆」と「野々口衆」（此方衆）、それに「新保衆」の三つの集団からなっていた。前の二者が駿府残留組であり、新保衆は出立組である。新保衆と行動を共にする「富山修理」とは、おそらく、新保とは指呼の間、松田氏の旧城があった備前の富山辺りを本貫とする、その付近の国人侍であると考えてよいだろう。だから彼は新保衆と行動を共にしたと、ここでは推定しておこう。

つぎに問題となるのは、在家門徒のこの三つの集団と、一行の中にいた五名の僧侶の関係である。結論からいうと、私は、五名の僧は、三つの在家門徒の集団のいずれかに属していたと考える。具体的に、これを説明しよう。「実成院」は野々口の大村一族であるから、野々口衆と一体の僧である。玉勝房は「新保之玉勝房」と冠して呼

ばれる。彼は新保に住んでいた僧である。だから、彼は新保衆と一体の僧ということになる。小田原に残る「林仙房」と「大乗房」、迎えに引き返す「興林房」の三人は、金川衆と野々口衆が、新保衆と袂別してまで合流しようと駿府に逗留して待つのだから、このいずれかに属する僧と考えてよいだろう。

　このように考えてくると、在家門徒の三つの集団には、それぞれにリーダーともいうべき僧がいたと推定できる。当時の法華宗の寺院では、寺僧を中心に、信者によって題目講が平素から結成されていることが多い。この在家門徒の三つの集団は、あるいはこの在所の題目講を母胎にして、三山参詣に参加したものであったかもしれない。要するに、このときの門徒の一行は備前各地から随意に集まって参加したものではない。在所における平素の信仰生活の単位ごとにまとまって、それが一つの集団となって参加した、かなり組織立ったものだと考えられる。

　したがって備前門徒の一行は、数人のような少人数ではない。僧侶五名と、三つの集団からなる在家門徒を合わせると、一行には二十人前後の人が最低でもいたことになる。さらに僧侶五名について注目すべきことがある。五名のうち、院号をもって呼ばれるのは「実成院」ただ一人である。当時の法華宗の宗内では、院号は師匠から一定の修学度に達したと認められたときに限って授与される。実成院は一行の五名の僧の中で、明らかに地位が高い。しかも、前にも述べたが、日典はこの時点で関東に負笈中か、少なくともその経験がすでにある。東海道往還の経験があったことも、前にもふれたようにこの日記にみえる。さらにいえば、あの駿府の夜の激論のとき、口火を切った彼の意見は、「身延より小田原へ実成院もとり候ハん之由被レ申候」であったと、日記は記す。この意味は難解だが、「身延へここから帰るよりも、小田原に残した二人の僧が心配だから、これから小田原へ引き返してみると、実成院が申された」と、とれなくもない。とすると、天文二十二年のこのとき、日典は身延で修行中であった可能性があることを指摘しておこう。

ともあれ、日典のこの閲歴と経験からすると、彼は一行の中で、少なくとも日記にみえる往路の藤枝から帰路の駿府まで、全体を率いる先達の役を果たしていたのではなかろうか。駿府の激論が、彼らが自ら小田原に引き返すと言い出したことを契機に、一行の中から「みな〳〵（皆々）すて候て」と、異論が沸騰したことでもこのことが察知できる。先達を失えば、一行全体の旅の安全と統制がたちまち乱れるからである。

在家門徒の三集団、すなわち金川衆、野々口衆、新保衆とは何だろう。金川も野々口も新保も、すべて備前津高・御野両郡内の地名である。この限りで、この一行の中には他国の法華門徒が参加している形跡はない。すべて備前門徒である。金川は備前半国の戦国大名、松田歴代の臥龍山玉松城の城下である。野々口はそこから南に約二キロの在所、日記筆録者大村一族の本拠である。新保はその野々口からさらに南へ十数キロ隔った、当時の児島湾に近い在所である。

そして、この天文二十二年といえば、備前松田氏の当主は元輝・元賢父子の時代である。備前東部の天神山城に拠る浦上氏と、新興の宇喜多直家の勢力に押されつつはあるが、これらの地域は、まだ松田氏の勢力圏に保たれている。前にも述べたように、この松田氏歴代は京都妙覚寺門流の法華門徒で、折りしもこのころ、「領内の寺々を其宗に改めさせ、したがはざる寺を焼はらひける」(33)と伝えられるように、領内一円で法華宗保護政策を進めつつあった。城下金川には、その菩提寺として建立した妙国・道林の二寺を中心に、このころ法華宗が盛行した。野々口には大村一族が建立した実成寺と、ほかに大乗寺があり、また新保にはすでにこのころ、金川妙国寺末の本立寺があったと推定できる。いずれも、京都妙覚寺の直末、あるいはその孫末の寺院である。このように考えると、一行の在家門徒は、いずれも京都妙覚寺門流の勢力基盤であって、と同時に金川松田氏の支配する城下や在所から参加した門徒である。彼らが妙覚寺門流の教線上をたどりながら、旅を続けた理由がさらに理解できる。

しかも、前にもふれたが、彼らは一般百姓の門徒ではない。日記筆録者自身、野々口に代々蟠居した国人侍にして、松田の譜代被官だった大村一族の誰かである。筆録者が「此方衆」という野々口衆は、国人侍で松田譜代被官の大村一族が中心となっている門徒衆である。金川衆も新保衆も事情は同じだろう。金川衆は松田氏城下の松田被官を中心とする集団であり、また新保衆も在所の国人侍をもって組織されていたからこそ、あの駿府の宿で金川衆や野々口衆と対等に議論を闘わせ、彼らと翌日袂別することができたのであろう。

このようにみてくると、天文二十二年(一五五三)の二月二十六日、関東三山を目指して備前を出発した法華門徒の一行は、備前松田の被官が、その息のかかった国人侍が中心となっていた一団である。彼らは、松田領内の城下と二つの在所から集まり、居住所ごとに小グループをつくり、それぞれのところの先達の僧に率いられて、この団参に参加したのである。一行の中に老人や幼児や女性がいた形跡は、彼らの一日の旅程から推算してほとんどない。やがて迫り来る農繁期の作業は、残る彼らに託されたのであろうか。

一方、このころ、備前松田の領内は、備前法華宗が極盛期を迎え、松田歴代が帰依した京都妙覚寺門流の勢力が在地に急速に伸びていた時代である。法華門徒の一行も例外ではなかった。彼らは上京では本山妙覚寺に参詣し、また道三の城下井ノ口での手厚い歓待にみられるように、この門流の教線や縁故をたぐって、この巡礼の旅を続けたと思われる。彼らは強信と折伏を堅守した当時の妙覚寺門徒にふさわしく、延暦寺や三島の宮など、謗法の堂社は見物はしても、参詣拝礼は行わなかった。

彼らがなぜこの時期に、東国三山の巡拝を企てたか、それは一つの疑問だが、想定を加えればその動機の一つに、彼らの一族にして郷党の与望を担って関東諸山で遊学中の実成院日典、あるいは備前出身にしてこの実成院の師、比企・池上両山貫首の仏寿院日現の勧誘があったからかもしれない。事実、実成院は、備前からか京都からか、あるいは途中で落ち合ったか、少なくとも往還ともに駿河から以東、彼ら一行の先達の役を果たしている。

彼らは初めて訪れた東国で、伊豆・相模・武蔵・甲斐の各地に散在する宗祖の遺跡を、実に精力的に、ほとんど残す所なく巡拝した。日典の先達があってこそ、初めてできたことにちがいない。

彼らの本山の、そのまた祖山ともいうべき比企と池上で、日現の厚意もあってか、彼らは期待以上の、しかも破格の歓待を受けた。貫首からその強信を賞せられて法名を授り、守り本尊を与えられた人もいた。彼らは比企の寺では、備前に住む限りその生涯において決して拝することはできない、宗祖の真蹟やその本尊を眼前にし、また日蓮の遺跡の前では、すべてこれ宗祖の苦難と悲憤がこめられている、その宗門迫害の歴史を思い起こし、自身の信仰の伝統の重さを感じ、信仰の覚悟を新たにして、法悦に浸ったにちがいない。

中世の旅は、それが信仰の旅であっても安穏ではない。そこには、仲間割れがあり、偶然の出会いがもたらす人情や悲劇があり、海道には命からがらで越えねばならない難所があった。戦乱の世の旅は、武士の一行とはいえ、戦禍に巻き込まれる危機が常に旅の前途にあった。だが『道中日記』をみる限り、近江六角・美濃斎藤・駿府今川・小田原北条・甲斐武田の領内の旅では、彼らがこの点についての不安をもった形跡はない。彼らが不安を感じたのは京都周辺と尾張路だけであって、この地域を通るときは、あるいは道を変え、あるいは案内者を一行の中に伴っていた。

たとえば往路の尾張路では、彼らは墨股から折戸・萱津・熱田・鳴海へ抜ける下四郡の海道を避け、岩倉から岩崎へ抜ける北方の脇往還を選び、そのところの領主の保護を得ながら三河へ抜けた。また帰路には、岡崎から伊勢湾を渡る海路を選んで、尾張路を避けている。当時の尾張を中心とした、東海諸国の政情を彷彿させる旅である。

彼らの旅にも楽しみはある。堺・洛中・小田原など、当時繁栄した都市に彼らは足を休めた。日記はこの街での彼らの行動を語らないが、それぞれが市内の見物に、あるいは郷里での日常の生活に必要な代物を求めることに費したのかもしれない。彼らは海道の景勝を楽しみ、名物に舌鼓を打ち、また、「平家」や「曾我」などの中世文学や芸能で馴染んだ、沿道の名所旧跡の由来や歴史を十分に理解しながら旅を続けている。戦国期の地方の国人侍の教養を示すものである。

こうして、この『道中日記』は、これまで知られなかった中世法華門徒の東国巡拝の実態のみでなく、戦乱期の地方武士の旅の姿を、ある程度明瞭に浮かび上がらせてくれたのである。

註

(1) 「一期所修善根記録」(『日蓮宗宗学全書』一巻、四四九頁)。
(2) 一如院日重『見聞愚案記』。林是晋「身延参詣の史的考察」(『日蓮教学研究所紀要』二号、一九七五年、六七頁)参照。
(3) 藤井駿・水野恭一郎編『岡山県古文書集』第四輯、「備前大村家文書」に所収。同書一二九―一三五頁。
(4) 野々口、大村槇子所蔵文書。文禄元年十二月十八日付、大村甚左元盛書状。
(5) 同文書。「大村氏族譜」。年欠「駒井山実成寺旧跡ノ由来」。
(6) 日記原本の牛窓のところに「はりま」と注記してあるのは、日記筆録者の錯誤。
(7) 「備前大村文書」、大永四年三月廿八日付、妙覚寺日賞筆本尊曼陀羅授与銘。
(8) 京都妙覚寺、日兆墓石銘文。
(9) 応永廿年六月十三日付、妙覚寺住持日成等三名連署妙覚寺真俗異体同心法度。『万代亀鏡録』所収。
(10) 「いふき山、ふわのせき、とほる也」と、三月十七日条の最後にある。だが、日記原本を見ると、翌日記事初行との行間に、小字二行で追記記入したもの。三月十六日に記入すべきを錯誤したものだろう。
(11) 島津忠夫註『宗長日記』(岩波文庫、一九七五年、一二五頁)。

(12) 烏丸光広『東道記』。
(13) この日の「大井川渡り候」の記事は、原本を見ると、行間小字の補筆、大井川は前日に渡河のはず。この日、渡ったのは安倍川。日記筆者の錯誤か。
(14) 前掲『宗長日記』、四七頁。
(15) 相模倉見辺の僧か。未詳。
(16)『道中日記』四月十八日条。
(17) 同右。
(18) 安藤長象編『実成院日典聖人考』(日蓮宗不受不施派研究所、一九七五年、四頁以下)参照。
(19) 宮崎英修『不受不施派の源流と展開』(平楽寺書店、一九六九年、二一一頁)参照。
(20) 安藤長象編前掲書、四三頁参照。
(21)『言継卿記』天文廿二年三月八日条。
(22)『足利季世記』『細川両家記』。
(23) 桑田忠親『斎藤道三』(新人物往来社、一九七三年、四九—五二頁、五九—六二頁)参照。
(24)『美濃国諸旧記』。
(25) 京都妙覚寺文書、同日付斎藤道三書状。
(26)『本化別頭仏祖統紀』巻十九。
(27)『信長公記』。奥野高広『織田信長文書の研究』上巻(吉川弘文館、一九六九年、四八頁)参照。
(28)『信長公記』。前掲『織田信長文書の研究』上巻、三一頁参照。
(29)『寛政重修諸家譜』巻八五。
(30)『信長公記』。前掲『織田信長文書の研究』上巻、三〇—三一頁参照。
(31) 前掲『不受不施派の源流と展開』、二一一頁参照。
(32) 同右。
(33)『備前軍記』。

Ⅳ　京都町衆と法華信仰

近世初頭における京都町衆の法華信仰

一　はじめに

鎌倉時代最末期、日像によって京都に伝道された法華宗は、その後次第に教線を拡張させていった。すなわち応仁文明の乱前後には、その発展は「法華宗一門建立の盛[1]」、あるいは「法華宗繁昌驚二耳目一者也[2]」といわれ、世人の瞳目するところであった。ことに、京都を中心に蜂起した法華一揆が最盛をきわめた天文初年のころ（一五三二―三六）には、「今般日蓮党充二満京都一而致二悪逆一[3]」、あるいは「天文元年の頃京都に日蓮宗繁昌して、毎月二箇寺三箇寺宛寺院出来し、京中大方題目の巷となり[4]」とまでいわれた。かかる法華宗の発展を支えた社会的基盤は、すでに私見を述べたごとく[5]、洛内富裕町衆を中心とする都市商工人信徒と、洛内法華宗本山の末寺が存在した諸国の在地有力土豪・武士に率いられた、地方信徒の支援に基づいたものであった。

かかる意味において、本稿では、室町時代中頃以来、京都町衆の宗教のいわば主流的地位にあった法華信仰について、具体的諸家をあげ、史料的に解明が可能な近世初頭を中心に、受容者の立場よりその信仰生活の実態を解明し、さらには近世初頭の京都町衆の意識の中に、この法華信仰がいかに投影されていったかについて考えてみたい。

二　法華門徒の婚姻形態

一、男他宗ニテ女性当宗ナラハ、何迄もすつへからす、男当宗にて女性他宗ナラハ、三年迄ハ可レ置、其過ハ可レ放二門徒一事

一、他宗の人、入婚ニなり来をも可レ成二当宗一（後略）

右二箇条は宝徳三年（一四五一）、京都本能寺・尼崎本興寺両寺開山であった日隆が規定した、「門流信心法度」十三箇条[6]の中にみられるものである。日隆は室町期法華宗の代表的碩僧、かつ弘通僧である。宝徳三年といえば、彼が中世港市尼崎に本興寺を創建したと伝えられる応永二十七年（一四二〇）からは三十年余、また六角室町の小袖屋宗句・尼崎塩商某等の外護によって本応寺（のち本能寺）を開創した永享元年[7]（一四二九）よりは、二十年を経たのちである。すなわち彼の門流が、京都・尼崎の都市を中心に一応の発展を終えたと推定できる時期でもある。この信心法度の内容は謗法寺社参詣の禁に始まり、またその内には「他宗之功徳風呂へ添木ナンドシテモ、惣シテ不レ可レ入、此法へも他宗之人々を不レ可レ入」と、門徒の日常生活の細部にまで規定は及んでいるが、この法度全体を一貫する指標は、門徒の謗法行為の徹底的淘汰にあった。かかる意味で規定されたこの法度の中でとくに注視したいのは、最初にあげた二箇条である。

これによれば、門徒の婚姻において、法華門徒同士のときは問題はないが、男門徒が異門徒を妻にする場合は、三年の期限内に妻を改宗させねばならず、また女門徒は養子縁組の場合のみではあったが、その夫を宗門に帰依させねばならない。この条件に欠ければ、門徒資格を失うのである。これは日隆門流において、夫婦ともに法華宗門

徒であるという夫婦同信の形態が、門徒資格の基本的条件の一つとして要求されていたことを物語っている。

この夫婦同心なる門徒資格は、必ずしも日隆門流に限るものではない。応永二十年（一四一三）、京都妙覚寺住持日成等が規定した「妙覚寺真俗異躰同心法度事」(8)の第五条にも、「縦其夫雖レ為二信者一、其妻不受持者、三箇年之間者其小師無二間断一可レ加二教誡一、猶以無二信順之儀一者、夫婦共可レ捨之事」とみえ、また永享十年（一四三八）、本法寺日親は「折伏正義鈔」の中で、中山法華経寺末寺の寺主檀方が、家内に謗法者を扶持していることを謗法行為として非難している。

かく述べてくれば、法華宗の民衆受容においては、一家中に婦人だけが門徒であるという例外的な形態を除けば、夫婦・一家・一族すべて法華宗門徒なる形態が、室町時代初期より、いずれの門流を問わず、門徒に対して要求されつつあったことが知られるのである。そしてこの宗門側よりの要求は、法華宗が急激に発展した中世末期より近世初頭にかけては、門徒間にさらに徹底し、宗門のもつ排他的性格と相俟って、彼らの間に同信間における婚姻が、より普遍的に行われていたと容易に推察できるのである。

いま本法寺檀越本阿弥家を例として、その婚姻関係をみてみよう(9)。

次頁の家系よりいえば、第一に本阿弥同族間の婚姻が非常に多いことである。嫡家光刹の娘妙得と光悦、光悦の姉妙光と光徳、光瑳と妙山、光甫と妙了などその好例であろう。これは光悦の実母妙秀が同族間の結婚を家訓として主張したことに基づくものと思われ(10)、その目的が本阿弥家職――本阿弥三事（刀剣鑑定・磨礪・浄拭）――の伝統的技術保全にあったとしても、本阿弥一門は後述するごとく、本法寺門徒であった故に(11)、この同族結婚は法華門徒同士の同信結婚でもあった。また同族以外の婚姻先として尾形・茶屋・後藤・片岡の諸氏があるが、これら諸氏は、いずれも近世初頭には後述するごとく、本国・妙顕・東漸・妙覚寺の有力信者であったのである。このことは、

本阿弥家略系

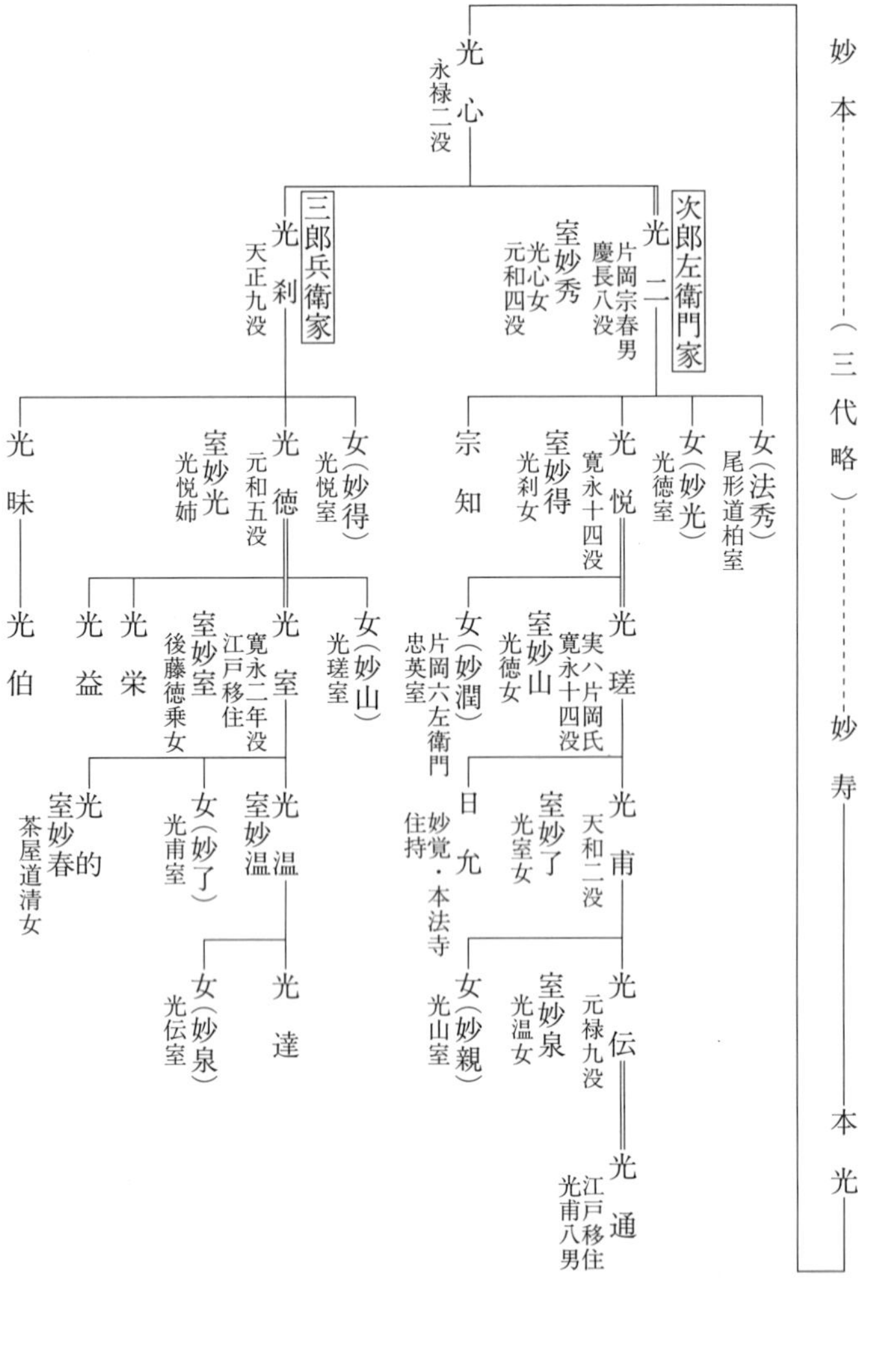

妙本
（三代略）
妙寿
本光
光心 永禄二没
次郎左衛門家
光二 片岡宗春男 慶長八没
室妙秀 光心女 元和四没
三郎兵衛家
光刹 天正九没
女（法秀） 尾形道柏室
女（妙光） 光徳室
光悦 寛永十四没
室妙得 光刹女
宗知
女（妙得） 光悦室
光徳 元和五没
室妙光 光悦姉
光味
光瑳 実ハ片岡氏 寛永十四没
室妙山 光徳女
女（妙潤） 片岡六左衛門忠英室
女（妙山） 光瑳室
光室 寛永二年没 江戸移住
室妙室 後藤徳乗女
光栄
光益
光伯
光甫 天和二没
室妙了 光室女
日允 妙覚・本法寺住持
光温
室妙温
女（妙了） 光甫室
光的
室妙春 茶屋道清女
光伝 元禄九没
室妙泉 光温女
女（妙親） 光山室
光達
女（妙泉） 光伝室
光通 江戸移住 光甫八男

これら諸氏がこのころの京都上層町衆として、本阿弥家と家格・財政が頡頏する家であったことを証するとともに、都市法華門徒の間に同信結婚が広く行われていたことを物語るといい得よう。以下、かかる姻戚関係を念頭に置きながら、これら諸家の法華信仰を具体的に見ていきたい。

三　町衆門徒の家職と姻戚関係

後藤氏は足利義政に重用された彫金の名誉祐乗を祖とし、代々彫金の家職をもって室町幕府あるいは禁裡の御用を勤め、殊に近世初頭の徳乗・長乗のころには、従来の彫金の家職に加えて、秀吉より分銅大判の役を下命され、一族これに従事して京都三長者の一家として栄えた家である。かつて京都大学国史研究室に寄託されていた「後藤文書」は、この後藤氏一族の覚乗を祖とする勘兵衛家（目貫後藤）の記録であり、その中に数種の系譜を伝えている。[12] いま、これら諸系譜より近世初頭の後藤家の血縁関係を略系にして示せば、次頁のごとくである。

この略系によれば、同家の場合も本阿弥家と同様に、一族間の婚姻が非常に多く行われ、また近世初頭のころの濃い姻戚として、後述する絵師狩野家と本阿弥家があったことが知られる。

後藤氏の法華宗帰依についてはすでに私見を述べたこともあるが、[13] 要するに同氏は、近世初頭の光乗・徳乗のころ（永禄―寛永頃）、一族すべて妙覚寺日典・日奥に帰依し、とくに妙覚寺日奥の不受不施理論展開において、幕府弾圧下の日奥を外護し、その基盤ともなったのである。殊に元乗の子は一門の帰依した妙覚寺に入寺し、住善院日定として日奥の高弟であったが、かかる檀那寺への子孫入寺の風潮は、後述する本阿弥・尾形家にも見られるものであって、町衆門徒と法華宗の、強靭な関係を物語っているといい得よう。

後藤家略系

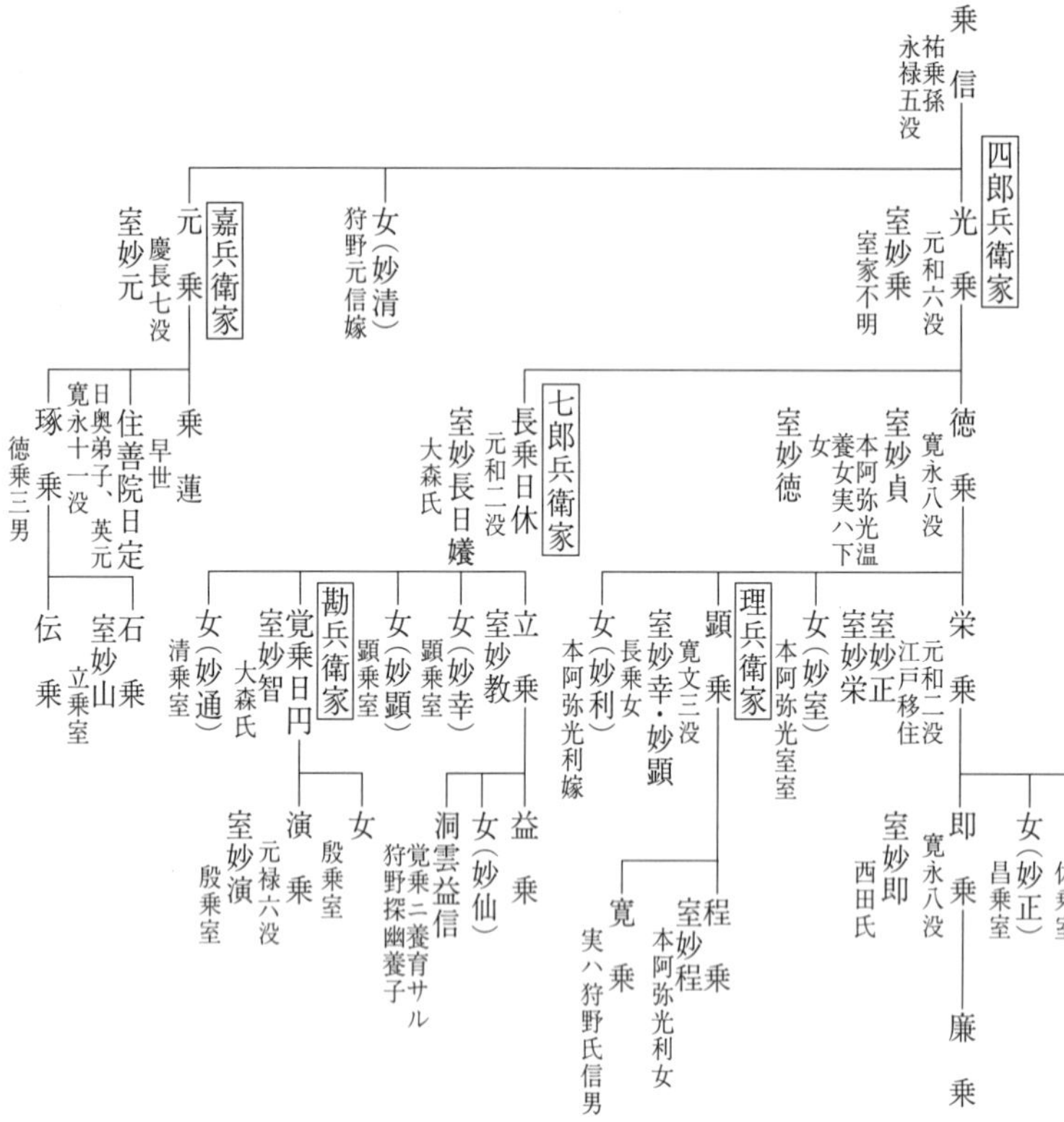

後藤氏と姻戚にあった狩野氏は、「狩野五家譜」等によれば応仁のころ、初代正信が本貫地伊豆狩野より入洛して将軍義政に近侍し、そののち画を家職として、元信（正信男）・宗信（元信長男）・直信（元信二男）・永徳（直信男）と続き、狩野辻子（新町通り今出川下ル徳大寺殿町）は近世初頭の同家居宅跡と伝えている。同氏が法華宗門徒であったことは、延徳二年（一四九〇）没した初代正信より永徳までの墓が妙覚寺に現存し、また同家譜・妙覚寺過去帳にみえる法名が、法華宗特有のものであることによっても首肯されるところである。したがって狩野氏は、後藤氏が妙覚寺に帰依する以前より同寺の外護者でもあったのである。

両家の姻戚関係を具体的に説明すれ

ば、後藤系図の一本に、[14] 光乗妹にして元和元年（一六一五）に没した妙清の項に「狩野法眼元信嫁」と註記がある。享年が記されていないので妙清の生年は不明である。ただ手がかりとなるのは兄光乗の生没年であって、同系図には「元和六年三月十四日九十二歳卒」とある。逆算すれば光乗の生年は、享禄二年（一五二九）と推定される。古法眼元信の生年は、「狩野五家譜」によると文明八年（一四七六）とあり、また没年は妙覚寺の墓面によれば、「永禄二年十月六日」とある。光乗三十歳のときである。妙清の生年が光乗とあまり相隔てぬとすれば元信との婚姻は可能であるが、他証がないだけに不安がないでもない。また狩野一渓（寛文二年没）著『丹青若木集』に収められた狩野氏系図と弁玉集（寛文十一年編）の元信妹の項には、「後藤光乗室」「後藤光乗母」とそれぞれ註記されている。この註記に合致する記事は前述の後藤系図諸本にみられず、また他証もないが、ともあれ、かかる両家系譜の記事は、元信・光乗のころの両氏に、密接な血縁と関係があったと推定せしむるものである。前掲した後藤略系によってもみられるごとく、その後も両家は盛んに婚姻を結び、殊に駿河台狩野の祖として名高い洞雲（探幽養子）は長乗の孫、目貫後藤家の祖覚乗には甥に当たるのである。

後藤家と本阿弥家の関係をみると、徳乗の娘妙室について、後藤系図の一本には、[15]「本阿弥光室嫁、明暦三年十月廿五日死」と註記がある。これを本法寺所蔵「本阿弥本家三郎兵衛家譜」と対比すれば、光室の室正樹院妙室日近の没年月日と合致し、光室の室が徳乗の娘であったことが知れる。

後藤・本阿弥・狩野三家のこのような濃い姻戚の関係は、その家職・家系の類似性、あるいはその信仰の共通性と相俟って、さらにその日常生活や芸術創作の過程の中に影響していったであろうことは、容易に想定できるところである。たとえば後藤長乗は歌道・香道・茶道に長じ、「本阿弥光悦茶道ノ真友ナリ」[16] と伝えられ、また光乗と古法眼元信との交友は、「後藤家譜」の中に「古法眼狩野元信同時居亦相近、元信毎絵一図必使光乗評論之（中略）

光乗亦欲鐫刻人形花鳥、則先使元信絵其図而依其様也」と記されている。

つぎに尾形氏について述べてみよう。光悦の姉法秀の嫁した尾形道柏の家は、その曾孫に光琳・乾山が出たことにより、先学の研究も進んでいる。これら研究は乾山の裔小西彦右衛門家に伝わった諸種の系譜によって行われたものであるが、それによると同家は、道柏の父新三郎伊春の代に上洛

尾形家略系

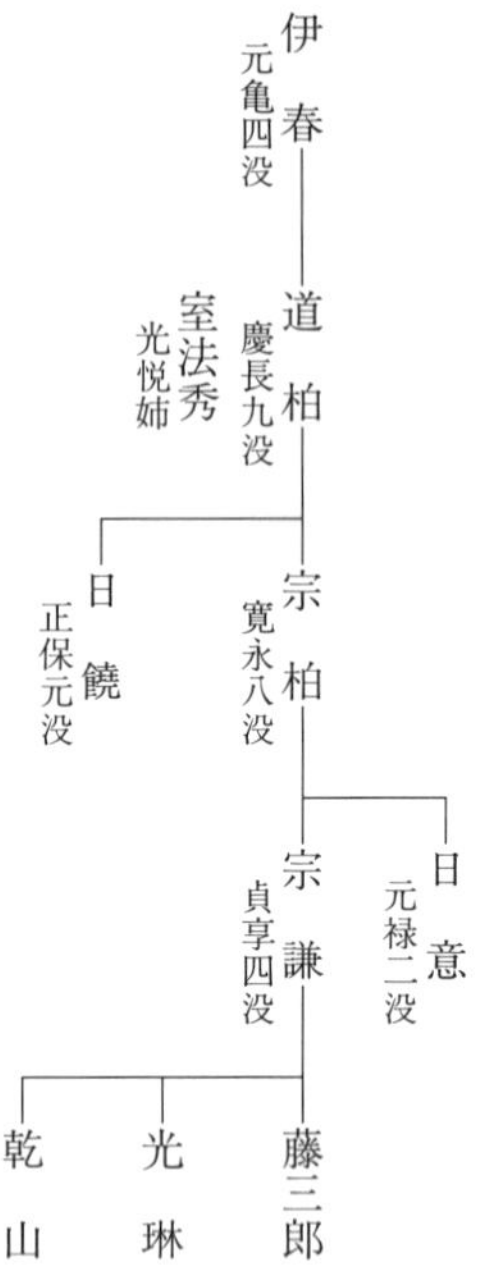

して足利義昭に近侍し、義昭没落とともに道柏の代は一時零落したが、その子宗柏のころには雁金屋と称して染織業を営み、崇源院（秀忠室）・東福門院・淀君の呉服用達を勤め、富裕な京都商家に成長していたと伝える。略系に示せば右のごとくである。[17]

尾形氏の法華宗帰依は、道柏夫妻以後の墓が妙顕寺に現存することですぐ首肯できるところであるが、注目すべきことは、日饒（道柏男・光悦甥）・日意（宗柏男・光琳、乾山の伯父）、と一族に法華僧がみられることである。[18] 日意は頂妙寺住持となった高僧であり、また日饒は一門の帰依した妙顕寺十三世興善院日饒であって、その開基した妙顕寺塔頭興善院を尾形氏は菩提所としたのである。貞享四年（一六八七）死去した宗謙は、藤三郎・光琳・乾山の三子に財産を分与したが、[19] そのとき雁金屋を継いだ藤三郎は、財産分与について「両人之弟共へ少も申分無」き旨の請状を呈したが、その宛名は前述の伯父、頂妙寺日意と菩提所興善院になっている。[20] このことは京都町衆門徒の生活規範が、その帰依した宗教的権威に依存していたことと、また尾形氏における法華宗帰依の深度をも物語っ

ているといい得よう。

後藤・角倉氏とともに近世初頭、京都三長者の一家として栄えた茶屋家は、林屋辰三郎氏の研究によれば、足利将軍家と関係深き所伝をもち、初代四郎次郎清延の代より家康に近侍して、のちに将軍家呉服用達となって糸割符制度の実施に関係した、富商・政商の家であった[21]。

茶屋氏と宗門の関係は、日心本『両山歴譜』の中に天文法華乱の法華方大将として、本阿弥・後藤と並んで「後藤、本阿三、茶屋、野本等旦那已下三千余、西陣東陣ヲ支タリ」とみえるのが初見であるが、この茶屋が四郎次郎家であるか、また別家であるか詳かでない。茶屋家の法華宗帰依は、四郎次郎家に伝わった「茶屋家譜」を見ることによって、より分明となってくる。すなわち同家譜によって法名をみると、「久本院清延日実」（初代清延）・「仙経院妙清日寿」（清延妻）・「久成院清忠日経」（二代清忠）・「円応院長意日是」（清忠弟）・「儒善院道清日義」（三代清次）・「妙徳院春清日閑」（清次妻）等、いずれも法華宗の法名であり、茶屋一族すべて門徒となることが知れる。また同家譜に書き入れられた菩提所「洛東東漸寺」は現存しないが、そのころ本能寺の洛内筆頭末寺であった[22]。いま東大谷墓地にある茶屋一族の墓碑は、表面にいずれも題目が彫まれ、その没年・法名は「茶屋家譜」と合致する。

茶屋氏と本阿弥家との関係についてみれば、光悦と四郎次郎道清が親交したことは『本阿弥行状記』に記されるところであり、また後述するごとく、光悦の鷹ケ峰経営に当たって[23]、道清はそこに屋敷を構えている。「茶屋旧記」によると、この道清の娘の註記に、「若名亀ト号、本阿弥光的へ縁組シテ六十三歳ニテ終ル、法名妙春ト号ス」とある。これを「茶屋家譜」に探せば、やはり「本阿弥光的室」と註されている。光的は嫡家光室の男で、光悦の孫光甫の従兄弟に当たり、両家もまた同信であるとともに姻戚であった。

茶屋家と宗門の関係は東漸寺だけにみられるものではなく、その海外貿易商としての性格の故か、長崎・堺の法華宗寺にまでその外護は及んでいる。すなわち、近世初頭・本瑞院日恵を開山として長崎に本蓮寺が開創されたが、その外護者として六牙院日潮は、「唯有㆓檀越志知妙助、北村九兵衛、内野助左衛門、薬屋、茶屋㆒而荷胆耳[24]」と記している。「茶屋旧記」はこれを慶長十八年（一六一三）のことであるとし、「於長崎、切死丹寺引崩シ、蕃而練あまつ返し候様ニと被仰付上、右之於寺地、法華宗門寺を建立いたし本蓮寺と号」と述べている。また妙顕寺末寺頭であった堺妙法寺は、「先祖位牌所」として茶屋氏一族の尊崇を得ていた。すなわち、同寺住持を得た立本寺日遙は、慶安三年（一六五〇）、大坂乱後の同寺再建が、茶屋道清とその実弟新四郎長意の奔走・尽力によってできた旨を述べ、「永代之重恩」として毎月祈念すべきことを書き誌している。[25]

四　本阿弥家の法華信仰

つぎに、もとへ返って、前述の諸家と直接あるいは間接に姻戚であった本阿弥家について考えてみよう。同家は足利尊氏の刀剣奉行をつとめたという妙本を祖とし、その後代々、刀剣の鑑定・磨礪・浄拭の本阿弥三事の家職をもって室町幕府に仕え、また旁々禁裡御用をもつとめて近世に至った家である。殊に近世初頭には従来の屋敷地（本阿弥辻子）に加えて、光二・光悦の次郎左衛門家は、家康より洛北鷹ケ峰の地を賜って領主的性格をも併有し、幕府・禁裡の保護を受けて一族繁栄した。すなわち『本阿弥行状記』に、そのありさまを、「かくの如く大なる野山を拝領仕、其上妙秀（光悦母）の子孫百人に及びけるが、広き屋敷をもたざるものなし、江戸に於ても、会所屋敷等を拝領いたしたる者五人あり、歴々の人にてさえ容易に成がたき所に、京都に住みながら下屋敷までも被㆑下候事忝次第なり[26]」と伝えている。

本阿弥家の法華宗帰依の始まりは、『類聚名物考』所引の『玉露証話』によると、妙本について、「鎌倉松葉谷の日静上人は尊氏公の叔父たり、これに帰依して法名を授けられ即ち本阿弥と号す」と伝えている。松葉谷日静は本国寺開山であり、妙本の墓と伝えるものも本国寺にあるが、本阿弥家がすでに妙本の代より法華宗門徒であったと考えることは、いま一つ確かでない。本阿弥家の宗門帰依がより確実さを加えてくるのは、本法寺日親と師檀関係を結んだという所伝を有する、六代本光（清信）のころと考えるほうがよいであろう。本光は家譜によると、幕府奉行衆松田一族の出で、五代妙寿の養子となり、天文三年（一五三四）百歳で没した旨が記され(27)、また家職に秀で本阿弥中興といわれた(28)。

この本光の日親帰依については、『日親上人徳行記』（本法寺日匠著、元禄二年寂）の中に、彼が将軍義教の不興によって禁獄されていたとき、たまたま獄中で日親に接し、「獄屋にして、師のをしへをうけ（中略）ひとへに師を如来のごとく敬ひ、あらたに旦那となる」と記されている。

これとよく似た所伝は『雍州府志』『玉露証話』『老人雑話』にも伝えられ、また『本化別頭仏祖統紀』巻十九には、「獄中有二菅原氏松田妙本者一見二師崇行一、結二檀越約一、今之本阿弥家是也」とある。仏祖統紀にみえる妙本は、「本阿弥本家三郎兵衛家譜」によると文和二年（一三五三）に没しており、また日親が初めて上洛布教したのは応永三十四年（一四二七）のことであるから(29)、妙本が日親に帰依することはあり得ない。

しかし注意すべきは、これら諸本がいずれも本阿弥家の本法寺帰依の発端を、日親投獄中のこととしていることである。日親が幕府によって投獄されたのははっきりしており、足利義教による永享十二年（一四四〇）二月六日より嘉吉元年（一四四一）七月十一日までと(30)、足利義政による寛正三年（一四六二）十一月八日よりの二回であって(31)、もしこの本光と日親の所伝をその後者のときと仮定すれば、本光生没年（一四三五—一五三四）よりして、時期的には不可能ではない。しかも前掲の『日親上人徳行記』の記事は、続いて「文明年中に法号を授け給ひて、清信を本光となづく、それより一類剃髪して、みな光の字を名のることここに始まる、（中略）是によって代々此一門志を同じくして、師を仰ぎ奉る、（中略）子孫同名相続で本法寺外護の旦那として勲功あること自他のしる所なり」とある。本阿弥家が一族「光」の字を用いるようになるのは本光に始まるのであり、このことよりしても同家が本法寺と師檀関係を結ぶのは、本光の代、すなわち応仁前後のことと考えてよいであろう。その後、同家が本法寺有力外護として来ったことは前掲の記事にもみられるところであるが、その実態は天文法華の乱において、後藤・茶屋の諸家とともに法華方大将分として活躍したと伝える以外、不明である。[32] しかし中世最末期より近世初頭にかけての光二・光悦のころになると、『本阿弥行状記』（以下『行状記』と略記）の記事を中心にようやく分明となってくる。

光悦の父光二は、片岡氏から本阿弥家に婿入して光心の娘妙秀を妻として家職を継ぎ、「刀脇差の目利・細工、並もなき名人」[33]といわれた。天正十五年（一五八七）、彼は本法寺の移転の工事を監督し[34]、また番神堂施主となった。[35] 光悦の母妙秀は、『行状記』の各所にみられる記事によれば、法華宗への帰依深く、その九十年の生涯を信仰的安心の境地に送った女性である。たとえば、彼女は平素いろいろの物を買い集め、大勢の子孫・下人、時には菜売・乞食・非人まで招き寄せて、彼らにこれを分かち与え、彼女自身はその死後、「唐島の単物一ツ、かたびらの袷二ツ、浴衣、手ぬぐひ、紙子の夜着、木綿のふとん、布の枕」[36]しか残さなかったという話、あるいは祖先の追善仏事は「その忌日ばかりに、させる聞えもなき僧只一人二人請じて弔ひ申分は不足なり、みづから香花を供養し、慇懃に給仕をもすべし」[37]と、子孫に誡めたその見識によっても、十分窺われるところである。要するに『行状記』に伝える妙秀は、冥加・因果を弁え、慈悲・正直正路を尊び、信仰と生活の一致を実践した女性であって、六牙院日潮は妙秀を、「秀之行実末代希有浄心信敬之老婆也[38]」と評している。

このような妙秀の信仰生活が、光悦をはじめとする一族に影響されていくのは当然である。すなわち鷹ケ峰太虚庵における光悦の信仰生活を、その孫光甫はつぎのように伝えている。曰く「此所に艸の庵を結び、末法悪世の唱導師、上行菩さつを空中斎がみづからきざみて安置し奉り、恩分ふかき主君、父母、六親、法界の為に、便りなき貧僧をあつめ、三年の内に法花一万部を読誦しける。かく身に過たる面白き所々を住家として、楽みに耽ることそら恐し、されば光悦心静かなる夕暮に、爰かしこながめ歩みて思ひけるは、（中略）若年のときいつも妙秀語りけることを不図おもひいだし、さては疑ひなくわが親の善心の報ひなりと肝に銘じける[39]」と。光悦の近辺を見れば、光悦に従って鷹ケ峰に移住した彼の甥光益は、正直正路の者で法華経五十部を生涯に書写したと伝えられ[40]、また日蓮遺骨を分置した妙伝寺の毎年の虫干の日には、一族これに参詣するのが常であった[41]。しかしかかる一門の法華信仰の中で、その生涯を宗教的実践によって貫いたという意味において注目すべきは、妙秀についでは妙山であろう。

妙山は宗家光室の姉で光瑳の妻となり、目利細工にも秀れ、その性柔和・知恵秀れた女性であったが[42]、その晩年は妙覚寺に住し、白衣を常に着て、「六十許にて夫に後れしより、廿年に及び、精進潔斎にて、法華の首題毎日一万遍づつ怠る事[43]」なかった。臨終には床に日蓮の曼荼羅を掲げて、「合掌して本尊を拝し、目たたきもせず、少しも苦し気なく題目を唱へ、合掌を口の際へよせ、両眼をふさぐと見えて、息たえたり[44]」と、理想的な臨終正念を遂げた女性であった。

しかしここで注意すべきは、本阿弥家の法華信仰は、かかる表面的な外貌のみでは、十分明らかにされ得ないことである。すなわち、かかる法華信仰がいわば生活の精神的規範として、彼らの日常に入ったとき、それはいかに彼らの生活意識の中に影響していくであろうか。ここで思い起こされるのは、本阿弥家一門の生活意識の中に、拝金思想あるいは貪婪な商行為に対する反発性、ないしはそれよりの離脱性が存したことである。たとえば光悦の母妙秀は、高利貸によって産をなした聟の家が類焼したとき、これを罪障消滅と理解し[45]、あるいは「金銀を宝と好むべからず、一大事の兄弟中あしくなり、恥をさらすも、多くは金故なり[46]」と訓誡した。要するに本阿弥家では、刀剣掘出物の場合も「大分の利を取ざる[47]」ことが家の「作法」であったのである。かかる本阿弥家の拝金思潮よりの離脱意識、あるいは「作法」は、富裕な財力を持っておりながら、「二十歳計りより、八十歳にて相果候迄は、小者一人、飯たき一人にてくらし申事なり[48]」と言われた光悦自身の、清貧な日常生活に相通ずるものであろう。ともあれ、かかる生活態度は、「堺之商人、不㆑言㆓父子之間㆒、互争㆑利以誑㆑之[49]」とまで極言された当時の一般的都市生活者の態度と、全く相反するものであることはいうまでもない。このことはすでに芳賀幸四郎氏も指摘されるところであって、氏はこれを本阿弥家家職の非近代性ないし中世職人意識によって説明されたが[50]、信仰的にみれば、かかる本阿弥家の非功利・非世俗的意識は、妙秀・妙山の信仰生活にみたごとく、本阿弥一門が到達した高度の信仰的安心意識に帰結さるべきものではなかろうか。

これは、耶蘇会宣教師によって「人を教ふるに金銭を徴す[51]」と評され、また現世利益・営利行為を積極的に肯定しながら商工人信徒を獲得していった中世法華宗を考えるとき、一見矛盾するごとく思われるかもしれない。しかし、法華宗はかかる性格をもちながら、その反面、信仰がより高度に純化され、深潜するとき、これと相反する性格をも示すのである。たとえば、近世初頭、妙覚寺住持として不受不施理論を推進した日奥は、「大黒奥師」と呼ばれて信者に主福の守護として仰慕され、また教化に当たって彼自身は「末世の衆生福力にあらずんば済度引入難[52]」なる心境に至っていたといわれるが、仏家としての彼は、自己の守るべき三信の一箇条に「諸苦従貪欲生之、此義刹那不可忘」[53]を挙げ、慶長十三年（一六〇八）、毘沙門天王尊像造立に当たっても、「於㆓身命財㆒、成㆓塵芥之思㆒、無㆓敢愛惜㆒」[54]と誓言している。要するに本阿弥家にみられる非世俗性・非功利性は、かかる日奥の態度にも通ずるものであって、高度の信仰的浄化を遂げた結果に生ずるものであると考えられよう。

しかし、本阿弥一門の法華信仰において最も注目すべきものは、日蓮御書の筆写である。すなわち光悦筆の日蓮御書で現存するものは、妙蓮寺に『立正安国論』と「始聞仏乗義」、本法寺には『観心本尊得意抄』『法華題目抄』『如説修行抄』が、また本満寺には「始聞仏乗義」があり、世に知られるところでもある。しかもこの日蓮御書の筆写は、光悦ただ一人が理解して行ったものではない。『行状記』第二二段には、光悦・光瑳あるいは光甫か、その筆者はわからないが、日蓮御書二通をあげ、それが録内・録外中に収録されていることを考証している。光悦ら本阿弥一族のかかる日蓮御書の理解・筆写は、彼らの法華信仰が、祈禱の呪術性や唱題目行、あるいは受・持・読誦・解説・書写の法華経五種修行という、信仰形態における、いわば初期・普遍的段階を超え、より高度の段階、すなわち法華宗教義の神髄たる日蓮御書の理解に及び、宗義の本源的理論の追求にまで到達していたことを物語るものと言えよう。

そして、本阿弥家に代表せられる町人門徒の法華宗宗義の本質的理解が、町人子弟の法華宗寺への入寺の風潮を呼び、さらには前述した尾形家の日饒・日意、後藤家の日定、後述する本阿弥家の日允、あるいは京都町人辻氏より出た妙覚寺日奥のごとく[55]、京都町衆に出自を有する碩僧が、近世初頭のころより、従来の公家・東国武士に出自を有する住持に代わって、京都本山の住職として新しく登場する背景ともなったと考えられよう。

ここに至って法華宗は、京都町衆の中に完全に融化し、また換言すれば中世以来、宗義教化において受容者的立場にあった京都町衆は、一族出身の高僧を支援して、教化する側、すなわち弘通における能動的立場に昇華したのであって、町衆の宗教としての法華宗が、理想的形態を完成したことをも意味したのである。

この意味において、本阿弥家における日允は注目されねばならない。彼は光瑳・妙山の子、光甫の弟にあたり、寛永三年（一六二六）、八歳にして本満寺に入り、薙髪して日暹に仕えた。すなわち玄通院日允である。彼はのち身延に登って勉学し、二十二歳にして鷹ケ峰に帰り常照寺談林建設に尽力し、ついで慶安元年（三十歳）妙覚寺住持、明暦三年（三十九歳）本法寺住持、寛文元年（四十三歳）中山法華経寺住持となった。その弟子には日耀（妙顕寺住持）・日達（本国寺住持）が出で、いわゆる「允耀達」時代を顕現させた高僧であった。[56] 殊に日允の本法寺住持就任は、本法寺が本阿弥家外護の寺という性格より、本阿弥家支配の寺として完成された意味で注目されよう。

かかる本阿弥一門と本法寺の関係を考えるとき、ここに思い起こされるのは、光甫筆になると推定される『行状記』第六三段にみえるつぎの記事である。曰く、「一門廿人に余り聊かも依怙ひゐき仕間敷よしの誓紙をかき、惣領も一門どもの方へ談合之上に、極札、折紙出すべしとの起請文を書貴み申、則一門の寺、本法寺の宝蔵に納置申せば、行するゑ頼母しき家なり」と。この記事は一つには、本阿弥家業が惣領以下一族談合のうえでなされた、その協同的作業形態を物語っている。だが、かかる作業形態は常に強固な一門の結合を前提として初めて成立するものであって、もし一族の団結が弛緩せんか、「本阿弥が家のとぎは人の見知る事にあらず」[57]と言われた独占・秘伝的な技術は、たちまち崩壊に直面するのであり、ここに、かかる誓紙が本阿弥一門によって書かれねばならない必然性があったのであろう。しかも近世初頭、同家が置かれた立場は、依存し来った足利家の滅亡、代わって登場する近世封建社会、外部より沸き起こってくる家職への誹謗、宗家江戸移住による一族の分散、どの一つを取っても、本阿弥家の名誉の維持は容易なことではない。この危機に対処する方法は、より強靭な一族の団結でしかないであろう。本阿弥家あるいはこれと同じ立場にあった彫金家後藤氏における前述の血族結婚も、かかる事態に対応するいわば自衛的意義をもつものでもあったろう。

ともあれ、かかる意味でなされた本阿弥一門団結の誓紙が、本法寺に納められていることは注目せねばなるまい。これは、外に対しては強烈な排他性を持ちながら、信仰が内に深潜したとき、同信者間には強靭な同信結合の精神を生んでいた法華宗の性格が、本阿弥一門の家職、あるいはその要求と巧みに融和し、ここに一門の寺、本法寺が本阿弥惣族ないしはその職業集団の精神的支柱として存在していたことを物語っていると考えられよう。『日親上人徳行記』の中で、著者本法寺日匠は、開山日親と本阿弥本光の師檀契約における日親の言葉として、「子々孫々末葉のものまで、法花の正法をすてて邪師の法をうくるときは、家門災難をまぬがるべからず、われ弘法相続し、ながくわが寺さかふるにおゐては、同じく本阿弥の家もさかふべし、わが地おとろふるときは、本阿弥の家もおとろふべし」と伝えているが、同書が江戸前期になるものだけに、この記事が日親の言葉そのものとして考えることはできない。しかし命運をともにするという両者の結合は、江戸初期のそれとして考えれば、全く至言であったと言い得るであろう。

五　現世＝寂光土の理念

すでに前節において、江戸時代初頭の京都町衆門徒の法華宗帰依はただ表面的なものではなく、日蓮御書の理解、すなわち法華宗教義の本源的理解にまで及んでいたであろうことを述べた。これと関連して考えられるのは、法華宗がその信仰的理想境として内包した現世＝寂光土の理念である。

即身成仏について、日蓮は法華経を引用して説明を加え、「法花経の行者とならせ給へば、仏とをがませ給べし。

いきてをはしき時は生の仏、今は死の仏、生死ともに仏なり。即身成仏と申す大事の法門これなり、（中略）夫浄土と云も地獄と云も外には候はず、ただ我等がむねの間にあり。これをさとるを仏といふ。これにまよふを凡夫と云。これをさとるは法花経なり。もししからば、法花経をたもちたてまつるものは、地獄即寂光とさとり候ぞ[58]」と信者上野殿後家に説いている。すなわち日蓮によれば、法華経の持者はそれが生身であっても、帰依と同時に仏性を具備できるものであって、浄土であれ地獄であれ、それは帰信者各個人の自己の胸中に求められるべきものであった。したがって中世仏法談義の本質的特色であった諸法実相の理念は、日蓮においても首肯され、一武士信徒に対して「御みやづかいを法花経とをぼしめせ、一切世間治生産業《ハ》皆与二実相一不《スト》二相違背《セ》一は此なり[59]」と説かれた。かくて世間一般の生業・生活は、それが武家の奉公であれ、商行為であれ、法華経帰依の功徳によって、それはあるがままの姿で浄化されるのである。かかる日蓮教義のもつ現世肯定の思惟は、彼が理想とした浄土＝寂光土の観念の中に、より鮮明となってくる。すなわち『守護国家論』の中で、日蓮は寿量品の「我常在此娑婆世界」「我常住於此」の文言を引いて、浄土の存在を、「如二此文一者本地久成《ノ》円仏《ハ》在《セリ》二此世界一、捨二此土一可レ願二何《レノ》土一乎。故《ニ》法華経修行《ノ》者《ノ》所住之処《ヲ》可《シ》レ思《フ》二浄土《ト》一、何《ソ》煩《シク》求《ンヤ》二他処《ヲ》一乎。故《ニ》神力品《ニ》云《ク》、若《ハ》経巻所住之処、若《ハ》於《テモ》二園《ノ》中《ニ》一、若於二林中一若《ハ》於《テモ》二樹《ノ》下《ニ》一、若《ハ》於《テモ》二僧坊《ニ》一、若《ハ》白衣《ノ》舎《ニテモ》、若《ハ》在《テモ》二殿堂《ニ》一、若《ハ》山谷曠野《ニテモ》、乃至当《ニ》レ知《ル》是処《ハ》即是道場《ナリト》。（中略）信《スル》二法華涅槃《ヲ》一行者《ハ》非《ス》レ可《キニ》レ求《ム》二余処《ヲ》一。信《スル》二此経《ヲ》一人《ノ》所住《ノ》処《ハ》即浄土也[60]」と説いた。かくて宗門教義の理想とする浄土は、いかなる場合にもこの現実の娑婆世界に樹立さるべきものであって、それは法華経・法華僧・法華経持者のいずれであれ、それらが存在するところは即浄土であった。そしてこの浄土＝寂光土の具象的形態が、宗門の究極的指標であった法華経による国土・衆生の画一的統一、すなわち「日本乃至漢土月氏一閻浮提に、人ごとに有智無智をきらはず一同に他事をすてて南無妙法蓮華経と唱べし[61]」なる形態に、近づけば近づくほど、寂光土の意義はより高度の現実性をもって発揮されることはいうまでもない。換言すれば、宗教的に法華経によって統一された地域が形成され、そしてそれが実生活と結びついたとき、宗義の理想とした寂光土が現実に実現するのである。

この意味において、室町時代後半、法華宗強盛の地域に形成された法華宗門徒による同信地域、すなわち一郷一村皆法華なる状態、あるいはまた天文初年畿内に蜂起した、法華一揆の宗義的イデオロギーが理解され得るであろう。[62]そしてまた、これと照応するものとして考えられるのは、近世初頭より本阿弥一門によって行われた洛北鷹ケ峰の経営である。

光悦の鷹ケ峰経営については、芸術家集団としての構成より、美術史的に注目され研究され来ったところであるが、[63]実はこの光悦の鷹ケ峰は、前述の法華宗帰依による正法圏＝現世の寂光土なる性格が隠されているのである。光悦の次郎左衛門家がこの地を幕府より給されたのは、元和元年（一六一五）のことで、最初ここは「東西二百間余り、南北七町の原」[64]であったという。そして光悦はその一門と家職につながる職業集団を引きつれてここに移住し、寛永十四年（一六三七）の没年まで、此の地で本阿弥三事の家職をはじめ、茶の湯・製陶・書画・蒔絵・能楽と、その偉大な芸術創作の生活を送ったことは周知のことである。

いまこの鷹ケ峰の人的構成をみるに、その経営の初期の屋敷割を記した「鷹峰光悦町古図」が、光瑳の実家片岡家に伝えられ、光悦寺に現存している。この古図はすでに学界に紹介されたところであり、[65]その製作は森田清氏の「光悦」の考証によれば略々元和四年以後、寛永四年までの間と証されている。

この古図に記された五十余の屋敷居住者をみると、本阿弥一門としては、光悦・光瑳（光悦養子）・光甫（光悦孫）・宗知（光悦弟）・光栄（光悦甥）・光益（光悦甥）・光伯（光悦甥）・本阿弥又三郎・同一郎兵衛・同三郎兵衛・同十郎兵衛の名がみえる。また同家姻戚としては茶屋四郎次郎・尾形宗柏（光悦甥）、また間口六十間の光悦屋敷に光悦と並んで「六左衛門」と記してあるが、これは光二・光瑳の実家の六左衛門乗瑳（光瑳実兄）か六左衛門忠英（光瑳甥・光悦聟）のいずれかであろう。忠英の墓は光悦寺の光悦の墓の南隣りにあり、また「片岡氏家系」[66]の忠英の項には「室ハ本阿弥光悦息名楠ト云、法名妙潤、（中略）忠英事、京堀川村雲町屋敷譲弟左兵衛ニ而、洛北鷹峰光悦居屋敷之内江移ル」とある。これら諸家はいずれも前述したごとく法華宗門徒であり、また間口九間の屋敷を構えた「蓮池常有」は立本寺に鉄灯籠を寄進した法華宗門徒であった。[67]その他、この聚落の住人にみえる妙喜（筆屋）・宗二・宗珠・常清・宗寿・道安・道賀・道有等の名は、法体の入道名で、彼らがすでにいずれかの宗派によって受法していたことを物語っている。だが「宗」「道」「常」「妙」を付した法名は、近世初頭の法華宗門徒のそれに多く用いられるところであり、また本阿弥一門が帰依した本法寺日親が、前述したごとく家内の謗法者扶持を禁じたことを思い合わせれば、本阿弥家支配の鷹ケ峰の性格よりして、彼らもまた法華宗門徒と想定することは、あながち強弁ではないであろう。しかも光悦の鷹ケ峰建設において、そこに直接定住こそしなかったが、光悦と親交しこれに協力した者の中にも、法華宗門徒は多かったのである。

たとえば光悦の製陶において、その協同者的立場をつとめた楽吉左衛門は、寛永十二年（一六三五）没した二代常慶と推定されるが、[68]楽家は初代長祐以来の墓が妙覚寺に現存し、妙覚寺檀家であった。また京都上層町衆の佐野家[69]に生まれた灰屋紹益は、幼少のころより光悦に接し、「また世に有べき人間とは覚侍らず」と光悦に私淑したが、[70]佐野家もまたそのころ立本寺の有力檀家であった。[71]紹益の法華宗帰依について少しふれれば、彼は愛妻吉野大夫とともに日乾に帰依して、鷹ケ峰常照寺総門を建立寄進し、[72]またその日常には、法華経五種の修行のうち、解説を除いて受・持・読誦・書写の四種は「一日もおこたらず」、その心境は「我いささか智なく徳なく功もなし、信あれば徳有とは此事にやと覚侍る也」と、立命安心の境地に到達していた。[73]

かく述べてくれば、近世初頭、本阿弥一門の支配した鷹ケ峰の聚落の実態は、光悦を中心とする芸術協団であるとともに、法華宗門徒の集団でもあったのである。

かかる法華宗門徒の集団にとって、法華宗寺の設置は当然の要望である。すなわち、すでに鷹ケ峰聚落の形成の初期において、前述の古図に「いはい所」が存していたが、光悦の晩年頃、一門の帰依した本法寺より興寿院日達が招かれ、日達を開山として一族の菩提寺光悦寺が開創された(74)。また妙秀の没後、その居跡に妙秀寺が建ち、その向かいに「天下祈禱所」として知足庵も置かれていた(75)。常照寺は日乾を請じて開創され、そこには宗内匠僧を招いて能化とし、「数百人の所化絶る事なし(76)」の檀林が併置された。京都六檀林の一つである。草創は寛永四年（一六二七）のことであったと深草の元政は伝えている(77)。このように鷹ケ峰には相続いて法華宗寺が建立されていったが、さらに注目すべきことは、明暦元年（一六五五）十月八日の日より、当時、常照寺檀林に在った由信院日得の発願によって、常唱題目行が行われたことである(78)。檀林の所化もこれに参加し、明暦三年（一六五七）には、光悦の曾孫光伝が尽力して光悦寺境内に常題目堂が設置された(79)。

ここに鷹ケ峰は法華宗の霊場と化したのであって、その盛栄の様を『行状記』は、「信の志ある道信者を集めて昼夜十二時声を絶さず、替る〱法花の首題を唱へ奉り(80)」と伝え、またこの地を訪れた深草の元政はつぎのように記している。曰く、「入レ社者十二人、二六時中、唱題之声、綿々不レ断、又早晩乎時、社中咸集、共作二読誦之行一、正助相藉無レ有二懈怠一、嗟乎二子其常唱題之濫觴乎、夫末法要路、莫レ過二乎唱題一、一門所謂本化薩埵、直於二霊山一、親承二此法一、乃衆生之大本、諸仏之達道也(81)」と。

かくて、本阿弥一門を中心に、京都上層町人の参加によって形成された鷹ケ峰聚落は、これを構成した人々の芸術的職業よりみれば、佐藤良氏が「光悦の芸術村」の中で説かれるごとく、芸術協団的性格をもっていたが(82)、それを裏面よりみれば、法華宗寺を中心とした法華宗信者の集団であって、四六時中唱題目の声は絶えることなく、そしてこれら信仰生活は、「朝まだき空は緑にうち晴て心に懸るくまもなきに、目に及ぶ限り霧の海となり、しげりたる森は島のごとし、木々の梢はふねに似たり、二条の金城、九条の塔、海上にうかみて雲をつらぬく[83]」と、いわれたその寂光土的な自然環境や、あるいはまた、この地が光悦以来本阿弥家給地として「作取」であった経済的特権と相俟って[84]、そこに居住する京都町衆や法華僧にとって、この鷹ケ峰は彼らの支配するいわば自治圏であり、宗門宗義の信仰的帰結たる現世の浄土＝寂光土を意味したのである。そしてまた換言すれば、法華経によるかかる統一圏は、宗門の理念であった後述する「釈尊御領」を、現世に顕現したものである。

六　京都町衆の法華信仰の終焉

以上においては、京都町衆の法華信仰をいわばその内側より眺めて考察してきたが、最後にこれを外面よりとらえれば、彼らの法華信仰あるいはその凝結であった寂光土鷹ケ峰は、それが存在していた近世封建社会といかに関連し、消長していったであろうか。

それにはまず、法華宗が内包した国家観ないし政治理念について考えねばならない。これについてはすでに私見を述べたこともあるので、詳しくは省略するが、これを端的にいえば、現実の国土は一木一草に至るまでその根源的所有権は釈尊に所属する「釈尊の御領」であって、この釈尊御領に住する一切衆生の本質的身分は神祇・封建領主をも含めて釈尊の所徒であり、現実の封建領主の統治権が宗門によって全く無条件に首肯されるのは、彼らが釈尊の本懐である正法＝法華経に帰依し、すべての政治的権威が正法に完全に帰結される場合のみであった[85]。この政治理念の理論的根拠は、法華経にみえる「今此三界皆是我有、其中衆生悉是吾子」の文言であって、日蓮は、「知二法華経一申は此文を可レ知也」(86)と述べ、法華経帰依の本質的理解が、この政治理念の理解によって初めて可能となることを説いている。

この日蓮の政治理念は、日像あるいは日親の意識の中に強く影響し、殊には後藤一門の帰依した妙覚寺日奥の不受不施理論を支えた理論的基礎となったものであって(87)、江戸幕府の不受不施派弾圧が一応成功し、そして宗内よりこの不受不施理論が略々掃殄された寛文頃までの法華宗には、この日蓮の政治理念が本来的性格をもって、多少とも存続していたと考えてよいであろう。そしてこの政治理念は、家康によって御用教学として包摂された朱子学のそれと対比するとき、全く異質・対照的なものであったことはいうまでもない。

したがって、前述した近世初頭の町衆門徒が、その信仰の内面的深度において日蓮御書、すなわち宗義の本質的理解にまで及んでいたことを併考すれば、かかる中世的法華宗の政治理念は彼らの法華信仰に深潜し、彼らが存在した近世封建社会に対して、幕府禁教たる不受不施理論の支持、幕府政治理念たる朱子学への非難、法華経支配の政治形態の主張、さらには江戸幕府への積極的参加――江戸移住――の逡巡と、一連の反幕府的意識ないし行動となって現れていったことは、当然であると首肯される。たとえば、妙覚寺大檀越であった後藤氏は、徳乗・元乗・覚乗等を中心として一族団結して、幕府弾圧下の日奥を外護し、殊に勘兵衛家は隠れ不受不施として明治に至っている(88)。幕府によって禁教された日奥の不受不施理論は、この後藤氏よりほかに、清水・辻氏ら多くの京都町衆信徒が支持したところであって、その社会的基盤の一つは実に、洛内法華宗門徒にあったのである(89)。

光悦の場合についてみれば、彼自身は、近世武家政権に対する宗門最後の抵抗であった不受不施運動を直接外護した事実はない。だが、少なくとも彼は、安土宗論(天正七年)、日奥の対馬遠島(慶長五年)、常楽院日経の刵劓の刑（慶長十四年）、身池対論（寛永七年）と、法華宗迫害の歴史を、一人の本法寺門徒として身近に経験し見聞し来ったのである。江戸幕府への光悦の反発は、幕府政治理念において、御用教学として当用された朱子学に対する批判としてまず表明された。すなわち彼は朱子学について、「宋朝の儒者の書残されし書など、高論も有レ之候と承り候へども、誠に口先計にて天下一統の功は埒明申さず、左候へは学文も我朝の御政務には余り宜敷かたとも不レ被レ存(90)」と非難し、また光甫かあるいはその近親の筆になる『行状記』第七九段には、林道春について、「今時めける林道春など、太子をそしり、兼好法師のつれづれ艸、源氏物語をそしらるるが如き、朱晦庵が余風を真似らるゝ事と、われわれはおかしくこそ候へ」と記されている。かく朱子学の政治理念を排斥するからには、それに代わるものとして光悦らが意図するものは、仏法すなわちその帰依した法華経による政治よりほかはない。曰く、「学文を好むとも文華の学文は用ふべからず、殊に天下の政務に仏法甚だよろしきにや(91)」、あるいは「儒釈神の三の中、何れを是、いづれを非とも不レ被レ申候へども、我朝は仏道にて天下治めたまふ事宜き歟(92)」と。

また寛永四年（一六二七）元旦の、光悦試筆の願文が光悦寺に現存している。これによると光悦法華宗信仰の内容は、「多宝如来」「妙法蓮華経」「釈迦如来」「本化四菩薩」「天台大師」「妙楽大師」「伝教大師」「日蓮大士」「六老僧」「日本国中上人」「中山開山上人」（法華経寺日祐）・「代々上人」（法華経寺代々住持）・「本法寺開山上人」（日親）・「代々上人」（本法寺代々住持）に対する帰依であって、その帰依の功徳として彼が仰望したのは、「天下一同仏法流布」「臨命終正念」「即身成仏」の三事であった。第一にあげられた「天下一同仏法流布」は、彼が理想とした政治形態は、朱子学の政治理念によって統一されたものではなく、鷹ケ峰のごとく法華経によって統一されたものであって、換言すれば、宗門が理念とした「釈尊御領」の現実的顕現にあったことを物語っている。こうして、光悦の法華宗信仰は、江戸幕府に対しては、「私式の信心は只国恩を忘れず心の正直に悪魔のささぬ様にと信心仕候[93]」と表明されていても、なおその裏面に、朱子学を理念とする江戸幕府に融化しえない性格を内包していたと言い得るであろう。

そしてかかる光悦の反幕府的な意識は、彼が子孫に対して、本阿弥家の歴史を訓して、子孫の江戸移住を抑制し、殊に次郎左衛門家嫡流の移住を固く禁じたことによって、より一層明瞭となるであろう。曰く、「当時関東御憐愍、われ〳〵が親類共残らず蒙り奉るといへども、いつまでも王城に住居して、御用向の節は出府仕るべく、決して江戸表への引越の儀ゆめゆめ有べからず、足利御代より禁裏様の御剣を清め、惣て御用を勤め来り候事、なに程か難有ことにて候（中略）、是非引越被仰付候はば嫡家は御断申、別家衆一両人引越可被申哉、同じくは是も好まぬ事[94]」と。

しかし、かかる京都町衆門徒の江戸幕府に対する抵抗も、あるいはまた彼らが信仰の理想的集約として形成した寂光土の鷹ケ峰聚落も、消滅し崩壊していったことは注意しなければなるまい。その理由の第一は、幕府が江戸に置かれたことからくる経済的基盤の変動にあったことはいうまでもない。すなわち、江戸幕府の永続性がより確実に証明され、彼らにそれが実感されたとき、彼らのとるべき方法は、たとえそれが江戸移住という、いわば投機的冒険性を伴っても、近世封建社会への協調しかなかったであろう。茶屋・尾形家の場合は、本阿弥・後藤家に比して、室町幕府への依存度も低く、また家職における中世職人意識も薄かったがゆえに、かかる協調は容易であったし、またその過程に、抵抗あるいは躊躇を見出すことができる後者の場合も、結局は例外ではなかった。後藤氏では判金・小判吹替のため、慶長元年（一五九六）、関東下向の命を受けたが、徳乗・栄乗・長乗は赴かず、名代として山崎庄三郎光次に後藤の姓を与えて、駿府・江戸に遣わした[95]。しかしその嫡家四郎兵衛家も大坂落城後の元和二年（一六一六）には、目貫彫金の家職をついだ「勘兵衛家」を京都に残して、分銅大判・彫物等の下命を蒙って江戸に移住し、「将軍家ノ御用聞」をつとめることとなった[96]。このことは本阿弥家の場合においても、彼らの刀剣の家職が本質的には武家社会への依存によって成立するものであっただけに、前述した一門の長老光悦による江戸移住の抑制にもかかわらず、宗家三郎兵衛家は光室のころ（寛永ごろ）より江戸に移住し[97]、近世封建社会の中に組み入れられていった。

しかし彼らの反幕府的な意識の消滅は、かかる彼らをとりまく社会経済的条件によってのみではない。第二の理由としては、彼らの信奉した法華宗教義そのものの変質に求められねばならない。すなわち身池対論（寛永七年）以後、明治に至るまで、幕府公認の法華宗教義として存在したのは、身延を中心とした受派の教説であって、中世法華宗が内包した教説との本質的相違は、その世界観と政治理念にあった。たとえば寛永七年（一六三〇）、身延久遠寺日遠は、「そらごとをそらごと、知らせ、真実を真実としめし、まどへる人を得道せしむ、王と民と知らぬ人に、王に慮外のなきやうに、王を王と知らせ、民を民とをしへぬる[98]」ことが教化の宗旨であると説いたが、かかる理念は、封建領主が正法＝法華経に帰依した場合のみ、その統治権を首肯した前述の中世法華宗の政治理念と、本質的に相違するものであって、近世封建社会の政治理念＝朱子学の政治理念の、全面的な包摂ないしはそれへの屈服を意味するものであった。光悦らを中心とした京都町衆の近世武家政権への反発意識が、精神的な意味では、中世法華宗の政治理念に裏付けられて生じたと考えるとき、かかる宗門教説の変貌は、彼らの反幕府的行動・意識を内部的に消滅させていったと考えられよう。そしてこの消滅の過程は、中世法華宗の政治理念の最後的代弁者であった法華宗不受不施派の理論が、宗内より払底されていった過程にも照応するのである。

筆を鷹ケ峰に戻せば、本阿弥家を中心とする京都町衆門徒支配の実践的思想的形態であったその性格は、その内容において次第に変質を見せていた。すなわちすでに光悦の没後間もなくの寛永二十年（一六四三）、鷹ケ峰屋敷地は田中宗因なるものと出入りがあり、[99] また鷹ケ峰共有文書には、[100] 明暦頃からの屋敷売券・譲状が多くみられ、これら新住者は前述の「古図」にみられる諸家とは思われず、このころより鷹ケ峰聚落の人的構成は次第に変化を生じつつあったと推定される。これは延宝七年（一六七九）、光伝が幕府に書出した「町中へも知せ不申、度々屋敷之売買仕候、又ハ借屋をも置申候、其内牢人と相見へ申者なとも有ㇾ之」[101] なる記事によっても裏付けられ、これら異分子の移住は、本阿弥家の支配、全住人＝皆法華なる前提のもとに成立した常寂光土たる鷹ケ峰の性格を根本的に崩壊させるものであったろう。かくて延宝五年（一六七七）の幕府検地によって、「家来筋之百姓」ら二十三人は新庄屋を立て、本阿弥家支配を離れて、幕府代官所支配になることを運動していた。[102]

かかる鷹ケ峰の内部的変質は、前述した彼ら町衆門徒の近世封建社会協調の必然性、あるいは彼らの信奉した宗義の近世的変貌と相俟って、鷹ケ峰のもつ京都町衆門徒団結の実践的思想的意義は、ここに両面よりその存在意義は失われたことを意味した。かくて、光悦の曾孫光伝は、延宝七年、鷹ケ峰を自発的に幕府に返還し、[103] その跡を継いだ光通は、光悦の家訓を破り、元禄十五年（一七〇二）より江戸に移住して幕府御用をつとめたのである。[104] この本阿弥一族の鷹ケ峰放棄と江戸移住は、禁裡御用を主として、幕府御用を従としていた同家の職業形態の変化や、あるいは同家の幕府権力への全面的屈服依存を意味するにとどまらず、他面では近世初頭の京都町衆の法華的団結の終止符であり、さらに換言すれば、京都町衆の思想の中で、中世末以来中心的位置を占めていた法華信仰が、彼らの思想の中に実質的生命を失い、かつそれ自身の歴史的意義の終焉したことをも示したものであるといえよう。

註

（1）『蔭涼軒日録』文正元年壬二月十八日条。

（2）『宣胤卿記』文明十三年三月廿六日条。
（3）京都「阿刀文書」天文五年「三院衆議条々」。
（4）『昔日北華録』巻中。
（5）拙稿「西国を中心とした室町期法華教団の発展」（『仏教史学』六―一、一九五二年）参照。
（6）（7）本能寺所蔵日心本『両山歴譜』一、本稿引用の『両山歴譜』は特記しない限り日心本『両山歴譜』である。
（8）岡山県御津町本覚寺文書。元和九年極月廿八日・日奥自筆「妙覚寺法式」。この中に日成の応永の法度が収められている。
（9）本法寺所蔵「本阿弥本家三郎兵衛家譜」、山城片岡文書「片岡氏家系」「後藤系図」「茶屋家譜」等より作製した。
（10）『本阿弥行状記』第五段（正木篤三『本阿弥行状記と光悦』、中央公論美術出版、一九八一年）。
（11）片岡氏が法華宗であったことは片岡治太夫（天正三年没。光悦の祖父）の法名が「宗春日和」であったこと、また、同家の墓地が光悦寺にあることによって知られる。
（12）後藤系図にはつぎの諸本がある。
(イ)「後藤家譜」。奥書に「元禄二年歳次己巳春正月戊午十四日、万年山下慈照沙門祖縁別宗撰」とある。
(ロ)「栄乗以来四郎兵衛家之伝付理兵衛家略伝」。
(ハ)「遠藤後藤系図伝付祐乗以来系図壱帖副」。奥書に「明治九年三月七日祐乗十四代源実光文（花押）自筆五十六歳」とある。
(ニ)「祐乗以来後藤家一統系図」。最初の部分に「我家ノ系図累代数巻或甲ニ在乙ニ洩且年暦久敷シテ虫食紙破ル、依テ后代ノ為正写シテ累代ノ数巻ヲ廃、更ニ一帖トシテ近代ヲ増補ス」云々とあって、「明治十一年三月後藤勘兵衛源実光文謹誌」とある。
（13）拙稿「法華宗不受不施派についての一考察」（『日本史研究』三六号、一九五八年、三三頁）参照。
（14）（15）「祐乗以来後藤家一統系図」。
（16）「遠藤後藤系図伝付祐乗以来系図壱帖副」。
（17）小林太市郎『乾山』（全国書房、一九四八年、三三―四八頁）参照。

(18)『本化別頭仏祖統紀』巻十六。
(19)大阪市立美術館所蔵『小西家文書』、貞享元年五月十三日、尾形宗謙譲状写。貞享四年正月十二日、尾形宗謙譲状。
(20)「小西家文書」、貞享四年八月十七日、尾形藤三郎請状。
(21)林屋辰三郎『中世文化の基調』、東京大学出版会、一九六三年、二六五—二六七頁参照。
(22)内閣文庫所蔵「本能寺末寺帳」。奥書によると、寛永拾年住持日運が誌したものである。
(23)『本阿弥行状記』第五一段。
(24)『本化別頭仏祖統紀』巻二十。
(25)『堺妙法寺文書』。慶安三年十月廿三日、妙法寺中興之末興隆古老所伝幷日遙現見記録。
(26)『本阿弥行状記』第五三段。
(27)「本阿弥三郎兵衛家譜」。
(28)『名人忌辰録』上。
(29)『日親上人徳行記』。
(30)日親『伝灯鈔』。
(31)『長禄寛正記』。『蔭凉軒日録』寛正三年十一月八日条。
(32)『両山歴譜』二。
(33)『本阿弥行状記』第一段。
(34)『堺市史』七巻、九九頁参照。
(35)『本阿弥行状記』三段。
(36)同右、第一三段。
(37)同右、第一一段。
(38)『本化別頭仏祖統紀』巻廿五。
(39)『本阿弥行状記』第五二段。

(40)(41) 同右、第五六段・第一五四段。
(42) 同右、第五四段・第六四段。
(43)(44) 同右、第五五段。
(45) 同右、第九段。
(46) 同右、第五段。
(47) 同右、第六三段。
(48) 同右、第一五段。
(49) 『鹿苑日録』明応八年八月六日条。
(50) 芳賀幸四郎『近世文化の形成と伝統』、河出書房、一九四八年、二〇七―二〇八頁参照。
(51) 『耶蘇会士日本通信』上巻、一八頁。
(52) 岡山郡御津町金川江田嘉彦氏所蔵文書、享保十二年七月十日、日信筆『日奥上人木像由緒書』。
(53) 「奥聖鑑抜萃」(『万代亀鏡録』所収)。
(54) 岡山県御津町本覚寺文書、慶長十三年九月廿八日、日奥自筆願文。
(55) 拙稿「法華宗不受不施派についての一考察」(『日本史研究』三六号、一九五八年、三二頁)参照。
(56) 『本化別頭仏祖統紀』巻廿。「玄通院日允上人墓誌」(所在・京都市鷹峰妙秀寺旧墓地)。
(57) 『本阿弥行状記』第六四段。
(58) 「上野殿後家尼御返事」(『昭和定本日蓮聖人遺文』一巻、三二八―三二九頁)。
(59) 「檀越某御返事」(同二巻、一四九三頁)。
(60) 『守護国家論』(同一巻、一二九頁)。
(61) 『報恩抄』(同二巻、一二四八頁)。
(62) この点については私見を述べたことがある。前掲『仏教史学』六―一、一二頁参照。
(63) 佐藤良『光悦の芸術村』、創元社、一九五六年。前掲『本阿弥行状記と光悦』、二〇八―二三一頁参照。
(64) 『本阿弥行状記』第五二段。

(65) 光悦会編『光悦』、芸艸堂、一九二一年、一九九―二〇八頁。前掲『本阿弥行状記と光悦』、二一二―二一九頁参照。
(66) 同系図は山城片岡文書（京大影写本）に収められている。
(67) 立本寺所蔵鉄灯籠銘。
(68) 『楽家文書』、年月日欠光悦書状（吉左宛）、年欠正月十六日光悦書状（ちやわんや吉左宛）。妙覚寺墓地の二代常慶の墓碑に、「寛永十一亥五月廿九日凉岩院常慶日繁居士」とある。
(69) 佐野家については林屋辰三郎氏の研究がある。前掲『中世文化の基調』、二六九―二七一頁参照。
(70) 『にぎはひ草』巻下。
(71) 佐野家墓地が立本寺にあることで知られる。
(72) 江馬務「灰屋紹益」（『史林』六―四、一九二一年）参照。
(73) 『にぎはひ草』巻下。
(74) 『雍州府志』陵墓門、「慈光院塔」の項。光悦寺墓地の日達墓碑銘。
(75)(76) 『本阿弥行状記』第五二段。
(77) 釈元政記「蓮永寺日乾伝」。
(78) 光悦寺境内にある常題目講衆の供養塔の表に「常題目講開山由信院日得」と、また左側に「常唱題目草創明暦元乙未年十月八日」とある。
(79) 元政『太虚菴記』に「翁《（光悦）》之曾孫光伝素篤仏、仍分㆓其地㆒喜拾焉」云々とある。
(80) 『本阿弥行状記』第五二段。
(81) 前掲『太虚菴記』。
(82) 同右、一五―一七頁参照。
(83) 『本阿弥行状記』第五二段。
(84) 「光悦寺文書」、（延宝七年）十月廿二日付、「本阿弥光伝口上書写」。
(85) 拙稿「法華宗不受不施派についての一考察」（『日本史研究』三六号、一八―二五頁）参照。

(86)「戒体郎身成仏義」、前掲書一巻、一四頁（傍点筆者）。
(87) 前掲拙稿、『日本史研究』三六号、一八―二五頁参照。
(88) 同右、三三―三四頁参照。
(89) 同右、三三頁参照。
(90)『本阿弥行状記』第二四段。
(91) 同右、第七九段。
(92) 同右、第一〇七段。
(93) 同右、第二三段。
(94)『本阿弥行状記』第八〇段。
(95) 前掲『中世文化の基調』、二六八頁参照。
(96) 前掲後藤家図「遠藤後藤系図伝付祐乗以来系図一帖副」。
(97)『本阿弥行状記』第五一段。
(98) 日遠『千代見草』（『近世仏教集説』所収）。
(99)『隔蓂記』、寛永廿年四月廿五日、同六月十一日条に、「吉権赴于田中宗因也、本阿弥光悦屋敷之出入依有之、其子細故、赴宗因也」、「今度千束之屋敷之出入ニ付本阿弥光甫被申分物語也」とみえる（畏友三浦圭一氏のご教示による）。
(100) 同文書は旧鷹峰町役場所蔵。現在、京大国史研究室に寄贈せられている。
(101)〜(103)「光悦寺文書」（延宝七年）、十月廿二日付「本阿弥光伝口上書写」。
(104)『本阿弥次郎左衛門家伝』（『改定史籍集覧』十六所収）。

本阿弥一門の思想構造
――妙秀と光悦の法華信仰を中心として――

一　妙秀と本阿弥家系

戦国時代末の享禄二年（一五二九）、京都に一人の女性が生まれ、元和四年（一六一八）、九十歳の天寿を全うして世を去った。「妙秀」という名で史料に現れる本阿弥光悦の母である。本稿は、この一人の女性の生涯をたどりながら、町衆社会の家庭内部で女性が果たした役割と地位、その信仰生活の実態、彼らの生活倫理がどのようなものであったかをできるだけ明らかにし、ひいては光悦芸術が生み出されてくる背景の、本阿弥という上層町衆の思想構造を検討することを目的とするものである。なお、妙秀が生きた時代は、備前法華が隆盛をきわめた時代に符合する。だが、この同じ時代の備前法華門徒がその日常の中で、信仰を具体的な生活倫理としてどのように再生したか、全く不明だといってよい。本稿で説明する本阿弥の意識構造の特色は、この点を考える一つの手がかりとなるだろう。

さて、史料に現れる彼女の名前、「妙秀」は、法名である。冠字の「妙」は、妙法蓮華経の略称の妙法の妙、字画を分解すると、「少女」となる。清浄にして無垢、煩悩を解脱したことを指し、信仰が法華信仰である場合、当時、女性信者の法名に多く使用された。したがって、法名受持以前の彼女の固有の名前は、法名下字の「秀」に手がかりがあり、「ひで」あるいは「おひで」が通称だった可能性が強いと推定できる。

妙秀の父は上京町衆の名門、本阿弥宗家八代の光心、[1] 母は法名で妙性という人である。諸種の本阿弥系図や「本法寺教行院過去帳」書き入れの享没年から逆算すると、妙秀は父光心が三十四歳、母妙性が三十一歳のときに生まれ、また彼女三十一歳の永禄二年（一五五九）に父光心が六十四歳で没し、母は妙秀六十八歳の文禄五年（一五九六）に九十八歳という長寿をもって世を去っている。この血脈からみると、妙秀はきわめて健康な資質を天性のものとして父母から受け、彼女の九十歳という長寿も親譲りのものであったことが知れよう。

さて、彼女が生まれたころ、すでに本阿弥の家は、いわゆる本阿弥三事といわれた刀剣のとぎ・ぬぐい・目利を家職とし、一族はこの仕事に従って、家職の名声はすでに世間に名高かった。

とぎ・ぬぐい・目利を必要とする刀剣は、雑兵が持つ大量生産のありふれた打刀ではない。専門刀工が作り上げた逸品の刀身、そして美麗な拵えを備えた武将の差料となる刀剣である。この家職から、本阿弥一門は町衆でありながら、当然、武家社会との交渉も深くなり、代々室町将軍家や諸国大名など有力武家の刀剣御用をつとめてきた。また、この家職は個人で維持できるものではない。協同作業を必要とし、その膝下には下職人の集団をかかえていた。妙秀はこの富裕な上層町衆で、職人集団の棟梁でもある本阿弥惣領光心のもとで育ったのである。この妙秀の生活環境の特色は、彼女の思想形成の出発点となったであろうことを、まず留意しておかねばならない。

たとえば、一般の女性ならば当然抱いた、刀身に対する本能的な恐怖心や、武将たちに対する畏怖心は、妙秀にはなかった。「人をあやめたる者、血刀をさげて走り込み、妙秀を人質に取りけるを、我、汝を助くべし、こなたへ来れとて、納戸の内へ押入、外より懸がねをかけ、我身は其まゝに、はし近く出居たり」[2] と、殺人者の血刀の前でも彼女は沈着さを失わなかった。あるいは信長の馬前で、「妙秀、たれ布のかげよりはしり出、御馬の口に取付、私は本阿弥次郎左衛門が妻にて御座候、咎なくて御勘気を蒙り申候」[3]と、覇者の信長さえ恐れず直訴する妙秀の気丈さは、本阿弥の家職の環境と決して無関係に育まれたものではなかったろう。

だから、彼女の性格、その人生観や生活意識は、中下層の女性町衆のそれではない。当時、一般町衆のリーダーとしての上層町衆のそれであり、また伝世の家職の中から導き出されたそれである。

戦乱の中で、さまざまな武家が京都を舞台に栄枯と盛衰を繰り返した。だが、刀剣に関するこの家職は、武家社会が存続する限り、そして技術が一門に保持されている限り、決して亡びることはない。

後述するところの、武家の権勢や桃山の世相に便乗してにわかに出頭する有徳者に対する妙秀の一貫した反発心や自負心、それに「一生涯へつらひ候事、至つて嫌ひの人」[4]と、端的に評されたその子光悦の毅然とした生きざまは、幾世代も相伝されたこの家職へのしたたかな確信から生まれてきたに相違ない。しかし、妙秀の享禄から天正に至る前半生は、決して安穏な日々ではなかった。

上京・下京の町屋地区を業火につつんだ天文五年（一五三六）の法華の乱を、彼女は少女の多感な眼で見つめたはずである。続いて、六角の近江衆が、また晴元や長慶に率いられた摂津衆や阿波衆が、洛中を舞台に占領と敗走を、彼女の前で繰り返した。永禄十一年（一五六八）、彼女四十歳の秋、濃尾衆を中心とした信長軍団の入京は、畿内に戦国の終結を告げたかにみえたが、わずかその数年後の天正元年（一五七三）、将軍義昭が謀叛し、信長は洛外九十余村と二条御所を残して、上京の町屋をことごとく焼き討った。上京に住んだ妙秀ら本阿弥一族も、このときの兵火を免れることはできなかっただろう。

町衆たちは、このような戦禍と殺戮のたびに巻き込まれ、あるいは命を落とし、あるいは家や家財を焼かれた。元和偃武の泰平の世は、まだほど遠く、彼女の晩年にしか訪れてこなかった。妙秀はこの乱世の中をしたたかに生き抜いた女性であることを、これから彼女の足跡をたどるとき、いつも念頭に置いておかねばならない。元和偃武以後に生きた女性とは較べようもなく強靭な性格が、彼女にはあったはずだからである。

成人した妙秀は、姻戚であった片岡家から夫の光二（光仁）を養子に迎えて結婚した。光二の生誕は大永四年（一五二四）[5]、したがって妙秀より五歳年長、夫婦の年恰好としても似合いである。なぜ養子に迎えたか、その理由は、「本阿弥系図」光二の書き入れに、「光心養子次郎左衛門、初光心男子無ㇾ之」とあって、光心にはじめ男子がなく、妙秀が長女だったからと解される。そして、この結婚の年は、後でふれる妙秀の次女妙光の生年が弘治三年（一五五七）、したがって長女法秀の生誕はそれ以前となり、おそらく天文後半のころであったと考えてよいだろう。

光二なる名前は、もとより後年に法体となったときの入道名である。はじめの通称は次郎三郎、本阿弥家に入ってのち、次郎左衛門と改称した[6]。入道名「光二」の冠字の「光」は、本阿弥入道名の係字、したがって下字の「二」はこの通称に由来すると考えてよい。光二は『本阿弥次郎左衛門家伝』によると、宗家を一時期相続したが[7]、のち妻妙秀の弟の光刹に家督を譲って別家を立てた。すなわち、光悦が出る本阿弥次郎左衛門家である。一方、光刹は通称を三郎兵衛といい、それ以後、宗家はこの名を通称し、本阿弥三郎兵衛家ともいう。

『本阿弥次郎左衛門家伝』によると、光二の祖父は多賀豊後守高忠、実父はその次男の片岡治太夫とある。高忠は近江犬上郡を本拠とする豪族で、近江京極氏の有力被官にして、応仁文明のころ侍所所司代として京都で活躍した武将である。

光二はやがて家職の手練となり、「禁裏御剣奉清」の御用は光二の代に始まった[8]。「信長公御懇意の者にて毎日御前へ罷出ける」[9]と、信長の御用もつとめ、また徳川家刀剣御用もこの光二の代に始まった。その契機は家康が人質として駿府義元のもとにあったころ、光二は義元の刀剣御用のため同地に下り、「竹千代様と奉ㇾ申候節、御道具御用相勤申候、朝夕御膳被二召上一候節、毎度御相伴被二仰付一候」と、家康の刀剣御用をつとめ始め、これを機縁に後年になっても家康は「本阿弥不レ浅御思召」、光二の子光悦・孫の光瑳を召出したと前掲『本阿弥次郎左衛門家伝』に伝えている。[10]

家職に励む夫を得た妙秀は、「男子二人女子二人持けり」[11]と、四人の子供を育て上げた。長男が永禄元年(一五五八)生まれの光悦、次男は宗知という。女子のうち「姉娘は尾形といふ者の方へ遣はしける」[12]と、尾形家に嫁した。かの光琳・乾山の曾祖父、尾形道柏の妻となった法秀である。尾形系図の一本に、[13]法秀について「本阿弥光悦姉、元和二丙辰年九月十五日死去」と書き入れがある。光悦の姉であって、妙秀にとっては長女である。

ついで次女は、弟の光刹の嗣子、本阿弥宗家を継いだ三郎兵衛光徳に嫁す。従兄妹どうしの婚姻である。法名は妙光、弘治三年(一五五七)生まれで、元和三年(一六一七)七月、[14]前年に没した姉法秀のあとを追って世を去った。末子の宗知は、「光悦町古図」(光悦寺蔵)によると、元和以後、光悦とともに鷹ケ峰に屋敷をもっていた。

このようにみると、妙秀はよき夫や子供に恵まれている。名門の町衆の家に生まれ、他国に嫁ぐこともなく、両親の愛情に包まれて婿を迎え、その傘下に生活した。夫も家職に秀で、四人の子福者となり、しかも四人の子供は彼女の近辺に住み、宗知の生活だけは具体的には不明だが、他の三人はそれぞれ一家を成し、長寿を保った。だが、九十歳とあまりにも長い天寿に恵まれたせいか、この幸福な妙秀も、長い人生では悲しい出来事にも見舞われている。一つは、慶長八年(一六〇三)、彼女七十六歳のとき、夫の光二が没したこと、二つは次男宗知を勘当したこと、三つには法秀と妙光の二人の娘が、彼女没年の前年と前々年に、相次いで世を去ったことである。

二　妻の役割と子弟の教育

中世から近世初期のころ、女性がどのような家庭生活を送り、またいかなる生活意識や人生観をもっていたか、同じ時代の男性と較べると、ほとんど不明だといってよい。まして公家や武家などの権力階層の側でなく、市井の庶民である町衆社会の女性においてはなおさらのことである。

ところが、この妙秀の本阿弥次郎左衛門家には『本阿弥行状記』が残されていた。原本の所在はいま不明だが、江戸時代に本阿弥十二家といわれた多くの一門の間で転写され、今日ではこれら諸種の転写本でその内容が伝えられている。構成は上・中・下三巻、内容は折りにふれた先祖の言動や家職についての注意を本阿弥の歴代が書きついだもので、光瑳・光甫、その孫光春の代と、少なくとも三回にわたって成巻され、家記あるいは家訓としての役割を、のちのちまで一門の中で果たしたものである。このうちとくに上巻は、光悦・光瑳・光甫三代が筆録した部分であって、先祖顕彰の性格をもつ家記、家訓とはいえ、吟味して用いると史料的価値は高いものとされている[15]。

この『本阿弥行状記』によって、妙秀はその時代の女性町衆としてその人柄、家庭生活の実態、生活意識などが、ある程度解明できるきわめて珍しい人となった。

まず、本阿弥の家では、子供たちの教育は、『本阿弥行状記』による限り、父光二ではなく、母の妙秀の分担であり、彼女はこれを一つの識見をもって遂行した。妙秀の子育ての第一歩は、幼児に対して、事の正邪、事の善悪を判断させることに始まった。すなわち、母の妙秀は幼児たちに「少しにてもよき事あれば、殊外悦びほめけり[16]」と、彼らをほめちぎった。親が喜びほめれば、幼児は幼児なりにおのずと事の正と邪を知り、善に走る。幼児は親を喜ばすことで、正と善の分別を自然に会得した。

だが、悪や邪を会得させることは難しい。叱るとすむというものではない。妙秀は、わが子に対して、「瞋恚をおこして折檻する[17]」ことを厳しく自誡した。親の子に対する感情は、わが子であるだけに、意にそわぬ子に対するとき、親の感情が爆発する。親が瞋恚を起こして折檻すると、「いとけなきものをば、心のかぢけ[18]」と、事の悪を悟る前に、子供はかえって畏縮する。だから、彼女は幼児の前での瞋恚と折檻を退けた。「心のかぢけざるように、心のいさむやうに」と、彼女は「我子の大きにあしき事あらば、ひそかに蔵のうちへ伴ひゆき」、鍵をかけ、親子二人だけとなり、「我前にいだきよせ」て、「すこしも怒らず」、「此程の不作法、いやしき事ども一々能く知りたり[19]」と、順々といましめた。さとしの場所に蔵を選んだことは、「人の挨拶せぬやうに[20]」という、幼きわが子に対する、母のこまやかな心遣いであった。このおだやかな誡めが、実は「よその親の怒りわめくよりも、殊之外、恐るゝもの也[21]」であったと、後年になって妙秀の子供たち、おそらく光悦はその子孫たちに物語ったという。幼児はこうして、母から事の正と悪、善と邪の分別を会得した。

このように、妙秀は感情に奔ることなく、理性と見識をもって子供の教育を開始した。そして光悦ら子供たちは、人としての分別の第一歩を踏み出したのである。これは、該当する『本阿弥行状記』の記事の分脈から推すと、五、六歳頃までの子供への母の教育であった。

子供は七、八歳になると、読み書き、すなわち書物による勉学に入る。これも妙秀の役割だった。「七、八になれば四書五経をよませ、素読の時より講釈を聞せ[22]」と、四書五経の素読はもとより講釈まで、妙秀は光悦ら子供たちに教えたと、『本阿弥行状記』が伝えている。

ここで思い起こされるのは、江村専斎がその少年期を振り返って、つぎのように述懐した記事である。曰く、少年の時、洛中に四書の素読、教る人無レ之、公家のうち山科殿知れりとて、三部を習ひ、孟子に至りて、本を人に借し置たりとて終に教へず、[23]

専斎は永禄八年（一五六五）生まれ、光悦より七歳の年少、したがってここでいう「少年の時」とは、元亀から天正初年のころと考えてよい。ちょうど妙秀が光悦やその弟の宗知の教育にかかっていたころでもある。

専斎は本阿弥と同じ上京の上層の町衆で、当時、本阿弥屋敷ともほど近い新在家町で育っていた。[24]『本阿弥行状記』の記事や専斎の述懐からまず指摘できるのは、戦国末から近世初頭のころ、京都の上層町衆社会では、子弟の教育を四書の素読から始めることが一般的だったということである。だが勉学の条件は、専斎が少年だったころと、のちにこの述懐をした十七世紀中葉のころとは違っていた。「少年の時、洛中に四書の素読、教る人無レ之」だったからである。地下の町儒者の私塾が洛中にできて町衆の子弟が通い、町儒者という職業が成立するのは、十七世紀になってからのことである。元亀・天正のころ、洛中の町屋地域には学、庸、論、孟の素読すら教える町儒者はおらず、ために少年の専斎は、その述懐でいうように、堂上儒者、公家の山科言経のもとに通わざるをえなかったのである。

とすると、幸運にも堂上儒者の師を得た専斎などの例を除くと、大部の町衆の子弟の四書の勉学はその家庭で行われたと考えるべきだろう。本阿弥家では、父光二ではなく、母妙秀がこれに当たったと、その子供たちが子孫に伝えた前述の記事は、この意味で興味をひく。

学、庸、論まではともかくとして、孟子に入り、さらに『易経』『書経』『詩経』『礼記』『春秋』までを踏破するのは、並大抵のことではない。言経についた専斎ですら、『論語』までの三部で終わり、『孟子』はついに素読すら教わらなかった。口の悪い専斎は後年になって、「実は知さる也[25]」と『孟子』を教えなかった師の言経を非難したほどである。

四書五経の勉学は、日々に素読し、その素読した部分を毎日習字する。繰り返し素読すれば意味はおのずと悟れるときもある。だが、毎日少しずつ進んでも大学から春秋に至るまで、いろいろの条件も加わるが、少なくとも数年、時には十年以上かかる場合もあるだろう。

妙秀は光悦ら子供が七、八歳になったころから四書五経の素読を教え、しかも講釈も聞かせたというのである。妙秀の儒学の教養は相当なものであったにちがいない。逆にいうと、妙秀がこのような儒学の教養をもっていたことは、当時の町衆社会で儒学の勉学を女子にも行っていたことも示している。法秀も妙光も、光悦も宗知も、こうして母から人の道として儒学を学び、同時に識字能力を身につけていったと考えられる。

儒書の教育だけが、妙秀の役割ではない。儒書と並んで、やはり七、八歳になると子供たちに「歌道、躾かたをも少し覚えさせ(26)」と、妙秀は和歌や礼法の手ほどきを行った。あの有名な和歌巻や、色紙にのこされた光悦の豊かな王朝歌集についての教養は、その最初、母妙秀から授かったものにちがいない。光悦を含め、当時の地下町衆の王朝文学についての教養は、今日の一般の想定よりは、はるかに堅実なものを身につけていたといえるだろう。

こうして、妙秀の子たちは、五つ六つで、事の善悪の分別をつけ、七つ八つから儒書や和歌や礼法の習学に入り、そして「其ま、家職を励ませける(27)」と、並行して本阿弥家職の修業に入ったのである。

だが、子供の教育は知識と礼法と家職の修得だけで事たりるものではない。人生の先達としての親は、子供たちに、これまでの人生で培った生活倫理とも、あるいは人生訓ともいえるものを教えておかねばならない。

結論からいうと、彼女は強い信念に裏付けされた一つの生活倫理・規範をもっていた。「人の身の大事は縁辺なり(28)」と、人生の要諦はよき結婚とよき家庭にある。これが彼女が一貫して子供たちに示した人生の指標だった。

だが、よき家庭の建設は一人でできるものではない。夫婦が協力し、そして夫と妻では果たす役割が異なる。

妙秀は一族の女性に対し、「嫉妬の深き女は、其身に色を好む故、夫の恥をかへりみず[29]」と、まずその嫉妬心を誡めた。嫉妬心は好色と表裏一体のものであると、彼女は娘に教え、嫉妬に狂うと、思いもかけず夫の恥を世間に知らせることになると説いた。そして、嫉妬深い女性が後家になると、その好色のゆえに、「作法のよきを見ず[30]」と、むしろ再婚すべきことを妙秀は説いた。だが、彼女は男性の放埒を許したものではない。

妙秀は女性の嫉妬心以上に、男性の放埒を厳しく子供らに誡めた。具体的には、「疱瘡をしてみめあしくなりとて[31]」妻を離別した夫、年老いた正妻をうとんじて「男の気随放埒にて、成人の子供の思ふ所をも恥ず、本妻の心をいたましめ[32]」て、他の女性にうつつを抜かす男の例をあげ、このような男は「義理をしらぬ者」「ちく生」であると、子孫に教えさとした。当時の法華門徒のいう「義理」とは、「正義の道理」の略である。

この妙秀の教訓に背くとどうなるか。末子の宗知は自らが妻を離別したわけではない。だが、彼は妻を離別した男を友人にもって交際した。妙秀は「我一類の多ければ、か丶る義理の違ふものも有べきかと思ふ故に見せしめ也」、「ちく生と伴ふ者は則ち、ちく生也、我子にあらず[33]」と、たちまち宗知を勘当した。このことは、一つには本阿弥の家では、子供の勘当権が、父権でなくて母権に属していたことを示すが、それにも増して、妙秀が一族に対して、一夫一婦の健全な家庭生活をいかに強烈に指示したかを、端的に語る挿話として注目しなければならない。

一夫一婦の健全な家庭生活の前提は、よき伴侶を得る結婚にある。当然のことながら、彼女は婚姻について一つの理念をもっていた。

彼女は一族の婚姻について「他人と取極と聞けば機に合ず、親類の中と聞けば悦びける[34]」と同族間の婚姻を喜んだ。その理由の一つは、結婚適齢期の男性が「一類ども数多あるに」、本阿弥の娘を「他家へ遣はすは、其娘に疵有るやうなり」、あるいは「我一類の中に成人の娘あらば、外々を尋ねもとめても肝を煎るべし、幸ひわが方に似合敷ことのあるに貰はざるは、親子おもひのなきしるしなり[35]」と、縁辺を求めて苦心する一族への妙秀の暖かい思いやりも確かにある。

だが、より重要なことは、結果的にみて、この妙秀の教訓が子孫たちに守られたことである。妙秀の周辺だけを見ても、前述したように、次女の妙光は従兄弟に当たる宗家の三郎兵衛光徳に嫁した。この妙光と光徳の間に生まれた妙山は、光悦の養子の光瑳に嫁した。実孫と義理孫の婚姻である。また光悦の妻の妙得は、光徳の妹、これも従兄妹どうしの結婚である。このように、妙秀の次郎左衛門家とその生家の三郎兵衛家だけをみても、妙秀の生きた時代、本家と別家とはいいながら、二重三重の縁組のきずなで結ばれていた。天正九年（一五八一）に弟の光刹が、慶長八年に夫の光二が世を去ると、妙秀にとって、当時の本阿弥諸家の主流であるこの二家の当主光徳も光悦も、ともにわが子といってもよく、彼女はこの両家結合の中心的立場を占めるようになったにちがいない。『本阿弥行状記』が、この妙秀の事歴から説き始める理由もここにあったと思われる。

この妙秀が、繰り返しくりかえし血族どうしの婚姻を子孫に説く二つ目の理由は、家職との関連である。本阿弥の家職は、いくつもの分業工程の集合によって成り立っている。本阿弥三事の一つ、瑳だけを取り上げても、「とぎの合点、能々せざる人は、目利も覚束なし[36]」と、瑳の奥義の会得なしに、同じ三事の目利の会得もない。この技術の修得ができねば、たちまち「町とぎの上手のごとく[37]」になり下る。しかも本阿弥とぎの行程は、下とぎ・中とぎ・水仕立・拭い・磨きと五色があり、どれ一つとっても独特の秘伝があって、「一色さへ上手になり難し[38]」と、その修業は至難をきわめた。本阿弥一門のうちで、五色ことごとくの名人と称されたのは、光悦の嗣子の光瑳だけだったと、その子の空中斎光甫が書き記しているほどである[39]。ちなみに光瑳なる法名は、彼がこのように五色の瑳の名人だったことに由来すると考えてよいだろう。

本阿弥家職の名誉を、町とぎや町目利の上手よりも常に優位に保つ鍵は、あるいは先祖から伝世し、あるいは血のにじむような日々の工夫で発見したこれらの分業工程のそれぞれの技術を、秘伝として同族だけで確保することにかかっている。ひとたびこの秘伝が町とぎにもれると、本阿弥独特の家職の名誉は失われる。まさに秘すればこそが花である。町衆の家職とは、このように伝世の技術が秘伝としての生命をもって、その家門の血族の間だけに独占的に保持されたときのみに、世間からその家職の名誉・名人と讃えられ、認知を受けるものだといってよい。

しかもこの家職の維持は、瑳でもみられるように、その分業行程それぞれの技術を修得した一門の息の合った協力がいる。一族一門が同じ家職に従うのはまさにこのためだった。そのうえで、一族が秘伝を守って団結したとき、初めて「本阿弥が家のとぎは人の見知る事にあらず」と、一門が自負した技術を、閉鎖的かつ独占的に血脈へのみ伝世することが可能となる。家職維持の最後の防衛線は、血族結婚によってより純化された血縁共同体にあるともいえる。

だから家職維持の面からも、一族の団結の必要が、先祖から子孫へ、一門の中心的立場のものの口から一類へ繰り返し繰り返し説かれるのである。血族どうしの婚姻は、この一族の団結心を高め、さらには血脈相承への一族の信頼を、より不動のものとするだろう。妙秀が繰り返し同族の婚姻を奨励したいま一つの理由はここにある。婚姻は健全な家庭を築くためにも、また家職を維持するためにも、大きな鍵だった。

妙秀はこの二つの目的から、さらに婚姻について子孫にさとす。一門の縁辺＝婚姻は、多人数であるだけに血族間のみで片づくわけにはいかない。他家との婚姻は現実のものとして存在し、それが場合によっては、一族の間に間隙をもたらすこともある。彼女は「大身も小身も、身の分際に応じて取結ひをすべし」、「我に過たる聟を取、嫁を取、あさましき事也[40]」と、まず他家との結婚の場合、分際均衡論を説いた。そして「名利にかゝはりて、金銀など持参る嫁を尋ぬるはふがひなし[41]」と、名利や金銀につられて他家に妻を求める婚姻を徹底して退けた。「金銀を宝と好」んだとき、「一大事の兄弟中あしくなり」の例はあっても、「貧なるもの、死したる跡にて、兄弟中のあしくなる事[42]」は、なかったからである。

金銀名利を求めて妻を他家から迎えないからには、また反対に本阿弥の家娘が金銀を当てに他家に嫁すことも誡められる。長女の法秀が尾形道柏に嫁したあと、道柏が「殊の外、貧しきものなり」とわかり、夫の光二は「娘内心さぞ苦しかるべき」とこれを歎いたが、妙秀は「身の貧なる事には苦しからず、（中略）夫婦中のことは心安くおもはれよ、頼母しき事也[43]」と、夫の心配を否定した。妙秀にとって婚姻とは名利や身上に左右されるものではなく、当否はあくまでも当事者たる夫婦相互の睦みのなかにあった。このようにみてくると、本阿弥の家では、子供の結婚について政略性や得失は全くなく、健全で、しかも母の見識や判断が、父のそれよりもはるかに重かったことを語っている。

また、本阿弥の家では、「我等親類共の娘など、上様へ御奉公に差出候事は一切無レ之、内々申合、家の掟の一ケ条に致置候[44]」という家掟一箇条があった。江戸初期の町衆社会で広く受け入れられた、望外の幸運を呼び込むかもしれない娘の将軍家への奉公が、本阿弥家では禁止されていたのである。この理由を、『本阿弥行状記』は「女の縁にて立身出世仕り候ては、先祖の存念も如何と、家の法度にいたし置候事[45]」と記しているが、この「先祖の存念」の中に、家娘を名利出世の手段にすることを排し続けた妙秀の教訓が含まれていたにちがいない。

このように妙秀は、当時の公家や武士社会では一般的であり、また庶民の中にも盛んであった利害や政略による結婚を徹底して否定した。では、妙秀が信念とした結婚とはどのようなものだろう。

「夫婦の中、互ひに大切ならば、いかほど貧しくともたん（堪）ぬべし、思ひ合ひたるものは親を捨て走り行ならひもあり[46]」と、たとえ貧しくとも、夫婦が「思ひ合ひたるもの」「互ひに大切」に睦み合う、相思相愛の愛情を中心とした結婚生活だった。だから妙秀は、長女法秀の貧しき生活の中に、「夫婦中の事は心安く」と、道柏と法秀の愛情を確信して安心していたのである。

このようにみてくると、妙秀のいう一夫一婦は夫婦相互の愛情に裏付けされた健全な家庭生活を意味していた。だからこそ彼女は、「人の身の大事は縁辺なり」と、人生の最大事が婚姻であることを、人生訓として子孫にさとしたのである。さて、妙秀の家庭内の役割は母としての子弟の教育だけではない。前述の育児や教育のほかに、『本阿弥行状記』によると、妙秀は妻としても夫の光二をよく助けた。光二の外での社会的な活躍の場面、すなわち生業の家職に関しての助けだった。光二の家職の技術は、「光悦が父光二と申もの、刀脇差の目利・細工、並もなき名人[47]」といわれ、一門の棟梁たるにふさわしかった。ここでいう目利とは本阿弥三事の一つ、細工とは刀身に応じた金具・柄・鞘などの拵え細工のこと、名人とは天下一の第一人者ただ一人を指して用いる言葉である。その技術について定評を得ていたこの光二が、家職に関して生涯に一度、危機に直面したことがある。前にも少しふれたが、信長に重用されながら、荒木村重が所持した銘刀「大江」の処置をめぐって、信長の不興を蒙り、光二がわが家に逼塞したときである。妙秀は遠出した信長の馬前に走り出て、馬の口にとりつき、鐙でけられながらも光二の無実を訴え、信長は「男に咎あらば、妻のしらぬ事はあるべからず、妻がかやうに直訴いたすは咎なきしるしなり[48]」と、光二を許した。これは夫の危機に際して、身を挺して夫を救う気丈にして勇気ある妙秀の性格を語る『本阿弥行状記』冒頭の挿話である。だが、事の起因は家職の不首尾に根差したもので、この不首尾について「妻のしらぬ事はあるべからず」という信長の判断の背後には、家職について、妙秀が平素から深い関わりをもっていたことを問わず語りに示している。

また、たとえば石川五右衛門が本阿弥の蔵に入り、光二が諸家から預っていた多くの刀剣を盗んだことがある。途方にくれる光二に対して、妙秀は「腰刀を本阿弥が家へ御頼候ほどの武士が、盗人にあひたりとも是非返せなどと申さるる事は、いかで有べき」(49)と、歯牙にもかけず言い切ったというが、これも妙秀が日ごろから家職の実態を掌握し、その運営に夫と同等ともいうべき責任をもっていたからこそ、いえることである。

このように、妙秀は夫の仕事には無関心で、あるいは無関係で、ひたすら家事や育児に励む女性ではなかった。しかも注目すべきことは、家職の実態やその維持運営に深い知識や見識をもつことが、本阿弥一門の女性の中で、妙秀が決して例外的な存在ではなかったことである。妙秀の次女で光悦の姉でもあった妙光は、宗家の三郎兵衛光徳の妻となったが、「本阿弥家の事、夫の光徳も女に相談しける」(50)と、宗家の三郎兵衛家においても、光徳は家職についての相談相手にその妻妙光を選んでいたのである。

この妙光と光徳の子で、光悦の嗣子光瑳の妻となった妙山も家職についての知識が深く、「女なれども家の目利・細工の事、子供に語り聞せける」(51)と、その子空中斎光甫はさりげなく『本阿弥行状記』の一節に書き残している。妙山は光甫ら子供たちに、家職の教育を行ったのである。こうして本阿弥家職の伝世は、父からだけでなく、母からもその子供たちに伝えられていったのである。

公家や武家の家庭は論外として、商家や農家や手工業者の家では、本阿弥のような上層町衆の階層ですら、生業と家事という分担が夫婦の間で截然と区別される条件が、はたして妙秀の生きた時代にあっただろうか。上層の町人社会でさえ、奥向きと表向きの仕事が、夫婦で分掌されるようになるのは、妙秀の時代よりさらに降って江戸中期からのことであったといってよい。

だから本阿弥の家の女性たちは、大なり小なり家職に対する知識と修練をもっていたと考えて誤りないだろう。妙秀・妙光・妙山と、本阿弥女系三代の歴史をみると、彼女たちはいずれも本阿弥生まれの女性という条件があるにしても、あるいは家職について高度の知識をもち、あるいは家職の手ほどきを子弟に行い、あるいは夫と対等の立場で家職の維持運営に当たっていたのである。生計の基礎となるべき家職が、夫や男性たちだけでなく、妻の協力のうえに成立したとき、その妻の家庭内における地位や実力は、家事や育児だけに専従する妻よりもはるかに高くなるのは当然のことである。前述の子供の勘当や結婚について、光二よりも、妙秀が主導的役割を果たした理由の一つは、ここにあるといえるだろう。

事実、妙秀は長生きするにつれて、「本阿弥一類は多分光二・妙秀が孫・ひまごなり、其上、人がらに恐れて大に重んじ、我も〳〵と孝をつくしけり(52)」と、女性であるにもかかわらず、光二・光刹の没後は、一門の結節点、あるいは統率者的な役割を果たしていったのである。妙秀の生きた時代、一般には社会的にも家族的にも、女性の地位は男性と較べるときわめて低かったとよくいわれる。確かに支配階層である公家や武士の社会ではそうであったろう。しかし、町衆社会では異なっていた。妙秀のように、その見識と教養がすぐれていると、妻として母として、また祖母として、一族の中で果たす役割やその影響力は大きかった。幼児の躾から始まって、儒書・識字・和歌・礼法の勉学を教え、家職の修業を手ほどきし、生活倫理を説き、さらに子供たちの結婚やわが子の勘当権の行使まで、母たる妙秀が果たしているのである。

そしてさらに重要なことは、この母の教育や人生の教訓が、次代の子供たちの生きざまに実践され、それがやがて本阿弥の家風を育て上げる、その源泉となったことである。

たとえば晩年に鷹ケ峰に住んだ光悦は、日々の心のやすらぎと閑寂なこの地での生活に心から満足して「若年のとき、いつも妙秀語りけること、不図おもひ出し、さては疑ひなくわが親の善心の報ひなりと肝に銘じける」と、母妙秀の教えの偉大さとそれへの思慕の気持ちをしみじみと噛みしめ、それを孫の光甫に述懐した。[53]またあるときは、光悦は「鷹ケ峰を早天に出で」、洛中に住む「嫡子光瑳が方に立寄て」、幼き日の空中斎光甫など「孫共を集て」、おのれの母、光甫らにとって曾祖母に当たる妙秀の人柄、あるいは光悦らに行った教訓を語り明かし、「妙秀の子孫百人に及びけるが、広き屋敷をもたざるものなし、（中略）女子は他家に至るといへども、皆大きなる屋敷の主となる」という本阿弥一門の今日の繁栄を、光二・妙秀ら先祖の善行の報いであると教えさとした。[54]親から子へ、子から孫へと、このように妙秀の行実や生きざまが子孫の指標として、本阿弥の家では子孫に語りつがれていったのである。もっといえば、町衆社会での栄誉はその身一代で終わるのではない。祖先の栄誉と努力が二代、三代後に結実していく。ちょうど、祖父が陶土を集め、作り、そして孫が焼物に仕立てるという風に、町衆社会での人生や家職への評価は、実に気長な長期的な展望の上に成り立つものだった。

三　本阿弥の生活倫理と家職

このように子孫に強い影響力をもった妙秀は、日常の生活倫理をたえず子孫に説き明かした。具体的には、彼女は「華麗」と「慳貪」と「無慈悲」を人の道に背くものとして、徹底的に否定した。華麗は「おごり」とも奢侈ともいい、慳貪のことを彼女は「貪欲」とも表現した。この悪にかわって、彼女は「質素」と「慈悲」と「無欲」を徳目として子孫に教えた。

妙秀のころ、本阿弥一族は上京に住んだ。彼女の一生のうちには、兵火などで上京のうちでいく度か転々としたかもしれないが、少なくともその後半生のころには、小川通の上小川町と下小川町の境を西に入った実相院町の北側と南側、のちに本阿弥図子と本阿弥町と呼ばれたところを中心に、一門は集団で住んでいたと思われる。寛永十四年（一六三七）とされる洛中絵図によると、実相院町北側に間口十五間一尺の屋敷と、間口五間二尺で奥行三十四間半の屋敷の計二軒がある。南側には奥行ともに三十間半で間口が二十一間半と四十一間半の屋敷、計二軒がある。さらにこの町から北に抜ける実相院図子に東西七間半と南北三十間五尺の屋敷一軒。実相院町の西隣りの南舟橋町に間口は三十一間だが奥に広く、この絵図の中では一族中で最大の屋敷一軒。以上六軒の本阿弥屋敷の集団から、西へ二丁ほど離れた桜井図子に間口三十二間五尺の屋敷一軒。そしてこれらから一軒だけ六、七丁北に離れて、若宮町を南に入った図子に東西二十六間南北十間四尺の屋敷がある。この屋敷だけ「本阿弥七兵衛」と書き入れがあるが、他はすべて「本阿弥」とだけの書き入れである。総計すると、上京の本阿弥屋敷は八軒、このほか洛北鷹ケ峰に元和元年（一六一五）から光悦の住む野屋敷もある。合わせて九軒、これが拝領屋敷であり、このほか、拝領屋敷をもたない一門末輩が洛中に多くいたはずである。

妙秀がこれら上京本阿弥屋敷のどれに住んだか、いま特定することは不可能である。だが、上京本阿弥屋敷のうち、実相院町南側の二軒の敷地を概算すると、六五五坪余りと一二六五坪余りという数字が出る。これは同じ絵図に見える錚々たる大名の京都屋敷に匹敵する広さである。このころの一般町衆の家は、当時の売券からみると、せいぜい十坪から二十坪どまりが多かったことを考えると、本阿弥一門はとび抜けて広壮な拝領屋敷を持つ富裕な特権町衆だったといってよい。

この本阿弥の中心的存在だった妙秀が、「金銀を宝と好むべからず、一大事の兄弟中あしくなり、恥をさらすも、多くは金故なり」と言い、「欲深く鼻のさきにのみ智恵のあるものは、富貴なるをのみよき事と思ひて」(55)と、拝金主義や富貴をにべもなく退けた。「身の貧なる事には苦しからず、富貴なる人はけんどんにて有徳に成つるやらん」[56]と、富貴の裏にある慳貪さを、彼女が嫌ったからである。

妙秀がいう「慳貪」とはなんだろう。彼女は当時、都市金融資本として富貴をきわめた質屋の営業のあり方でこの意味を説明した。「無慈悲けんどんにて、わづかの金をかして、宜ものを質物に取、金を返し請んといへど、最はや日限過たる故に、外へ遣はしたりなど、偽り、戻さず、其道具のぬしは高直に売はらひ、妻子をもはごくむべしと、思ひ当たるものを取られ、迷惑すれ共、むごく戻さず、人の宝をいた〳〵しく我物にして高直に売渡し、何に付ても欲ふかく貯へ置し財宝、今に蔵の内にあり[57]」と、妙秀は慳貪とは利益のためには、弱者に対して不正や偽りや手段を選ばず、無慈悲に非道を行う貪欲心、あるいはその行為を指して用いた。無慈悲とは慳貪に必随し、あとでふれる慈悲の反対、強者が弱者を欲心にまかせてむごくいたぶることである。

こうして妙秀は、富貴と慳貪と無慈悲を一直線上に連なる悪として認識した。

無慈悲にして慳貪、そのうえで富貴となった有徳人に較べると、当時の洛中に盛行した盗賊の悪などはどうなるか。妙秀は本阿弥の蔵を襲った石川五右衛門について、「此家へ来りしゆゑに、此盗人あらはれ、多くの人の命を失はるべき事、心の痛むこと也」と、恨むどころか、本阿弥を襲ったがゆえに、追捕が厳しくなる五右衛門が捕縛されないようにと、本法寺の上人に祈禱を依頼したほどである[58]。

洛中随一の町衆ともいえる本阿弥に生まれた妙秀が、なぜ富貴や物欲を否定し、また常に盗賊襲来の危機にさらされながらこれに同情を加えたのだろうか。これを解く鍵を、灰屋紹益が、奇しくも後年になってこの著『にぎはひ草』の中に書き残した。

紹益は言う、「いやがうへにどんよくふかきは、大々の金銀をたま〳〵取出しては、物一ツ二ツをかひ置て、世にことをかゝせて、しめうりするも有、此たぐひの者、対面もすべからず」と。商いには商いの道があり、「世にことをかゝせ」ないように、人々の手許に商品を流通させるところに、商人が存在する意義がある。だが、商品を買い占めて供給を制限して高値に操作し、世人を困惑させて巨利を得ようとする「締売」商人が現実には存在する。彼らは利益のために弱者を困らせ、商いの道にはずれる。これが紹益の言う貪欲の極上であり、彼は締売商人とは「対面もすべからず」とまでいい切ったのである。

では盗賊はどうか。この締売商人に較べたとき、「其身、心のはたらき不足にして、妻子をやしなひかね、是非なく命をうしなふとは知ながら、盗するものはいたはしき所もあり(59)」と、紹益は言う。前者は法を犯さず、後者は法を犯す。だから、後者は生活に切羽詰まって妻子のため、法を犯して処刑を受ける。前者に比すと弱者が犯すのは小悪であり、「いたはしき所」すなわち慈悲をかける余地があると、紹益は言ったのである。明らかに紹益の思弁は、妙秀の説いた生活倫理に通じている。

灰屋紹益は、本阿弥と同じ上京の上層町衆、雁金屋の当主である。血脈をたどると、妙秀の次女妙光の孫が紹益、すなわち妙秀にとって曾孫に当たる。彼は晩年の光悦に私淑し、八十歳で光悦が世を去ったとき、紹益は二十八歳の青年、ほぼ両者には祖父と孫の年齢差があった。だが、紹益はこの間、「我いとけなき時より、光悦そば近くなれて、老人の物語きくことおもしろく覚えければ、いくそたびまかりてけり」と、鷹ケ峰の大叔父の光悦を訪れては、「老人のくせにて、おなじ物語も度々きゝける(60)」と、光悦から繰り返し同じ物語を聞いたのである。この物語中には、かつて光悦がおのれの孫の光甫らに聞かせたような、曾祖母妙秀が説いた教訓や家の歴史が含まれていたに相違ない。だから、妙秀のさとしは光悦から紹益へと語りつがれ、同じ本阿弥の血流をたどって、曾孫の紹益の著作の中に彼の処世訓の主張となって蘇ったのである。

さて妙秀に立ち戻ると、慳貪と富貴を否定した彼女は、富貴がもたらす「華麗」を徹底的に子孫に誡めた。妙秀はこれを「万事花麗に成て我家の作法違ひ、かならず家滅亡の瑞相なり(61)」とまで言い切った。だが、本阿弥の家を外に一歩出ると、時代の世相は、「太閤様奢り飽までに御極、大名小名も見及び聞および、下々の者までもうつり候(62)」と、本阿弥自身も認めるように、華麗と奢侈は町衆社会をも包んだ滔々たる潮流となっていた。この潮流の中で妙秀は、華麗に染まざることが「我家の作法」、すなわち家の掟、家風であるとまでいい切って、一門の生活倫理をこの潮流の外に置こうとしたのである。彼女の主張する生活倫理とその実践は、この意味では、確かに世間一般のそれと大きく異なっていたといえる。

だが重要なことは、妙秀が主張した世間の潮流とは異なったこの生き方が、「一生涯へつらひ候事、至つて嫌ひの人(63)」と嗣子の光瑳から、また「世に有べきにんげんとは覚侍らず(64)」と紹益から、的確に語られた光悦の生涯に象徴されるように、大なり小なり彼女の子孫の生きざまとなって実践されたことである。他人は光悦の生き方を「異風者」と評したが、この異風は、不退転の独自の信念に基づいて、時には世潮と乖離したところに生活倫理を打ち立てる、いわば「世間不染法」ともいうべきものであって、これが妙秀ら一門の家の作法にすらなった。

妙秀の説く禁欲的ともいえる生活倫理は、家職の場でも、一門に引き継がれた。近世初頭、大名等は競って銘刀を求め、刀剣の商売はたちまち莫大な利益を得ることができた。だが、本阿弥の家は違っていた。光悦・光瑳はもちろんのこと、空中斎光甫の代になっても、「我等一代にさへ、手前へ買取れば数千貫の利を得べきものを買ずして、大分の利を人に得させたる物、幾腰もあり、まして十枚二十枚は度々なり(65)」と、その生涯において家職の立場を利用して、掘り出し刀剣の商いで利益を得ることは決してなかった。それどころか、光甫が己が家職について「大分の利を取ざる程の家の作法なれば(66)」と、子孫に言い残したように、家職を通じて利益や富貴を貪らないことが、すでにこの光甫の時期、本阿弥の「家の作法」として成立していたし、また彼はこの伝統を家門の誇りとさえしていたのである。

慳貪や富貴を否定したあと、妙秀は日常生活の徳目としてなにを子孫に説いただろうか。結論からいうと、彼女は質素と無欲を美徳として、繰り返し子孫にさとした。

名利と金銀を当てにした婚姻を、前述のように子孫に制誡したのもこの例である。だが、なによりも、彼女はこの教訓を子孫の眼前で、日々の自身の生活の中で実践した。たとえば、妙秀の「大勢の子・孫ども」は、「田舎土産、其外時服など」を折にふれて彼女の許に届けた。だが、彼女はそれを「帯・えり・頭巾・手覆・帛紗などにたち切」って、貧しき「数多の人にとらせけり」と、自分の物とはしなかった。また子や孫が銭を贈ると、その銭でいろいろの物を買い、「家を持たる者」には「は、き・ちり取・火打箱・火ばし又はいわう・さ、らの類」を、また六尺や草履取など下働きの者には「わらんず・こんごう」を、女性には「糸・綿・鼻紙・手拭」を、そして「菜売・乞食・非人」などはわざわざ呼び入れて、平素から「厚紙をもとめ手づから能くもみて」いたものを、「寒き時節にはこれを背にあてよ」といって与えたという。(67)「いたはしき」者に、心をこめた手作りの品々を、人それぞれの必要に心遣いをしながら与えること、このような行為が妙秀が説いた慈悲の実践だった。こうして彼女が元和四年、九十歳の天寿を全うしたとき、その身の廻りには、「唐島の単物一ツ、かたびらの給二ツ、浴衣、手ぬぐひ、紙子の夜着、木綿のふとん、布の枕」(68)しか残されていなかった。あの広壮な本阿弥屋敷のいずれかに住みながら、この清冽にして簡素、そして弱者へ物を恵み続けるという慈悲にあふれた生活が、妙秀の一貫した日常生活だった。

この妙秀の無欲と清貧と慈悲の生活もまた、光悦・光瑳・妙山など、彼女の子孫の生活の中に引き継がれた。たとえば、光悦がいかに無欲・簡素な生活を送ったか、それは紹益のつぎの言葉だけでも十分に察せられる。曰く、

「今の世の有さまを見るに、聖人、賢人の道を学とするも、世をわたるためをもと、するに似たり、光悦は、よをわたるすべ一生さらにしらず[69]」と。世間には学問のための学問ではなく、渡世のため、仕官のために学問に励む朱子学者がいかに多いか。これが世の風潮である。だが、光悦はちがった。彼は刀剣という宝の山に日々囲まれながら、世を渡る手段として家職を利用し、売買の利益を得たことは生涯なかったという意味である。だから、光悦の家には「若かりし時より、物の数を合するもの、たぐひ、おもしかるしとしるもののたぐひ、一生我家の内になし[70]」と、前の記事に続いて紹益は言う。算盤と金銀を計る秤が、光悦の家には生涯無かったというのである。この二つの道具は損得算勘の商いのためには、必ず要るものである。光悦がいかに損得利益について恬淡であったかを語る一つの挿話である。

この無欲さの中で、光悦は「二十歳計りより、八十歳にて相果候迄は、小者一人、飯たき一人にてくらし申事なり[71]」とか、「住宅麁相にちいさきを好みて、一所に年経て住る事もなく、茶湯にふかくすきたりければ、二畳三畳敷、いづれの宅にもかこひて、みづから茶をたて、生涯のなぐさみとす[72]」といわれた清素そのものの生活を送り、静かに茶の湯の数奇を愛したのである。だが、この簡素な光悦の生活は、紹益の眼には、一門の総帥光悦の「我身をかろくもてなして、一類眷属のおごりをしりぞけん事を思[73]」うという、自らを含めた一族たちへの無言の誡めであると映っていた。

逍遙した数奇の世界でも、光悦は「人ののぞみ好む道具なども、しばらくは持たる事有ければども、おとすなしなはぬようになどいふ事、いとむつかし[74]」と、名物道具に執着しなかった。茶人の垂涎の的となるような道具も「みなそれぐ\にとらせて」と、惜し気もなく他人に与え、その死後、光悦の身の廻りには母妙秀のときと同じように、「後人のほし、と思ふべき物なかりし[75]」と、これという茶道具はなに一つ残っていなかったのである。

光瑳の生きざまも、無欲さという点だけとっても、父光悦に決して劣らなかった。光瑳の一生を、のちに子の光甫が、「数十年の間、刀脇ざしをあなたこなたへ遣はすにも、光瑳一銭匁にてもあたひを取たる事、三十番神も御照覧あれ、我等一生に終に見聞ず」(76)と、しみじみと述懐して、『本阿弥行状記』に書き記した。光瑳も家職にからんで、刀剣の譲渡などの世話をすることは多かったが、ついにその生涯、銭一文、銀一匁すら口入にからむ利潤をとることはなかったのである。

こうして、華麗を裏返しにした無欲と質素は、妙秀以来、いわば本阿弥の作法となった。質素は倹約ともいうが、妙秀のいうそれは、決して蓄財を目的にした世間一般の質素や倹約ではない。質素がもたらす余剰を、慈悲の行為に廻すためのそれである。本阿弥の慈悲とは、強者が弱者に対して、富者が貧者に対して、精神の次元では「いたはりて」、また物質の次元では「くるしめあらしめじと」、物を与えることである。

妙秀が下働きや非人にまで手作りの品を与え続け、盗賊にあわれみをかけ、光悦が好みの道具を望みにまかせて人に与え続けたのは、一つの慈悲の実践だった。

だから妙秀は、無欲と質素を説くとともに、慈悲の必要を説き続けた。もしも質素や倹約が慈悲を伴わなければ、それはたちまち「吝嗇」となる。吝嗇は、富者や強者が貧者や弱者をむごくいたぶる貪欲や無慈悲と、紙一重にある悪である。たとえば、江戸時代初期、幕府は衣類・家作・振る舞いなどについてたびたび倹約令を出した。だが、武家や富裕な町人がこの倹約令を厳重に遵守すると、弱者たる一般民衆はどうなるだろう。

光悦はこの点について「余り貴人がた御倹約被遊候と、諸職人わけて織屋など、今日のたつきにつき候か、貴人は貴人の御倹約これ有かにて」と、弱者の生活苦を訴え、続いて「下々の者どものいたまぬ様に御倹約御しめし有度候か、倹約と吝嗇と取違へ候ものま丶是あり候」(77)と、倹約令の矛盾を鋭く衝いた。

ややのちになるが、妙秀の曾孫の紹益は、倹約の意義を光悦よりもさらに鮮明に主張した。「万人、其分々に随て身をつゝしみ、つゞましやかにして、下をいたはりて、くるしみあらしめじとするを、倹約とは申べき也[78]」と。妙秀の血をひき、光悦に心酔してその物語に聞き入った紹益が主張したこの倹約こそ、妙秀や光悦が実践した生活であって、本阿弥のいう倹約だった。すなわち、富者の倹約とは「下をいたはりて、くるしみあらしめじとする」慈悲心を備えた倹約でなければならない。この倹約と慈悲を結びつけるものが、無欲である。なぜなら、富者は無欲であって初めて慈悲心が発露できる。だから妙秀も光悦も、質素と無欲と慈悲を一体の生活倫理の徳目として、子孫に説きさとしたのである。

続けて紹益は言う。「当世はおごらぬを倹約といへばとて、おごらぬといふは、我物をつかはぬやうにすることのみと心得て、いとゞしはき事に成ぬ、此しはき、しはし、しはい、と云は皺也、我持たる物は人にやらじ、つかはじとしめ置也[79]」と。

「倹約」と「吝き」ことは全く別のことで、前者は善、後者は悪というこの紹益の主張は、さきほどの「倹約と吝嗇と取違へ候」と両者を善と悪に峻別した光悦の思惟と、全く共通するものだといえる。では、「吝き」は、なぜに悪となるのか。「をのれが物はつかはじと、しめをきて、あくまで財を求め集めて、人をいたはる心さらになく、いためくるしめ、我とく分として、非義なりとしれども、やらずつかはぬを倹約とす[80]」と、紹益は説明した。だが、すでに世間の倹約は本阿弥のそれと違って、「人をいたはる心さらになく、いためくるしめ」るという、慈悲の心を欠除した倹約が潮流となっている。無慈悲は、妙秀をはじめ本阿弥一門が退け続けた悪徳である。だから光悦は慈悲心なき世間の強者の倹約を「吝嗇」と呼び、紹益はこれを「しはき（吝き）」と表現して、幕府や富者の行う倹約の意義を峻拒しつづけたのである。

確かに、強者や富者はただ出費を押さえるだけで弱者や貧者をいたぶることができる。幕法による倹約令も、大商人の締売りや慈悲心なき倹約も、実は支配者の論理と実践である。だが、以上のようにみてくると、上層町衆でありながら、妙秀ら近世初期の本阿弥一門が家の作法とした生活倫理やその実践は、明らかに世上一般の強者の論理とは異なっていた。強者たちの社会では光悦や妙秀の生きざまは、時には「異風者」とも、時には「世の常に替りたる者[81]」と見えたが、実はこの両者の狭間で、その共存をはかる役割を果たすものだったともいえる。

広壮な本阿弥の屋敷も実は町屋の中にある。町屋には町屋の共同生活があり、そこにはさまざまな階層の町衆が住んでいる。禁裏や将軍や大名御用をつとめるはいえ、光悦自身が「武家は武家、町人は町人、百姓は百姓と、気風俗そなはり[82]」と認めるように、本阿弥も町人独特の気質や生活風俗をもった町衆社会の一員であることには間違いない。

本阿弥家職集団に眼を移しても、そこには拝領屋敷を持つ者と持たない者、瑳や細工の複雑な作業工程に従う多くの下職人、それに家内の下働人と、さまざまな階層の人々がいた。町衆社会の一員として生き、またこの家職集団を維持するためにも、一門の総帥は階層を越えて、強者と弱者、富者と貧者の共存と団結を正統化する生活倫理を創造し、常にこれを補強してゆかなければ、本阿弥は町衆社会から遊離し、あるいは家職集団が分解するという歴史的条件があったといえる。

もしそこに強者の論理としての生活倫理が芽生えるとどうだろう。「万事花麗に成て我家の作法違ひ、かならず家滅亡の瑞相なり[83]」と、華麗という富者の論理を家門滅亡の瑞相であるとさえ、妙秀は自誡したのである。妙秀を先頭とする本阿弥一門が「下をいたはりて、くるしみあらしめじ」と、慈悲という弱者を包含し、それと共存する生活倫理を説きかつ実践し、慳貪と華麗と無慈悲を悪徳とし否認しつづけた家の作法は、彼らの生存と家職の維持のための、いわば自衛の論理たる役割を果たすものであったといえよう。

四 法華信仰と正直正路の生活

物欲や富貴を否定し、無欲と質素を徳目としたとき、本阿弥一門の心のやすらぎはどこに求められるだろうか。結論的にいうと、それは信仰によってつちかわれた安心の境地だったと、私は考える。

本阿弥の信仰はこの妙秀のころ、一門すべて法華宗の門徒だった。そして、彼らは京都法華宗十六本山の一つ、かの「鍋かづきの上人」と呼ばれた日親を開山とする叡昌山本法寺を檀那寺として仰いでいた。

同家の法華宗帰依の開始については、すでに考察したことがある[84]ので詳述は避けるが、妙秀の祖父、本阿弥本光の代と考えてまず間違いない。本阿弥の初期の法華信仰の実態は不明だが、妙秀の夫の光二は天正十五年（一五八七）、本法寺の寺之内への寺地替に尽力し、また文禄三年（一五九四）には住持日通から本尊を授与されるなど[85]、妙秀のころの本阿弥は本法寺大檀那の地位を占めていた。これに照応するかのように、本阿弥は後述するように、「一門の寺」と本法寺を指して呼んでいたのである。

一門の寺とは、いうまでもなく、一族が集団で信仰する寺である。このとき、一門の寺はこの家職集団の中で後生における一門の菩提所という役割のほかに、現世ではどのような役割を果たすだろうか。

三事の一つ、瑳が一族協同の作業でなされたことは前にふれた。残る目利はどうだったろうか。この点について、光悦が珍しい次のような文面の書状を残している[86]。

昨日ノ御刀、ミな〳〵ミせ申候へ共、三郎兵衛他行ニて、何共さたまり不申候、いかさまふるき刀ニて候、

（中略）三郎兵ニミせ申候て、申入度候、明日ニても談合申度候、

文意は、増田孝氏も指摘されるように、刀剣の目利を依頼され、一門でこれを見た。古刀であることは確かだが、宗家の三郎兵衛が他出中のため、目利の結論は三郎兵衛に見せて、明日の一門の談合で引き出されると、光悦が依頼主に報じたものである。目利は一門談合で行われたという増田氏の指摘は正しい。

『本阿弥行状記』をみると、光甫の述懐と思われる部分につぎの記事がある。

若此後、当家へ悪人生れ来候とも、一門廿人に余り、聊かも依怙ひゐき仕間敷よしの誓紙をかき、惣領も一門どもの方へ談合之上に、極札・折紙出すべしとの起請文を書、貴み申、則一門の寺、本法寺の宝蔵に納置申せば、行するゑ頼母しき家なり、(87)

この記事からつぎのことがわかる。一つは家職の手練は当時で一門二十余人。二つは目利の極札や折り紙は惣領の名で発給される。三つは極札発給の手続きは、惣領が自分だけの判断でなく「一門どもの方へ談合之上」で発給する。四つは、一門の中にこの約定を破る悪人――自分だけの目利で極札を出す人――が出る可能性が潜在すること。五つは、このような悪人が一門の中に出ると、互いに依怙ひいきなく処置すること。六つは、以上のことを起請文にして誓紙連判し、「一門の寺」本法寺の宝蔵に納めたこと、である。

江戸初期、本阿弥の極札の社会的権威には驚くべきものがあった。一例をあげよう。あるとき、光甫は「古鞘に入たるさび刀」を代金二枚で買い手はないかと頼まれたことがある。光甫と宗家の光温が目利すると、正宗とわかり、これを正直に持ち主に告げた。のちに依頼されて光温はこの刀をとぎ上げ、正宗と象眼を入れ、折り紙を出したが、その礼金は判金で二百五十枚だったという。(88) 今日の想定を越えて、本阿弥極札の価値は莫大である。私は、本阿弥の上層町衆としての経済力の源泉は、瑳や細工よりもこの極札の発給にあったと推定して間違いないと考え

る。皮肉な言い方をすれば、前述した光悦の身の廻りに、生涯天秤や算盤がなかったというが、もともと少量の金銀算勘のためのこのような道具は、一門の総帥たる立場の人には必要なかったからかもしれない。

光甫や光温がもし黙って無銘のさび刀を代金二枚で買い取っていると、血まなこになって銘刀を探し求めている大名が本阿弥の周辺にはいつも存在するのだから、数千貫の代価で刀剣好みの大名にすぐ売れる。そして留意しておきたいことは、この光温と正宗の銘刀の挿話でもわかるように、当時古刀はほとんど無銘である。本阿弥が目利し、象眼銘を入れ、折り紙を出すのである。一方、世間では、「今の世の中に刀脇ざしの事にかゝりて世を渡るものども の内に少し眼の明たるものは、あら身を色々に手苦労し、又銘ある物に、其銘より能出来たる物なれば銘を消し、本阿弥に見違へさせ、能作に極めさせ、高値に売らんと才覚するも有」(89)と、偽の銘刀づくりが横行し、虎視眈々と本阿弥の極札をねらっている。まさに「刀脇ざしの取売は、十人の内、九人はすっぱ也」(90)という有り様だった。

本阿弥一門の手練たちは、いつもこのような誘惑の火中にいる。極札の礼金は、伝世の家職の名誉に対する正当の対価だが、自らが掘り出し刀剣の売買に手を染めると、たちまちその身は「すっぱ」(素破)に堕ちる。前節で述べたところの、光悦・光瑳・光甫をはじめとする一門が家の作法としてかたくなにまで、刀剣の「取売り」を峻拒しつづけた理由の一つはここにある。

極札の礼金は惣領から二十余人という一門の手練たちに分けられたと思われるが、その分配の実態は不明である。だが、世間の誘惑はこの手練たちの周囲に常に存在し、もしも手練の一人ひとりが自由に極札を出すと、家門の名誉はたちまちに失墜する。極札が談合の上で、しかも惣領の名前において発給される理由はここにあったといえよう。

だが、現実にはこの誘惑に負け、起請文でいう「当家へ悪人生れ来候」という危機は、一門の中に常に潜在した。したがって前節で述べたような、富貴や利益追求を否定し、質素や無欲を家の徳目として妙秀以来一門に説き続ける必要性は、この家職の名誉、つまり極札の権威維持面からも生まれてきたものであるといえる。

このようなとき、家職に関する一門の掟が起請文となって、菩提の寺の本法寺へ奉納されたことは、彼らを約定によって団結させる最後の結節点が法華信仰にあったことを、なによりも雄弁に物語っているといえよう。

また逆にいうと、結節点の役を果たすためには、彼らの信仰が不退転の安心の境地にまで到達していなければならなかった。並みの信仰程度では、世間の誘惑をはね返す、最後の防衛線にならないからである。

本阿弥一門は、例外なく男「光」を、女は妙法の「妙」か「法」を冠して呼ばれた。これは諱でも字でも、また雅号や通称でもなく、前に少しふれたが入道名あるいは法名である。法名はその人の没後につけるのが普通である。だが法華宗では、在家の強信者が生前すでに法体となったとき、檀那寺の僧が法名を与えることがある。この場合、没後になってこの法名に院号と日号を加えて戒名をつける。本阿弥一門のこの法名は、おそらく本法寺あるいはその祖山の中山法華経寺の住持から生前に与えられたもので、彼らの信仰が、強信によって安心立命の境地に達していたか、いずれにしても並大抵のものでなかったことを示している。

結論からいうと、慳貪と富貴と無慈悲を排し、無欲と質素と慈悲を徳目とする妙秀以来の本阿弥の生活倫理の伝統は、家職とのつながりもさることながら、この一門の法華信仰の深さと無関係に生まれたものではなかったと、私は考える。弱者をいたわる慈悲を基点にした無欲と質素の実践は、当時の世俗の論理からは決して生まれてこないからである。深い信仰の安心の境地でつちかわれたものであって、妙秀やその子孫はこれを「正直正路」とも表現した。

妙秀は長女法秀の夫に尾形道柏を選んだ理由を、道柏の父の新三郎伊春が「正直正路にて親に孝行の者[91]」といい、また光悦は自己の信仰を「心の正直」と表現し、妙秀が一時は勘当した末子宗知でさえ「京中に隠れなき大正直者[92]」と言われ、妙秀の孫の光益は「大正直正路のものなり」と評され、「能書にて法花経を五十部書写し奉る[93]」人であった。まさに正直正路は、本阿弥一門の生き方の簡潔な指標であり、家の伝統ともなっていたといえる。

正直正路とは、この場合、偽りなく実直方正というような普通の意味のほかに、宗教上の意義が加味されて用いられていると思われる。

端的にいうと、法華経は正直の世尊が正直に方便を捨てて無上道を説いた御経であるとの「正直無上道」、あるいは法華経こそ「正直の妙法」、「正直の経」という日蓮教説からくるものであって、法華信者の世界でいう正直正路とは、法華経や日蓮の教えを忠実に守り、信仰の安心によって日常生活を送ることである。

法華信仰は、必ずしも専持法華・唱題一行に徹することだけではない。信仰から生まれてくる心の安心が、質素とか無欲とか慈悲とか、彼らの日常生活の徳目となり、それが実践によって裏打ちされたとき、信仰は真実のものとなり、正直正路の人生になる。妙秀の孫妙山は、光瑳に嫁して光甫を生み、承応三年（一六五四）七十八歳で世を去ったが、その生涯を通じて、「一生のうち終に聊も瞋恚なし」と、決して「召遣ふ女童」を叱らず、盗みをすれば公にせず、かえってこれをいたわった[94]。殺生を一生ついにすることなく、子供の誕生日には「目出度日なりといひて魚鳥をころし、仏神の御心に背くは悪人の仕業なり」、世間並みの魚鳥の肉さえ子供に与えず、かえって「誕生日ごとに雀鯲などを多くもとめ、かならず放ちける」とか、「非人にも物を施し、別て三宝をも供養申させける[95]」と善事に励んだ。蚊が「身に取付けば、身のおもくならざる程に血を吸はせ、妙文をとなへ、ふきのけるやうの慈悲のこころ[96]」をもっていた。慶長三年（一五九八）から妙山は家を離れて妙覚寺に住み、寛永十四年（一六三七）光瑳に死別すると、それから「廿年に及び、精進潔斎にて、法華の首題、毎日一万遍づゝ怠る事なくして、衣に着し袈裟をかけよといふ人ありけれども、身を卑下し勿体なしとて、一生白衣にて」(97)妙覚寺で暮らしたと、子の光甫が記している。

この妙山の清冽なともいうべき生活は、信仰の安心あって初めてでき、これが本阿弥のいう正直正路の人生だった。

妙秀・妙山という女性に代表される当時の町衆社会に受容された法華信仰は、このように彼らの日常生活に定着した着実なものだった。

妙秀は、元和四年九十歳の天寿を全うしたが、光悦はじめ当時の一門の大部分は、その子、その孫、その曾孫であって、晩年の彼女はまさに、富裕なこの一門の母だった。この偉大な母が、強信の法華宗の門徒で、弱者や貧者に衣服や銭貨を与え続け、自分はきわめて質素な生活を送って、その死の枕辺には日常の生活に最低必要な物しか残っていなかったというが、これが正直正路の生活の典型だった。

五　おわりに

妙秀の思想や生活の軌跡をいま一度振り返ると、そこには前近代の女性の足跡に普遍的だとされている三従の論理はどこにもない。女性は幼にして父母に従い、嫁として夫に従い、老いて子に従うべきだという、男性に隷属させるための女性を苦しめたこの論理は、妙秀の言動からはほど遠い。本阿弥という上層町衆の家では、女性の地位は夫に劣らず思いのほか高いものがあった。それどころか、妙秀は積極的に一族に生活倫理を説き、一族の畏敬さえ受けて、彼女の思弁が「家の作法」となるほど、家風の形成に主導的な役割を果たした。武家や公家社会に一般的な一夫多妻の風潮についても、彼女はこれを片鱗だにすら容認しなかった。彼女は近代的ともいえるような、互いに思い合った一夫一婦の健全な結婚を説いたのである。

妙秀は一門の生活倫理として、華麗と慳貪と無慈悲を禁じ、質素と無欲と慈悲を徳目として子孫に一貫してさとした。そして、この徳目は、単なる人倫の道としてだけでなく、家職の現場でも生かされて、子孫たちに遵守され、少なくとも近世初頭の時点において、本阿弥の「家の作法」にまでなっていた。

だが、ここで留意すべきことは、本阿弥一門が物質の存在意義を排し、世俗逃避主義に陥っていたと考えるのは早計である。なぜなら、彼らは世俗における一門繁栄の意義を十分に認識していたからである。清貧ともいえるような生活を送って、生涯算勘の道具を身辺に置かなかったという光悦でさえも、黄金と無縁な存在ではなかった。小袖屋から瀬戸の肩衝茶入を黄金三十枚という目も眩むような高値で求めたこともあり(98)、また光悦自身が孫たちに対して、「かくの如く大なる野山（鷹ケ峰野屋敷のこと、筆者註）を拝領仕、其上妙秀の子孫百人に及びけるが、広き屋敷をもたざるものなし、江戸に於ても、会所屋敷等を拝領いたしたる者五人あり、（中略）女子は他家に至るといへども、皆大きなる屋敷の主となる。かたのことく善悪の報ひ明らかなる事(99)」と、しみじみと述懐したように、一門の世俗の繁栄に心から満足していたのである。

繰り返していえば、本阿弥が否定したのは、弱者の呻吟や無知につけこんで強者が行う蓄財行為や、その蓄財の上に欲望にまかせて行われる強者の奢侈と栄耀を、慳貪とか華麗と呼んで、これを禁じたのである。

だから本阿弥では、無知な所有者から無銘の名刀を安値で買い取って巨利を得る「すっぱ」同様の刀剣商いは、「取売り」と呼んで、決して手を出さないことを作法とした。しかし、家職本来の礼銭は取売りではない。先祖や一門が呻吟を加えた工夫がそこにあり、その累積の上に確立した家職の名誉に対する世間の評価、たとえば刀剣目利の極札に対する莫大な礼銭は、矜持をもってこれを受け取ったのである。

けれども世上に眼を転じると、生産者から不当な廉価で商品を仕入れ、しかも消費者を苦しめる締売によって巨利を得る商人や、質物を安価にだまし取って蓄財する土倉など、都市商業資本や金融資本のめざましい成長がそこにある。桃山の世潮の主流となった経済論理は、新興の商業・金融の有徳者が抱いたところの、手段も人倫も捨てた蓄財至上の論理であった。本阿弥が否定したのはこのような論理である。この意味では、本阿弥の生活倫理や家の作法は、同じ町衆社会の中にあっても、金融や流通部門に従事する町衆たちのそれではない。自己の技術とその生産に信頼と矜持をもった職人社会の生活に照応し、そこで育まれた理念である。

慳貪と華麗を退けて、かわって本阿弥の「家の作法」として止揚されたものが、禁欲的とさえ思われるような質素な日常生活と、弱者に対する思いやりと、彼らへの余剰の分配であった。これを妙秀は慈悲と呼んだ。強者や富者は慈悲をもたねばならない。これが本阿弥作法を一貫する理念だった。だから、幕府や大名や富者が行う倹約は、余剰をそのまま強者や富者の手許に貯えるという点で、弱者からみると強者たちの無慈悲にして吝き、蓄財行為にすぎないと、これを非難した。この限りで、本阿弥の理念は、弱者たる中小町衆の立場を時には代弁し、かつ彼らと共存を計る理念だった。繰り返すが、刀剣家職は一門だけで成り立つものではない。刀剣の拵え細工を一つとっても、本阿弥から材料の銀を受け取って、注文の細工物を持参する細々とした「売物細工人」[100]が多くいた。弱者を包含する「家の作法」は、このように多くの下職人があって初めて成立する家職の存在形態にも明らかに照応するものであった。

慈悲を基点にした質素と無欲の生活倫理とその遵守は、裏返していうと、実は一門が強信した法華信仰の日常生活の上での実践であって、これを本阿弥では正直正路の生活と表現した。

　慈悲も正直正路も、世俗の論理からでなく、その信仰から導き出されたものである。さらにいうと本阿弥のいう慈悲は、自らを強者に置き、弱者を選別したうえでなされた、強者からの恵みの慈悲ではない。

　日蓮は、「今此三界是我有、其中衆生悉是吾子」の法華経の文言について、「知二法華経一申は此文を可レ知也[101]」といい切ったことがある。釈尊の前では衆生はすべて平等の釈子であるとの理念である。したがって、法華経受持のよき檀那とは、日蓮によると「貴人にもよらず、賤人をもにくまず、上にもよらず、下をもいやしまず、一切人をば用ずして、一切経の中に法華経を持ん人をば、一切の人の中の吉人也[102]」と、説かれていた。本法寺の大檀那として、また日蓮御書の多くを筆写して本法寺や妙蓮寺に納めた光悦を中心に、強信で鳴る本阿弥一門が、この日蓮御書の衆生釈子の理念を知らなかったはずはない。しかも、妙秀の孫の妙山がその晩年の二十余年を過ごした京都妙覚寺は、当時、強信と御書中心の宗義を説く不受不施の拠点となり、その住持日奥は、三宝の前における在家門徒の貴賤・貧富・老若・男女の差別なき平等の救済を繰り返しくりかえし説いていた[103]。

「下をいたはりて、くるしみあらしめじ」との弱者を包含する慈悲を基軸に形成される本阿弥の家の作法としての生活倫理は、家職の存在形態に照応するものであると同時に、強者による恵みの論理ではなく、この日蓮教説の衆生釈子論を源流にして育て上げられたものだともいえるだろう。

　最後に、本阿弥一門の思想構造としては、紙幅の関係で本稿では避けたその政治思想や歴史観、さらにその美意識の解明も必要であるが、それらは後日に稿をあらためるつもりである。

註

（1）宗家家督代数は諸本に異同がある。ここでは『本阿弥次郎左衛門家伝』（『改定史籍集覧』第十六冊所収）に従った。
（2）（3）『本阿弥行状記』第二段、第一段。
（4）同右、第五〇段。
（5）「本法寺教行院過去帳」によると、光二享没年は慶長八年十二月二十七日、八十歳。逆算すると生誕年は大永四年となる。また「本阿弥系図」は生誕を大永二年、享年を八十二歳とし、両者に異同があるが、本稿では前者に従う。
（6）『本阿弥次郎左衛門家伝』。
（7）光二の宗家相続については、増田孝氏が疑問を投ぜられている。同氏『光悦の手紙』（河出書房新社、一九八〇年）、一八七―一八八頁参照。
（8）『本阿弥次郎左衛門家伝』。
（9）『本阿弥行状記』第一段。
（10）『本阿弥次郎左衛門家伝』。
（11）（12）『本阿弥行状記』第六段。
（13）「小西家文書」、「小形歴代並支族霊名記」。
（14）「本法寺教行院過去帳」。
（15）正木篤三『本阿弥行状記と光悦』、大雅堂、一九四五年、二五九―二七六頁参照。
（16）～（22）『本阿弥行状記』第四段。
（23）～（25）『老人雑話』。
（26）～（28）『本阿弥行状記』第四段、第五段。
（29）（30）同第四段。
（31）～（33）同第七段、第八段。

(34)(35) 同第五段。
(36)〜(39) 同第六四段。
(40)〜(43) 同第五段、第六段。
(44)(45) 同第六六段。
(46)(47) 同第五段、第五一段
(48)(49) 同第一段、第三段。
(50)(51) 同第五四段、第六四段。
(52) 同右、第一三段。
(53)(54) 同右、第五二段、第五三段。
(55)(56) 同右、第五段、第六段。
(57)(58) 同右、第九段、第三段。
(59)(60) 『にぎはひ草』。
(61) 『本阿弥行状記』第五段。
(62)(63) 同右、第一九段、第五〇段
(64) 『にぎはひ草』。
(65)(66) 『本阿弥行状記』第六一段、第六三段。
(67)(68) 同右、第一三段。
(69)(70) 『にぎはひ草』。
(71) 『本阿弥行状記』第一五段。
(72)〜(75) 『にぎはひ草』。
(76)(77) 『本阿弥行状記』第五五段、第一九段。
(78)〜(80) 『にぎはひ草』。
(81)〜(83) 『本阿弥行状記』第三段、第一六段、第五段。

(84) 拙稿「近世初頭における京都町衆の法華信仰」(『史林』四一―六、一九五八年、本書三三五―三六六頁に再録)。
(85) 本法寺文書。
(86) 本阿弥光悦書状、年欠正月廿日付。増田孝『光悦の手紙』(河出書房新社、一九八〇年、口絵掲載写真参照)。
(87)(88) 『本阿弥行状記』第六三段。
(89)(90) 同右、第六〇段。
(91)(92) 同右、第六段、第八段。
(93)(94) 同右、第五六段、第五四段。
(95)~(97) 同右、第五五段。
(98)(99) 同右、第一二段、第五三段。
(100) 同右、第五四段。
(101) 「戒体即身成仏義」(『昭和定本日蓮聖人遺文』一巻、一四頁)
(102) 「法華初心成仏鈔」(同右、二巻、一四二三頁)。
(103) 拙稿「不受不施思想の分析」(拙著 日本思想大系『近世仏教の思想』、岩波書店、一九七三年)参照。

本阿弥光悦と日笠紙

山陽線の和気駅に下車して、吉井川の支流である金剛川に沿って東行すること三キロ、さらにそこから金剛川の支流である日笠川に沿って北上すること約四キロ、山峡の別天地がある。ここに日笠下・日笠上・木倉などの集落があって、近年まで岡山県和気郡日笠村と称していたが、今は合併されて和気郡和気町の中に入っている。この日笠村は鎌倉時代には、備前国日笠保と呼ばれ（『華頂要略門主伝、補遺』建長元年九月七日条）、南北朝のころには備前国日笠荘と称せられ、左大史壬生匡遠がその地頭職に命ぜられている（『壬生家文書』建武三年十二月廿六日条）。江戸時代には日笠荘の故地に和気郡日笠下村・日笠上村などの数村が分立し、岡山藩池田家の領内に属していた。

戦国時代の末、日笠荘は備前の戦国大名浦上宗景の勢力範囲にあったと思われるが、その浦上氏の重臣に、日笠次郎兵衛頼房（『黄薇古簡集』十三、永禄十一年六月朔日の文書。『黄薇古簡集』は岡山藩の学者斎藤一興が領内の古文書を蒐集したもの。十五巻、寛政五年の序がある）があるが、彼はこの日笠荘の国人と考えられる。現在も日笠地方には日笠氏を名乗る家が多くあるのも、それらの由縁によるのであろう。

江戸時代、日笠下村にあって、この地方の大庄屋を世襲した日笠氏も邑の旧家といわれている。当主の日笠頼之亮氏は農業を営んでいるが、この家に本阿弥光悦の自筆書状二通と、この光悦書状の由来について日笠喜三郎が元禄十二年（一六九九）にしたためた覚書一通とを所蔵している。まず、この三通の文書の全文をつぎに掲げて、その内容について若干の考察を行うこととする。

○本阿弥光悦書状（その一）

唯今御出本望存候、仍日笠見上之紙、唯今見申候、驚目申候、但、なをも念入申候者、可然候、とかく人手間次第之事候条、但州様御父子へ御申候而、日笠ニ御置候者、弥々、宮内様御重宝御物数奇之御手柄ニ成申候条、御加扶持御尤之御事候、其御意得可有候、恐惶かしく。

八

七日　光悦（花押）

（切封）徳安老

御報　光悦

○本阿弥光悦書状（その二）

従三州遅上洛故、其方逗留御造作に存候、仍見上之紙、唯今見申候、驚目申候、宮内様御重宝、弥々、可被入清（精）候、恐々謹言。

八

七日　光悦（花押）

（切封）日笠加左衛門殿

御宿所　ゟ光悦

○日笠喜三郎房仲覚書

覚書

一、寛文六年午ノ十月廿九日、御隠居様和意谷ゟ御通リ被為　成候節、日笠村八郎兵衛御目見被レ為二　仰付一、有難御書付ニ御呉服壱御添被レ為レ下、頂戴仕申候、其時紙漉申様子、御上覧可レ被レ遊由御意ニ付、紙漉弐人御前へ出シ、紙漉セ申候、其刻、本阿弥光悦老書状、八郎兵衛親加左衛門へ参候ヲ壱通、幷ニ因幡宰相様御内徳安老へ光悦老ゟ参申候書状壱通、御　上覧被レ為　レ成候而、八郎兵衛家ノ重宝と御意被レ為　レ成候由、此光悦老ゟ参申書状之子細者、宰相様御代ニ、加左衛門ニ紙之儀ヲ光悦老へ稽古被レ為二　仰付一、則伝受仕、其後紙ヲ持セ、徳安老ニ相添上京仕申候、其時光悦老ハ三州へ被レ下、留守ニて、久々京都ニ逗留仕、光悦京都へ被レ帰候而、京都旅宿へ参申書状と相聞へ申候、則、紙ノ受領名ヲ相模と御付被レ為レ成候、宰相様御直ニ相模と御呼被レ為　レ成候、度々御目見へ仕申候由、于レ今相模と申印判弐ツ所持仕居申候、又、熊沢助右衛門様備前御仕置被レ成候時、八郎兵衛ニ御書付御添被レ為レ成、三社詫宣銀子五枚被レ為レ下候、其時河村平太兵衛様御郡廻リ被レ成候節、八郎兵衛宅ニ而頂戴仕申由候由

元禄十弐卯三月廿三日　　日笠喜三郎

房仲

まず、光悦の二通の書状の中、いずれにも「宮内様」とあるのは、元和元年（一六一五）から没年の寛永九年（一六三二）まで、備前岡山の藩主であった池田忠雄のことである。『寛政重修諸家譜』によると、忠雄は池田輝政の子で、慶長十三年（一六〇八）元服して松平宮内少輔と称した。元和元年、兄の池田忠継の死により、その遺領をついで岡山城主となり、寛永三年（一六二六）に参議に任ぜられている。参議は唐名で宰相というから、日笠喜三郎の覚書の中にみえる「宰相様」も同じく池田忠雄を指すことになる。また光悦の書状（その一）にみえる「但

州様」とは、池田忠雄の家老荒尾但馬を指し、この書状の宛名「徳安老」は、池田忠雄の側近者と考えて間違いないであろう。

ちなみに、池田忠雄が寛永九年岡山で病死すると、その子の池田光仲が家督を相続したが、同年幕府は光仲を因幡鳥取に転封させ、池田家の本家で鳥取城主であった池田新太郎光政を岡山に移封させ、両池田氏の入替を断行した。日笠喜三郎覚書の中に「因幡宰相様」と書いてあるのは池田忠雄を指すものである。忠雄は因幡にいたことはないが、因幡池田家と備前池田家を区別する必要から、とくに「因幡」の二字を忠雄に冠したと思われる。このような事情から推定すると、同日に発信されたこの二通の光悦書状は、池田宮内少輔忠雄が岡山城主となった元和元年から、彼が参議に任ぜられた寛永三年までの、十年間のある年に出されたものと考えて誤りないであろう。そしてこの時期は、光悦が洛北鷹ケ峰の芸術村の経営に乗り出していた時期でもある。

つぎに、日笠喜三郎覚書の頭初にみえる「御隠居様」とは、池田光政を指すと思われる。光政は寛文十二年（一六七二）、六十四歳のとき致仕して家督を池田綱政に譲り、岡山城の西丸に隠居し、天和二年（一六八二）、七十四歳をもって没している。寛文六年（一六六六）には未だ隠居していないが、この覚書は元禄十二年（一六九九）、池田綱政の治世のころに書かれているので、御隠居様という尊称で光政を呼んだものであろう。また覚書の最後に出てくる熊沢助右衛門は、光政の重臣であった熊沢蕃山のことである。そして、河村平太兵衛は『池田光政公伝』によると、光政の要人で、寛文三年から同十年まで備前藩の「郡代」という重職を勤めた四百石の武士である。なお、覚書の筆者日笠喜三郎の父は八郎兵衛であり、祖父は光悦書状（その二）の受取人・加左衛門である。

さて、この三つの文書の要旨から、光悦と日笠紙の関係を考えてみよう。

元和から寛永初年のころのある年、岡山藩主であった池田忠雄は日笠村の日笠加左衛門を京都の光悦のところ

（おそらく洛北鷹ケ峰）に派遣して、製紙の方法を習得させた。加左衛門は光悦から伝授を受けて備前の日笠に帰り、やがて新しい方法で製造した紙をもって徳安老なる者とともに上洛し、その紙の出来ばえについて師光悦の批評を求めたのである。折りから三河に下っていた光悦は、帰洛後、早速その新しい日笠産の紙を見て、その優秀さに驚き、なお京都に逗留中の二人に書状を与え、池田忠雄の側近者徳安老には、主君忠雄とその家老荒尾但馬父子に対し、今後一層、日笠紙の改良奨励と工人の優遇に努むべきことを勧めるよう指示し、また製造者加左衛門には出来ばえを賞すとともに、なお一層の努力を説いたのである。このとき、光悦はこの日笠産の紙にわざわざ「相模」という銘をつけたというのである。

光悦が書道・蒔絵・絵画・製陶・造園などにおいて、秀れた芸術家であったことは周知のことである。しかも、彼がこれら作品の素材にまで吟味の眼を開かせたことも、たとえば墨書においては光悦紙と今日呼ばれている美しい料紙、あるいは光悦本に使用されたあの華麗な文様が浮き出された厚手の雁皮紙を見るとき、その料紙に対する彼の繊細な心配りを汲みとることができる。そして、光悦の歌巻にみられる「紙師宗二」の印章は、光悦の周辺に紙師の存在を推定づけ、さらにはかの鷹ケ峰古図にみえる同地の住人「宗仁」は、この紙師宗二と同人物であろうと、このように、光悦とその用いた料紙の関係は考えられてきたのである。

とすると、ここに紹介した三通の文書による光悦と日笠紙創製の経緯は、光悦とその用紙について、興味ある問題を投ずることになるだろう。すなわち、光悦の紙質に対する鑑識、あるいは製紙法に関する造詣の程度は、これまで推定されてきた以上に深く、それは、岡山城主池田忠雄が領内の工人を光悦の下に派遣して製紙技術を習得させたほど、当時すでに世に聞こえたことであった。そして、と同時に、加左衛門がわざと上洛して光悦の下で製紙技術を学んだからには、鷹ケ峰かあるいはその周辺に、光悦が支配する製紙場があったことも動かしがたい事実となるであろう。

日笠加左衛門が光悦の下で製紙の技術を習得してから四十余年を経た寛文六年（一六六六）十月、池田光政は日笠からほど遠からぬ和意谷（現在の和気郡吉永町和意谷。ここに池田輝政・光政らの墓が現存している）の池田輝政の墓地に参詣しての帰途、日笠村の八郎兵衛（加左衛門の子）の宅に立ち寄り、紙漉きの状況を視察し、光悦の書状などを披見し、日笠紙の由来などを聞いて、八郎兵衛を激励したのである。

一方、光政の重臣で岡山藩政に貢献するところ大であった熊沢蕃山も、八郎兵衛に銀子を与えたり、「三社託宣」の神号を書き与えて、これを激励したというのである。

しかし残念なことに、このように光悦によって指導され、光政や蕃山によっても保護奨励された日笠紙も、いつしか衰微して、現在は全く造られていないし、その現物も残っていない。したがって、それがどのように美しい紙であったか、知ることはできない。

ただ、元文二年（一七三七）の序文のある岡山藩の官撰の地誌『備陽国誌』（『吉備群書集成』第一輯所収）の和気郡の産業の項に、

紙。大田原村にて杉原を製す、奥塩田村にてかいたを又製す、日笠下村にて製する紙を日笠紙といふ。

と記載しているのを見ると、江戸後期のころまでは、日笠紙の伝統は継続していたと思われる。日笠下村に近い大田原村（現在の和気町大田原）では、今日もわずかに和紙が製造されている。それは障子紙などの素朴なものであるが、かつての日笠紙の紙質を知るよすがとなるかどうか、それはわからない。

光　悦
——その信仰の世界——

一　はじめに

光悦の多彩な芸術活動は彼の卓越した美意識や独特の価値観、それに鋭い創作意識が加わって生み出されたものであることはいうまでもない。とすると、「光悦様」と呼ばれるあの強靭な個性美に満ちた光悦作品の背後に秘められた、光悦という一人の人物の生きざまや、その心に築かれていた精神の世界をたどってみることも大切なことである。なぜなら、この意識こそが、光悦作品の創作を支える源泉であったからである。

結論的にいうと、光悦の、また彼を含めた当時の本阿弥一門に共通する信仰が、日蓮が説いた法華信仰であったことに大きく注意しなければならない。現代的な感覚でいうと、今日、われわれの周辺には、神や仏とほとんど無縁の世界に日々を過ごす人が多い。また、たとえ神仏を信仰していても、その信仰の質が問題である。生活の中の一種の倫理とでもいえるような習俗化した莫然たる神仏への崇敬が、現代人の信仰の一般的な傾向であるとすると、光悦が生きた時代のそれはちがう。

この時代の人々の信仰には、今日のわれわれの感覚で受け止めることができないほど強烈な神仏への「信心」が生々しく生き、また時には、「信心」のためには神仏にわが生命すら捧げるほどの覚悟があったのである。弥陀のために一向一揆に結集して信長の軍団の前に立ちふさがった石山本願寺の門徒たち、また題目の旗指物のもとに蜂起して、町の自衛のために戦った京都町衆の法華一揆は、光悦が生まれるつい直前の出来事だった。念仏と題目に象徴されるこの二つの宗派は、中世において最も強烈に反発し合った歴史をもったが、ともに「信心為本」をそれぞれの信仰が成立する絶対的な前提条件とする教説であった点では、相似の民衆の宗教であった。念仏が説くところの弥陀の本願への、題目が説くところの法華経への、信者としての信仰は、唯一にして無垢であり、他宗の信仰を混えることなく、ひたぶるにかつ一向であって、命を賭けたものでなければならなかった。このような強烈で純粋な信仰をもつ法華の題目者を、当時、「強信」と呼んだ。光悦が生きた時代、法華の題目者たちの主流となったのは、時には法華をさえ甘受する、この強信の人々だったと考えてよい。

二　家系と日蓮宗

「家父光悦は一生涯へつらひ候事、至つて嫌ひの人にて、殊更日蓮宗にて信心あつく候故」との光悦の人となりを述べた『本阿弥行状記』の一節は、この意味で注目される。一つは、同じ法華の信者である孫の光甫あたりの眼からみても、光悦は「殊更日蓮宗にて信心あつく候」と評されるほど、その法華信仰は後代の本阿弥の信仰とは質的に高度の強信だったことを語っている。そして二つには、「一生涯へつらひ候事、至つて嫌ひの人」という光悦の有名な性格は、この強信の法華信仰とからまり合っていると、光甫らが見ていたことである。へつらい嫌いとは、弱者への対応のしかたではない。強者や権者に対する光悦の対応を語るもので、所司代板倉勝重が「異風者」と光悦を評したその言葉にも通じるものであったろう。もっとも、この言葉は光悦が権勢者に対して傲岸不遜であったということでもない。

日蓮宗の強信者がその人生観や価値観の基点に据えたものは、唯一の正法であると認めた法華経と、その法華経の正義と功徳を敷衍して説いた宗祖日蓮の御書の世界である。この世界への絶対の憑依が、自己の内心に確立しているとき、彼らの世俗の権者への対応は権者や世間の眼からみると、「異風者」とか、「へつらひ嫌ひ」とうつったにすぎないからである。なぜなら彼らが敬い恐れるものは、妙法と御書だけであったからである。

ともあれ、光悦の法華信仰は、彼一代で生まれたものではなかった。先祖伝来の信仰だった。本阿弥の系譜によると、本阿弥家は足利尊氏の刀剣奉行をつとめた妙本という人物に始まるという。この妙本が、京都の六条堀川の本国寺の開山日静に帰依し、本阿弥の日蓮宗信仰はこれに始まると伝える。しかも、このとき妙本の信仰を賞して本阿弥なる法号を日静が与え、これが家名となったという話も加えられる。だが、本阿弥という言葉自体は、もともと念仏者に与えられるべき法名であって、題目者に初めて付与される法名とすることは、奇異である。この本阿弥家譜類で語られる妙本の日蓮宗帰依の所伝は、いずれも江戸時代の史料にみられるものであって、史実として信憑性はいま一つ確かでない。

本阿弥家の日蓮宗帰依が、やや確実さを増してくるのは、室町中期、本阿弥中興といわれた清信（光悦曾祖父）のころからである。この清信が、京都にこのころ本法寺を開いていた久遠成院日親に帰依した。

中山門流に属する日親は、室町中期、関東から上洛して京都を拠点に、東は関東、西は鎮西まで、しかもこの間の山陽・山陰の諸国を含むこの地域を驚異的なペースで巡錫弘通し、その生涯に創建した寺院は三十余カ寺に達したといわれ、日蓮宗きっての名僧である。しかも、彼は化儀において、強烈な折伏弘通法をとり続けた。ために諸宗から訴えられ、幕府から本法寺の破却あるいは逮捕投獄という弾圧をたびたび受けたが、日親は不惜身命の覚悟でこれに堪えた。将軍義教が焼けた鍋を頭にかぶせても、日親の信仰を退転させることができなかったことから、当時の京童は「なべかむり日親」という異称をもって、彼の不屈の精神を讃えた。この日親が獄中にあったとき、義教の刀剣の鞘走りを止めることができなかった罪でこれも投獄されていた本阿弥清信が、日親に出会ってこれに初めて帰依したという。江戸時代の初めに本法寺日匠が著した『日親上人徳行記』は、この経緯をつぎのように誌している。

獄屋にして、師（筆者注日親）のをしへをうけ、（中略）ひとへに師を如来のごとく敬ひ、あらたに旦那となる（中略）。文明年中に法号を授け給ひて、清信を本光となづく。それより一類剃髪して、みな光の字を名のること、こゝにはじまる。（中略）子孫同名相続て、本法寺外護の旦那として勲功あること自他のしるところなり。

これと同様の話は江村専斎の『老人雑話』にもみえるところであって、本法寺周辺を越えて、中世末から江戸初期のころ、広く京都町衆社会に膾炙した挿話だったことがわかる。この挿話には二つの興味ある内容が含まれている。一つは、本阿弥家の日蓮宗への信仰が、室町期の京都の日蓮宗が二十一、あるいは十六という多数の小門流に分立していた中で、謗法に対して最も戦闘的な折伏と強信で鳴る、本法寺門流の法華信仰だったことである。そして、二つには、清信が日親から本光という法名を受け、これ以後の本阿弥家は代々一類剃髪して、「光」の字を名乗るようになったという伝えである。法名とは、信者の死後には戒名の一部になるが、日蓮宗の場合にはとくに、強信の信者が生前に法名をもつことが多い。もちろん、法名は帰依した僧から授与される。法名を付与されると、在家の生活を送っていても、剃髪して法体となる。宗内では「入道」と呼ばれ、法名のことを入道名ともいう。

事実、本阿弥は清信本光以後、刀剣の家職に従う男子は、例外なくこの伝えのように「光」の字を系字とした法名を名乗っている。光悦も、その子光瑳も、孫の光甫も、また光悦の父光二にしても、その名は親がつけたのではなく、本法寺の上人がつけたものと考えてよいだろう。法体となって入道名を名乗ることは、貴人と接触する機会が多かった刀剣家職からみてみると、世俗の身分差を入道沙弥の立場で超越することができるという、一種の便利さもあったであろう。だが、入道名本来の意義は、光悦はじめ本阿弥一類が一定の年齢に達したとき、法華の強信者であることを証明してつけられた法名である。

では入道法名の系字に、当時の日蓮宗の入道名によくみられる「法」や「道」や「宗」の字を用いず、特異ともいうべき「光」の字を用いたのは、なにに由来したものだったろうか。法華の強信者が到達した安心立命の境地を、日蓮教説の世界では「娑婆即寂光」、「常寂光の浄土」という。日蓮宗の信者が純正無垢の法華信仰に浸って、生きながらにして、ついにその胸中に確信した「常寂光」の境地、この寂光を示すものとして本阿弥一門は、「光」の字を法名の代々の系字にしたと、わたくしは考える。

三　本阿弥一門の強信

光悦を中心とするこのころの本阿弥一門の血縁と婚姻の関係を示すと、つぎのようになる。江戸に移った宗家をのぞいて、ここにみえる本阿弥光悦一類の人々のほとんどの墓所は、京都本法寺や光悦寺の境内にある。その墓石の表面には光悦以下、「南無妙法蓮華経」の題目が、すべて彫り込まれている。一人の異端者もなく、近世前期の本阿弥家が、すべて日蓮宗の法華信仰者であったことは実に驚くべきことだといえよう。男だけではない。他家から嫁いできた妻女、本阿弥に生まれた女性も、日蓮宗の女性信者であることを示して、「妙」の字を冠した法名を例外なく持っている。彼女らもすべて夫と同じ日蓮宗である。光悦の母の妙秀、光瑳の妻の妙山など、生前に法名

本阿弥家略系

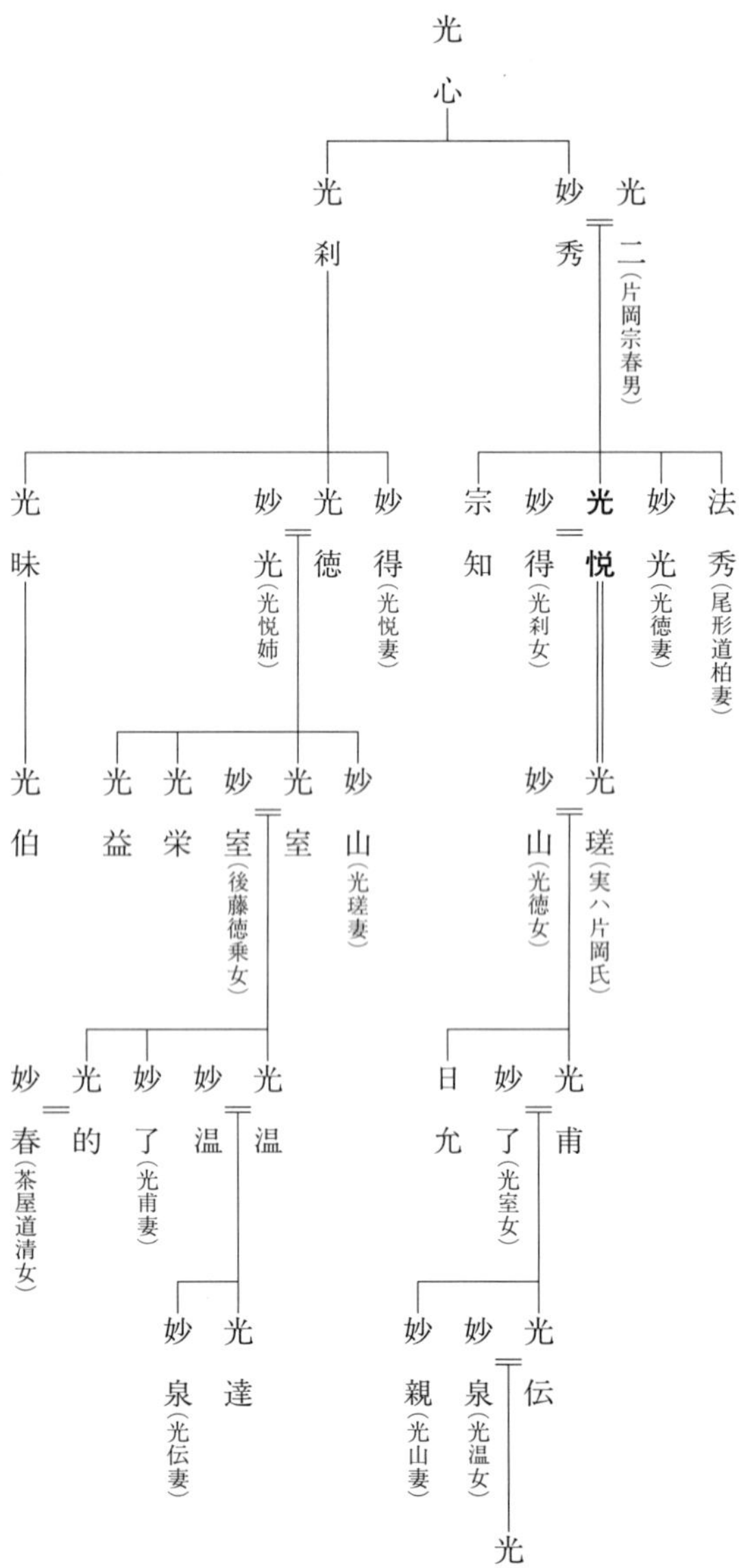

を付与された女性もあって、彼女らも法華の強信者である女入道であった。法華の信者は血族ばかりではない。光悦のころの本阿弥の姻戚としてこの系図に登場する片岡家、尾形家、後藤家、茶屋家も、これまた一家の例外もなく日蓮宗であった。

光悦の父の光二と養子光瑳の実家である片岡家は、光悦の祖父治大夫のころから日蓮宗に帰して、一族の墓地は光悦寺境内の光悦の墓のかたわらにある。光悦の姉の法秀が嫁した尾形家は、のちに光琳と乾山を生んだことで名高いが、代々の墓地は京都妙顕寺にあって、同寺興善院を開創した日鐃（道柏の子、光悦の甥）や、頂妙寺の日意（宗柏の子、光琳・乾山の伯父）など、江戸の初期の洛陽日蓮宗を代表する名僧を出した家である。本阿弥宗家が婚姻した後藤氏は、このころ京都三長者の一家、祐乗を家祖として彫金後藤の名で知られた町衆名家で、一族はこのころ十数家に分立し、上京に集住し、光室の岳父に当たる徳乗は彫金家惣領の四郎兵衛家の当主である。そして後藤氏一族も例外なく日蓮宗に帰依し、本法寺に隣接する日蓮宗の大寺妙覚寺の大檀那として活躍した。また光的の妻妙春の実家である茶屋は、同じく三長者の一家、四郎次郎を通称とする海外貿易商としても有名だが、これも本能寺の山城筆頭末寺、東山の東漸寺を菩提寺とし、今もこの寺跡近くに、題目を刻んだ茶屋歴代の石塔が残っている。

本阿弥、後藤、茶屋、尾形、片岡など、光悦の時代の代表的な町衆名家は、互いに血族姻戚であるとともに、同じ日蓮宗の法華信仰という共通の信仰をもつ人々であった。彼らは題目を唱え、来世には念仏者が往く極楽浄土ではなく、日蓮が説く霊山浄土への成仏を確信する人々の集団であった。光悦はこうした血脈と信仰の共有性のうえに生まれ、その生涯を歩んだのである。

では、法華の強信者である本阿弥一門の具体的な信仰生活は、どのようなものであっただろうか。光悦の父光二は天正十五年（一五八七）頃からの本法寺の寺之内への移転工事に際して、諸堂建立の施主として中心的推進者の一人となり、本阿弥一類の菩提寺本法寺の大檀那の役割を果たしている。光悦の母の妙秀は、その九十年の生涯を通じて本阿弥一門の法華信仰の中心となり、一門の賢母として光悦ら子弟を教導し抜いた女性である。彼女は光悦らの幼児をしつけ、礼儀や作法を教え、学庸論孟の儒書を教え、刀剣家職にも見識をもち、利発にして男勝りの勇気に富み、それでいて謙虚にして夫へは貞淑、光悦の人格の形成に大きな影響を与えた。彼女は、富裕な町衆の主婦でありながら身を持することきわめて簡素で、死の枕辺にあったもの袷二つ、浴衣、手拭、紙子の夜着、木綿のふとん、布の枕など数点に過ぎず、あまりのものは常に子孫や下人召使などに分かち与えたと、『本阿弥行状記』に伝えている。慈悲と正直正路の生活の実践、それが光悦の母の生きざまだった。法華の信者がいう正直正路の生活とは、普通の意味ではない。正直とは正直経ともいわれる法華経を指し、正路とは法華経を信じこれを実践することであって、端的にいえば法華信仰による生活の実践である。

彼女は法華経への正直、弱者への慈悲、先祖への慇懃な給仕を、子や孫にさとし続けた。光悦はこのような信仰豊かな見識に満ちた母の膝下に育ったのである。

『本阿弥行状記』を見る限り、本阿弥の家では妻の地位がきわめて高い。光悦の姉の妙光は宗家の光徳に嫁したが、宗家家督の夫を扶けて一門を教導し、その娘の妙山は光悦の養嗣子光瑳の妻となったが、智慧賢く、家職の目利細工にくわしく、八十に及ぶ一生のうちちついに瞋恚の態度を一たびも示さず、法華の首題を毎日一万遍唱えて怠ることなく、生涯白衣にて過ごした。晩年はわが子、本通院日允が晋住した妙覚寺に尼入道として入り、臨終にも枕辺に日蓮の曼荼羅を掛け、唱題怠ることなく、理想的な臨終正念を果たしたという。

また光甫の娘で光山の妻となった妙親は、本法寺本坊過去帳に「読経二万三千余部」と記されて、驚異的な量の法華経読誦を生涯に果たしている。

強信は女性ばかりではない。光悦の甥、宗家の光室は江戸に移住したが、父光徳の三回忌に際して、本法寺と関係深い中山法華経寺に現存する五重塔を、その菩提のために建立し寄進している。また、光悦の甥の光益は、刀剣目利に優れ、茶の湯にひたり、光悦様の能書家としても有名だが、光悦に従って鷹ケ峰に住み、正直正路の者と評判されて、その生涯に法華経五十部を書写したという。

四　光悦の法華信仰

このあたりで、光悦本人の強信の法華信仰の実態に注目してみよう。

元和元年（一六一五）、光悦は洛北の蓮台野の北方、丹波街道に面した鷹ケ峰の地に、東西二百間、南北七町の野原を家康から拝領した。当初から「作り取り」の地であったというから、免租地の特権を付与されていた。光悦は、洛中の小川通り今出川上ル西側のいわゆる「本阿弥辻子」と呼ばれた住み慣れた屋敷から、一類や朋友や長年召使っていた職人らをつれて、ここ鷹ケ峰の拝領地に引き移り、街道に沿って屋敷割を行い、新しい在所づくりに乗り出した。のちに有名になる光悦町の形成である。

「鷹峰光悦町古図」によると、開創当初の光悦町は家数五十五軒、本阿弥一門は光悦のほかに光瑳（光悦の養子）・光甫（光悦孫）・宗知（光悦弟）・光栄（光悦甥）・光益（光悦甥）・光伯、本阿弥又三郎・同一郎兵衛・同三郎兵衛など十一人、姻戚として茶屋四郎次郎、尾形宗柏、片岡六郎左衛門の名もこの古図にみえる。ほかに紙屋宗仁、筆屋妙喜、蒔絵師土田宗沢、蓮池常有らの屋敷があって、これら住民すべては、いずれも日蓮宗の信者だった。

この町の形成の当初、「いはい所」が建立され、この「いはい所」は光悦の晩年になると、本阿弥の菩提寺である洛中の本法寺から興善院日達が招請されて、鷹ケ峰における光悦一類の菩提所となる光悦寺へと発展した。光悦町にはこの光悦寺のほか、つぎつぎと寺院が建立され、光悦の晩年のころには合わせて四カ寺となっている。すなわち光悦の母妙秀の没後、その菩提のため建立された妙秀寺、その向かいに「天下祈禱所」として知足庵も創建された。

さらに光悦の養嗣子の光瑳は、拝領の翌年の元和二年（一六一六）、「法華の鎮所」を建立し、寂照院日乾を招いてこれに捧げた。日乾はその鎮所に寂光山常照寺の寺号を付与し、さらに本阿弥一類の外護のもとに檀林（談林）の創設をはかって、学舎の建築に乗り出した。

いわゆる日蓮宗洛陽六檀林の一つ、鷹ケ峰檀林の創設である。檀林とは宗学の研鑽を行い、僧侶の養成をはかる高等教育機関である。鷹ケ峰檀林の開講は寛永四年（一六二七）、日乾が智見院日暹を化主に招請して行われた。日乾をこの檀林の開祖、日暹を開講初祖とする所以である。だが日暹は翌寛永五年、身延山二十六世として身延に晋山したため、日暹の俗弟立正院日揚が招かれて第三世化主となり、この日揚の化主の代に講堂や学寮は大いに整備され、檀林諸規則が制定され、また彼自ら『法華玄義』『法華文句』を講じた。

こうして、丹波への街道に沿った両側数百メートルの鷹ケ峰の光悦町には、光悦晩年のころまでに合わせて四カ所の日蓮宗の寺院が建立された。檀林へは「数百人の所化絶えることなし」と諸国から所化たちが雲集し、光悦町を光悦の子孫が幕府に返上したあとの幕末文久年間（一八六一―六四）においてさえ、この檀林ではなお二百有余の所化を擁して教育が行われていたのである。

残る三カ寺では、あるいは「資縁不足成所化、志し有発心者を毎日朝昼二度づつ集めて妙経一部を読誦せしめ、直に数万部成就せり」、あるいは「信の志ある道心者を集めて昼夜十二時声を絶さず、替る〳〵法花の首題を唱へ奉り」というように、ここでは、昼夜を分かたず唱題の声の絶えることがなかったという。まさに法華の聖地ともいうべき光悦町が出現したのであった。

確かに、元和元年（一六一五）、光悦が家康からここ鷹ケ峰の地を拝領した契機には、「京都に居あき申候間、辺土に住民仕度よし」との、家康に上申した光悦自身の意向があった。住み慣れた洛中本阿弥辻子における伝統や旧習の呪縛から、ある種の解放感を得たいという光悦の宿願が、彼の鷹ケ峰移住の背後にあったのかもしれない。本阿弥一門のほか、光悦の朋友と長年召使った職人に限られていた当初の光悦町の住人は、ここに新天地を開こうとした光悦にとって、その家職や多彩な芸術活動を支える協力者であり、理解者であり、またよき外護者であったろう。光悦グルッぺというべきようなこの知己をもち、洛中という都市独特の、繁多にして旧習化した生活からの解放感を甘受しながら、寛永十四年（一六三七）の没年までの約二十年間、光悦はこの光悦町で、茶の湯にひたり、茶碗の作陶にいそしみ、光悦好みの料紙に好みの筆墨を用いて、あの光悦様と讃えられた豊麗な独自の筆致を走らせていたことは、よく知られる事実である。この意味で、光悦後半生の芸術活動の舞台が、洛中よりも洛外の光悦町にあり、その住民は彼の創作活動に、直接にしろ間接にしろ、よき協力者や理解者であった点では、この光悦町は光悦の芸術村だったと言ってよいだろう。

だがこの芸術家集団は、これまで述べたように、実は一人の例外もなく、日蓮宗の説く法華信仰の強信の門徒集団だった。鷹ケ峰光悦町の住人は、五十数家の光悦の一類、朋友、召使う職人という当初の住人のほか、彼晩年のころに至ると、諸国から集まってきた少なくとも数百人に及ぶ檀林の能化や所化が、これに加わっている。

光悦のあの強烈な個性あふれる多彩な作品は、この法華の強信者に支えられ、唱題の声に満ち満ちた「題目の巷」から生まれ出たものだともいい得るだろう。

現実の世界に築かれたこの「題目の巷」、そして住む人すべてが法華の強信者だという「皆法華」地域の成立、これこそが宗祖日蓮以来、宗門が究極の理想とした広宣流布の、現世における具体的な顕現であった。このとき、在家信者の実生活の場である娑婆は、彼らの信仰の帰結である現世の浄土、この世に築かれた寂光の都、すなわち寂光浄土に変わった。光悦の作品は、さらにいいかえると、自己の心中に築かれたこの常寂光の境地、すなわち安心立命の信仰のやすらぎの中から生まれたともいえるだろう。

鷹ケ峰は都からは西北、乾の方向に当たり、いわゆる神門である。光悦生来の卦は、神門に合致する「乾」であったと、『本阿弥行状記』はいう。鷹ケ峰の眼下に広がる早朝の洛中は、一面の霧海におおわれ、洛中洛外図の風景さながらに、その霧海の中から「二条の金城、九条の塔、海上にうかみて雲をつらぬく」と、その自然の景勝はこのころ陸奥の松島も及ばなかったといわれていた。晩年の光悦はこの鷹ケ峰を逍遥しながら、「いかなる故にかくの如く大きなる野山を拝領申、何思ふ事もなく明し暮す事の忝さ、今世一生の事にはよもあらじと思ひけるが、若年のときいつも妙秀語りけることを不図おもひいだし、さては疑ひなくわが親の善心の報ひなりと肝に銘じける」という心境に至ったと『本阿弥行状記』にみえるが、この心境こそ、亡き母妙秀がいつも語っていた、法華経への信仰を通じて会得された安心の境地を語るものであった。

五　法華文化の性格

光悦の法華信仰が並はずれて強信だったことは指摘した。だが強信とは、我執傲慢、謗法を侮蔑し、自分自身は宗門が是認した祈禱や呪術的な護符の霊験にすがって、懸命に自己の現世利益を追求することではない。光悦はこれを「私式の信心は、只国恩を忘れず、心の正直に悪魔のささぬ様にと信心仕候」と、さりげなく、実に謙虚に語っている。光悦の強信とは外にほとばしるものではなく、あくまでも内心に静かに、かつ嫋やかに積み重ねられるものだった。

寛永四年（一六二七）元旦の光悦の試筆が光悦寺に残っている。光悦の法華信仰の内容と、その信仰の結果として、彼が何を期待していたかを、この文書は明瞭に語っている。冒頭に首題を書いて、彼が信じ、憑依した対象を連記して、これに「南無」の二字を冠している。妙法蓮華経、多宝如来、釈迦如来、本化四菩薩、天台大師、妙楽大師、伝教大師、日蓮大士、六老僧（六人の日蓮の高弟）、日本国中上人、中山開山上人、代々上人、本法寺開山上人、代々本法寺上人とみえるのが、これである。このうち、日本国中上人までは、日蓮宗信者にとって、いわばいつも見られるもので、興味をひくのは中山開山上人以下の四列である。これを具体的にいうと、中山法華経寺開山の日祐とそれ以後の同寺の歴代貫主、本法寺開山日親とその後の同寺歴代貫主をさすものである。中山法華経寺は日親が育まれた本山である。つまり光悦の日蓮宗信仰は、中山門流と本阿弥の檀那寺本法寺を軸にする日親門流に限られた信仰だった。そして、光悦がこの信仰の帰結として期待しつづけたものが、この文書の後部に続けて記されている「天下一同仏法流布」「臨命終正念」「即身成仏」の三事である。いずれも日蓮教説を特色づける基幹的テーゼだったことはいうまでもない。

光悦の日蓮教説の理解は、正確にして意外に深い。日蓮の著作、すなわち日蓮御書について、その敷衍された講釈を僧侶から聴聞するような段階は、すでに光悦は越えていた。光悦は直接、日蓮御書に触れ、その内容も自分の見識で理解した。光悦が親交した本法寺貫主の巧徳院日通は、中山に秘蔵された日蓮御書をつぎつぎと筆写して、あの膨大な御書の全貌を、初めて洛陽諸門流の前に提示した碩僧の一人だった。この幸運にも恵まれた光悦は、御書またはその筆写体を眼前にする機会を得て、光悦は数々の日蓮御書の謹写を世に送り出している。

京都妙蓮寺日源の所望によって元和五年（一六一九）、六十四歳の光悦が書写した国指定重要文化財の『立正安国論』と『始聞仏乗義』をはじめ、本法寺の『如説修行抄』と『法華題目抄』、また山梨県本遠寺の『十如是御書』などが、その代表である。膨大な御書の中から、筆写のために光悦がどの御書を選択したかを見るだけで、彼の宗祖遺文への理解が在家強信者の域を越えていたことを、すぐさま理解できる。

このようにみてくると、光悦やその町衆グルッペが世に送り出した豪壮で華麗な桃山芸術は、絵画や書や彫金や蒔絵や作陶などの多彩な分野で、その精神の基調に、中世末から京都町衆社会の主流的な信仰に成長していた日蓮の説く法華信仰が広く存在することがわかるだろう。

これは言いかえると、光悦や彼のグルッペが生んだ桃山文化は法華文化だったと言い得るだろう。文化の基調が法華信仰にあったとすると、日本文化の歴史の上で、それは明らかに新時代の到来であった。光悦の芸術の世界からは、古代中世の芸術思想界を風靡した、来世救済の願望を深く秘めた浄土教説の美意識は全く影をひそめている。また中国情趣豊かにして、捨象の美のなかに、自己が到達した心の境地を表現しようとするあの禅の造形美とも全く異質なもの、それが光悦の法華芸術の世界だともいえるだろう。

法華信仰を基点に展開される美の世界とは、弥陀の救済への憑依を唯一の拠点とするような意識の展開とは無縁である。人々の現在の生活の意義を、さまざまな現世での欲望を、正面から肯定し、それを造形美に止揚する世界こそが、法華文化の世界である。大胆にいうと、法華文化は現世謳歌の文化である。

日蓮の教説は「現世二世の利益」を説き続ける。後世で受ける菩提善処の利益を当益と言って、日蓮はこの利益も説き続けたが、なんといっても救済の主点は、現世での無病息災、招福と即身成仏、安心立命の境地への到達こそが、法華経の功徳であると現世利益に置いていた。

在家民衆の現世救済が、日蓮教説の全体を貫流する大きな特色であった。現世は厭離すべき穢土ではない。正法（法華経）を広宣し、そこに妙法が満ちみちた常寂光の安国の世界を樹立することを、『立正安国論』以来、日蓮の宗門はさとし続けた。在家の民衆は法華経を受持し、専持唱題する限り、その日常の生活で酒を飲むことも、金銀を求めることも、名誉と富貴を追求することも認められ、また商業も農業も、それに「せんだらの子」と日蓮自らが言ったように、殺生を生業とする武士や漁夫の生活も、その意義が是認された。不治の病気でさえ、法華経の功徳で克服できるとさえ説かれた。

こうして法華文化の造形美の世界は、実に多彩となった。これまで無視された下層民衆の日常生活が、さまざまな人間の欲望が、蔑まれ続けてきた遊女の姿さえ、あるいは画題に、あるいは彫刻に、あるいは文芸の中に取り上げられ、観賞美の対象へと止揚された。現世謳歌の活気に満ちた日常の庶民の姿や、ありふれたそのあたりの風景が、造形美の堂々とした対象となって闊歩する時代、それが光悦の生きた法華文化の時代だったと思えてならない。

現世の意義が肯定されれば、国土の自然の美が認められるようになるのもほど近い。ちなみに、光悦の戒名は「了寂院光悦日予居士」という。法華経の薬草喩品の有名な文句「令衆悦予」に由来することは明らかである。薬草喩品の文意は、「一雨等潤」の金言に表されるように、一味の雨が大地を潤し、それがいろいろの性質を持った草木を繁茂させるという、自然の森羅万象の功徳を述べる。光悦の書の料紙の下絵、光悦に連なる宗達、光琳、乾山がよく用いる画題、春正や五十嵐などの法華信者の蒔絵の世界に草花が好んで描かれたことは有名だが、これもこの国土の自然を謳歌する法華信仰の発露だと考えてよいだろう。

初出一覧

Ⅰ　法華宗と中近世の国家

日蓮と神祇　『日本史研究』四三、昭和三十四年。

中世における国家観の一形態――日蓮の道理と釈尊御領を中心に　『国史論集』、読史会、昭和三十五年。

江戸幕府の宗教統制　岩波講座『日本歴史』第一一巻　近世3、昭和三十八年。

近世初期の政治思想と国家意識　岩波講座『日本歴史』第一〇巻　近世2　昭和五十年。

「かた法華」と「ひら法華」　『文化財報』八一、財団法人京都文化財団、平成五年。

Ⅱ　法華宗の人物像とその作品

日　像――題目流布　初めて京の町へ　『歴史と人物』二、中央公論社、昭和四十九年
妙　秀――正直正路の生涯　『東方界』二七、昭和五十一年。
仮名草紙と法華宗――『妙正物語』について　『岡山史学』九、昭和三十六年。
日　奥――不受不施に殉ずる　『歴史の京都』第三巻、淡交社、昭和四十五年。
大鹿妙宣寺覚書　『地域研究いたみ』八、伊丹市立博物館、昭和五十三年。

Ⅲ　法華文化と地域文化

鶏冠井の法華宗　『向日市史』上巻、第四章第一部第一節の一部、昭和五十八年、及び『向日市史』下巻、第二章第五

節の一部、昭和六十年を統合。

松ケ崎の法華宗と洛北の祭り　『洛北――その自然と文化――』、京都府立大学女子短期大学部、平成五年、第三部第一章（原題「洛北の祭と芸能」）。

桃山の法華文化　『文化財報』六二、昭和六十三年。

応永の法難と法華宗の「かくれ里」知見谷の歴史　『桂川流域学術調査報告』、京都府立大学女子短期大学部、昭和六十三年（原題「応永の法難と法華宗の「かくれ里」知見谷の歴史について」）。

中世備前法華門徒の比企・池上・身延参詣　水野恭一郎先生頌寿記念論集『日本宗教社会史論叢』、国書刊行会、昭和五十七年（原題「中世備前法華門徒の比企・池上・身延参詣について」）。

Ⅳ　京都町衆と法華信仰

近世初頭における京都町衆の法華信仰　『史林』四一―六、昭和三十八年。
本阿弥一門の思想構造――妙秀と光悦の法華信仰を中心として　藤井駿先生喜寿記念会編『岡山の歴史と文化』、福武書店、昭和五八年（原題「本阿弥一門の思想構造について――妙秀と光悦の法華信仰を中心として――」）。
本阿弥光悦と日笠紙　『芸能史研究』五、昭和三十九年。
光　悦――その信仰の世界　大阪市立美術館・日本書芸院編集『光悦の書――慶長・元和・寛永の名筆――』、平成二年。

あとがき

編集部からあとがきをと頼まれた。正座して書いても緊張して書いても気の利いたあとがきなど書けるものではないので、ごくありふれたあとがきを書くことにする。

まず『法華文化の展開』の出版についての経緯は次のようなものだった。今から十五年か二十年ほど前、私の最も敬愛し尊敬する先輩の一人薗田香融さんから、そろそろ論文をまとめて著書にしろと御忠告をいただいた。とおりいっぺんのお勧めではなく、気の短い薗田さんらしくいろいろと段取りを付けて下さった。いま佛教大学の学長をしている中井真孝さんから「薗田大先生からの命令で、先生の著作を出すことになった。私に、犬馬の労を厭わず協力しろと言われたので、藤井先生の業績目録、是非収録すべき論文目録を指示してほしい。忙しくてできなければ、私中井が選んで編集・原稿整理・校正などするから」と、じつに親切に幾度も幾度も勧められた。前後して京都随一の老舗出版社・法藏館主西村七兵衛氏からも懇切丁寧に出版を勧められた。一度や二度のことではなかった。しかし、生来の億劫気、ついつい目先の仕事にとらわれて今日まで遅れてしまった。西村さん、上別府茂さんの法藏館関係者、薗田・中井両先生にはたいそう御心配や御苦労をおかけした。また、法藏館編集部の大山靖子さんにも多大の御協力をいただいた。

おもえば、この道でまがりなりにも仕事をし職を得て京都で過ごすことができたのは、私の力ではない。学窓以外のすばらしい諸先生方、いろいろの大学の諸先輩、友人たち、私を追い抜いて成長していく受講生の諸君、文書蔵を次々と開いてくれた寺院関係者のみなさん方に恵まれていたからである。

ここに収録した論文は、好悪良否など厳密に私の書いたものから選んだものではない。むしろ、アトランダムに、一定の基準無く選んだような気がする。もともと私は、論文を書き上げて、それが校正されて出版されると、またそれを取り出して読み返したり喜んだり悔しがったりする性格ではない。いったん出版したものは、それで済んだという思い切りが強い。そして、書いたものへの反応がどうであろうと、他人よりちょっとだけ早くそのことについて解っただけのことで、人に威張ったり得意になったりする気は毛頭ない。人よりちょっとだけ早く気付いたり指摘しただけのことであって、それによって地位を得ようとか、評判になろうとか、思ったこともない。このような考えが、この本をまとめるのを遅らしたり、悠長にかまえることになった理由の一つでもある。

ともかくものを書き上げながら、他人が全く興味を持たないこと、役に立たないことに気付かずに長広舌をふるったのではないかと、ほろ苦さが残ることが多い。そういうこともあって、ここ十年以上、古文書の解読出版とか、整理とかに時間を費やすことも多くなった。

とにかくこの本が出版にたどりついたのは、みなさん方のおかげである。お読みいただいてお役に立とうが立つまいが知る由もないが、もし何か少しでも役に立つことがあれば望外の幸せである。すでに亡くなられた人、錚々気鋭の研究者、公私ともとくにお世話になったかたがたに厚く御礼申し上げたい。拙著を私を大切に思ってくれた友に捧げる。

二〇〇二年八月

藤井　学

索　引

・Ⅰ一般事項，Ⅱ書名・史料名，Ⅲ寺社名・地名，Ⅳ人名，Ⅴ研究者名に分類した。
・配列は50音順とした。
・同義異字や補足を必要とする場合は，当該表記を（　）で囲んで記した。
・名称の正略，異称など，複数の表記のある項目は，一項にまとめて掲出した。この場合，立項した項目以外の表記には，→を頭記して立項項目を示した。

Ⅰ　一般事項

あ行――

か行――

さ行――

II　書名・史料名

III　寺社名・地名

か行——

さ行——

ま行――

Ⅳ　人名

あ行——

か行——

さ行――

た行――

な行――

は行――

V　研究者名

藤井　学（ふじい　まなぶ）

1932岡山県に生まれる。1959年京都大学大学院文学研究科博士課程修了。1973年京都府立大学教授，1995年同大学を停年退職，同大学名誉教授。1995年奈良大学教授，2000年同大学学長，現在に至る。
主な編著書に，『日本仏教史』中世編（共著，法藏館，1967年），『南禅寺文書』上・中・下（共編著，法藏館，1972～78年），『近世仏教の思想』〈日本思想大系57〉（校注，岩波書店，1973年），『本能寺史料』全５巻（共編著，思文閣出版，1992～2002年），『日蓮』〈大乗仏典24〉（訳・解説，中央公論社，1993年），『岡山県の歴史』（共著，山川出版社，2000年）など多数。

法華文化の展開

二〇〇二年一〇月三〇日　初版第一刷発行

著　者　藤井　学
発行者　西村　七兵衛
発行所　株式会社法藏館
京都市下京区正面通烏丸東入
郵便番号　六〇〇-八一五三
電話　〇七五-三四三-〇〇三〇（編集）
〇七五-三四三-五六五六（営業）

印刷・製本　亜細亜印刷株式会社

ISBN 4-8318-7494-9 C3021

日本仏教の形成と展開　伊藤唯真編　一三〇〇〇円

黒田俊雄著作集 全8巻　各八五四四円

親鸞とその時代　平　雅行著　一八〇〇円

本地垂迹信仰と念仏 日本庶民仏教史の研究　今堀太逸著　八七〇〇〇円

補陀落渡海史　根井　浄著　一六〇〇〇円

日蓮宗小事典〈新装版〉　小松邦彰・冠　賢一編　一八〇〇円

法　藏　館　価格税別